必須単語・熟語がみるみる刷り込まれる

TOEIC® L&R TEST 文法完全攻略

石井辰哉
Tatsuya Ishii

★L&R means LISTENING AND READING.

本書の英文はアメリカ人とイギリス人ネイティブスピーカーによって校正されています。
本書の英文に使われている人名・社名は全て架空のものであり、実在するものとは一切関係ありません。

「はじめに」と本書の方針

みなさん、こんにちは。石井辰哉です。

本書は、文法が苦手な方がTOEICに必要な文法力を身につけられるよう執筆しました。一言で「文法の学習」と言っても、大きく2つの側面から成り立っています。1つは、知識を習得すること。もう1つは、その知識を実際に正しく使えるスキルにまで高めることです。

知識が不足していれば、誤答するのは当然のことです。しかし、TOEICは英文そのものが難しいことも多く、また制限時間も非常に短いため、解けるはずの問題を誤答することもよくあります。つまり、単に文法を丸暗記すれば正答できるというわけではないのです。限られた時間の中で問われている文法を見抜き、正しく使うことを目指すには、知識として頭に入れるだけでなく、使って練習してスキル化することが必要です。もし「文法は結構分かっているのに、問題を間違える」「解説を読めば知っていたことなのに見落としてしまう」という方は、この練習が不足しているのかもしれません。

また、文法はPart 5（短文穴埋め）やPart 6（長文穴埋め）だけに必要なものではありません。文法とは、正しい文を作るためのルールであると同時に、意味を伝えるための重要な要素でもあるのです。したがって、文法項目を見逃すと、その項目が付け加えるはずだった意味を取り逃すことになり、その分だけ英文を曖昧にしか理解できなくなります。文法を「使う」ことは「理解する」時にも必要なのです。

このことはリーディングだけに限りません。みなさんは、リスニングで「単語が聞き取れた割に意味が今ひとつ理解できなかった」という経験はないでしょうか。これは、文法や構文が付け加えるはずだった意味が取れていないときに起こります。つまり、単語を聞き取るだけでは完全に理解できず、聞き取れた分だけ理解できるようにするためには、聞きながら文法を意味として理解する練習が必要なのです。

そこで本書では、知識と使えるスキルの両方を習得すべく、文法項目を一つひとつ、分かりやすく平易に説明した後、それぞれに英文読解と英作文を行い、さらに音声を聞くという形式を採用しています。

また、実践的な能力を身につけるために、問題には実際の TOEIC に現れるような内容で、かつ、あえて難し目の英文を多数使用しています。頭で文法を理解した後、正確に読む・書く・聞く練習を重ねることで、長くて複雑な英文でも文法を正確に処理するスキルを習得することができます。これは、Part 5 と Part 6 の穴埋め問題だけでなく、リスニングと長文読解のスコアアップにも役に立つはずです。

さらに、本書の英文は単語の練習もできるように作成しました。単語の暗記が英語の勉強で一番つまらないと考える人は多いのではないでしょうか。これは、単に book →「本」などと機械的に覚えようとするからで、これでは効率が非常に悪く覚えられないどころか、自分で使えるようにはなりません。単語を一番効果的に覚えられるのは「使って覚える」ことです。そこで、本書では TOEIC の必須単語を意図的に英文にちりばめ、英文読解と英作文、そして音声を聞くことによって効率的に暗記できるようにしてあります。できれば、英文をそのまま覚えるつもりで学習してください。

さて、本書は「TOEIC TEST 文法完全攻略」の改訂版となります。1998 年に出版されて以来、大変ご好評をいただき、25 年にわたり版を重ね最終的には 19 万部を超える発行部数となりました。旧版をお読みいただいた方には厚く御礼を申しあげます。

この 25 年の間に、TOEIC も大きく変化しました。問題形式も何度か変更され、Part 6 では間違い探しの代わりに長文穴埋めとなり、Part 7 では複数のパッセージからなる問題が設けられました。また、リスニングでは、3 人の会話や図表が取り入れられ、イギリス・オーストラリア英語も使われるようになりました。これらは出版当時にはなかったものです。

また、社会の変化や時代の要請に合わせて、出題されるトピックも変わりました。もっとも大きいものはインターネットと携帯電話の普及でしょう。インターネットや携帯電話に関わる話が当たり前のものとして頻繁に出てくるようになりました。

改訂版である本書では、これらの変化に合わせ、英文の読解・英作文を行う「訳して Check!」や練習問題の大幅な見直しを行い、より実践的な内容にしています。また新たに、旧版にはなかった音声も収録しました。前著をお持ちの方にも自信を持ってお使いいただける内容になっています。

本書が、少しでもみなさまのスコアアップのお役に立てれば、著者としてそして一人の英語講師としてこれ以上の喜びはありません。みなさまの目標が達成できますよう、心よりお祈りいたしております。

石井辰哉

本書の使い方

1. 例文と項目の説明を読む

まず、例文と項目の説明を読んで理解してください。いっぺんにいろんなことを頭に入れなくてもすむように、文法項目を細かく分けて、その１つ１つをできるだけ簡潔に説明しています。各項目の最初にある例文はその項目が理解しやすいように平易な文にしてあります。説明に納得できたら、もう一度例文に戻って、

1. 日本語訳がなくても意味が理解できる。
2. 日本語訳だけを見て、元の例文に戻せる。

ということを確認してください。特に２を実際にやってみると、その項目が身にしみて理解が深まりますので本当におすすめです。

2.「Other Examples」を読んで理解する

文法項目を理解したら、もういくつか例文を読んでさらに理解を深めます。ここでは、意味が分かるだけでなく、「どのように使われているか」にも注目してください。この時点までに知識として頭にインプットしておきましょう。ここでも、上記の２を実際にやることをおすすめします。この後がやりやすくなります。

3.「訳して Check!」で使って覚える

ここからが本番です。学習したばかりの文法を使って読解と英作文の問題に挑戦してください。使用される単語は後ろにまとめてありますが、まずはこれを見ないで自分だけの力で考えてみましょう。

英文に知らない単語が出てきた場合は、文脈と文の構造から単語の意味を当てることが大切です。これは、非常に良いリーディング練習になります。それが済んでから、単語リストで確認しましょう。また、ここでも音声を活用し、文法に注意しながら聞いて理解することを実践してください。

英作文で英語にできない語が出てきた場合は、別の言い方を考えてください。言いたいことが英語にできない時に、別の言い方で表現することは、スピーキング・ライティングのいい練習になります。そのうえで、ある程度自分の英文ができたら、今度は単語リストを見て、提示されている単語を使って書いてください。

なお、単語のリストに表示されている単語は、解答例の英文での出現順に掲載されています。たとえば、Lesson 2 の used to *do*「かつて～したものだった」のところで、以下のような問題があります。

「Ms. Roy は地元のテニスクラブに入っていたものだったが、ゴルフをやりだしてからやめた」

このとき、単語リストでは

belong to A「A に所属する」**local**「地元の」**quit**「やめる」
take up「(趣味) を始める」

とあるので、練習中の文法 used to *do* を使いながら、リストの順番に単語を使って英文を書くと、解答例に似た英文ができます。

Ms. Roy **<u>used to</u> belong to** a **local** tennis club, but she **quit** after she **took up** golf.

英作文の練習では、自分が解答例と全く異なる書き方をした場合、添削してもらわないと正しいのかどうかわからないのが難点なのですが、このやり方だと、自動的に解答例と似た英文を作ることになるので、比較がしやすくなります。

また、英作文が苦手な方にとっては、使うべき文法が指示され、そして、使うべき単語とその出現順が示されることによって、大きなヒントになります。その結果、かなり難しい英文でも自分で作ることができるはずです。その分、前置詞や冠詞、単数・複数など、細かな文法に意識を向けてください。それが非常に効率の良い練習になります。単語を覚えて、適切な文法が使えれば結構難しいことも言えるんじゃないか、と満足感を感じていただければ幸いです。

なお、「訳して Check!」は、基本的に和訳が３問、英作文３問の構成になっています。そして、和訳と英作文の最初の１問は比較的平易なもの、あるいは長くても処理しやすいものに、そして３番目は少し難しめにしてあります。

また、文法はリスニングとリーディングにも必要ですから、長文に出てくるような長くて難しい文から、リスニングの会話やテキストメッセージに出てくるような会話調の文まで、さまざまなスタイルの文を入れてあります。

必須単語が多数入った長い文を読み書き聞くのはハードな練習です。しかし、負荷をかけることが大切で、慣れると本試験でリスニングと長文を正確に処理しやすくなります。ぜひ前向きに取り組んでいただければと思います。

4.「Check&Check」で理解度チェック！

その Lesson で習った文法項目に関する穴埋め問題です。Questions A と B の二つのレベルに分かれています。A は初級で、B は中級レベルの問題です。Question B では、Part 6（長文穴埋め問題）も視野に、かなり長い文の問題も入れています。

5.「Reverse Check」で使えるかどうか確かめよう！

各 Lesson の終わりに「Reverse Check」があります。これは次の機能を持っています。

重要！

1.「訳して Check!」の解答例
2. 元に戻せるかどうかの練習

これは**対応するナンバーの「訳して Check!」の和訳・英訳例としての機能**だけではなく、和訳をした問題は英訳に、英訳した問題は和訳というように逆にできるかどうかをチェックするための練習問題としての機能も持っています。英文の和訳例を見て、元の英文に戻せるか、英作文の解答例を見て意味が理解できるかを確認しましょう。Reverse Check には単語リストの助けがありませんから、単語を覚えているかどうかのテストにもなります。和訳・英訳のどちらかしかできないものはまだ丸暗記の段階で、「身についた」ものとは言えません。これができるまで繰り返し練習してください。

6. 音声を聞いて練習する

本書では訳して Check! と Reverse Check の英文と和文を音声収録しています。

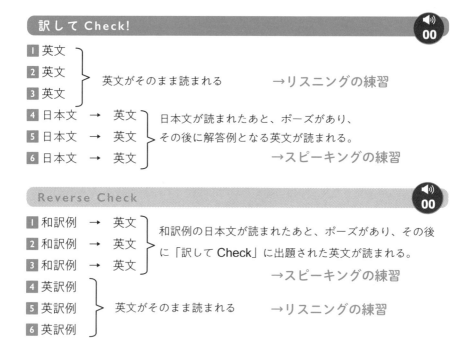

以下のような構成です。

訳して Check!

00

1 英文
2 英文
3 英文
} 英文がそのまま読まれる →リスニングの練習

4 日本文 → 英文
5 日本文 → 英文
6 日本文 → 英文
} 日本文が読まれたあと、ポーズがあり、その後に解答例となる英文が読まれる。 →スピーキングの練習

Reverse Check

00

1 和訳例 → 英文
2 和訳例 → 英文
3 和訳例 → 英文
} 和訳例の日本文が読まれたあと、ポーズがあり、その後に「訳して Check」に出題された英文が読まれる。 →スピーキングの練習

4 英訳例
5 英訳例
6 英訳例
} 英文がそのまま読まれる →リスニングの練習

音声はアメリカ人男性とイギリス人女性による収録です。

英文を聞く際は、練習中の文法項目に集中して聞きましょう。たとえば、Lesson 4 で「現在完了形」の「訳してチェック」を聞くなら have+ 過去分詞の部分を聞き漏らさないようにしてください。その上で、意味として噛み締められるように努めましょう。

日本文を聞く場合は、スピーキングの練習に使ってください。ポーズは1秒ほどしかありませんので、日本文を聞いたら音声を止め、英語にして口に出します。難しいようなら、単語リストを見ながらでも結構です。ここでも、練習中の文法項目の部分は間違えないように口に出してください。何度も繰り返すと、だんだん自分の言葉になっていきます。

音声ダウンロードの方法

本書の音声は、下記のようにダウンロードして聞くことができます。
（英語：Jack Merluzzi さん、Nadia McKechnie さん　日本語：五十嵐由佳さん）

1.【ASUKALA】アプリを携帯端末にダウンロード

下記にアクセスして日香出版社音声再生アプリ【ASUKALA】をインストールすると、ダウンロードした音声がいつでもすぐに再生でき、音声の速度を変えられるなど学習しやすいのでおすすめです（無料です。個人情報の入力は必要ありません）。

2.音声データをダウンロード

ASUKALA アプリから、『TOEIC ®L&R TEST 文法完全攻略』音声データ（mp3形式）をダウンロードして聞いてください。
ダウンロードパスワードは、下記のとおりです。

【１９２２８７】

弊社では ASUKALA アプリのご利用を推奨しておりますが、お持ちのパソコンや携帯端末の音楽アプリでダウンロードしたデータを聞くこともできます。
パソコンや携帯端末のブラウザから、前ページの QR コードから弊社サイトにアクセスしてください。「一括ダウンロード」で圧縮ファイルを入手できます。

※音声ファイルは、一括した圧縮ファイルをダウンロードした後に解凍してお使いください。
※音声の再生には、mp3 ファイルを再生できる機器などが必要です。ご使用の機器、音声再生ソフトなどに関する技術的なご質問は、ハードメーカーもしくはソフトメーカーにお願いします。
※音声ダウンロードサービスは予告なく終了することがあります。
※本書の音源は、図書館貸出者も利用できます。

旧版からの変更点

旧版をお持ちの方のご参考までに、大きく変わった点は下記の通りです。

1. 収録する文法項目の追加

本書は初級～中級レベルを対象としていますので、あまり難しい項目を入れないという趣旨で執筆していますが、下記の文法は知っておいたほうがいいということで、新たに項目立てて追加しました。

■ **should「はずだ」**

旧版では意味の紹介しかなかったので、項目化して「訳して Check!」で練習します。

■ **受動態の進行形（*be* being *done*「～されている最中である」）**

■ **強調構文（it is ～ that S+V）**

■ **接続副詞**

therefore や moreover など、前の文と内容的に接続するための副詞

■ **名詞+that節（the fact that S+Vなど）**

■ **前置詞の注意すべき意味**

for「～にしては」in「～後に」など、あまり知られていない意味

■ **見逃されがちな前置詞**

amid「～の中で」regarding「～に関して」など、前置詞と認識されずに放置されがちな語

また、if の省略による倒置や名詞 + 動名詞など、上級向けと思われる項目は、豆知識として「Check this out!」で触れています。

2.「訳して Check!」の全面改訂

ほぼ全ての問題を差し替え、あるいは加筆・修正しました。本試験で役立つ文法力を養うことと、長くて複雑な英文を読めるようにすることを目標に、やや難しい英文を読み書くことを課題としています。本書の英文に慣れれば、本試験の英文もぐっと読みやすくなるはずです。

3．収録単語の拡充

「訳して Check!」で使用する単語を増加しました。めぼしい単語は率先して英文に使用していますので、本書の英文に取り組むことで、単語学習にも役立ちます。

4．「訳して Check!」の単語リストを最後にまとめて置いた

旧版では問題ごとに次の行に単語を表示していました。これだと見たくなくても目に入ってしまうので、最初は自分の力だけで取り組むことができるように、まとめて最後に表示しました。また、「Reverse Check」をやるときも元の文が目に入らず、単語だけ確認しやすくなります。

5．「訳して Check!」の単語リストを出現順にした

英文和訳の英文と、英作文解答例の英文に出てくる単語を出現順に表示しました。これにより、単語の順番がヒントになり、特に英作文では難しい英文でも書きやすく、かつ、解答例と近い英文を作ることができるようになります。

6．「Check & Check」の問題形式の変更

間違い探しの問題をやめて、代わりに穴埋め問題を初級と中級に分けました。

7．音声を収録

旧版にはなかった、ネイティブスピーカーによる音声を収録しました。文法はリスニングでも必要です。単語が聞き取れても曖昧にしか分からないのは、文法・構文が把握できていないからです。文法ごとに「聞いて理解する」という練習をすれば、リスニングの精度が向上し、また、同時に覚えやすくなります。

8．デザインの変更

基本的なデザインは旧版と同じですが、２色刷りにしたこととグラフィックを増やしたので、より読みやすくなったと思います。

Warming up! 知っておきたい文法用語

本書では英語が苦手な方も読みにくくならないように、できる限り難解な文法用語は使わないようにしています。しかし、中には覚えた方がかえって理解が深まるものや、平易な語に改めるとよけいに混乱を生じさせるものがあります。まずはウォーミングアップとしてこれらの語の意味や働きを把握してください。

1. 品詞について

「品詞」とは、簡単に言うと単語を働きごとに分類したものです。単語にはそれぞれ「意味」と「品詞」が決まっています。ジグソーパズルでいえば「意味」が1つ1つのピースの図柄で「品詞」がピースの形とたとえられます。

ジグソーパズルで、たとえ図柄が当てはまりそうでも、形が前後のピースが合わないとだめなのと同じで、意味的に大丈夫に見えても品詞が合わなければ入りません。逆に、見たこともない単語でも品詞がわかれば正しい文が作れることもありますし、個々の単語の品詞を手掛かりに文の構造を把握しながら英文を読まないと、正確に意味が理解できないことにつながります。

また、TOEICの穴埋め問題では、意味がわかっていなくても品詞がわかれば答えが選べることが多々あります。

品詞は主に

名詞、代名詞、動詞、形容詞、副詞、助動詞、接続詞、前置詞

に分かれます。 文法の勉強を始める前に基本的な働きを覚えてください。

2. 名詞

名詞は物や事の名前を表し、主語や目的語などになります。日本語の名詞と違う点は次の３つです。

■数えられる名詞（可算名詞）と数えられない名詞（不可算名詞）に分かれる

a lot of **books**（可算名詞）　a lot of **water**（不可算名詞）

■単数・複数で形が変わる。複数の場合は語尾にsがつく

one book　two books

■数えられる名詞の単数形には必ず冠詞などをつける

a book　**the** egg　**this** house

文法問題でも出題される項目ですので、普段から注意することを心がけましょう。

3. 動詞

動作や状態を表す語で、さまざまに活用する語です。以下の点に注意しましょう。

A）主語に合わせて形が変わる

I **play** tennis every day.　私は毎日テニスをする。

He **plays** tennis every day.　彼は毎日テニスをする。

→いわゆる「三単現のs」

主語が三人称単数で動詞が現在形のときにsがつくというルール。

三人称	I と we と you 以外の人	この場合、動詞に -s がつく
単数	１人、または１つ	
現在形	動詞が現在形	

また、be動詞の場合は次のように主語によってかなり形が異なります。

	現在形
I	**am**
you/we/they	**are**
he/she/it	**is**

	過去形
I/he/she/it	**was**
you/we/they	**were**

この文法自体は、苦手な方でも知っていることが多いですが、実際の試験で、時間に追われながら難しい英文を読んでいると、見落とすことがよくあります。名詞の可算・不可算、単数・複数と合わせて、「知っているのに間違える」ことが多い項目でもあります。

B）動詞の種類

動詞は状態を表す動詞と動作を表す動詞の２種類の動詞に分かれます。

状態動詞

状態や、感覚、心理を表す動詞は状態動詞と呼ばれます。意味的に長い期間にわたって続くというニュアンスをもつ動詞です。この動詞の一番の特徴は進行形にできないということです。現在その状態であると言う場合でも現在進行形ではなく現在形を使います。

I know him …… × I'm knowing him.
I have a car …… × I'm having a car.

主な状態動詞は次の通りです。

have	持っている	**know**	知っている	**belong**	所属している
like	好きである	**love**	愛している	**hate**	嫌いである
understand	理解している	**hear**	聞こえる	**see**	見える

動作動詞

ほとんどの動詞がこの動作動詞です。通常の動作を表す動詞で普段は意識する必要はありません。現在形では習慣的動作や科学的事実など「いつもそうする」を表します。また進行形にすることができます。

4. 形容詞

形容詞には2つの使い方があり、1つは名詞にくっついて使われる場合、もう1つはLesson1で学ぶ文型のうち、S＋V＋CとS＋V＋O＋CのC（補語）として使われる場合です。しかし、いずれも名詞を説明するために使われます。

① 名詞とくっついて名詞のかたまりに吸収される

名詞のかたまり

It was a **wonderful** party .　　　それは素晴らしいパーティーだった。

名詞のかたまりに吸収される

② S+V+CのCとして使う

The party was **wonderful**.　　　そのパーティーは素晴らしかった。

S　V　C

③ S+V+O+CのCとして使う

I found the party **wonderful**.　　　私はそのパーティーを素晴らしいと思った。

S　V　O　C

名詞に直接引っつく場合、基本的には説明したい名詞の前に置きますが、something や anyone, nobody など、-thing, -one, -body で終わる代名詞は、後ろに置きます。

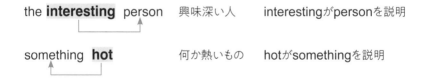

the **interesting** person	興味深い人	interestingがpersonを説明
something **hot**	何か熱いもの	hotがsomethingを説明

5．副詞

副詞は主に動詞・形容詞・副詞・文全体を説明します。形容詞が「どんな」を表す語だとすれば、副詞は「いつ、どこで、誰と、どうやって」など「どんなふうに」あるいは「どんな感じで」を表します。

動詞を説明する

I **study**（動詞） English **hard**（副詞）.　私はがんばって英語を勉強する。

⇒ hard はどのように勉強したのか、study を説明している。

形容詞を説明する

The bag was **very**（副詞） **heavy**（形容詞）.　そのかばんはとても重かった。

⇒ very はどのように重かったのか heavy を説明している。

副詞を説明する

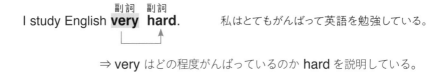

I study English **very**（副詞） **hard**（副詞）.　私はとてもがんばって英語を勉強している。

⇒ very はどの程度がんばっているのか hard を説明している。

文全体を説明する

Fortunately, I passed the exam.　幸運なことに私はその試験に合格した。

⇒ fortunately は、私が試験に合格したことが幸運であったと、I passed 以下を説明している。

なお、hard や early などもともと副詞として存在する単語のほか、形容詞の語尾に ly をつけると副詞になります。

She is a **careful** driver.	彼女は慎重なドライバーだ。
She drives **carefully**.	彼女は慎重に運転する。

6. 助動詞

動詞の前に置き、動詞に微妙なニュアンスを付け足します。

主語	助動詞	動詞の原形		
I	can	play tennis.	私はテニスを	することができる
	must			しなければならない
	should			すべきだ
	will			するだろう
	may			するかもしれない

助動詞の後ろは必ず原形です。また2つの助動詞をつなげて使うことはできません。

× He **may can** speak English.

7. 接続詞

接続詞は2つの文などを結びつける働きを持ちます。対等の関係でつなぐものと、主節の一部に組み込まれる形になるものがあります。

■対等に並べる働きを持つもの

and, but, or, so は、独立した2つの文を対等につなげます。

S + V…	接続詞	S + V…
Tom likes tea	**but**	Mary prefers coffee.
Tomは紅茶が好きだ	しかし	Maryはコーヒーをより好む。
I was tired	**so**	I went to bed early.
私は疲れた	だから	私は早く寝た。

■ **主節の一部に組み込まれるもの**

ほとんどの接続詞はこちらの働きです。名詞のかたまりを作って主語や目的語などとして組み込まれる場合と、副詞のかたまりとしてくっつく場合があります。

① 副詞のかたまりを作る場合

主節を説明する副詞のかたまりを作ります。接続詞の多くがこの使い方です。

副詞のかたまり		主節
接続詞 S + V…	,	S + V…
1つの部品として使う		

When I was young, I liked reading novels .
私が若かったとき 小説を読むことが好きだった。

If you study hard, you will pass the exam .
もしがんばって勉強すれば あなたはその試験に受かるだろう。

この2つのかたまりは、順番を逆にすることも可能です。

主節	副詞のかたまり
S + V…	**接続詞** S + V…

I liked reading novels **when** I was young .
小説を読むことが好きだった 私が若かったとき

You will pass the exam **if** you study hard .
試験に受かるだろう もしがんばって勉強すれば

これはwhenとifの位置がand型と同じように文と文の間に入っているように見えますが、あくまで後ろのS + Vとセットです。次のように誤解しないでください。

I liked reading novels **when** I was young.
×小説を読むのが好きだったとき、私は若かった。⇒ whenはI was youngとセット

You will pass the exam **if** you study hard.
×その試験に合格したら、あなたは頑張って勉強します。

⇒ ifはyou study hardとセット

② 名詞のかたまりを作る場合

that「〜するということ」whether「〜するかどうか」if「〜するかどうか」は名詞のかたまりを作ります。名詞と同じように使うので、主語や目的語などの働きをします。

名詞のかたまり

I know **that** he lives in Paris.　私は彼がパリに住んでいることを知っている。

目的語の働き

名詞のかたまり

Whether he wants to come to the party doesn't matter.

主語の働き

彼がパーティーに来たいかどうかは問題ではない。

8. 前置詞

前置詞は名詞の前に置き、その名詞と一緒になって場所・手段・時などを表します。

My father lives **in Kyoto**.　父は**京都に**住んでいる。
I opened the door **with the key**.　**カギで**ドアを開けた。
I get up **at 6:00** every day.　毎日たいてい**6時に**起きる。

前置詞＋名詞は形容詞と副詞のかたまりを作り主に動詞や名詞を説明します。

■後ろの名詞とセットになって動詞を説明する場合

I __put__ the doll **in the box**.　箱の中に 人形を __置いた__

■後ろの名詞とセットになって名詞を説明する場合

I like __**the doll**__ **in the box**.　箱の中**の** __人形__が 好きだ

同じ in the box でも、使われ方が異なることに注意してください。

9. 句と節

先ほど述べたように、複数の単語がかたまりとなって一つの名詞・形容詞・副詞などの役割を果たします。このかたまりのことを句・節といいます。そのうち主語 (S) ＋述語動詞 (V) を持たないものを句といい、主語 (S) ＋述語動詞 (V) を持つものは節といいます。

句の例　S＋Vが入っていないかたまり

名詞のかたまり（名詞句）

Playing games with friends is fun.

主語の働き

友人とゲームをすること は楽しい。

形容詞句

The trip **to Hawaii** was fun.

どんな旅行なのかthe tripを説明する形容詞の働き

ハワイへの **旅行**は楽しかった。

副詞句

She **studied** hard **to pass the exam** .

何のために勉強したのかstudiedを説明する副詞の働き

彼女は **試験に合格するために** がんばって**勉強した**。

節の例　S＋Vが入っているかたまり

名詞のかたまり（名詞節）

I know **that Ms. Smith is a doctor** .

目的語の働き

私は **Ms. Smith が医者であること** を知っている。

形容詞節

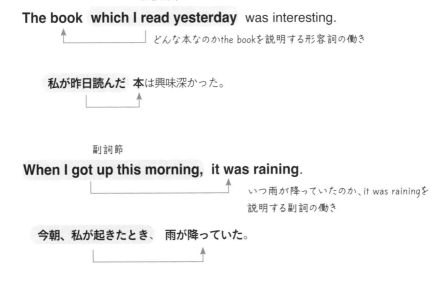

The book which I read yesterday was interesting.

どんな本なのかthe bookを説明する形容詞の働き

私が昨日読んだ 本は興味深かった。

副詞節

When I got up this morning, it was raining.

いつ雨が降っていたのか、it was rainingを説明する副詞の働き

今朝、私が起きたとき、 雨が降っていた。

ここでは文法用語よりも、２語以上の単語が集まって１つのかたまりを作り、それがあたかも１語のように形容詞になったり名詞になったり副詞になったりするということを理解してください。この、「かたまりで理解する」ことが英語の学習にはとても重要で、「何単語まで１つのかたまりとして考えることができるか」は英語力の１つのバロメーターにもなります。

それでは、レッスンに進みましょう！

Chapter

1

文の成り立ち

Lesson 1 5つの文型

日本語で、「トムはメアリーに本をあげた」という文は、「あげた」さえ文末にあれば「トムは」「メアリーに」「本を」の語順を変えてもそれほど意味は変わりません。

メアリーに	トムは	本を	あげた
本を	メアリーに	トムは	あげた
トムは	本を	メアリーに	あげた

これはいったいなぜでしょうか。

それは、日本語には「が・の・を・に」など文中での働きを示す語が使われるからです。このおかげで、「トムがメアリーに本をあげた」のであって、「メアリーが本にトムをあげた」の意味ではないとわかるのですね。それぞれの語がどこに置かれようと働きが明示されているのですから、語順にこだわる必要がないのです。

ところが、英語では

Tom	gave	Mary	a book.
トム	あげた	メアリー	本

という文では "Tom" にも "Mary" にも、そして "a book" にも日本語の「が・の・を・に」に当たる単語がついていません。それでは、なぜこの文では「トムはメアリーに本をあげた」という意味であって、「メアリーは本にトムをあげた」ではないと言い切れるのでしょうか。

答えは「語順が文中での役割を決めるから」です。 英語では、どの単語がどの位置にあるのかが、意味を理解する上で非常に重要です。「が・の・を・に」をつけなくてもよい代わりに、順番がその働きの代わりをしているのです。そのため、英語では日本語以上に語順に気を付ける必要があります。語順を間違えることは日本語でいえば「が・の・を・に」を間違えることと同じなのです。

先ほどの文は、

✓ **gave** の前にある **Tom** が主語。
✓ **gave** の後に **Mary** と **a book** という２つの名詞がある。
⇒ **$S + V + O_1 + O_2$**「**S** は **O_1** に **O_2** を **V** する」の文型を使っている。
✓ したがって、「トムはメアリーに本をあげた」の意味だとわかる。

という考えで、英文を理解することになります。

では、次の文の意味を考えてください。今と同じように $S + V + O_1 + O_2$ の文型を使っています。

Mary gave a book Tom.

これを「メアリーはトムに本をあげた」と取ってはいけません。あくまでも英語の意味は語順と文型で決まるのですから、「メアリーは本にトムをあげた」と理解するしかないのです。変な意味ですよね。でも、そう書いてあるから仕方がないのです。勝手に「トムに本をあげた」とは取れませんし、逆に、「この英文は間違っている」とか「変な意味だ」と気が付かなければならないのです。ちなみに、この文がおかしいことはネイティブも上級者も気が付きます。それは彼らが位置から働きを察してその通り意味を理解しているからですね。

英語の文は５つのパターン（文型）に合わせて作られています。したがってどんなに難しく見える文でもこのパターンさえつかめれば少なくとも文全体の流れは簡単にわかりますし、逆に簡単な単語しか使っていない文でも、文型が掴めなければ理解できないことも多々あります。重要そうな単語だけを拾い読みしても、何を読んでも大体にしか理解できず、少しでも意外なことが書いてあるともうお手上げになってしまうのです。

５文型は、文の骨格は主語・（述語）動詞・目的語・補語・修飾語句（おまけ）からなるという考え方です。５つの文型は次の通りです。日本語としては不自然な訳もありますので、感じを掴んでください。

S＝主語　V＝（述語）動詞　C＝補語　O＝目的語

1.	S + V	**SはVする**
2.	S + V + C	**SはS=Cである状態にVする**
3.	S + V + O	**SはOをVする**
4.	S + V + O_1 + O_2	**SはO_1にO_2をVする**
5.	S + V + O + C	**SはO=Cである状態をVする**

全ての文にはS＋V（主語＋動詞）が使われており、それが文の最初に来ています。ただし、後述の修飾語句（おまけ）が文の前後に入ることもあります。また、S / V / O / Cのそれぞれは1語とは限りません。時には10語を超える語の集まりにもなります。ですので、S / V / O / Cとはその集まりを1つの部品にするための箱だと考えてください。そして、その箱の位置と並びで意味が決まるのです。何単語まで1つの箱に入れられるかが、英語力に直結します。

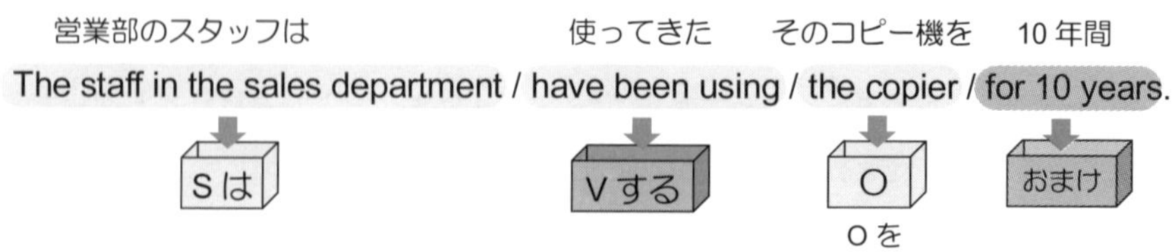

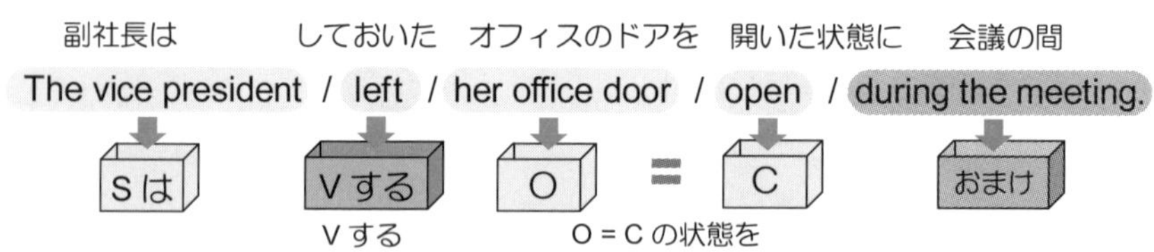

なお、ここでいう修飾語句とは「どんなふうに」を意味する語句のことだと考えてください。主に副詞や副詞的な働きをするかたまりです。具体的に言えば、「いつ、どこで、だれと、どうやって」に当たる語で、動詞や文全体を説明します。

どの文型を使うかは作ろうとする文の意味だけではなく、使う動詞によります。すべての動詞はどの文型で使えるのかがあらかじめ決まってるのです。1つの文型にしか使えないものもあれば、複数の文型に使えるものもあります。どの文型をとるのかを厳格に知らなくても、ある程度は意味から考えても大丈夫です。ただし、意味から考えると間違えそうなものもあります。たとえば、talk と discuss「話し合う」を使って、「その問題について話し合った」という場合、

S V O
We discussed the problem. ⇒ about は不要 discuss は直接 O を取る

S V
We talked **about** the problem ⇒ about は必要 talk は the problem を
前置詞+名詞はおまけ扱い 目的語に取ることができない。

このように、意味から考えると間違ってしまいそうなものがあります。これは知らないとどうしようもないので、出て来たときに覚えるようにしてください。

さて、文型を理解する上で、もう１つ重要なことがあります。それは、文型という文法は文の主語と述語動詞のときだけ成り立つのではないということです。たとえば、He made Jane happy.「彼は Jane を幸せにした」という S + V + O + C の文を元に以下のような文を作ることができます。

通常の文 He **made** **Jane** **happy**.
V O C
彼は Jane を幸せにした。

to不定詞 He found a way **to make** **Jane** **happy**.
彼は Jane を幸せにするための方法を見つけた。

動名詞 **Making** **Jane** **happy** is important for him.
Jane を幸せにすることは彼にとって重要だ。

分詞構文 **Having made** **Jane** **happy**, he is happy, too.
Jane を幸せにしてしまって、彼もまた幸せである。

このように、いろいろな文法で使われても、結局形が変わるのは make だけで、その後は変わりません。動詞の後に何が来るかを５種類にまとめたものが文型といえるでしょう。「文」型ではなく、「動詞の型」と考えてもいいかもしれませんね。それでは、順番に見ていきましょう。

Lesson 1　5つの文型

先に述べた通り、英語の文型は次の5つでした。

S＝主語　V＝（述語）動詞　C＝補語　O＝目的語

1.	**S + V**	**SはVする**
2.	**S + V + C**	**SはS=Cである状態にVする**
3.	**S + V + O**	**SはOをVする**
4.	**S + V + O_1 + O_2**	**SはO_1にO_2をVする**
5.	**S + V + O + C**	**SはO=Cである状態をVする**

順番にくわしく見ていきましょう。

1 SはVする …… S+V

Examples

I work.　私は働きます。

All the students in the class are studying hard for the exam.
そのクラスの生徒全員が試験のためにがんばって勉強しています。

主語＋動詞からなり、「SはVする」という意味です。一番シンプルな文型ですが、SもVも複数の語になることも多く、修飾語句（おまけ）もつくことが多いので、短い文とは限りません。

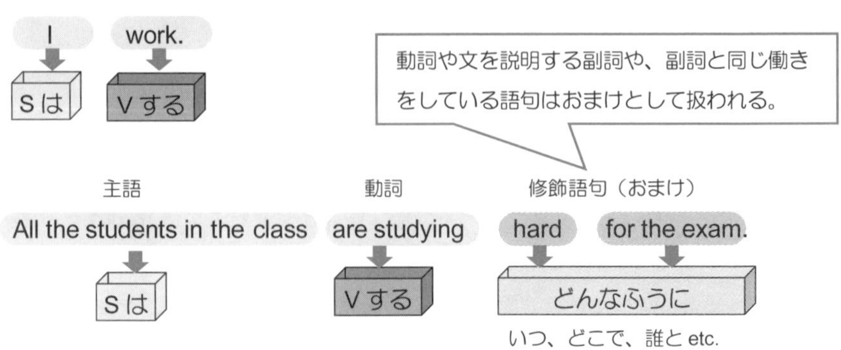

「いつ、どこで、誰と」など動詞や文を説明する副詞や副詞の働きをする語のまとまりは修飾語句（おまけ）として扱われ、S / V / O / C のいずれにも数えません。これは S / V / O / C が文の骨格を成すものであるのに対して、これらの語句は文の肉付けをするもので、なくても文の構造とはなんら関わりがないからです。先の例文で hard や for the exam を取っても文の構造が変わるわけではありませんが、主語や動詞をとると文として成り立たなくなる、あるいは、文型そのものが変わってしまいます。

Other examples

The computer shop opens at ten every day.

そのコンピューターショップは毎日 10 時に開店する。

The car in front of me suddenly stopped.　　私の前の車が突然止まった。

訳して Check! 1

1 The birth rate in this area rose by 10% last year.

2 Our company's good reputation is spreading across the country.

3 The sales of the product greatly improved through word of mouth.

4 農作物の値段は劇的に上がった。

5 数人の子どもたちが公園で遊んでおり、1 匹の犬が走り回っていた。

6 残念ながら、この革新的なはずの装置は非常によく機能不全を起こす。

1 **birth**「誕生」**rate**「率」**area**「地域」**rise**「増す rise-rose-risen」
by「(数量・程度) 分、~だけ」

2 **reputation**「評判」**spread**「広がる、広げる」**across A**「A の端から端まで」

3 **sales**「売り上げ」**product**「製品」**greatly**「大幅に」**improve**「改善する」
through A「A を通して」**word of mouth**「口コミ」

4 **price**「値段」**agricultural**「農業の」**produce**「生産物、農産物」
go up「上がる」**drastically**「劇的に」

5 **children**「子供たち (child の複数形)」**play**「遊ぶ」**run around**「走り回る」

6 **unfortunately**「残念なことに」
supposedly A（形容詞、副詞）「A なはずの、A と言われている、推定では A で」
innovative「革新的な」**device**「装置」**malfunction**「機能不全になる」
often「しばしば、たびたび」

2 S＝Cの関係……S＋V＋C

Examples

Mr. Smith is a teacher. Mr. Smith は教師です。

The baby in the bed looks very happy.

ベッドにいるその赤ちゃんはとても幸せそうだ。

動詞の後にC（補語）を必要とする文型です。補語とは「主語もしくは目的語の状態を説明する語」で、この文型の場合は主語を説明しS＝Cの関係が成り立ちます。つまり、この文型をとる動詞は"＝"（イコール）の働きを持っており、be 動詞と入れ替えても成り立ちます。

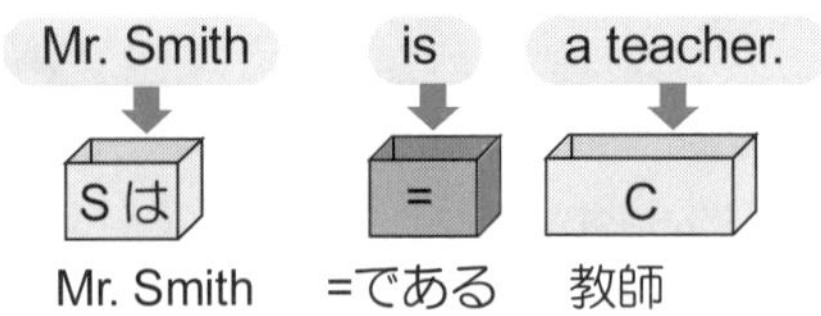

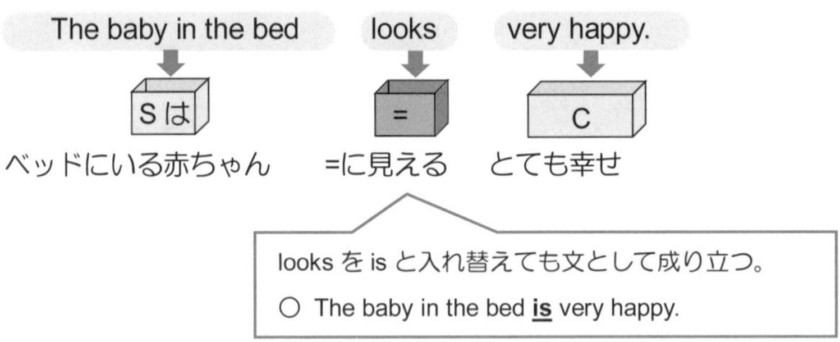

このS＋V＋Cの文型を取る動詞はいくつかの種類に分かれます。直訳すると不自然な日本語になることもありますので、訳にこだわらず感じをつかんでください。

A) ある状態であるということを表す動詞

S + be + C 「Cである」
Mary **is** happy. Maryは幸せだ。

S + look + C 「Cのように見える」
She **looks** tired. 彼女は疲れているように見える。

S + seem + C 「Cのようだ」
She **seems** sad. 彼女は悲しそうだ。

S + keep + C 「Cである状態を保つ」
You should **keep** warm. 暖かくしているべきだ。

S + remain + C 「Cである状態でいる」
He **remained** silent. 彼は黙っていた。

S + stay + C 「Cである状態でいる」
They **stayed** awake. 彼らは起きていた。

訳してCheck! ② 2

1 Paul looked nervous and worried when he left for his job interview.

2 Ms. Mo is very experienced, and her career prospects seem promising.

3 As the customer survey results were as expected, the sales staff seemed relieved.

4 このアンティークの宝石箱は上品に見える。

5 その店は､週末は夜12時まで営業している(stay)。

6 その会議の議事録は追って通知があるまで機密のままになります。

1 **nervous**「緊張して」**worried**「不安で」**leave for A**「Aに向かって出発する」**interview**「面接」
2 **experienced**「経験豊かな」**career**「仕事」**prospect**「見込み」**promising**「有望な」
3 **as**「～なので」**customer**「客」**survey**「(意見・聞き取り)調査」**as expected**「期待された通りで」**sales**「営業､販売」**relieved**「ほっとした」
4 **antique**「アンティークの」**jewelry box**「宝石箱」**elegant**「上品な」
5 **open**「営業して」**until**「～まで」**midnight**「夜12時」**on weekends**「週末に」
6 **minutes**「議事録(minute「分」の複数形)」**confidential**「機密の」**until A**「Aまで」**further**「さらなる」**notice**「知らせ」

B) ある状態になるということを表す動詞

S + get + C 「SはCである状態になる」

I **got** tired. 私は疲れた。

S + become + C 「SはCになる」

He **became** a teacher. 彼は先生になった。

S + grow + C 「SはCである状態にしだいになる」

People **grow** older. 人々は年を取る。

S + turn + C 「SはCである状態に変わる」

The traffic light **turned** red. その信号が赤に変わった。

S + go + C 「SはCである状態になる」

The company **went** bankrupt. その会社は倒産した。

S + make + C 「SはCになる能力・性質がある」

She will **make** a good doctor. 彼女はいい医者になるだろう。

訳してCheck! ③ 3

1 The weather in this region suddenly turned cold this morning.

2 Our gift vouchers make a perfect gift for a birthday, anniversary, or any other special occasion.

3 After my smartphone automatically updated its OS, the Internet connection became extremely slow and erratic.

4 私の姪が昨日5歳になったので、プレゼントを買った。

5 牛乳を冷蔵庫に入れてください。さもなければ、すぐに腐ります。

6 登山クラブのメンバーたちは疲れつつあったが、休みを取らずに山小屋に向かって歩き続けた。

1 **weather**「天気」**region**「地域」**suddenly**「急に」

2 **gift voucher**「商品券」**perfect**「完璧な」**anniversary**「記念日」**any**「いかなる」**other**「他の」**special**「特別な」**occasion**「機会、特別な出来事」

3 **automatically**「自動的に」**update**「アップデートする」**connection**「接続」**extremely**「極端に、きわめて」**slow**「遅い」**erratic**「不安定な」

4 **niece**「姪」**buy**「買う（buy-bought-bought）」**present**「プレゼント」
5 **put**「入れる」**refrigerator**「冷蔵庫」**otherwise**「さもなければ」**quickly**「すぐに」**go bad**「腐る」
6 **although**「～だけれども」**mountaineering**「登山」**break**「休憩」**keep *doing***「～し続ける」**toward A**「A に向かって」**mountain hut**「山小屋」

C) 感覚を表す動詞

S + feel + C 「**S は C である感じがする**」
I **feel** tired. 私は疲れているように感じる。

S + smell + C 「**S は C であるにおいがする**」
The soup **smells** good. そのスープはいい匂いがする。

S + sound + C 「**S は C であるように聞こえる**」
The idea **sounds** good. その考えはいいように聞こえる。

S + taste + C 「**S は C の状態である味がする**」
The soup **tastes** good. そのスープはおいしい味がする。

訳して Check! 4

4

1 I felt overwhelmed at the sight of the magnificent waterfall.
2 Although they were instant noodles, they tasted delicious.
3 When I was talking with Ian on the phone, he sounded reluctant to take on the assignment.
4 海外の顧客に英語でプレゼンテーションしたとき、私は緊張を感じた。
5 花瓶の香りの良い花のおかげで、オフィスは爽やかな匂いがした。
6 彼はバスが途中で故障したと言うが、その言い訳はもっともらしく聞こえない。

1 **overwhelmed**「圧倒されて」**at the sight of A**「A を見て」**magnificent**「壮大な」**waterfall**「滝」
2 **instant**「インスタントの」**noodle**「麺（の１本）」**delicious**「おいしい」
3 **on the phone**「電話で」**be reluctant to *do***「～するのに乗り気でない」**take on**「引き受ける」**assignment**「任務」
4 **give a presentation**「プレゼンテーションする」**overseas**「海外の」**client**「顧客」**nervous**「緊張して」
5 **thanks to A**「A のおかげで」**fragrant**「香りのよい」**vase**「花瓶」**refreshing**「爽やかな」

6 **say**「言う」**break down**「故障する」**on the way**「途中で」**excuse**「言い訳」**plausible**「もっともらしい、まことしやかな」

3 SはOをVする……S+V+O

Example

She bought a book at the bookshop.

彼女はその本屋で本を買った。

主語+動詞に目的語をつけて「SはOをVする」という意味になります。目的語は名詞か名詞に相当する語句が入り、通例「～を」の意味になります。

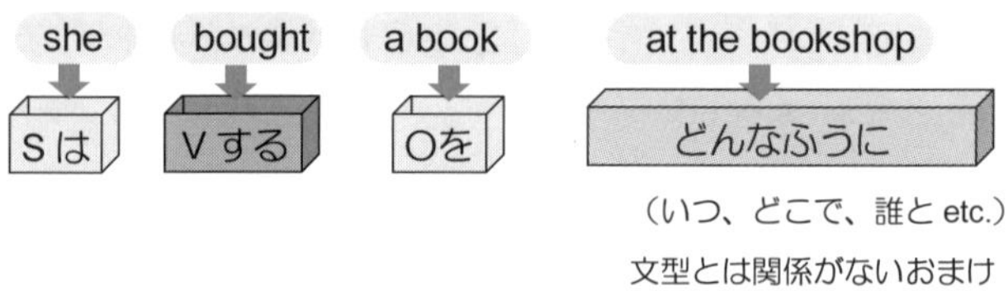

Other examples

She practiced the piano every day. 彼女は毎日ピアノを練習した。

I made a copy of the document before giving it to the manager.

部長に渡す前に、私はその書類のコピーを取った。

訳して Check! 5

5

1 This auditorium can accommodate up to 500 people.

2 We received an invoice from the store, but some of the figures weren't accurate.

3 An undertaking of this scope invariably requires careful strategic planning.

4 著者はその記事でサマータイムの利点を強調した。

5 Ms. Schmidtはその調査の結果について取締役会と議論した。

6 その調査は、その製品におけるいくつかの設計上の欠陥を明らかにした。

1 **auditorium**「講堂、公会堂」**accommodate**「収容する」**up to**「最大」
2 **receive**「受け取る」**invoice**「送り状、インボイス」**figure**「数値」**accurate**「正確な」
3 **undertaking**「事業」**scope**「規模」**invariably**「いつも、きまって」
require「必要とする」**careful**「注意深い」**strategic**「戦略的な」**planning**「立案」
4 **author**「著者」**emphasize**「強調する」**benefit**「利点」
daylight-saving time「サマータイム（直訳：日光節約時間）」**article**「記事」
5 **discuss**「議論する」**findings**「調査結果」**survey**「（意見などの）調査」
board of directors「取締役会、理事会」
6 **investigation**「調査」**reveal**「明らかにする」**design**「設計」**flaw**「欠陥、瑕疵」
product「製品」

4 SはO$_1$にO$_2$をVする……S＋V＋O$_1$＋O$_2$

Examples

I will give you a pen. 私はあなたにペンをあげましょう。
A friend of mine in Canada is going to send me a picture of the castle.
カナダにいる親友が私にその城の写真を送るつもりだ。

主語＋動詞に目的語を２つつけて「S は O$_1$ に O$_2$ を V する」の意味になります。１つ目の目的語には人・団体に相当する語が入ることが多く、「～に」に当たります。２つ目の目的語は主に物・事が入り「～を」の意味になります。

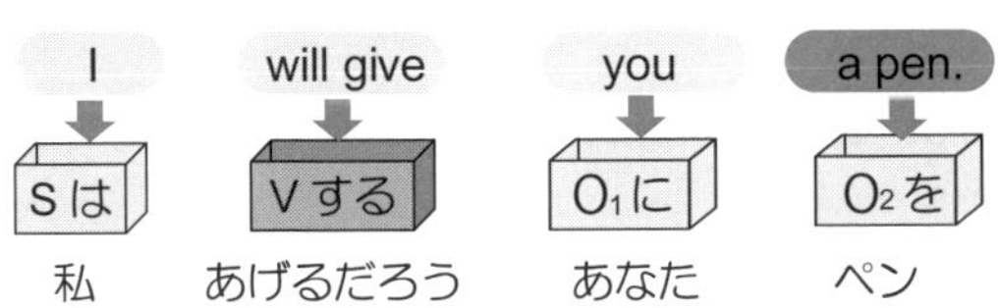

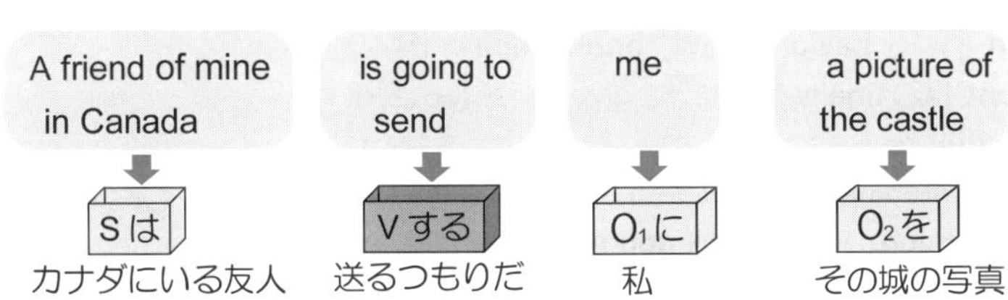

S+V+O+Oの文型をとる主な動詞

give	あげる	**bring**	持ってくる	**lend**	貸す	**send**	送る
show	見せる	**teach**	教える	**tell**	告げる	**write**	書く
buy	買う	**cook**	料理する	**make**	作る	**pay**	払う
offer	申し出る	**pass**	渡す	**save**	節約する	**promise**	約束する

Other examples

A colleague lent me her company car when I went to a client's office.

私が顧客のオフィスに行くとき、同僚が自分の社用車を貸してくれた。

This coupon saves you 50 cents on frozen food.

このクーポンは冷凍食品に対して50セント節約してくれます。

訳して Check! 6

6

1 The clerk gave me the receipt for the comforter, and I kept it just in case.

2 The manager showed the staff a draft of the new company logo.

3 This seminar will offer you a unique opportunity to learn basic bookkeeping.

4 彼の両親はとうとう折れて、彼にスマートフォンを買った。

5 昨年、不動産会社を通じて家を購入したとき、手数料を割引してくれた。

6 私は彼が月曜日までに週間報告書を終わらせなければならないことを知っていたので、手伝ってあげた。

1 **clerk**「店員」**receipt**「領収証」**comforter**「掛け布団」**keep**「保管する」**just in case**「万一のために」

2 **manager**「部長、経営者」**staff**「従業員たち」**draft**「草稿」**logo**「ロゴ」

3 **seminar**「セミナー」**unique**「絶好の」**opportunity to *do***「～する機会」**learn**「学ぶ」**basic**「基礎の」**bookkeeping**「簿記」

4 **parent**「親」**finally**「とうとう」**give in**「折れる、屈服する」**smartphone**「スマートフォン」

5 **real estate agency**「不動産会社」**give A a discount**「Aに値引きする」**commission**「手数料」**through A**「Aを通じて」

6 **as S+V**「S が V するので」**have to *do***「しなければならない」
finish「終える」**weekly**「週に 1 回の」**report**「報告書」**by A**「A までに」
give A a hand「A に手を貸す」

5 O＝Cの関係……S＋V＋O＋C

Examples

The story made Tom very sad.
その話は Tom をとても悲しくさせた。

The new manager of the sales department keeps her office tidy.
営業部の新しい部長は自分のオフィスをきれいに保っている。

I found the author's new book exciting.
私はその著者の新しい本を面白いと思った。

主語＋動詞の後に目的語と補語をとる文型で、O = C の関係が成り立ちます。きれいな日本語にはしにくいですが、「S は O = C の状態を V する」といった意味です。C には形容詞や名詞が入ります。

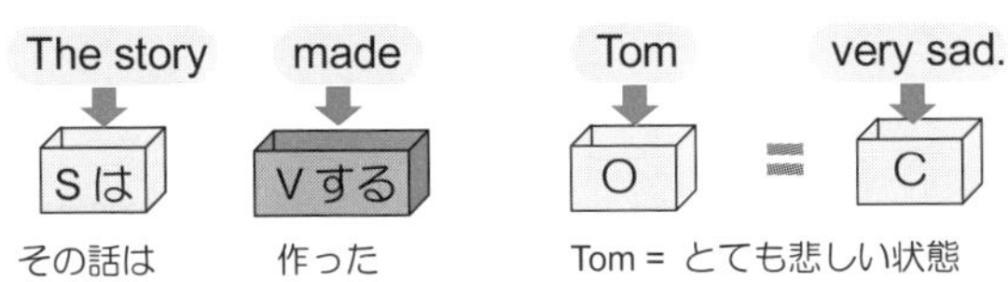

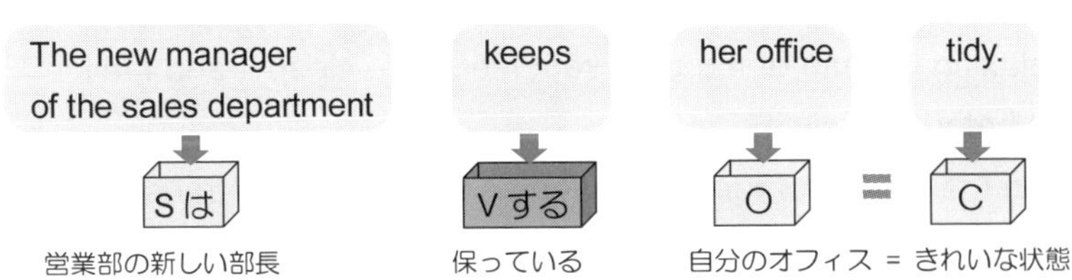

この文型に使われる動詞は主に次の通りです。

S + find + O + C	**「S は O = C であるとわかる・思う」**
I **found** the movie boring.	その映画はつまらないと思った。
S + keep + O + C	**「S は O = C の状態を保つ」**
She **keeps** her room clean.	彼女は自分の部屋をきれいにしている。
S + make + O + C	**「S は O = C の状態にさせる」**
Tom **made** her angry.	Tom は彼女を怒らせた。
S + leave + O + C	**「S は O = C の状態のまま放っておく」**
I **left** the door open.	そのドアを開けっ放しにしておいた。
S + call + O + C	**「S は O を C と呼ぶ」**
My classmates **call** me Ken.	クラスメートは私を Ken と呼ぶ。

Other examples

This woolen sweater keeps you warm and comfortable.

このウールのセーターはあなたを暖かく快適に保ちます。

The price and quality made the product popular.

価格と品質がその製品を人気にした。

訳して Check! ⑦

7

1 This book shows you 10 ways to keep your customers happy.

2 The relaxing warmth of the train seat made me sleepy, and I fell asleep before I knew it.

3 Being in the vicinity of railway stations and other public transport makes our inn an ideal base for travelers on a tight schedule.

4 調査は、当社のお客様のほとんどの方が、価格がお手頃だと思っていることを示している。

5 CEOはスタッフのために常に自分のオフィスのドアを大きく開けたままにしている。

6 私は初公演後のサイン会で劇作家のサインをもらって、彼の字を美しいと思った。

1 **way**「方法」**to *do***「〜するための」**customer**「客」
2 **relaxing**「くつろがせる」**warmth**「暖かさ」**seat**「座席」**sleepy**「眠い」
fall asleep「居眠りする (fall - fell - fallen)」**before I knew it**「知らないうちに」
3 **-ing**「〜すること（Lesson12「動名詞」参照）」**vicinity**「近所、付近」
railway「鉄道」**public transport**「公共交通機関」**inn**「宿」**ideal**「理想的な」
base「拠点」**traveler**「旅行者」**tight**「きつい、（時間が）余裕のない」
4 **survey**「調査」**show that S+V**「**S** が **V** すると示す」**most**「ほとんど」
customer「客」**price**「価格」**reasonable**「お手頃な」
5 **always**「いつも」**wide open**「広く開けて」
6 **get**「もらう」**playwright**「劇作家」**autograph**「（有名人の）サイン」
signing「サインすること」**event**「催し物」**premiere**「（劇などの）初日」
handwriting「筆跡、手書きの字」

Check this out! 自動詞と他動詞

自動詞とは目的語をとらない動詞、他動詞は目的語をとる動詞です。よって、文型で言うと、自動詞は第１文型と第２文型、他動詞は第３文型〜第５文型をとることになります。

1. S + V
2. S + V + C

→ 自動詞がとる文型

3. S + V + O
4. S + V + O_1 + O_2
5. S + V + O + C

→ 他動詞がとる文型

自動詞と他動詞の区別が役に立つのは、文型を考えるときと、もう１つ、辞書を引くときです。辞書では通例、動詞は自動詞と他動詞に分けて掲載しています。したがって、ある動詞を辞書で引く場合、目的語が後ろに続いている場合は、他動詞のところを、目的語がない場合は自動詞のところを見ればいいことになります。自動詞と他動詞で意味が異なる動詞もあるので、実は辞書を引くときには重要なポイントなのです。

Questions A

1 This magazine looks -------.

(A) interest (B) interesting (C) interestingly (D) interested

2 Even after she came home, Ms. Miller ------- industriously.

(A) worked (B) looked (C) became (D) was

3 The visitor ------- the receptionist his name.

(A) said (B) told (C) talked (D) spoke

4 Books usually ------- a good present for kids.

(A) is (B) have (C) make (D) becomes

5 Ms. Cho got a great score on the English exam, and it made her quite -------.

(A) excitingly (B) excitedly (C) excitement (D) excited

1 **interest**「興味、興味を持たせる」**interesting**「おもしろい」
interestingly「興味深そうに」**interested**「興味がある」

2 **industriously**「勤勉に」

3 **visitor**「来客」**receptionist**「受付係」

4 **usually**「たいてい」**present**「プレゼント」

5 **quite**「かなり」**excitingly**「わくわくさせるほど」**excitedly**「わくわくしたように」
excitement「興奮」**excited**「わくわくした」

Questions B

1 During her presentation, Ms. Smith expressed her opinion very -------.
(A) good (B) skillful (C) perfect (D) clearly

2 Although all the other staff supported the plan, Mr. Lee was ------- against it.
(A) strong (B) strongly (C) strength (D) strengthen

3 The proposal sounded ------- at first, but it turned out to be very costly.
(A) well (B) cheaply (C) feasible (D) greatly

4 According to the survey, nearly 90% of the customers ------- our new product too heavy.
(A) found (B) liked (C) took (D) praised

5 Rodman Cleaning is proud to ------- its customers with the best possible cleaning service.
(A) give (B) conduct (C) offer (D) provide

1 **during A**「Aの間」**express**「表明する」**opinion**「意見」**skillful**「熟練した、上手な」
2 **other**「他の」**support**「支持する」**strongly**「強く」**strength**「強さ」
strengthen「強くする」**against A**「Aに反対して」
3 **proposal**「企画」**at first**「最初は」**turn out to be**「～であるとわかる」
costly「コストがかかる」**cheaply**「安く」**feasible**「実現可能な」
4 **according to A**「Aによると」**survey**「調査」**nearly**「ほぼ」**customer**「客」
too「～すぎる」
5 **be proud to *do***「～することを誇りに思う」**conduct**「行う」**offer**「提供する」
provide「提供する」**possible**「可能な限り」

✔ Reverse Check 1 S+V

(音声 8)

1 この地域の出生率は去年10%増えた。

2 我が社の良い評判は国中で広がりつつある。

3 その製品の売れ行きは口コミを通して大幅に改善した。

4 The price of agricultural produce went up drastically.

5 Several children were playing in the park and a dog was running around.

6 Unfortunately, this supposedly innovative device malfunctions very often.

✔ Reverse Check 2 S+V+C 「ある状態である」を表す動詞

(音声 9)

1 Paulは仕事の面接に出かけたとき、緊張して不安げに見えた。

2 Ms. Moはとても経験豊富でキャリアの展望も有望そうだ。

3 お客様アンケート調査の結果が期待通りだったので、営業スタッフたちは安堵しているようだった。

4 This antique jewelry box looks elegant.

5 The shop stays open until midnight on weekends.

6 The minutes of the meeting will remain confidential until further notice.

✔ Reverse Check 3 S+V+C 「ある状態になる」を表す動詞

(音声 10)

1 今朝この地域の天気は突然寒くなった。

2 私どもの商品券は、誕生日や記念日、または他のいかなる特別な機会のための完璧な贈り物になります。

3 私のスマホはOSを自動的にアップデートした後、インターネット接続がものすごく遅く、不安定になった。

4 My niece turned five yesterday, so I bought her a present.

5 Please put the milk in the refrigerator. Otherwise, it will quickly go bad.

6 Although the members of the mountaineering club were getting tired, they didn't take a break and kept walking toward the mountain hut.

4 ある年齢に「なる」は実は turn がよく使われる。

✔ Reverse Check 4 S+V+C 感覚を表す動詞

(音声 11)

1 壮大な滝を見て圧倒される思いだった。

2 それはインスタント麺だったが、とてもおいしい味がした。

3 私がIanと電話で話しているとき、彼はその任務を引き受けるのが乗り気でなさそうに聞こえた。

4 When I gave a presentation to an overseas client in English, I felt nervous.

5 Thanks to the fragrant flowers in the vase, the office smelled refreshing.

6 He says his bus broke down on the way, but that excuse doesn't sound plausible.

Reverse Check 5 S+V+O 12

1 この講堂は最大500人を収容できる。

2 私たちはその店から送り状を受け取ったが、数値のいくつかが正確ではなかった。

3 この規模の事業は注意深く戦略的な立案をきまって必要とする。

4 The author emphasized the benefit of daylight-saving time in the article.

5 Ms. Schmidt discussed the findings of the survey with the board of directors.

6 The investigation revealed some design flaws in the product.

Reverse Check 6 S+V+O+O 13

1 店員は私に掛け布団のレシートをくれて、私は念のためそれを取っておいた。

2 部長がスタッフたちに会社の新しいロゴの草稿を見せた。

3 このセミナーは、基礎の簿記を学ぶ絶好の機会をあなたに提供するでしょう。

4 His parents finally gave in and bought him a smartphone.

5 The real estate agency gave me a discount on the commission when I bought a house through them last year.

6 As I knew he had to finish the weekly report by Monday, I gave him a hand.

Reverse Check 7 S+V+O+C 14

1 この本は、客を満足させておくための10の方法をあなたに示します。

2 リラックスさせるような電車の座席の暖かさが私を眠くさせ、私は知らないうちに居眠りしてしまった。

3 鉄道駅やその他の公共交通機関の近くにあることが、当宿をスケジュールに余裕のない旅行者の方々のための理想的な拠点にしています。

4 The survey shows that most of our customers find our prices reasonable.

5 The CEO always keeps the door of his office wide open for his staff.

6 I got the playwright's autograph at the signing event after the premiere, and I found his handwriting beautiful.

Chapter

2

時制

Lesson | 2 現在形・過去形・未来を表す表現

Lesson | 3 進行形

Lesson | 4 完了形

動詞の形は、動作がいつ起こるのかによって大きく現在・過去・未来に分けられ、さらにその動作がどのように行われるのかによって機能別に単純形（ふつうの形）・進行形・完了形・完了進行形の4つに分けられます。

現在・過去・未来	ふつうの形	その時点の習慣・状態・動作
	進行形	その時点で行っている最中の動作
	完了形	その時点までの継続・経験・完了
	完了進行形	その時点までの継続

現在・過去・未来にそれぞれ4つの形があるので、合計12パターンあることになります。

現在……何らかの形で現在と関係がある出来事を示す。

現在形　*do/does*　現在の習慣的動作や状態

I **eat** lunch at 12 every day.　私は毎日12時に昼食を食べます。

現在進行形　am/are/is *doing*　現在進行中の動作

I am **eating** lunch now.　私は今昼食を食べている最中です。

現在完了形　have *done*　現在までの完了・経験・過去から継続している状態

I **have eaten** lunch.　私はもう昼食を食べてしまいました。

現在完了進行形　have been *doing*

過去のある時点から現在までずっと継続している動作

I **have been eating** lunch since 1 o'clock.

私は1時から昼食を食べています。

過去……過去に起こった出来事を示す。

過去形 *did*　過去の習慣や動作・状態

I **ate** lunch at 12 yesterday.　私は昨日12時に昼食を食べた。

過去進行形 was/were *doing*　過去のある時点で進行中だった動作

I **was eating** lunch when you phoned me.

あなたが電話をくれたとき私は昼食を食べている最中だった。

過去完了形 had *done*　過去の時点までの経験・継続・完了

I **had eaten** lunch when you phoned me.

あなたが電話をくれたとき私はすでに昼食を食べてしまっていた。

過去完了進行形 had been *doing*　過去のある時点までずっとしてきた動作

I **had been eating** lunch for 30 minutes when you phoned me.

あなたが私に電話をくれたとき私は30分間昼食を食べていた。

未来……未来に起こる出来事を示す。

未来形 will *do*　未来のある時点で起こるだろう動作・状態

I **will eat** lunch at 12 o'clock tomorrow.　私は明日12時に昼食を食べる。

未来進行形 will be *doing*　未来のある時点で起こっている最中であろう動作

I **will be eating** lunch this time tomorrow.

私は明日のこの時間昼食を食べている最中だろう。

未来完了形 will have *done*　未来のある時点までの完了・経験・継続

I **will have eaten** lunch when she comes back from the meeting.

彼女が会議から戻ってきたときには私は昼食を食べてしまっているだろう。

未来完了進行形 will have been *doing*

未来のある時点までずっとしていることになるだろう動作

I **will have been eating** lunch for 1 hour in 5 minutes.

私はあと5分で昼食を1時間食べていることになる。

※未来形といっても、現在形eat(s)、過去形 ateのように動詞を決まった形に変化させるのではなく、willやbe going toを加えるなどさまざまな言い方があります。ここでは未来を表すのに使われる形と考えてください。

Lesson 2

現在形・過去形・未来を表す表現

I 現在形の使い方

A）現在の習慣と事実・状態を表す

Examples

I usually **leave** home at 7 a.m.	私はたいてい朝7時に家を出ます。
The Earth **goes** round the Sun.	地球は太陽の周りを回っている。
I **belong** to the tennis club.	私はテニスクラブに所属しています。

現在形は、状態動詞の場合は現在の状態を指し、動作動詞の場合は、現在の習慣や科学的事実など「いつもする」「いつもそうなる」ことを表します。

I usually **leave** home at 7 a.m.	習慣的に家を7時に出る
The Earth **goes** round the Sun.	今だけではなく、科学的事実
I **belong** to the tennis club.	今所属している状態である →belongは状態動詞

「現在形」という名前を聞けば、今やっている動作と思えますが、動作動詞を使って「今この瞬間行っている最中」という場合は「現在進行形」am / are / is *doing* を使います。日本語訳は、どちらも「～している」となりますので注意しましょう。

I **study** English every day.	私は毎日英語勉強**<u>しています</u>**。
I **am studying** English now.	私は今英語の勉強を**<u>しています</u>**。

Other examples

My job **starts** at 9 a.m. and ends at 6 p.m.
仕事は午前９時に始まり午後６時に終わる。

It **doesn't snow** a lot in my area.　私の地域では雪はあまり降らない。

The sales team all **understand** the importance of the project.
営業チームは全員そのプロジェクトの重要性を理解している。

訳して Check! ①

15

1 Ms. Yang often supervises several projects at a time.

2 Mr. Kent usually has lunch at the restaurant with his colleagues and occasionally with some executives.

3 Ms. Kang works flextime and she enjoys it very much because she can organize her own time better.

4 この物質は水をよく吸収し、数多くの応用法がある。

5 このサプリは5種類のビタミンと、その他の栄養素を含んでいる。

6 Toyo 市には人気の観光名所がいくつかあり、毎年約20万人がその街を訪れる。

1 **often**「しばしば」**supervise**「監督する」**several**「数個の」**at a time**「一度に」
2 **colleague**「同僚」**occasionally**「時々」**executive**「重役」
3 **flextime**「フレックスタイム」**organize**「段取りする」**own**「自身の」
4 **substance**「物質」**absorb**「吸収する」**well**「よく、うまく」**application**「応用、利用法」
5 **supplement**「サプリ」**contain**「含んでいる」**kind**「種類」**vitamin**「ビタミン」**other**「他の」**nutrient**「栄養素」
6 **There are As**「(複数の) A がある」**popular**「人気がある」**tourist**「旅行者」**attraction**「呼び物」**visit A**「A を訪れる」

B) 時・条件を表す接続詞

Example

Before I go to London tomorrow, I'm going to see Mr. Smith.
明日ロンドンに行く前に、私は Mr. Smith に会うつもりです。

時や条件を表す接続詞を使う場合、その節（S＋V を含むかたまりのこと）では、単純な未来を表す will は使わず、現在の時制（現在形・現在進行形・現在完了形・現在完了進行形）を使うことになっています。(過去のときは過去の時制を使います)

Before I **go** to London tomorrow, I**'m going to see** Mr. Smith.

明日の話だがbeforeの節なので現在形
このgoをwill goなどとしないように

↑主節の動詞は時間通り。未来の話なので
willやbe going toなどが必要

主に次のような接続詞があります。

時を表す接続詞

when　SがVするとき

When you **wake up** tomorrow morning, it will be sunny.

明日の朝あなたが目覚めたら、晴れているだろう。

as soon as　SがVするとすぐに

I'm going to take a bath as soon as I **finish** this report.

私はこのレポートが終わったらすぐにお風呂に入るつもりです。

after　SがVした後に

After I **watch** TV, I'll study.　テレビを見た後に勉強します。

before　SがVする前に

I'll leave here before he **comes** back.　彼が帰ってくる前にここを出ます。

until　SがVするまでずっと

I'll stay here until the rain **stops**.　雨が止むまでここにいます。

by the time　SがVするころまでには

By the time I **get** home tonight, I'll be tired.

今晩、家に着くころには私は疲れているだろう。

every time, each time　SがVするときはいつも

After you **move** to the area next month, you'll see sheep around every time you **go** out.

来月その地域に引っ越したら、外出するたびにヒツジを見かけるでしょう。

while　SがVする間

While I'**m** in London tomorrow, I'll see him.

私は明日ロンドンにいる間に彼に会う。

as　SがVするにつれて、SがVするとき

Please lock the door as you **leave** the office tonight.

今夜オフィスを出るとき、鍵をかけてください。

once いったんSがVすると

Once you**'ve got** used to the job, it will be easy for you.

いったんその仕事に慣れてしまえば簡単になるでしょう。

the moment / instant SがVした瞬間

The moment you **see** the kitten, you will like it.

その子猫を見た瞬間、好きになるでしょう。

条件を表す接続詞

if もしSがVしたら

If it **is** sunny tomorrow, I'll do the laundry.

もし明日晴れたら、私は洗濯します。

unless もしSがVしないなら

I won't go to the party unless you **go**.

あなたが行かないなら私もそのパーティーに行かない。

as long as SがVするなら、する限り、する場合のみ

As long as you **return** it tomorrow, you can use my car.

あなたが明日返してくれるなら、私の車を使ってよい。

provided that もしSがVするなら

I will help you provided that you **help** me with this work tonight.

あなたが今晩この仕事を手伝ってくれるなら、あなたを手伝ってあげよう。

訳してCheck! 2

16

1 Mr. Chang will stay in the dormitory until he finds an apartment.

2 After the conference is over at 3 o'clock, Ms. Ruiz will pick up her client at the station.

3 Unless we come up with a brilliant solution, we will fail to meet the deadline.

4 あなたがこの動画を見た後、彼女にもそのリンクを送ってください。

5 もし店側が明日私たちの値下げの要請を断ったら、私は彼らを説得してみます。

6 私の家の建設が完了する頃には、私は本社への転勤のせいで街にいないだろう。

1 **dormitory**「寮」**apartment**「アパート」
2 **conference**「会議」**be over**「終わる」**pick up**「迎えに行く」**client**「顧客」
3 **come up with**「(アイデアなど) を出す、思いつく」**brilliant**「すばらしい」
solution「解決策」**fail**「失敗する」**fail to *do***「~し損なう、できない」**meet**「満たす」
deadline「締切」
4 **video**「動画」**send**「送る」**link**「リンク」**as well**「もまた」
5 **decline**「断る」**request**「要請」**price reduction**「値下げ」
try to *do*「~しようとする」**convince**「納得させる、説得する」
6 **construction**「建設」**complete**「完成させる」
town「《無冠詞で》(自分の住んでいる) 町」**due to A**「A のせいで」
transfer「異動、転勤」**headquarters**「本社」

2 過去形の使い方

A) 過去の習慣と動作・状態

Examples

I **ate** dinner at 9 o'clock yesterday.
私は昨日9時に夕食を食べた。

I always **ate** dinner at 9 o'clock when I was a student.
私は学生のときいつも9時に夕食を食べていた。

I **belonged** to a tennis club when I was young.
若かったときテニスクラブに入っていた。

過去形は主に、状態動詞の場合は過去の状態、動作動詞の場合は過去のある時点で起こった動作や習慣だったことを述べるために使われます。過去の動作と習慣がともに同じ形なので、どちらの意味かは文脈で判断することになります。

I **ate** dinner at 9 o'clock yesterday.
過去の動作 ― 昨日のことだけ述べている。

I always **ate** dinner at 9 o'clock when I was a student.
過去の習慣 ― 学生のとき、夕食を9時に食べるのが習慣だった。

Other examples

I **lived** in London for 4 years because my university was there.

私の大学がロンドンにあったので、私は4年間そこに住んでいた。

I **attended** a negotiation with clients at 2, **had** a meeting after that, and **left** work at 6.

私は2時にクライアントとの交渉に出席して、その後会議があって、そして6時に職場を出た。

訳して Check! 3

17

1 Ms. Sosa was eligible for the position, so she applied for it.

2 The inclement weather delayed all the trains bound for Riverdale.

3 I suspected that this medicine was past its expiration date, but I took it anyway because my stomachache was so severe.

4 先月、その自動車メーカーはサブスクリプション制を導入した。

5 取締役会との会議で、Mr. Kaur は自分の提案を詳細に提示した。

6 Mr. Tanaka 以外の技術チームの全メンバーが部長の決定に同意した。

1 **eligible for A**「A に対して資格のある、適格な」**position**「職、地位」
apply for A「A に申し込む」

2 **inclement**「(天候が)ひどい」**delay**「遅らせる」**bound for A**「A 行きの」

3 **suspect**「~ではないかと疑う」**past**「過ぎた」**expiration date**「有効期限」
anyway「ともかく」**stomachache**「胃痛、腹痛」**severe**「深刻な」

4 **manufacturer**「製造業者」**introduce**「導入する」
subscription「サブスクリプション、定額制、定期購読(料)」**system**「制度」

5 **meeting**「会議」**board (of directors)**「取締役会、理事会」
present「提示する、発表する」**proposal**「提案、企画案」**in detail**「詳細に」

6 **member**「メンバー」**technical team**「技術チーム」**except A**「A 以外」
agree with A「A に同意する」**manager**「部長」**decision**「決定」

B) 過去の習慣や状態を表すused to

Example

I **used to play** tennis often.

以前はよくテニスをしたものだ。

過去における習慣や状態には used to *do*「かつて〜していたものだった」もよく使います。

used to *do*： かつて〜したものだった

I **used to play** tennis often. 以前はよくテニスをしたものだ。

過去の習慣

この否定は

did not use(d) to *do*： 以前は〜しなかったものだ

が使われます。used の -d はつけられることもあります。

I **didn't used to** play tennis. 以前はテニスをしなかったものだ。

Other examples

Ms. Cox **used to work** for a bank. Ms. Coxはかつて銀行に勤めていた。

There **used to be** a hotel in the city. この街にはかつてホテルがあった。

He **didn't use to be** good at tennis. 彼は、昔はテニスが得意ではなかった。

訳して Check! 4 18

1 We used to do business with the supplier, but we switched to another one several years ago.

2 Yamoh Groceries didn't use to carry stationery such as staplers or fountain pens, but they do now.

3 Mr. Singh used to be quite confident in his negotiation skills, and actually, his ability to find creative solutions in a deadlock often came in handy.

4 Ms. Karaba は営業担当として製薬会社で勤めていたものだった。

5 Ms. Roy は地元のテニスクラブに入っていたものだったが、ゴルフをやりだしてから辞めた。

6 私の近所には近代美術館があったものだった。そして、多くの旅行客がそこを訪れた。

1 **do business with A**「A と取り引きがある」**supplier**「納入会社」
switch to A「A に乗り換える」**another**「別の」
2 **carry**「扱う」**stationery**「文房具」**such as A**「A のような」
stapler「ホッチキス」**fountain pen**「万年筆」
3 **quite**「かなり」**confident in A**「A に自信のある」**negotiation**「交渉」
skill「技術」**actually**「実際に」**ability**「能力」**creative**「独創的な」
solution「解決策」**deadlock**「行き詰まり」**come in handy**「役に立つ、重宝する」
4 **work for A**「A（会社）で働く」**pharmaceutical**「製薬の」**as A**「A として」
sales「営業」**representative**「（客など外部の人に応対・折衝する）担当者」
5 **belong to A**「A に所属する」**local**「地元の」**quit**「やめる」**take up**「（趣味）を始める」
6 **modern**「近代の」**art gallery**「美術館」**neighborhood**「近所」
tourist「旅行客」**visit A**「A を訪れる」

Check this out! used to *do*とbe used to *doing*

used to *do* と be used to *doing*（～するのに慣れている）の混同に気をつけましょう。

used to *do*「～したものだ」

I **used to** work very hard.	一生懸命働いたものだった。
I'**m used to** work**ing** hard.	一生懸命働くのに慣れている。

be used to *doing*「～するのに慣れている」

I **was used to** get**ting** up early.	朝早く起きるのに慣れていた。
I **used to** get up early.	朝早く起きたものだった。

3 未来を表す表現

Examples

I think Jane **will get** a job soon.

私は、Jane はすぐに仕事を得ると思います。

I'**m going to take** a day off next week.

私は来週1日休みを取るつもりです。

I'**m playing** tennis with Sasha tomorrow.

私は明日 Sasha とテニスをする予定です。

未来を表す主な言い方は次の通りです。細かい意味よりも、まずこれらが未来のことを述べていると認識できるようにしましょう。

will	単なる未来の出来事・予測「～だろう」 話している最中にしようと決めたこと「じゃあ～します」
be going to	話す前からしようと決めていたこと「～するつもりです」 起こりそうな出来事「～しそうだ」
be *doing*	未来の予定 「～する予定だ」

Other examples

I don't think I **will** watch this video again.

私はこの動画を2度と見ないと思う。

What **are** you **going to** do tomorrow? 明日何をするつもりですか。

Mary **is flying** to Rome next week because she **is having** a meeting with a trading company there.

Mary は来週、現地の商社と会合があるのでローマに飛ぶ予定です。

訳して Check! 5 19

1 Ms. Kim is giving a sales presentation at a client's office tomorrow.

2 Mr. Gashi is not going to invest money in the startup at the moment.

3 The first issue of our new periodical, "Industry Journal", will feature some leading figures in industrial design.

4 Mr. Rojas はカナダに休暇に出かける前に、旅行日程表を入念に確認するつもりである。

5 若手スタッフの１人が来週結婚なので、我々は披露宴の会場に花束を贈る予定だ。

6 Ms. Monti は新しい家で落ち着いたと感じており、それで引越祝いパーティをする予定で、親戚の何人かも来る予定だ。

1 **sales**「営業」**presentation**「プレゼンテーション」**client**「顧客」
2 **invest**「投資する」**startup**「新興企業」**at the moment**「現在のところ」
3 **issue**「号」**periodical**「定期刊行誌」**feature**「特集する」**leading**「主要な」**figure**「人物」**industrial**「工業の」
4 **go on A**「A（旅行など）に行く」**vacation**「休暇」**check**「確認する」**itinerary**「旅行日程表」**carefully**「入念に、注意深く」
5 **one of As**「A たちのうちの１人」**junior**「後輩の、地位が下の」**staff**「従業員」**get married**「結婚する」**a bunch of A**「A の束」**reception**「（正式な）宴会」**venue**「会場」
6 **have *done***「～してしまっている（現在完了形）」**settle down**「落ち着く」**housewarming party**「引越祝いのパーティー」**relative**「親戚」

Check this out! その他の未来の表し方

未来を表す言い方には、この他に次のようなものがあります。

will be *doing*（未来進行形）　～することになっている
Mr. Smith **will be giving** a presentation at the conference.
Mr. Smith はその会議で発表を行うことになっている。
※未来における進行中の動作「～している最中だろう」の意味もある。Lesson 3 参照

be to *do*　（公式に）～する予定である
The president of ABC Corporation **is to make** an announcement.
ABC 社の社長は発表を行う予定だ。

do（現在形）（時刻表上）～する予定である
My flight **leaves** at 8:10 tomorrow morning.
私の飛行機は明日の朝 8 時 10 分に出発する。

Questions A

1 If you ------- the bus tomorrow, text me.
(A) will miss (B) miss (C) missed (D) missing

2 Mr. Lima ------- a presentation on his own.
(A) is used to give (C) used to giving
(B) use to give (D) is used to giving

3 Please let me know as soon as you ------- off the phone with the client.
(A) get (B) got (C) will get (D) had gotten

4 If it is rainy tomorrow, Ms. Kumar ------- home.
(A) stay (B) will stay (C) staying (D) stayed

5 By the time Mr. Roy ------- the task, it was well past midnight.
(A) finished (B) finish (C) will finish (D) finishes

1 **miss**「乗り遅れる」**text**「携帯電話でメッセージを送る」
2 **give a presentation**「プレゼンテーションをする」**on A's own**「A 1人で」
3 **let** + **O** + ***do***「O に～させる」**get off the phone**「電話を切る」
4 **rainy**「雨降りの」
5 **task**「仕事」**well**「かなり」**past A**「A を過ぎて」**midnight**「夜の 12 時」

Questions B

1 Mr. Thomas is going to ask his secretary to post a parcel for him after she ------- her lunch break today.

(A) take (B) took (C) will take (D) takes

2 Ms. Devi cut the cake with a new knife -------.

(A) tomorrow (B) last night (C) next Friday (D) at present

3 There ------- a beautiful fountain in front of the town hall.

(A) use to be (C) used to be

(B) was used to being (D) use to being

4 Mr. Brown's smartphone warned that the battery was low, so he ------- it into the charger left it for a while.

(A) plugged (B) plugs (C) plug (D) was plugging

5 Aquarmill Corporation ------- a flex system to accommodate the employees' needs. However, the management abolished it after 3 years because it turned out to be very costly.

(A) introduced (B) will introduce (C) introduces (D) introducing

1 **ask** + **O** + **to** ***do***「O に～するように頼む」**post**「投函する」
parcel「(英) 小包 (package)」**break**「休憩」
2 **cut**「切る」**with A**「A を使って」**knife**「ナイフ、包丁」**at present**「現在」
3 **fountain**「噴水」**in front of A**「A の前に」**town hall**「町役場」
4 **warn**「警告する」**battery**「電池」**plug**「(電気製品など) をつなぐ」**charger**「充電器」
leave「放っておく」**for a while**「しばらくの間」
5 **introduce**「導入する」**flex system**「フレックス制」**accommodate**「応える」
however「しかし」**management**「経営陣」**abolish**「廃止する」
turn out to be「～であるとわかる」**costly**「費用のかかる」

Reverse Check ❶ 現在の習慣と事実 20

1 Ms. Yang は一度に数個のプロジェクトを監督することがよくある。

2 Mr. Kent はたいていそのレストランで同僚と、そしてときどき何人かの重役たちと昼食を食べる。

3 Ms. Kang はフレックス制で働いていてそれをとても楽しんでいる。なぜなら、よりうまく自分自身の時間を段取りすることができるからだ。

4 This substance absorbs water well and has many applications.

5 This supplement contains five kinds of vitamins and other nutrients.

6 There are several popular tourist attractions in Toyo city, and about 200,000 people visit the city every year.

3 work on a flextime system としてもよい。

6 200,000 の読み方は two hundred thousand

Reverse Check ❷ 時・条件を表す接続詞 21

1 Mr. Chang は、アパートを見つけるまで寮に滞在します。

2 3時に会議が終わったあと、Ms. Ruiz は駅に顧客を迎えに行く。

3 すばらしい解決策を思いつかない限り、私たちは締切に間に合うことはできないだろう。

4 After you watch this video, send the link to her as well.

5 If the store declines our request for a price reduction tomorrow, I'll try to convince them.

6 By the time the construction of my house is completed, I won't be in town due to my transfer to headquarters.

Reverse Check ❸ 過去形 22

1 Ms. Sosa はその職に就く資格があったので、申し込んだ。

2 悪天候が Riverdale 行きの全ての電車を遅らせた。

3 私はこの薬は有効期限が過ぎているのではないかと疑ったが、胃痛があまりにもひどかったので、とにかくそれを飲んだ。

4 The car manufacturer introduced a subscription system last month.

5 At the meeting with the board, Mr. Kaur presented his proposal in detail.

6 All members of the technical team except Mr. Tanaka agreed with the manager's decision.

Reverse Check 4 used to *do*

23

1 私たちはその納入会社とかつて取引していたものだったが、数年前に別の会社に切り替えた。

2 Yamoh Groceries はホッチキスや万年筆のような文房具は扱っていなかったが、今は扱っている。

3 Mr. Singh は自分の交渉技術にかなり自信があったものだった。そして、実際行き詰まったときに独創的な解決策を見つけるという彼の能力はたびたび役に立った。

4 Ms. Karaba used to work for a pharmaceutical company as a sales representative.

5 Ms. Roy used to belong to a local tennis club, but she quit after she took up golf.

6 There used to be a modern art gallery in my neighborhood, and many tourists visited it.

2 stationery は不可算名詞。

Reverse Check 5 未来を表す表現

24

1 Ms. Kim は明日、顧客のオフィスで営業プレゼンテーションをする予定だ。

2 Mr. Gashi は現時点ではその新興会社に金を投資するつもりはない。

3 私どもの新しい定期刊行誌 "Industry Journal" 初号では、工業デザインにおける主要人物を数名特集します。

4 Before going on vacation in Canada, Mr. Rojas is going to check the itinerary carefully.

5 One of our junior staff is getting married next week, so we are sending a bunch of flowers to the reception venue.

6 Ms. Monti feels she has settled down in her new house, so she is having a housewarming party and some of her relatives are coming.

6「落ち着いてしまっている」の意味を出すために現在完了形が必要。

Lesson
3 進行形

I 現在進行形(**am / are / is *doing***)

現在進行形:　am / are / is + -ing 形

肯定文	I **am watching** TV.	私はTVを見ている最中だ。
否定文	He **isn't watching** TV.	彼はTVを見ている最中ではない。
疑問文	**Are** you **watching** TV?	あなたはTVを見ている最中ですか。

A) 〜している最中です

Example
She **is eating** dinner now.　彼女は今、夕食を食べている最中です。

現在進行形は主に、現在行われている最中の動作を表します。

Other examples

Ms. Schulz **is talking** to a client.　Ms. Schulzは顧客と話しているところだ。

He **is writing** an e-mail now.　彼は今Eメールを書いているところだ。

訳して Check! I　25

1 The kitchen faucet is leaking. It's just trickling now, but let's get a plumber before it gets bad.

2 The technical team is working around the clock to identify the cause of the power failure at the plant.

3 As a token of our appreciation for your long-time patronage, we are offering a 25% discount on all our products until the end of this month.

4 Speedie Deliveries 社は遅配の問題に取り組んでいる。

5 Dr. Stephen はより効率的な燃料電池のための素材の研究をしている。

6 私どもは、少なくとも5年の管理職の経験を持った、非常にやる気があり段取りのよい人物を現在募集中です。

1 **faucet**「水道の蛇口」**leak**「漏る」**trickle**「ぽたぽた落ちる」**get**「連れてくる」**plumber**「配管工、水道工事会社」
2 **technical**「技術的な」**around the clock**「昼夜ぶっ通しで」**identify**「特定する」**cause**「原因」**power failure**「停電」**plant**「工場」
3 **as A**「Aとして」**token**「しるし」**appreciation**「感謝」**long-time**「長い間の」**patronage**「愛顧」**offer**「提供する」**discount**「割引」**product**「製品」**until A**「Aまで（ずっと）」
4 **work on A**「Aに取り組む」**late**「遅れた」**delivery**「配達」
5 **research**「調査、研究」**material**「素材」**more**「もっと」**efficient**「効率的な」**fuel cell**「燃料電池」
6 **currently**「現在」**look for**「探す」**highly**「とても」**motivated**「意欲が高い」**organized**「てきぱきした、（仕事を）段取りよくできる」**individual**「個人」**with A**「Aを持った」**at least**「少なくとも」**five years of A**「5年のA」**experience**「経験」**managerial**「管理職の」**position**「地位」

B）～する予定です……未来の予定を表す現在進行形

Example

I'**m playing** tennis with friends tomorrow.

私は明日友人たちとテニスをする予定です。

Lesson 2でも取り上げた通り、現在進行形は未来の予定を表すことがあります。ただし、現在進行中の動作と区別するために、未来を表す語句を伴うか、その前に述べられていなければなりません。

I'**m playing** tennis with friends	**now.**	している最中
	tomorrow.	明日の予定

上記の例では「現在行われている最中の動作」か「明日の予定」かを決めるのはnow / tomorrowだけです。こういった語句がなければ文脈から判断しましょう。

Other examples

" What **are** you **doing** tomorrow? " "I'm working."

「明日何をする予定ですか」「仕事です」

We **are having** a barbecue next week. 私たちは来週バーベキューをする予定だ。

訳して Check! ②

26

1 Tomorrow is Sunday, but Jane and I are attending a networking event to develop contacts.

2 Our community center is holding a potluck on Sunday, and I'm going to bring some stew.

3 Our guest speaker, Ms. Nielsen is arriving at the airport at 9 tomorrow, so Mr. Hughes is picking her up at the terminal.

4 明日の午後２時に CEO が新しい製造工場を訪問する予定だ。

5 Jacob は明日、市の植物園の館長との面接がある。

6 Mr. Foster は７月にパッケージツアーでハワイに行く予定です。彼は、昨日旅程表とチケットを旅行代理店から受け取りました。

1 **attend**「出席する」**networking**「(仕事上の) ネットワーク作り」**event**「催し物」
to *do*「～するために」**develop**「開拓する」
contact「つて、コネ（援助、仲介、助言を求めて連絡できる人)」
2 **community center**「コミュニティセンター、公民館」**hold**「開催する」
potluck「ポットラック、食べ物を持ち寄る食事会」**stew**「シチュー」
3 **arrive at A**「A に到着する」**pick up**「車で拾う」**terminal**「ターミナル」
4 **visit A**「A を訪問する」**manufacturing plant**「製造工場」
5 **interview**「面接」**director**「園長」**botanical garden**「植物園」
6 **Hawaii**「ハワイ」**package tour**「パッケージツアー」 **receive**「受け取る」
itinerary「旅程表」**travel agency**「旅行代理店」

Check this out! 「しつつある」を表す進行形

「変わる」や「なる」など、そうでない状態からそうである状態に変わるという意味を内包する動詞や、「終える」など一瞬で終わる動作を指す動詞が進行形になると、「しつつある」といった意味になることがあります。

The company **is changing.** その会社は変わりつつある。
I'm getting hungry. 私は空腹になりつつある。
She **is finishing** her report. 彼女はレポートを書き終えようとしている。
I **was parking** my car when my cell phone rang.
私の携帯電話が鳴ったとき、私は車を駐車しようとしているところだった。

2 過去進行形（**was / were *doing***）

過去進行形： was / were ＋ ing 形

肯定文	I **was watching** TV.	テレビを見ている最中だった。
否定文	He **wasn't watching** TV.	テレビを見ている最中ではなかった。
疑問文	**Were** you **watching** TV?	テレビを見ている最中でしたか。

Example

I **was eating** dinner when she phoned me.

彼女が電話をくれたとき私は夕食を食べていた。

過去のある時点で進行中であった動作を表します。特に「何かが起こったとき、その瞬間にある動作を行っていた」という文で使われることが多く、したがって when など特定の時を表す語句とともに使われることが多いです。

I was eating dinner when she phoned me.

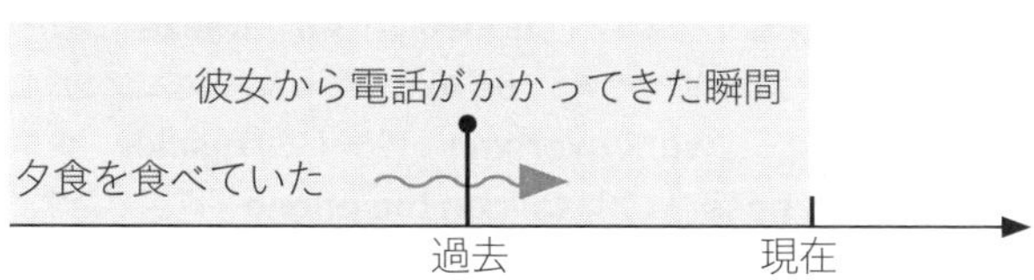

Other examples

What **were** you **doing** when I visited?

私が訪れたときあなたは何をしていたのですか。

I **was giving** a presentation at 3 o'clock yesterday.

私は昨日の３時にはプレゼンテーションをしていた。

訳して Check! 3

27

1 Ms. Ali was getting very nervous and somewhat apprehensive because her turn for the job interview was approaching.

2 While I was talking with a client on the phone, a coworker informed me that I had a visitor.

3 When my mobile phone rang, I was driving on a busy street, so I pulled over to take the call.

4 Mr. Rossi が工事現場を出たとき土砂降りだったが、すぐに晴れた。

5 Ms. Gomez がレポートを仕上げようとしていた間に、彼女のパソコンが突然フリーズして、彼女の3時間分の仕事が失われた。

6 Mr. Amar は残業をしたくなかったので、上司が電話で話しながら自分の方を見ていない間に素早くオフィスを出た。

1 **nervous**「緊張した」**somewhat**「幾分」**apprehensive**「不安な」**turn**「番」**job interview**「就職面接」**approach**「近づく」

2 **on the phone**「電話で」**coworker**「同僚」**inform**「知らせる」**visitor**「来客」

3 **mobile phone**「携帯電話」**busy**「交通量の多い」**pull over**「車を脇に停める」**take the call**「電話に出る」

4 **leave**「去る」**construction**「工事」**site**「現場」**pour down**「土砂降りの雨が降る」**soon**「すぐに」**clear up**「晴れる」

5 **finish**「仕上げる」**PC**「パソコン」**suddenly**「突然」**freeze**「フリーズする」**three hours of A**「3時間分のA」 **be lost**「失われた、なくなった」

6 **want to *do***「～したい」**work overtime**「残業する」**quickly**「素早く」**leave**「去る、出る」**boss**「上司」**talk on the phone**「電話で話す」**toward A**「Aの方に向いて、向かって」

3 未来進行形（**will be *doing***）

未来進行形： will be + ing 形

肯定文	I **will be** watching TV.	テレビを見ている最中だろう。
否定文	He **won't be** watch**ing** TV.	テレビを見ている最中ではないだろう。
疑問文	**Will** you **be** watch**ing** TV?	テレビを見ている最中でしょうか。

Example

This time tomorrow, I**'ll be lying** on the beach.

明日の今頃は、私はビーチに寝そべっているでしょう。

未来のある時点で行われている最中であろう動作を表します。

This time tomorrow, I'll be lying on the beach.

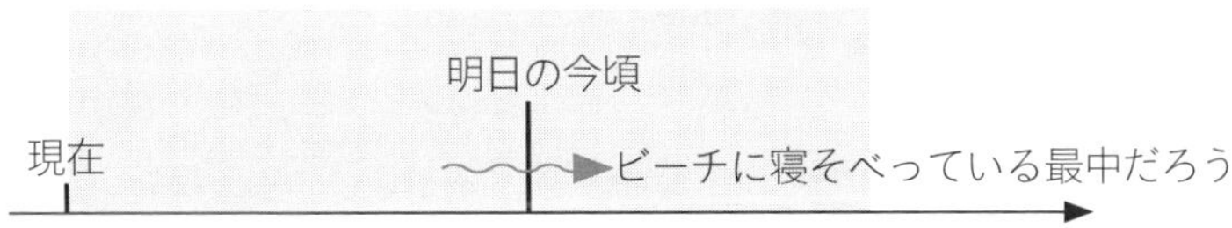

Other examples

What **will** you **be doing** when I visit you tonight?

私が今晩訪れたときあなたは何をしている最中ですか。

This time tomorrow, I**'ll be swimming** in the public pool.

明日の今頃、私は市民プールで泳いでいる最中だろう。

訳して Check! ④

28

1 Don't call or text me from 9 till 3 tomorrow afternoon. I'll be sleeping after the night shift.

2 Unfortunately, I'll still be writing this expense report when my superior comes back, and I know I'll be in big trouble.

3 When your flight arrives at the airport, my secretary will bc waiting for you outside the arrival gate in terminal 5.

4 私は８時には一番気に入っているオンラインチャンネルで動画を見ている最中だろう。

5 私たちが出張から帰ってきたとき、Mr. Santos はまだ売り上げの数値を表計算ソフトに入力している最中だと思いますか。

6 今夜は、スマホでゲームをするほかに特別なことは何もしていないと思うから、いつでも電話してね。

1 **text**「メッセージ・メールを送る」**night shift**「夜勤」
2 **unfortunately**「残念ながら」**still**「まだ」**expense**「出費、経費」**superior**「上司」
in trouble「困った状態で」
3 **secretary**「秘書」**arrival**「到着」**terminal**「ターミナル」
4 **video**「動画」**favorite**「一番好きな」**online channel**「オンラインチャンネル」
5 **think that S+V**「S が V すると思う」**still**「まだ、依然として」**input**「入力する」
sales「売り上げ」**figure**「数値」**spreadsheet**「表計算（ソフト）」**business trip**「出張」
6 **anything**「何も」**special**「特別な」**tonight**「今晩」**other than A**「A のほかに」
call A「A に電話する」**anytime**「いつでも」

Check this out! will be *doing*のもう1つの意味

未来進行形にはもう１つ「〜することになっている」の意味があります。

We **will be discussing** the problem at the next meeting.
次回の会議でその問題を話し合うことになっている。

どちらも同じ形ですので、どちらの意味かは文脈で決めましょう。

4 進行形にならない動詞

Examples

I **belong** to the tennis club.
私はそのテニスクラブに所属しています。

One of my friends **owns** a big house.
友達の１人が大きな家を所有している。

動詞のいくつかは進行形にならないものがあります。それらは主に、同じ状態が続くことを表す動詞や、自分の意思でやったりやめたりを繰り返せないような知覚や感情を表す動詞で、状態動詞と呼ばれます（Warming Up! 参照）。主な状態動詞は次の通りです。

have	所有している	**like**	好きである	**hate**	嫌いである
want	ほしい	**know**	知っている	**believe**	信じている
need	必要である	**love**	愛している	**remember**	覚えている
belong	所属している	**own**	所有している	**understand**	理解している
possess	所有する	**recall**	思い出す	**comprehend**	理解している

I have a car. ×I'm having a car …

I belong to the tennis club at school. ×I'm belonging to …

多くは「～している」という訳がつきます。また、これ以外の意味で使われている場合や特殊な用法では進行形になることもあります。たとえば、have は「食べる」の意味があり、その場合は eat と同じように進行形になります。

Other examples

Ms. Cohen still **remembers** her first day at work.

Ms. Cohen は今でも職場での初日のことを覚えている。

I **was having** dinner when my phone rang.

携帯が鳴ったとき、私は夕食を食べているところだった。

訳して Check! 5

29

1 The entrepreneur owns several major companies across Europe.

2 The management didn't comprehend the significance of the problem and therefore didn't take appropriate action.

3 Ms. Wong はその管理職のための十分な経験と資格を有している。

4 その出来事はかなり昔に起こったことなので、Mr. Hall はほとんど覚えていない。

1 **entrepreneur**「起業家」**major**「大規模な」**across A**「A の至るところに」

2 **management**「経営陣」**significance**「重大性」**therefore**「それゆえ」 **appropriate**「適切な」**action**「行動」

3 **enough**「十分な」**experience**「経験」**qualification**「資格」**managerial**「管理職の」 **position**「職」

4 **hardly**「ほとんど～ない」**incident**「出来事」**happen**「起こる」 **a long time ago**「かなり昔に」

Questions A

1 Ms. Biton ------- breakfast when the phone rang.
(A) had (B) has (C) was having (D) is having

2 Mr. Khat ------- to the local baseball team 10 years ago.
(A) belong (B) belonged (C) was belonged (D) was belonging

3 The ad campaign for the new products ------- not going well.
(A) were (B) are (C) did (D) was

4 Mr. Khin ------- the cattle when I visit him at the farm tomorrow.
(A) feed (B) was feeding (C) will be feeding (D) will be fed

5 When Mr. Martin showed up at the reception desk, the receptionist politely ------- him.
(A) greeted (B) to greet (C) was greeting (D) greeting

1 **breakfast**「朝食」**rang**「ring『鳴る』の過去形 ring-rang-rung」
2 **local**「地元の」
3 **ad**「広告 advertisement」**campaign**「キャンペーン」**go well**「うまくいく」
4 **feed**「～に餌をやる」**cattle**「(複数の家畜の) ウシ」
5 **show up**「現れる」**reception**「受付」**receptionist**「受付係」
politely「礼儀正しく」**greet**「挨拶する」

Questions B

1 Ms. Kim ------- a meeting with a client when her assistant rushed in her office.

(A) was having (B) had (C) has (D) is having

2 Ms. Yoon ------- a keynote speech at the international conference next week.

(A) making (B) is making (C) made (D) make

3 By the time you come out of the arrival gate, our driver ------ for you.

(A) will be waited (B) will wait (C) will be waiting (D) wait

4 The Doves River -------- faster than usual today because of the heavy rain last night.

(A) is flowing (B) flows (C) flow (D) flowing

5 Ms. Perera ------- a classified document when someone knocked on the door, so she put it away.

(A) read (B) is reading (C) reads (D) was reading

1 **client**「顧客」**assistant**「助手、アシスタント」**rush**「急いで行く」
2 **keynote speech**「基調演説」**international**「国際的な」**conference**「会議」
3 **arrival**「到着」
4 **flow**「流れる」**usual**「いつもの」**because of A**「A のせいで」**heavy rain**「激しい雨」
5 **classified**「機密の」**document**「書類」**someone**「誰か」
knock on A「A をノックする」**put A away**「A を片付ける」

Reverse Check 1 ～している最中です

30

1 キッチンの蛇口が水漏れしている。今はチョロチョロしているだけだけど、ひどくなる前に水道屋さんを呼ぼう。

2 技術チームは、工場での停電の原因を特定するために昼夜ぶっ通しで作業しているところだ。

3 長きにわたるご愛顧に対する感謝のしるしとして、今月末まで全商品に対して25％の割引をご提供いたしております。

4 Speedie Deliveries is working on late deliveries.

5 Dr. Stephen is doing research on materials for more efficient fuel cells.

6 We are currently looking for a highly motivated and organized individual with at least 5 years of experience in a managerial position.

Reverse Check 2 ～する予定です

31

1 明日は日曜日だが、Jane と私は人脈を開拓するためにネットワーク作りのための催し物に出席する予定だ。

2 私たちのコミュニティセンターがポットラックを日曜日に開催する予定で、私はシチューを持っていくつもりだ。

3 私たちのゲストスピーカーである Ms. Nielsen が明日の９時に空港に到着予定なので、Mr. Hughes がターミナルで彼女を拾う予定だ。

4 The CEO is visiting the new manufacturing plant at two p.m. tomorrow.

5 Jacob is having an interview with the director of the city botanical garden tomorrow.

6 Mr. Foster is going to Hawaii on a package tour in July. He received the itinerary and his tickets from the travel agency yesterday.

Reverse Check 3 過去進行形

32

1 Ms. Ali は、就職面接の自分の番が近づいてきたので、とても緊張し、やや不安になってきていた。

2 私が顧客と電話で話していると、私に来客だと同僚が伝えてくれた。

3 私の携帯電話が鳴ったとき、私は交通量の多い通りを車で走っていたので、電話に出るために車を脇に停めた。

4 When Mr. Rossi left the construction site, it was pouring down, but it soon cleared up.

5 While Ms. Gomez was finishing her report, her PC suddenly froze, and her three hours of work was lost.

6 Because Mr. Amar didn't want to work overtime, he quickly left the office while his boss was talking on the phone and not looking toward him.

5 was finishing については p.70 の Check this out! を参照

✓ Reverse Check 4 未来進行形

33

1 明日の9時から昼の3時は電話もメールもしないで。夜勤明けで寝てるから。

2 残念ながら、上司が帰ってきたとき私はまだこの出費報告書を書いている最中で、私は大変困ったことになるとわかっている。

3 あなたのフライトが空港に到着したとき、私の秘書が第5ターミナルの到着ゲートの外であなたをお待ちしています。

4 I'll be watching videos on my favorite online channel at 8 tonight.

5 Do you think Mr. Santos will still be inputting the sales figures into the spreadsheet when we come back from our business trip?

6 I don't think I will be doing anything special tonight other than playing games on my smartphone, so please call me anytime.

✓ Reverse Check 5 進行形にならない動詞

34

1 その起業家はヨーロッパ全体に数社の大企業を保有している。

2 経営陣はその問題の重大性を理解せず、それゆえ適切な行動をとらなかった。

3 Ms. Wong possesses enough experience and qualifications for the managerial position.

4 Mr. Hall hardly recalls the incident because it happened a long time ago.

Lesson

4 完了形

I 現在完了形(have *done*)

現在完了形： have / has ＋過去分詞

肯定文	I **have finished** the report.	すでに終えた
否定文	I **haven't finished** the report.	まだ終わっていない
疑問文	**Have** you **finished** the report?	もう終わりましたか

現在完了形は主に、現在までに完了した動作「～してしまっている」・現在までの経験「～したことがある」・現在までの状態の継続「ずっと～である」を表します。

have ＋過去分詞
- 現在までの経験　「～したことがある」
- 現在までの状態の継続　「今までずっと～である」
- 現在までに完了した動作　「すでに～してしまっている」

A) 現在までの経験　「～したことがある」

Example

I **have played** golf twice.

私はゴルフを２回やったことがある。

現在完了が経験「～したことがある」の意味を持つときは

before	以前に	**once**	１回	**twice**	２回	**three times**	３回
ever	これまでに(疑問文·if節で)			**never**	一度も～したことがない		

などがよく使われます。また「行ったことがある」は通常 have been to を使い、have gone to は「行ってしまった（今はいない)」という意味で使われます。

I have been to England **4 times.**　4回行ったことがある。
I have never met her **before.**　これまで一度も会ったことがない。
Have you **ever** seen a whale?　これまでに見たことがありますか。

Other examples

Have you ever **been** to the London branch?
これまでにロンドン支社に行ったことがありますか。

I**'ve never had** a pet in my life, but I want a dog.
私は自分の人生でペットを飼ったことはないが、犬がほしい。

訳してCheck! ①　35

1 Ms. Wong has never worked in marketing, but she is learning it quickly.

2 I've never tried any correspondence courses, but I'm thinking of taking this one on intellectual property.

3 Ms. Peeters will be assigned as the leader because she has overseen a similar project and made a vital contribution to its success.

4 運賃が高すぎるので、駅に行くのにバスを使ったことは一度もない。

5 陶磁器を集めるのがMs. Wuの趣味だが、彼女は今までに実際の陶器を作ったことがない。

6 その小売業者は今までにそのような巨大な損失を被ったことがないが、オーナーは事業についてかなり楽観的なままだ。

1 **marketing**「マーケティング」**quickly**「すばやく」
2 **correspondence course**「通信教育」**intellectual property**「知的財産」
3 **assign**「任命する」**oversee**「監督する」**similar**「似た」**vital**「不可欠な」**contribution**「貢献」**success**「成功」
4 **to *do***「〜するために」**get to A**「Aに着く、行く」**fare**「運賃」**high**「高い」
5 **real**「実際の、本物の」**pottery**「陶器」**although S+V**「SがVするけれども」***doing***「〜すること（動名詞 Lesson12）」**collect**「集める」**porcelain**「陶磁器」**hobby**「趣味」
6 **retailer**「小売業者」**suffer**「苦しむ・こうむる」**such**「そのような」**substantial**「かなりの、相当な」**loss**「損失」**remain**「〜のままである」**quite**「かなり」**optimistic**「楽観的な」**business**「商売」

B) 現在までの状態の継続　「ずっと～だ／～している」

Example

I **have known** her since she was born.

私は彼女を生まれたときから知っている。

現在完了は主に状態動詞とともに使われ、「ずっと～している」「ずっと～の状態である」という継続の意味を表します。この意味では since（～以来）、for（～の間）がよく使われます。since の後は状態が始まったときを表す語が入り、for の後には状態が続いている期間が入ります。また、since は S＋V をとることもできます。

I **have known** her
- **for** more than 20 years.　20 年以上の間
- **since** 2002.　2002 年から
- **since** she was born.　彼女が生まれてから

→sinceの後はS+VもOK

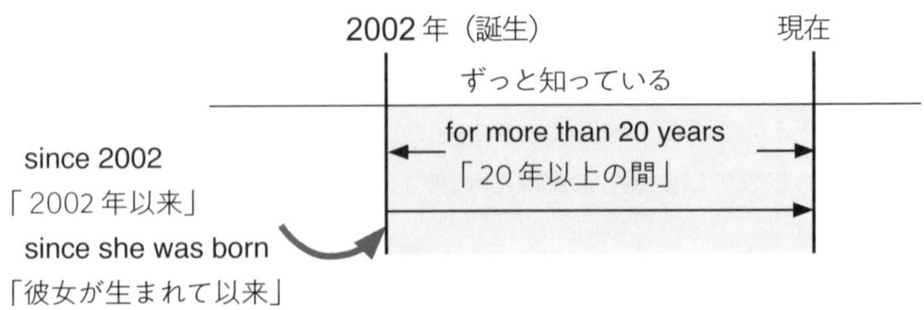

Other examples

We**'ve been** friends since high school.　私たちは高校以来の友人だ。

I**'ve wanted** the smartphone since it was released last year.

私は去年発売されてからずっとそのスマートフォンがほしい。

How long **have** you **been** in product development?

あなたはどれぐらい製品開発の仕事をしているのですか。

訳して Check! ②　36

1 Ms. Laing has been my immediate superior since I joined this company.

2 Beth has owned this stuffed dog for 25 years and it is still her favorite.

3 Mr. Bauer has lived in the old but spacious flat ever since he got a part-time job at the securities company. However, he is thinking of buying a condo if he can get a 30-year mortgage.

4 Ms. Tan は、先週車が故障して以来ずっと電車で通勤しなければならないでいる。

5 その部署の誰も Mr. Fox がミラノの地方本社に異動になって以来見ていない。

6 その作曲家が数年前に自分の作品の全集を出版してからずっと買いたかった。

1 **immediate**「直属の、即座の」**superior**「上司」**join**「加わる」
2 **own**「所有する」**stuffed**「ぬいぐるみの」**still**「今でも」**favorite**「一番好きな物」
3 **spacious**「広々とした」**flat**「(英) アパート」**part-time**「パートタイムの」
securities company「証券会社」**think of *doing***「～しようかと考える」
condo「分譲マンション」**mortgage**「住宅ローン」
4 **have to**「しなければならない」**commute**「通勤する」**work**「職場」
by train「電車で」**break down**「故障する」
5 **no one**「誰も～ない」**department**「部署」**transfer**「異動させる」
regional「地方の」**head office**「本社」**Milan**「ミラノ」
6 **composer**「作曲家」**complete**「完全な」**collection**「作品集」**work**「作品」
publish「出版する」

C) 現在までの動作の完了　「～してしまっている」

Example

I **have finished** my homework.　私は宿題を終えてしまっている。

現在完了は現在までの動作の完了「～してしまっている状態だ」を表します。動作を終えたのは過去ですが、今その状態を持っていると考えるといいでしょう。

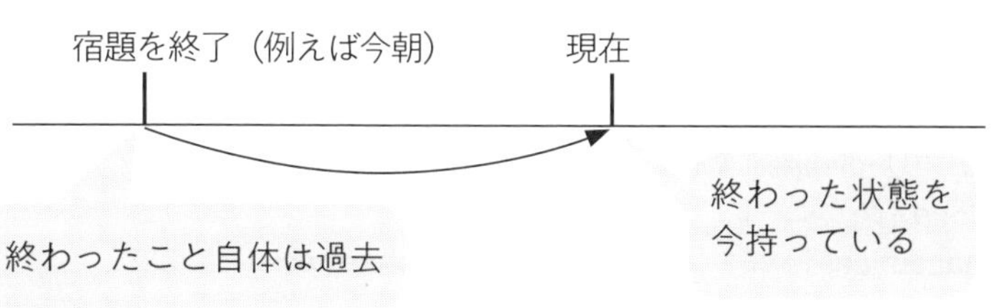

I **finished** my homework this morning.
私は今朝宿題を終えた。(過去形)

I **have finished** my homework.
私はすでに宿題を終えている。

この意味では already, just, yet がよく使われます。

already すでに（～してしまっている）

I've **already** done it. すでにそれをし終わっている。

just ちょうど（～してしまったところだ）

She's **just** gone to work. 彼女はちょうど仕事に行った。

yet 否定文 まだ（～してしまっていない）

He hasn't arrived **yet**. 彼はまだ着いていない。

疑問文 もう（～してしまいましたか？）

Have you read the book **yet**? その本をもう読みましたか？

訳して Check! ②

37

1 If you haven't submitted your transfer request yet, please hand it directly to Human Resources by the end of this month.

2 The investigation team hasn't determined the cause of the malfunction yet.

3 Although the game app was released just two weeks ago, it has already become the best seller of the year in terms of downloads.

4 その製薬会社は過去1年にわたって100人の薬剤師を採用している。

5 私たちはかなり手伝ったが、彼はまだ自分の仕事の残務に追いついていない。

6 Ms. Hong は先週、車を地元の整備工場に定期点検のために預けたが、まだ彼らから連絡がない。

1 **submit**「提出する」**transfer**「異動」**request**「要請、願い」**hand**「渡す」
directly「直接」
Human Resources (department)「人事部 (personnel department)」

2 **investigation**「調査」**determine**「特定する」**cause**「原因」
malfunction「不具合」

3 **app**「アプリ」**release**「発売する」**just**「たった」**in terms of A**「A の点で」
download「ダウンロード」

4 **pharmaceutical**「製薬の」**recruit**「採用する」**pharmacist**「薬剤師」
over「～にわたって」**past**「過去」

5 **a lot**「かなり」**catch up with A**「A に追いつく」**backlog**「やり残し」

6 **leave**「預ける」**local**「地元の」**garage**「整備工場」**routine**「定期的な」
maintenance「保守」**contact**「連絡する」**yet**「(否定文で) まだ」

② 現在完了進行形 (**have been *doing***)

Example

I **have been working** for the bank since 2002.

私は2002年からその銀行で働いています。

現在完了進行形： have / has been *doing*

肯定文	I **have been working** …	ずっと働いている
否定文	I **haven't been working** …	ずっと働いていない
疑問文	**Have** you **been working** …?	ずっと働いていますか

現在完了が「今までずっと～である」という状態の継続を表すのに対して、現在完了進行形は主に動作動詞の継続を表し「今までずっと～してきた」の意味を表します。また、現在完了 have *done* の継続「ずっと～してきた」と同じように for と since がよく使われます。

have been *doing* ＜ **for** ＋ 期間 / **since** ＋ 動作が始まったとき

I **have been working** for the bank ＜ **for** more than 20 years. / **since** 2002. / **since** I was 23 years old.

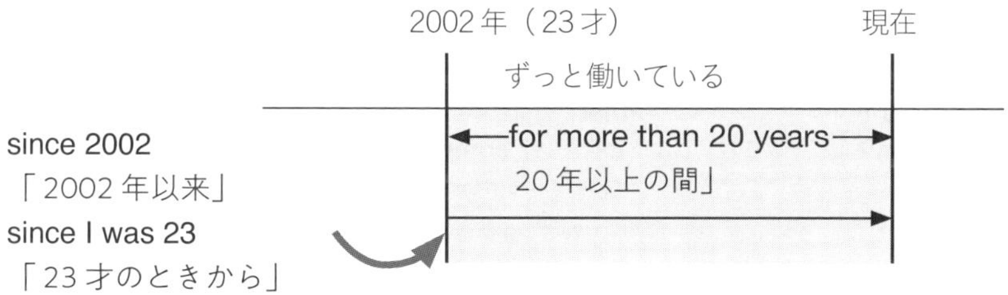

Other examples

How many years **have** you **been working** for the company?

その会社で何年間働いていますか？

I**'ve been waiting** for her reply since I emailed her last week, but she hasn't contacted me.

私は先週彼女にメールしてから返信を待っているがまだ連絡がない。

訳してCheck! 4

38

1 The management has been trying to solve the financial problems for some time.

2 I've been reading this magazine for a year, but I'm not going to renew the subscription next time because it covers the same topics over and over again.

3 Mon Ami Confectionary has been proudly serving the local community with a diverse selection of exquisite sweets for 25 years.

4 私は郊外に分譲マンションを買うためにずっとお金を貯めてきた。

5 私たちはこの2か月にわたって納入会社と価格について交渉してきたが、彼らは妥協しようとしない。

6 Linds Computers 社の技術部は常に最新の技術を製造工程に組み込もうとしてきた。

1 **management**「経営陣・経営者側」**try to *do***「～しようとする」
solve「解決する」**financial**「財政の」**for some time**「かなり長い間」

2 **renew**「更新する」**subscription**「定期購読」**cover**「報道する、取り上げる」
same「同じ」**topic**「話題」**over and over again**「何度も何度も」

3 **confectionary**「菓子店、菓子類」**proudly**「誇りをもって」
serve「仕える、奉仕する」**diverse**「多種多様な」**selection**「精選品」
exquisite「すばらしい」**sweets**「スイーツ」

4 **save**「貯める」**in order to *do***「～するために」**condominium**「分譲マンション」
suburb「郊外」

5 **negotiate**「交渉する」**supplier**「納入会社」
won't「どうしても～しようとしない」**compromise**「妥協する」

6 **tech department**「技術部」**always**「いつも」**try to *do***「～しようとする」
incorporate「組み込む」**cutting-edge**「最新の」**technology**「技術」
manufacturing「製造の」**process**「工程」

Check this out! 過去の言葉と一緒になれない現在完了

「現在」完了形は、名前の通り現在形の仲間ですので yesterday, last year, 2 years ago など、過去の「そのときに」を表す語句とは直接一緒に使えません。いつその動作をしたかを言う場合は、過去形を使います。 また when を使った疑問文でも過去形を使います。

× I have finished the report yesterday. → I finished …
× When have you finished the report? → When did you finish …

3 過去完了形（**had *done***）

Example

I **had written** the report when my boss came back.
上司が戻ってきたときには、私は報告書を書き終えていた。

過去完了形： had ＋ 過去分詞

肯定文 I **had written** the report when my boss came back.
書き終えてしまっていた

否定文 I **hadn't written** the report when my boss came back.
まだ書き終えていなかった

疑問文 **Had** you **written** the report when your boss came back?
もう書き終えてしまっていましたか

現在完了を１つ過去にずらした形です。つまり過去にある出来事があって、

そのときまでにすでに行われてしまっていた動作　～してしまっていた
そのときまでにやったことがある動作　～したことがあった
そのときまでずっと継続していた状態　～していた

を表します。

「私が駅に着いたとき、その電車はすでに出発してしまっていた」
When I **got** to the station, the train **had left.**
got to したのは過去　しかし had left したのはさらにその前

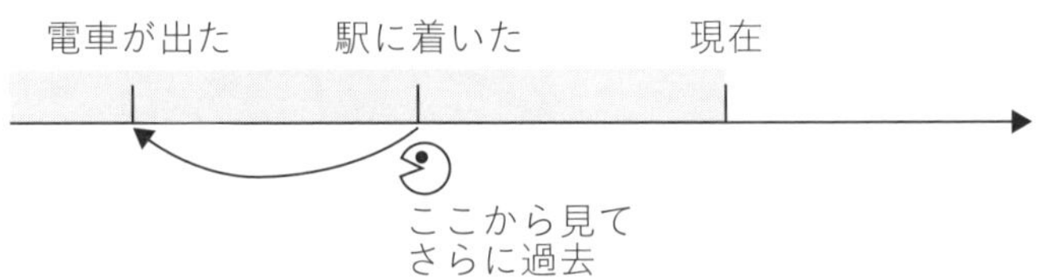

「私が Mr. Jackson に初めて会ったとき、彼はパリに５年いた」
When I first **met** him, Mr. Jackson **had been** in Paris for 5 years.
初めて会った時点で　その時までずっといた。

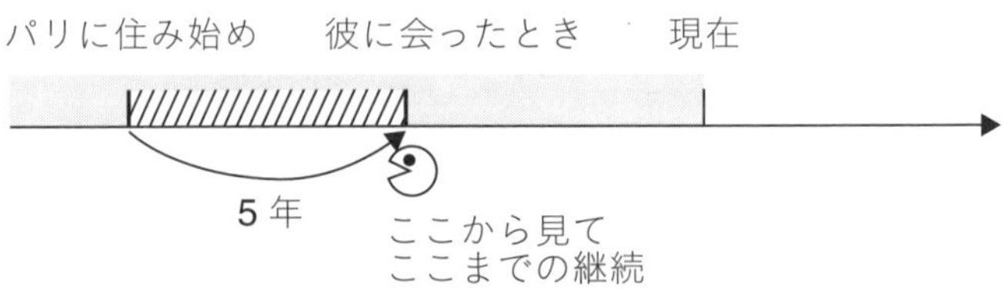

このように過去完了形は、ある出来事が過去に起こって、さらにその前に行われていた動作やそのときまでずっと行われていた動作を表すために使われます。このため「どの時点で」が必要であることに注意してください。

Other examples

When I arrived at the party, Jake **had** already **gone** home.

私がそのパーティーに着いたとき Jake はすでに帰っていた。

When Taro met Mary, he **had** never **spoken** to a foreigner before.

Taro が Mary に会ったとき、彼はそれまで一度も外国人と話したことがなかった。

When I visited her in Paris last year, I **had known** her for 5 years.

私が昨年パリに彼女を訪れた時点で、私は彼女を５年間知っていた。

訳してCheck! ⑤ 39

1 Mr. Marino had already resigned from his job when I called him at the office last month.

2 I went to the clothing store to pick up my suit pants, but they hadn't finished hemming them yet.

3 He'd devoted himself to the research for more than 10 years when he finally made a breakthrough.

4 私が初めて Ms. Bah に会ったとき、彼女は一度もその国に行ったことがなかった。しかしながら、今はその文化や慣習をよく知っている。

5 私たちがその映画館に着いたとき、すでにその映画は始まっていたので次の上映を待つことにした。

6 彼女はその USB メモリがなくなっているのに気がついた。そして、チームの誰かが断りもなくそれを持っていったのだと思った。

1 **resign from A**「A をやめる、辞職する」
2 **clothing store**「衣料品店」**pick up**「引き取る」**suit**「スーツ」**pants**「ズボン」
hem「裾上げする」
3 **devote oneself to A**「A に身を捧げる」**research**「調査・研究」
more than A「A よりも多い」**finally**「とうとう」**breakthrough**「突破口」
4 **first**「初めて」**however**「しかしながら」**be familiar with A**「A をよく知っている」
culture「文化」**custom**「慣習」
5 **get to**「着く」**movie theater**「映画館」**decide to *do***「～することにする」
wait for A「A を待つ」**showing**「上映」
6 **notice**「気付く」**USB memory**「USB メモリ」**be missing**「なくなっている」
without asking「断りもなく」

Questions A

1 Ms. Hofer ------ Finnish since last year.

(A) have studied (C) has been studying

(B) is studying (D) studied

2 Mr. Prifti ------- to France on business three times last month.

(A) has been (B) has gone (C) went (D) goes

3 Mr. Dupont ------- the chairperson of this committee for three years now.

(A) has been (B) had been (C) is (D) was

4 When Ms. Shehu returned to the office, the client ------- and was waiting.

(A) has arrived (B) arrives (C) is arriving (D) had arrived

5 When Ms. Steiner called Mr. Bell at work, he ------- for their scheduled meeting, so she called him on his cell phone.

(A) had left (B) left (C) was left (D) has left

1 **Finnish**「フィンランド語」
2 **on business**「仕事で」
3 **chairperson**「議長」**committee**「委員会」
4 **return**「戻る」
5 **scheduled**「予定された」**cell phone**「携帯電話」

Questions B

1 Due to the prolonged unstable weather, the Grand Hotel ------- more than 100 cancellations so far this month.

(A) received (B) have received (C) was receiving (D) has received

2 Since Ms. Horvat has some experience in marketing, the director ------- her for the project team at tomorrow's meeting.

(A) had chosen (B) will be chosen (C) chose (D) will choose

3 By the time Ms. Dubois reached the meeting place, all the participants -------.

(A) gathered (B) has gathered (C) had gathered (D) was gathered

4 Over the past 3 quarters, the company's profitability ------- consistently improving.

(A) was (B) have been (C) is (D) has been

5 After yesterday's negotiations at the client's office, Mr. Lau was completely worn out, so he ------- straight home.

(A) went (B) has gone (C) had gone (D) goes

1 **prolonged**「長引いた」**unstable**「不安定な」**cancellation**「キャンセル」
so far「今までのところ」
2 **experience**「経験」**marketing**「マーケティング」**director**「部長」
choose「選ぶ choose-chose-chosen」
3 **reach**「着く」**participant**「参加者」**gather**「集まる」
4 **over A**「Aにわたって」**past**「過去」**quarter**「四半期」**profitability**「収益性」
consistently「一貫して」**improve**「改善する」
5 **negotiation**「交渉」**completely**「完全に」**worn out**「疲れ切った」
straight「まっすぐに」

Reverse Check 1 「～したことがある」 40

1 Ms. Wong はマーケティングの仕事をしたことはないが、急速に学びつつある。

2 私は通信教育をやってみたことは一度もないが、知的財産に関するこのコースは受けることを考えている。

3 Ms. Peeters は、一度似たようなプロジェクトを管理してその成功に不可欠な貢献をしたことがあるので、リーダーとして任命されるだろう。

4 I've never used the bus to get to the station because the fare's too high.

5 Ms. Wu has never made any real pottery before although collecting porcelain is her hobby.

6 The retailer has never suffered such substantial losses before, but the owner remains quite optimistic about the business.

Check this out! 経験を表す have gone to

"have gone to" は通常「行ってしまっている」の意味で使われますが、アメリカ英語では「～に行ったことがある」という意味で使うこともあります。見かけたときは文脈に合わせて柔軟に理解してください。

Reverse Check 2 「ずっと～している／ずっと～だ」 41

1 Ms. Laing は、私がこの会社に入ってからずっと直属の上司だ。

2 Beth はこの犬のぬいぐるみを 25 年所有しており、今でも一番のお気に入りだ。

3 Mr. Bauer は、その証券会社でパートの仕事を得てからずっとその古いけれども広々としたアパートに住んでいる。しかし、もし 30 年の住宅ローンを借りることができるなら、分譲マンションを買うことを考えている。

4 Ms. Tan has had to commute to work by train since her car broke down last week.

5 No one in the department has seen Mr. Fox since he was transferred to the regional head office in Millan.

6 I have wanted to buy the composer's complete collection of works since he published it a few years ago.

3 30-year のように数と名詞の単数形がハイフンでつながると形容詞になる。
また、ever since は「～以来ずっと」の意味。

4 have to「しなければならない」の完了形が使われている。

Reverse Check 3 「～してしまっている」 42

1 まだ異動願いを提出していないなら、今月末までに直接人事部にお渡しください。

2 調査チームはまだその不具合の原因を特定していない。

3 そのゲームアプリはたった2週間前に発売されたばかりだが、すでにダウンロード数では今年のベストセラーになっている。

4 The pharmaceutical company has recruited 100 pharmacists over the past year.

5 Although we have helped him a lot, he hasn't caught up with his work backlog.

6 Ms. Hong left her car at the local garage for routine maintenance last week, but they haven't contacted her yet.

Reverse Check 4 現在完了進行形 43

1 経営陣はかなり長い間その財政問題を解決しようとしてきた。

2 私はこの雑誌を1年間読んできたが、次回は定期購読の予約を更新しないつもりだ。なぜなら、同じ話題を何度も何度も取り上げるから。

3 Mon Ami Confectionaryは25年にわたり、多種多様なすばらしいスイーツの精選品で地域社会に誇りをもって貢献してまいりました。

4 I've been saving money in order to buy a condominium in the suburbs.

5 We have been negotiating the price with the supplier, but they won't compromise.

6 The tech department of Linds Computers has always been trying to incorporate cutting-edge technology into its manufacturing process.

Reverse Check 5 過去完了形 44

1 私が先月Mr. Marinoの職場に電話したとき、彼はすでに退職していた。

2 衣料店にスーツのズボンを引き取りに行ったが、まだ裾上げが終わっていなかった。

3 とうとう突破口を開いたとき、彼は10年以上その研究に身を捧げていた。

4 When I first met Ms. Bah, she had never been to the country. However, she is now familiar with its culture and customs.

5 When we got to the movie theater, the movie had already started, so we decided to wait for the next showing.

6 She noticed that the USB memory was missing and thought someone on the team had taken it without asking.

Chapter

3

助動詞

助動詞は動詞の直前に置かれ、動詞にいろいろなニュアンスを添えます。そして、カートリッジのように交換するだけでいろいろな意味を加えることができます。

主語 ＋ 助動詞 ＋ 動詞の原形

David [**can** / **should** / **may** / **must**] study

David は勉強 [することができる / すべきだ / するかもしれない / しなければならない]

否定文 **助動詞にnotをつける**

She **should not** stay here. 彼女はここにとどまるべきではない。
He **cannot** play the piano. 彼はピアノを弾くことができない。
⇒ cannot は１語として書く

疑問文 **助動詞を前に出す**

May I open the window? 窓を開けてもいいですか。
Should I tell her the truth? 彼女に真実を告げるべきでしょうか。

また、それぞれの助動詞には複数の意味があります。大きく２種類の意味を覚えておきましょう。

主な助動詞と意味

	固有の意味	推量・可能性
can	できる してもよい	ことがある、しうる はずがない（否定文で）
may	してもよい	かもしれない
should	すべきだ	はずだ
must	しなければならない	に違いない
will	だろう（未来） しよう（意志）	だろう（現在の推量）
could	できた（canの過去） することもできる（提案）	かもしれない
might	してもよいのではないか	かもしれない（mayと同じ）
ought to	すべきだ（shouldと同じ）	はずだ（shouldと同じ）

また、助動詞 ＋ have ＋過去分詞の形で過去の意味を表すものもあります。

should have *done* すべきだったのに（しなかった）
may / might have *done* したかもしれない
must have *done* したに違いない
can't / couldn't have *done* したはずがない

I **should have studied** harder for the exam.
私はその試験のためにもっと勉強すべきだった。

He **might have missed** the train. 彼は電車に乗り遅れたのかもしれない。

Someone **must have left** the lights on.
誰かが電気をつけっぱなしにしておいたに違いない。

She **can't have made** such a careless mistake.
彼女がそんな不注意な間違いをしたはずがない。

それでは、順番に見ていきましょう。

Lesson

5 can/could/may/might

I can

A) 能力・可能を表す（～することができる）

Example

Tim **can** play the piano very well although he never practices.

Tim は全く練習しないが、とても上手にピアノを弾くことができる。

can は「～できる」という能力や可能を表す意味を持ちます。否定語の cannot は他の助動詞とは異なり can と not の間にスペースが入りません。

can	**できる**
cannot	**できない**
can't（短縮形）	

Tim **can** play the piano very well.

⇒ **できる**

Other examples

Up to 5 people **can** sleep comfortably in this tent.

最大5名がこのテントで快適に寝ることができます。

This printer **can** print 100 copies a minute when needed.

このプリンターは必要なら1分間に100枚印刷できる。

訳して Check! I

45

1 You can earn better interest if you keep a minimum balance of $100 in your savings account with our bank.

2 At Denton Tours, part-timers can get paid holidays as well as other perks.

3 Further information on our products, including their specifications and our rate schedules, can be obtained from our website.

4 彼は体操が得意なので、逆立ちして1分間じっとしたままでいられるし、前後に動くことすらできる。

5 この割引券は有効期限がなく、私どものどの店舗でも引き換えられます。

6 もしレシートあるいは他の支払いを証明するものを持っていないなら全額返金を受けることはできません。

1 **earn**「得る」**better**「より良い」**interest**「利子」**keep**「維持する」
minimum「最低」**balance**「残高」**savings account**「普通預金口座」

2 **part-timer**「パート従業員」**paid holiday**「有給休暇」**A as well as B**「B同様Aも」
other「他の」**perk**「(給料以外に得られる)支給品や特典(perquisite)」

3 **further**「さらなる」**product**「製品」**including A**「Aを含めて」
specifications「仕様」**rate schedule**「料金表」**obtain**「入手する」

4 **be good at A**「Aが得意である」**gymnastics**「体操」
stand on one's hands「逆立ちする」**stay**「ままでいる」**still**「じっとした」
even「さえ」**back and forth**「前後に」

5 **voucher**「引換券、割引券」**expiration**「(期間の)満了」**date**「日付」
redeem「商品などに換える」 **any**「どれでも」

6 **receipt**「レシート」**other**「他の」**proof**「証明するもの」**payment**「支払い」
full「全部の」**refund**「返金」

B) 許可を表す(～してもよい)

Example

"**Can** I use your dictionary ? " "Sure."

「あなたの辞書を使ってもいいかい」「もちろん」

canはまた「～してもよい」という許可を表す意味にもなります。後述のmayよりも口語的です。

can	**してもよい**
cannot	**してはいけない**
can't	(短縮形)

Can I use your dictionary?
⇒ **してもよい**

Other examples

Can I turn up the heater? ヒーターの温度を上げてもいい?

You **can** go home if you have finished the test.

もし試験が終わったのなら家に帰ってもいいですよ。

訳して Check! ②

46

1 In our petting zoo, children can touch our very tame animals.

2 Employees can take seven or more consecutive paid holidays only if their section chief approves their request.

3 Employees cannot use company phones for non-business purposes and the manager reserves the right to review their call history at their own discretion.

4 受験者は試験中、いかなる電子機器も使用してはいけません。

5 この会社駐車場は登録者専用です。従業員であっても、駐車許可証を取得していない限り、ここに駐車することはできません。

6 Mr. Reid が、あなたが退職した後の後任になるので、彼をあなたの送別会に招待してもいいですか？

1 **petting zoo**「ふれあい動物園」**touch**「触る」**tame**「飼い慣らされた」
2 **consecutive**「連続した」**paid holiday**「有給休暇」**section chief**「課長」
approve「承認する」**request**「申請」
3 **employee**「従業員」**purpose**「目的」 **reserve**「(権利)を保有する」**right**「権利」
review「検証する」**call history**「通話履歴」
discretion「自由裁量」**at A's own discretion**「A 自身の裁量で」
4 **examinee**「受験者」**electronic**「電子の」**device**「機器」**during A**「A の間」
5 **parking lot**「駐車場」**registration only**「登録者のみ」**even**「でさえ」
employee「従業員」**park**「駐車する」**unless S+V**「S が V しない限り」
obtain「取得する」**parking**「駐車」**permit**「許可証」
6 **since S+V**「S が V するので」**replacement**「後任」**retirement**「(定年) 退職」
invite「招待する」**farewell party**「送別会」

C) canと他の助動詞との併用

Examples

If I stay in the U.S. for a year, I **might be able to** speak English well.

米国に１年間滞在したら、私はうまく英語を話せるようになるかもしれない。

他の助動詞と組み合わせたり、完了形にするときは be able to を使います。

完了形	have + can	=	have been able to
助動詞	may + can	=	may be able to

Other examples

You **should be able to** speak English if you want to study abroad.
留学したいなら英語が話せたほうがいい。

I lost the key, and I still **haven't been able to** find it.
私はカギをなくして、まだそれを見付けることができないでいる。

訳して Check! 3

47

1 After our seminar, you will be able to use this spreadsheet software like an expert.

2 Due to a shortage of key materials, the research team has not been able to conduct the experiment yet.

3 With this deregulation, we may be able to overcome the many obstacles to our attempts to enter the market.

4 私たちの会社は過去10年の間ずっと業界の最先端にとどまることができてきた。

5 お客様のアカウントが6か月間使用されない場合、当社はそれを停止し、ご連絡いただくまでお客様はログインできなくなります。

6 採用された求職者は採用日から8週間以内に当方との雇用を開始できなければなりません。

1 **seminar**「セミナー」**spreadsheet software**「表計算ソフト」**expert**「専門家」
2 **shortage**「不足」**key**「重要な」**material**「材料」**conduct**「実施する」**experiment**「実験」
3 **with A**「Aがあれば」**deregulation**「規制緩和」**overcome**「克服する」**obstacle**「障害」**attempt**「試み」**enter**「参入する」**market**「市場」
4 **remain**「とどまる」**forefront**「最前線、中心、先頭」**industry**「業界」
5 **account**「アカウント」**inactive**「使われていない」**suspend**「停止する」**log in**「ログインする」**until**「～まで」**contact**「連絡する」
6 **successful**「成功した」**candidate**「求職者、候補者」**commence**「開始する」**employment**「雇用」**within A**「A以内に」**date**「日付」**hire**「雇用」

② could

Example

I **could** run very fast when I was young.

若かったときはとても速く走ることができた。

could は can の過去形として過去の習慣的能力、つまり過去においてやろうと思えばいつでもできた動作を表します。

could	**～できた**
could not	**～できなかった**

I **could** run very fast when I was young.

⇒ 速く走る能力を保持していた

あくまでも過去の時点で何かができる能力を保持していたという意味ですので、ある機会に実際にできたという意味では使いません。その場合は、was able to や managed to *do*、もしくは単なる過去形など別の言い方が必要です。

? I <u>**could**</u> pass the exam yesterday.　私は昨日の試験に合格できた。

- managed to「なんとか～できた」
- was able to「～できた」
- または動詞を過去形にする

? I <u>**could**</u> speak English better than usual in yesterday's lesson.

昨日のレッスンではいつもより英語をうまく話せた。

ただし、否定文や before の節内では過去の特定の行為にも使えます。

I **couldn't** speak English well yesterday.　昨日は英語をうまく話せなかった。

She left the room before I **could** say, "Bye".

私が「さよなら」と言える前に彼女は部屋を出た。

Other examples

I **couldn't** find a hotel, so I stayed the night in my car.

ホテルが見つからなかったので、私は自分の車の中で１泊した。

In high school, I **could** run a full marathon in two and a half hours.

私は高校時代フルマラソンを２時間半で走ることができた。

訳して Check! ④

48

1 At the age of five, Jane could do three-digit multiplication in her head.

2 After deducting her expenses, Ms. Stacy couldn't make a profit from the sales at the flea market. However, at least she had fun.

3 When the economy was booming 30 years ago, you could take out a loan very easily. Some banks were even asking customers to borrow from them.

4 Ms. Mo couldn't get a full refund for the faulty sewing machine, but she received a voucher worth double the purchase price.

5 Ms. Maesは、若い頃に数カ国を話すことができた。そして、通訳として働いていた。

6 彼は２枚の推薦状を前の雇用主から入手することはできなかったが、それでもなんとか面接を受けることができた。

7 採用委員会はその仕事の空きのために最後に残った２人の候補者のどちらかを選ぶことができなかったので、両者を雇った。

1 **age**「年齢」**digit**「数字のけた」**multiplication**「掛け算」**head**「頭」

2 **deduct**「引く」**expense**「経費」**profit**「利益」**sales**「売り上げ」
flea market「蚤の市」**at least**「少なくとも」**fun**「楽しみ」

3 **economy**「経済」**boom**「好況である」**take out**「(ローンなど) を組む」
loan「ローン」**easily**「簡単に」**even**「さえ」**ask A to *do***「Aに～するように頼む」
borrow「借りる」

4 **full**「完全な」**refund**「返金」**faulty**「欠陥のある」**sewing machine**「ミシン」
voucher「割引券」**worth A**「Aの価値がある」**double**「2倍」
purchase「購入」**price**「価格」

5 **language**「言語」**interpreter**「通訳」

6 **reference**「推薦状」**previous**「前の」**employer**「雇用主」
still「それでも」**manage to *do***「なんとか～できる」**interview**「面接」

7 **hiring committee**「雇用委員会」**choose between**「～のどちらかを選ぶ」
last「最後の」**candidate**「候補者」**opening**「(仕事の) 空き」**hire**「雇用する」
both「両方」

3 may

A) 推量（～するかもしれない）

Example

I **may** pass the exam.　私はその試験に合格するかもしれない。

may は「～するかもしれない」の意味を持ちます。

may	**～するかもしれない**
may not	**～しないかもしれない**

I **may** pass the exam.
⇒ かもしれない

Other examples

He **may** be practicing the piano now.
彼は今ピアノを練習している最中かもしれない。

There **may** be more than 10 French restaurants in that city.
あの街には10軒以上のフランス料理レストランがあるかもしれない。

訳して Check! 5　49

1 Mr. Mendoza may not be in time for the conference if he misses the connecting flight.

2 Owing to unforeseen logistical challenges, the launch of the new product may be postponed.

3 Some of the chemicals in this fertilizer may cause environmental damage, so do not dispose of it down the drain.

4 開発チームはその調査の結果を検討している最中かもしれない。

5 チャリティーオークションの収益は、100万ドルに達するかもしれない。

6 この新条例は、もし市議会が今期可決すれば、地元社会に貢献するかもしれない。

1 **in time for A**「Aに間に合って」**conference**「会議」**miss**「乗り遅れる」**connecting flight**「接続便」

2 **owing to A**「Aのせいで」**unforeseen**「予期しない」**logistical**「物流上の」**challenge**「課題、難問」**launch**「開始、新発売」**postpone**「延期する」

3 **chemical**「化学物質」**fertilizer**「肥料」**cause**「引き起こす」
environmental「環境の」**damage**「損害」**dispose of A**「Aを捨てる」
down A「A（～の下）に」**drain**「排水口」

4 **development**「開発」**examine**「検討する」**outcome**「結果」
survey「（アンケートなどによる）調査」

5 **proceeds**「収益」**charity**「慈善事業」**auction**「オークション」
amount to A「総計Aになる」**million**「百万」**dollar**「ドル」

6 **ordinance**「条例」**contribute**「貢献する」**community**「地域社会」
city council「市議会」**pass**「（法案など）を可決する」**session**「会期」

B) 許可（～してもよい）

Example

You **may** leave the room after the interview.

面接のあと退室してよろしい。

may	**～してもよい**
may not	**～してはならない**

You **may** leave the room after the interview.
⇒ **してもよい**

特に、上の立場の者が「～してもよい」という許可を与えるときに使われます。また、May I / we ～？は「してもよろしいですか？」と許可を求める表現で、フォーマルな言い方となります。

Other examples

May I borrow your pen? ペンをお借りしてもよろしいですか？

You **may not** open the window. 窓を開けてはいけません。

訳して Check! 6

50

1 Employees may not use the copier for personal purposes.

2 At this city library, registered patrons may borrow up to 10 books at a time for 4 weeks.

3 All content on this website is protected by copyright law and may not be reproduced in any way without written permission.

4 直属の上司の許可なく実験室の中に入ってはいけません。

5 従業員は、いかなる社内文書も紙でも電子的にでも社外に持ち出すことはできません。

6 大人の付き添いがあるときのみ、小さな子どもはこのプールを使用できます。

1 **copier**「コピー機」**personal**「個人的な」**purpose**「目的」
2 **registered**「登録された」**patron**「(店などの) 利用者、顧客」**borrow**「借りる」
up to A「最大 A」**at a time**「一度に」
3 **content**「コンテンツ」**protect**「保護する」**copyright**「著作権」
reproduce「複製する」**in any way**「いかなる方法でも」**written**「書面による」
permission「許可」
4 **enter**「入る」**laboratory**「実験室」**without A**「A なしで」
immediate「直属の」**superior**「上司」**permission**「許可」
5 **take A outside B**「A を B の外に持ち出す」**internal**「内部の」
document「書類」**whether A or B**「A だろうと B だろうと」
on paper「紙で、書面で」**electronically**「電子的に」
6 **children**「子どもたち」**pool**「プール」**accompany**「付きそう」**adult**「大人」

4 might

Example

I **might** play tennis tomorrow.　私は明日テニスをするかもしれない。

may「かもしれない」とほぼ同じ意味です。may と同じように現在・未来の出来事を表し、過去の意味ではないことに注意してください。

might	**するかもしれない**
might not	**しないかもしれない**

I **might** play tennis tomorrow.
⇒ **かもしれない**

Other examples

She **might** come to the party, but I'm not sure.
彼女はパーティーに来るかもしれないが、確かではない。

There **might** not be a hotel in that city.
その街にはホテルがないかもしれない。

訳して Check! ⑦

51

1 There might be some typos in the draft of the instruction manual.

2 Due to the current shortage of electricity, many businesses and households might experience sudden outages.

3 The Littleworth site is not large enough for a new fulfillment center, so we might have to repurpose the materials warehouse, instead.

4 その応募者はいくつかの関連資格を持っているので、最終選考に残されるかもしれない。

5 質の低い材料がその故障の原因かもしれないが、まだ確認されていない。

6 より多くの作業員をそこで雇用する前に、我々は最初にHolton工場を近代化しなければならないかもしれない。なぜなら、設備があまりに旧式だからだ。

1 **typo**「誤字」**draft**「草稿」**instruction manual**「説明書」
2 **current**「現在の」**shortage**「不足」**electricity**「電気」**business**「企業」
household「家庭」**experience**「経験する」**sudden**「突然の」**outage**「停電」
3 **site**「敷地」**enough**「十分に」
fulfillment center「フルフィルメントセンター、梱包倉庫」
repurpose「転用する」**material**「原料」**warehouse**「倉庫」
instead「代わりに」
4 **applicant**「応募者・申込者」**relevant**「関連した」**qualification**「資格」
shortlist「最終候補者名簿に載せる」
5 **low-quality**「質の低い」**material**「材料」**cause**「原因」
malfunction「機械の不調」**confirm**「確かめる」
6 **modernize**「近代化する」**plant**「工場」**first**「まず」**recruit**「新規に採用する」
there「そこで」**equipment**「設備」**so**「あまりに」**obsolete**「旧式の」

Check this out! 過去の意味では使わないmight

might は形としては may の過去形ですが、例外を除き過去の意味で使うことはありません。「したかもしれない」は may / might have *done*、「してもよかった」は was allowed to *do*「～することを許された」など別の表現を使います。

Questions A

1 Ms. Kent might ------- us tomorrow, but no one is sure.
(A) visiting (B) visits (C) visit (D) will visit

2 When Ms. Costa was a student, she ------- play the cello very well.
(A) is able to (B) can (C) could (D) was capable of

3 When Mr. Mora had a toothache, he ------- not eat anything.
(A) could (B) can (C) have been able to (D) is able to

4 The company ------- be developing a new product.
(A) has (B) may (C) is able to (D) will be able to

5 I'm not sure, but you ------- need a photo ID to pick up your passport. So, you should take one with you, just in case.
(A) cannot (B) may not (C) will be able to (D) might

1 **sure**「確かである」
2 **cello**「チェロ」
3 **toothache**「歯痛」**anything**「(否定文で) なにも～ない」
4 **develop**「開発する」
5 **photo ID**「写真付きの身分証明書」**pick up**「(取りに行って) 受け取る」
take A with 自分「一緒に持っていく」**one**「1つ」**just in case**「念のため」

Questions B

1 The IT team will likely ------- find the cause of the mechanical problem.

(A) can (B) be capable of (C) be able to (D) used

2 Our new consultant ------- be able to compile her recommendations until next week.

(A) may (B) may not (C) might (D) has

3 The airline staff ------- locate Mr. Hall's checked-in luggage, so they offered compensation.

(A) could (B) have (C) could not (D) have not

4 Gram Cereals Ltd might actually ------- a new line of cereals in the near future.

(A) launching (B) will launch (C) launch (D) launches

5 The company ------- stay ahead of competitors over the past 5 years with innovative products.

(A) has been able to (B) can (C) will be able to (D) may

1 **likely**「おそらく」**cause**「原因」**mechanical**「機械的な」

2 **consultant**「コンサルタント」**compile**「まとめる」**recommendation**「提言」**until A**「Aまでずっと」

3 **airline**「航空会社」**locate**「探し出す」**checked-in luggage**「預け入れ荷物」**offer**「申し出る」**compensation**「補償」

4 **actually**「実際」**launch**「販売開始する」**line**「商品のラインアップ」**cereal**「シリアル」**in the near future**「近い将来」

5 **stay ahead of A**「Aの先を行く」**competitor**「競合他社」**over A**「Aにわたって」**innovative**「革新的な」

Reverse Check ❶ can「～することができる」 52

1 当行の普通預金口座で最低100ドルの残高を維持すると、より良い利息を得ることができます。

2 Denton Tours社では、パートタイムの従業員は他の支給物と同様に有給休暇も得られます。

3 仕様や料金表を含む、当社の製品に関するさらなる情報は、当社のウェブサイトから入手できます。

4 He is good at gymnastics, so he can stand on his hands, stay still for a minute, and even move back and forth.

5 This voucher has no expiration date and can be redeemed at any of our stores.

6 If you don't have your receipt or other proof of payment, you can't get a full refund.

3 can be obtained は受動態になっている。5 の can be redeemed も同様。
4 still に「じっとした」という意味があるのに注意。また、頭をつける逆立ちをする場合は stand on one's head

Reverse Check ❷ can「～してもよい」 53

1 当ふれあい動物園では、お子様はとても飼い慣らされた動物を触ることができます。

2 従業員は、課長が申請に同意したときのみ、7日以上連続して有給休暇を取ることができます。

3 従業員は会社の電話を業務以外の目的で使用することはできず、部長は自らの裁量で彼らの通話履歴を確認する権利を保有する。

4 Examinees cannot use any electronic devices during the exam.

5 This company parking lot is registration only. Even employees cannot park here unless they have obtained a parking permit.

6 Since Mr. Reid will be your replacement after your retirement, can I invite him to your farewell party?

2 more than A（数）は「A より多い」の意味だから A は入らない。例えば more than seven days は「8日以上」となる。「7日以上」は seven or more days などとする。ただし、そこまで数が厳格ではない場合は意訳的に「以上」とする場合もある。for more than 10 years「10年以上の間」

Reverse Check 3 canと他の助動詞との併用

54

1 私どものセミナー終了後には、この表計算ソフトを専門家のように使うことができるでしょう。

2 重要な材料の不足のために、研究チームはまだその実験を実施することができていない。

3 この規制緩和で、私たちの市場に参入する試みに対する多くの障害を乗り越えられるかもしれない。

4 Our company has been able to remain at the forefront of the industry for the past 10 years.

5 If your account is inactive for 6 months, we will suspend it and you will not be able to log in until you contact us.

6 Successful candidates must be able to commence employment with us within eight weeks from the date of hire.

Reverse Check 4 could「～することができた」

55

1 Jane は5歳のときに3桁の掛け算が頭の中でできた。

2 経費を引くと、Ms. Stacy は蚤の市での売り上げから利益を出すことができなかった。しかし、少なくとも彼女は楽しんだ。

3 30年前に経済が好況になっていたとき、かなり簡単にローンを組むことができた。いくつかの銀行は顧客に彼らから借りるよう頼みさえしていた。

4 Ms. Mo は欠陥品のミシンに対して全額返金を受けることができなかったが、購入価格の倍の価値があるクーポン券を受け取った。

5 When Ms. Maes was young, she could speak several languages and worked as an interpreter.

6 He couldn't get two references from his previous employer, but he still managed to get an interview.

7 The hiring committee couldn't choose between the last two candidates for the job opening, so they hired both.

1「数字＋ハイフン＋単数名詞」で形容詞を作る。3-digit で「3桁の」の意味。
a 3-day trip「3日間の旅行」

4 worth double the purchase price は後ろから a voucher を説明している。この使い方は Lesson25 で取り上げる。

Check this out! その他のcouldの意味

could はこの他に次の２つの意味を覚えておきましょう。

提案「～してもいいね、～できるよ」

We **could** go to the movies if you are free tonight.

今晩ひまだったら、映画に行ってもいいね。

可能性「～かもしれない」

You **could** be right.　あなたは正しいかもしれない。

Reverse Check 5 may「するかもしれない」 56

1 Mr. Mendoza は、接続便に乗り遅れると会議に間に合わないかもしれない。

2 物流上の予期しない課題があり新製品の発売開始は延期されるかもしれない。

3 この肥料中の化学物質の中には、環境破壊を引き起こすかもしれないものがあるので、排水溝には捨ててはいけない。

4 The development team may be examining the outcome of the survey.

5 The proceeds from the charity auction may amount to one million dollars.

6 This new ordinance may contribute to the local community if the city council passes it this session.

Reverse Check 6 may「～してよい」 57

1 従業員は個人的な目的のためにコピー機を使用してはいけない。

2 この市立図書館では、登録利用者は一度に最大 10 冊の本を４週間借りることができます。

3 このウェブサイトの全てのコンテンツは著作権法に保護されており、いかなる方法においても書面による許可なしでの複製は許可されていない。

4 You may not enter the laboratory without your immediate superior's permission.

5 Employees may not take any internal documents outside the company, whether on paper or electronically.

6 Small children may use this pool only when they are accompanied by an adult.

3と6は受動態「be 動詞＋過去分詞」が使われている。

Reverse Check 7 might 「～かもしれない」

58

1 説明書の草稿にはいくつかの誤字があるかもしれない。

2 現在の電気不足のせいで、多くの企業や家庭は突然の停電を経験するかもしれない。

3 Littleworth の敷地は新しいフルフィルメントセンターには十分大きくないので、私たちはその代わりに原料用の倉庫を転用しなければならないかもしれない。

4 The applicant has some relevant qualifications, so she might be shortlisted.

5 Low-quality materials might be the cause of the malfunction, but that hasn't been confirmed yet.

6 We might have to modernize the Holton plant first before we recruit more workers there, because its equipment is so obsolete.

3 fulfillment center は通信販売などの注文品を梱包・発送を行う倉庫を指す。オンライン注文の隆盛により、英字新聞や雑誌でも見かけることが増えた語。

5 hasn't been confirmed は受動態の完了形「まだ確認されていない」の意味。

Check this out! cannot help doing

次の表現も合わせて覚えておきましょう。

cannot help *doing* （～せずにはいられない）

cannot help but *do* も同じ意味です。

私は彼のジョークに笑わずにはいられなかった。

I **couldn't help laughing** at his joke.

-ing 形

I **couldn't help but laugh** at his joke.

原形

I **couldn't help pointing** out his mistake.

私は彼の間違いを指摘せずにはいられなかった。

Lesson 6

義務に関する助動詞

1 should

A) 義務・助言・当然「～すべきだ」

Examples

You **should** take a break for an hour.
あなたは1時間休憩をとるべきだ。

You **shouldn't** drink too much coffee before you go to bed.
あなたは寝る前にコーヒーを飲みすぎないほうがよい。

should は「～すべきだ」「～したほうがよい」という忠告・義務を表します。

should	～すべきだ
should not	～すべきではない
shouldn't（短縮形）	

You **should** take a break for an hour.
⇒ すべきだ

Other examples

There **should** be a park in this town.　この町には公園があったほうがよい。

You **should** do more exercise if you want to stay healthy.
健康でいたいなら、もっと運動したほうがいい。

訳して Check! 1　59

1 When you look for an apartment, you should pay special attention to the storage space.

2 The opera is expected to last for two and a half hours, so the organizers think there should be an intermission.

3 Those interested in this position should send their résumé to the following e-mail address, along with a cover letter and a reference from their former employer.

4 もしパティシエになりたいなら、専門学校に行くべきだ。

5 健康だと感じていても6か月ごとに詳しい健康診断を受けるべきだ。

6 外国に旅行するときは旅行保険に入るべきだが、多すぎる補償を契約するべきではない。

1 **look for A**「A を探す」**apartment**「アパート」**special**「特別な」
pay attention to A「A に注意を払う」**storage space**「収納スペース」

2 **opera**「オペラ」**be expected to *do***「～すると見込まれている」**last**「続く」
two and a half hours「２時間半」**organizer**「主催者」**intermission**「幕間」

3 **those**「人々（people）」**interested in A**「A に興味がある」**position**「職」
résumé「履歴書」**following**「次の」**along with**「一緒に」
reference「紹介状」**former**「前の」**employer**「雇用主」

4 **pastry chef**「パティシエ」 **vocational school**「専門学校、職業訓練学校」

5 **detailed**「詳細な」**checkup**「健康診断」**every**「～ごと」
even if「～だとしても」**healthy**「健康的な」

6 **take out**「（保険に）加入する」**travel insurance**「旅行保険」
go on a trip「旅行に行く」**foreign**「外国の」**sign up for A**「A の契約をする」
too「～すぎる」**coverage**「保険の補償額・範囲」

Check this out! **should ≒ ought to**

ought to は should とほぼ同じ意味です。

You **ought to** do more exercise. もっと運動すべきだ。

→ should と入れ替えてもよい。

ought to do の否定は ought not to do となります。

You **ought not to** stay up late. あなたは夜更かしすべきではない。

B）推量・期待「～するはずだ」

Example

It **should** stop raining by the afternoon.

お昼までには雨は止むはずだ。

should には「～するはずだ」という推量・期待を表す意味があります。

should	**～はずだ**
should not	**～ないはずだ**
shouldn't（短縮形）	

It **should** stop raining by the afternoon.

⇒ **はずだ**

Other examples

It's Friday today, so Ms. Asada **should** be at Head Office now.

今日は金曜日なので、今Ms. Asadaは本社にいるはずだ。

It's a weekday today, so you **shouldn't** have any trouble finding a spot in the cinema parking.

今日は平日なので、映画館の駐車場で停める場所を見つけるのは苦労しないはずだ。

訳して Check! 2

60

1 Please fill in the following questionnaire. It shouldn't take more than a few minutes.

2 With her 10 years of experience in product development, Ms. Costa should have no trouble finding a new job.

3 The roadwork to repave Sky Avenue should be completed as planned as long as the weather remains fair.

4 この薬は、あなたのめまいと吐き気をすぐに和らげてくれるはずです。

5 私たちはこの壊れた部品を取り替えてしまったらすぐに生産を再開できるはずだ。

6 私たちが製造工程のこの部分を改善すれば、生産高が最大10％増えるはずだ。

1 **fill in**「記入する」**questionnaire**「アンケート」
take「(時間) を必要とする、かかる」

2 **experience**「経験」**product**「製品」**development**「開発」
have trouble *doing*「～するのに苦労する」

3 **roadwork**「道路工事」**repave**「再舗装する」**complete**「完了させる」
as planned「計画通りに」**as long as S+V**「SがVする限り」
remain「～のままである」**fair**「晴れた」

4 **medicine**「薬」**quickly**「すぐに」**alleviate**「和らげる」**dizziness**「めまい」
nausea「吐き気」

5 **restart**「再開する」**production**「生産」**as soon as**「～するとすぐに」
replace「取り替える」**damaged**「損傷を受けた」**component**「部品」

6 **improve**「改善する」**part**「部分」**manufacturing process**「製造工程」
output「生産高」**increase**「増加する」**up to**「最大」**by A**「A (数量) 分」

2 must

A) 義務・命令（〜しなければならない）

Example

We **must** finish this job today.

我々はこの仕事を今日終えなければならない。

must は主に話し手による義務・必要（〜しなければならない）を表します。

must **〜しなければならない**
must not **〜してはならない**
mustn't（短縮形）

We **must** finish this job today.
⇒ **かもしれない**

have to は must と同じような意味ですが、規則や状況など他者から生じる義務や必要を表すことが多く、一般動詞の have と同じように主語によって形が変わります。

She **has to** finish this job today.

彼女は今日この仕事を終えなければならない。

⇒ 主語がsheなのでhave toではない。

また、must を「しなければならない」の意味で、過去形・未来形にする場合、または may などの助動詞を組み合わせる場合も、have to を使います。

He **had to** study every day. 彼は毎日勉強しなければならなかった。
He **will have to** study every day. 彼は毎日勉強しなければならないだろう。
He **may have to** study every day.
彼は毎日勉強しなければならないかもしれない。

Other examples

We **must** talk with the client about the price.
私たちは顧客と価格について話し合わなければならない。

I **had to** work overtime yesterday. 私は昨日、残業しなければならなかった。

I **may** have to leave home early tomorrow.
私は明日家を早く出なければならないかもしれない。

訳して Check! ③

61

1 All entries to the writing competition must be received or postmarked no later than May 30.

2 You have to provide a doctor's medical certificate when you claim life insurance benefits.

3 We may have to implement the consultant's recommendations on the safety measures for our assembly lines.

4 当社の社員は全員、服装規定を遵守し、ビジネス用の服装を着用しなければならない。

5 会議室は使用するごとに清掃されなければなりません。清掃のための時間はあなたの予約された時間に含まれます。

6 Logis-quick 社の新人ドライバーは、配送の巡回を開始する前に安全講習を受けなければならない。

1 **entry**「コンテストなどの参加作品」**writing**「書くこと」
competition「コンテスト、コンクール」 **receive**「受領する」
postmark「消印（を押す）」**no later than A**「遅くとも A までに」

2 **provide**「提供する」**medical certificate**「診断書」**claim**「請求する」
life insurance「生命保険」**benefit**「給付金」

3 **implement**「実行する」**consultant**「コンサルタント」
recommendation「提言・推薦」**safety**「安全」**measure**「対策」
assembly「組立」**line**「ライン」

4 **staff**「社員」**adhere to A**「A を遵守する」**dress code**「服装規定」
wear「着る」**attire**「服装」

5 **clean**「清掃する」**each**「それぞれの」**use**「利用」**cleaning**「清掃」
include「含む」**booked**「予約された」**duration**「（継続）時間、期間」

6 **Inc.**「法人組織の、有限責任の（incorporated、会社名の後につけられる」
safety course「安全講習」**delivery**「配達」**round**「巡回、定期的な配達」

Check this out! mustn'tの発音

mustn't は最初の t を発音しません。「マスント」に近い発音です。「マストント」などと言わないようにしましょう。

B) must と have to の否定文

Examples

You **mustn't** take pictures here.　ここで写真を撮ってはいけません。
You **don't have to** print out the report.
レポートをプリントアウトする必要はありません。

must と have to は肯定文のときには同じような意味を持ちますが、否定文では

must not	**してはいけない（禁止を表す）**
don't have to	**する必要がない（不必要を表す）**

というように全く異なる意味になるので注意が必要です。

Other examples

Because my place is very close to work, I **don't have to** get up early.
私の家は職場にとても近いので、朝早く起きる必要がない。

Children under the age of 10 **must not** take this medicine.
10歳未満の子どもはこの薬を服用してはいけない。

訳して Check! ④ 　62

1 The dress code of Trendon Designs stipulates that staff do not have to wear a suit at work.

2 Our customer data is strictly confidential, and employees must not under any circumstances disclose any part of it to a third party.

3 Please note that passengers can only bring one piece of carry-on luggage on board our domestic flights, and it must not exceed 20 kg in weight.

4 賃借人はいかなる第三者にも自らの賃貸物件を又貸ししてはならない。

5 もし原料が火曜日までに到着すれば、私たちは生産を止める必要がないかもしれない。まだ在庫にたくさんある。

6 Mr. Garcia は手強い交渉人なので、我々はたくさんの妥協をしなければならないという羽目にならないように注意して進まなければならない。

■1 **dress code**「服装規定」**stipulate**「明記する」**wear**「着用する」
■2 **strictly**「厳格に」**confidential**「機密な」**circumstance**「状況」
disclose「開示する」**third party**「第三者」
■3 **note**「注意する」**passenger**「乗客」**carry-on**「機内持ち込みの」
luggage「荷物」**on board A**「A の機内に、A に乗って」**domestic**「国内の」
exceed「超える」**weight**「重量」
■4 **tenant**「賃借人」**sublet**「又貸しする」**rented**「賃貸の」**property**「物件」
third party「第三者」
■5 **halt**「止める」**production**「生産」**material**「原料」**plenty**「たくさん」
in stock「在庫に」
■6 **formidable**「手強い」**negotiator**「交渉人」**proceed**「進む」
caution「注意」**so that S+V**「S が V するように」
end up *doing*「～する羽目になる」**have to**「しなければならない」
compromise「妥協」

C） 強い推定　（～に違いない）

Examples

I see her at the bus stop every morning. She **must** live near here.

私は彼女に毎朝バス停で会う。彼女はこの近くに住んでいるに違いない。

She **can't** be under eighteen; she has a driver's license.

彼女は 18 才以下であるはずがない。免許証を持っている。

must は義務や必要のほかに強い推定「～に違いない」を表します。この意味の否定は通例 must not ではなく can't「～であるはずがない」が使われます。また、この用法は、主に状態動詞や進行形などに使われます。

must　　～に違いない
cannot　～であるはずがない

She **must** live near here.　　住んでいるに違いない

⇒ live に must がついている。

She **can't** be under eighteen.　　18才以下であるはずがない

⇒ is に can't がついている。

Other examples

Ken's watch **must** be very expensive.

Ken の時計はとても高価なものに違いない。

This sports car **can't** be Jane's. Her car is a German SUV.

このスポーツカーは Jane のであるはずがない。彼女の車はドイツ製の SUV だ。

訳して Check! 5

63

1 This must be Mr. Brown's house, or at least, my map app says it is. Wait. I see his car in the garage!

2 Something must be wrong with this printer. The paper is wrinkled, and the letters are smeared.

3 The figures in this sales projection can't be right. They are so far from any reasonable estimate that we really can't trust them.

4 Ms. Sato はいつも職場まで歩いてくるので、彼女はこの近くに住んでいるに違いない。

5 Ms. Lopez は長時間のフライトで海外から今朝戻ってきたばかりなので、とても疲れているに違いない。

6 顧客サービスは顧客維持のために重要であることはいかなる疑念もあろうはずがない。

1 **at least**「少なくとも」**app**「アプリ」**garage**「ガレージ」
2 **something is wrong with A**「A がどこかおかしい」**printer**「プリンター」
wrinkled「しわになった」**letter**「文字」**smeared**「(インクなどで) 汚れた」
3 **figure**「数値」**projection**「予想」**right**「正しい」**far from A**「A から程遠い」
so ~ that S+V「あまりに～なので S が V する」
reasonable「妥当な」**estimate**「見積もり」**trust**「信用する」
4 **on foot**「徒歩で」
5 **flight**「フライト」**from abroad**「海外から」**exhausted**「疲労困憊した」
6 **There is A**「A がある」**doubt that S+V**「S が V することに対する疑念、疑い」
vital「重要な」**retention**「保持」

Questions A

1 When Ken was in elementary school, he ------- study French.
(A) must (B) has to (C) had to (D) has had to

2 When you have a fever, you should ------- a lot of water and keep warm.
(A) drink (B) drinking (C) drank (D) drunk

3 All our products are now available online, so you ------- visit our shop in person.
(A) mustn't (B) don't have to (C) can (D) may not

4 You ------- eat or drink anything in the clean room.
(A) do not have to (B) may (C) must not (D) are not able to

5 Mr. Yamada is in Guam on vacation, so he ------- be having a great time now.
(A) cannot (B) doesn't (C) must (D) have to

1 **elementary school**「小学校」
2 **fever**「熱」
3 **available**「入手可能な」**online**「オンラインで」
in person「直接自分で、(電話や手紙ではなく) じかに」
4 **clean room**「(精密機械を作るためなどの) クリーンルーム」
5 **Guam**「グアム」**on vacation**「休暇で」

Questions B

1 Thanks to the new teleworking system, staff at Glorian Designs ------- now work from the comfort of their home.

(A) have to (B) must (C) can (D) able to

2 If the overall sales increase by 10 percent, Frasca Electronics should not actually ------- to close its Penne branch.

(A) may (B) must (C) ought (D) have

3 Applications for this position ------- be received by our Personnel Department no later than 25 August. Otherwise, such applications will not be considered.

(A) had to (B) has to (C) needs to (D) must

4 As we have checked the draft over and over again, we are certain there ------- be any mistakes.

(A) cannot (B) should (C) must (D) have to

5 We ------- carry out these recommendations by the consultant without delay if we want to survive in the industry.

(A) has to (B) must (C) can (D) may

1 **teleworking**「離れたところから働くこと」**comfort**「快適さ」
2 **overall**「全体的な」**sales**「売り上げ」**increase**「増える」**branch**「支店」
3 **application**「申込み」**position**「職」**no later than A**「遅くとも A までに」**otherwise**「さもないと」**consider**「考慮する」
4 **draft**「草稿」 **over and over again**「何度も何度も」**certain**「確信している」
5 **carry out**「実行する」**recommendation**「勧告、推薦」**consultant**「コンサルタント」**delay**「遅れ」**survive**「生き残る」**industry**「業界」

Reverse Check ❶ should「すべきだ」 64

1 アパートを探すときは、収納スペースに特別な注意を払うべきだ。

2 オペラは2時間半続くと見込まれるため、主催者は幕間があるべきだと考えている。

3 この職に興味のある方は、カバーレターと前雇用主からの紹介状とともに、履歴書を下記のメールアドレスにお送りください。

4 If you want to be a pastry chef, you should go to a vocational school.

5 You should have a detailed checkup every 6 months even if you feel healthy.

6 You should take out travel insurance when you go on a trip to a foreign country, but you shouldn't sign up for too much coverage.

3 interested ~ position が後ろから those「人々」を説明している。また、résumé のスペルは resume でもよい。また、発音の最後は「メイ」である。

Reverse Check ❷ should「はずだ」 65

1 以下のアンケートにご記入ください。数分以上はかからないはずです。

2 10年の製品開発の経験があるので、Ms. Costa は新しい仕事を見つけるのに苦労はしないはずだ。

3 天候が良いままである限り、Sky 通りの再舗装工事は計画通りに終わるはずだ。

4 This medicine should quickly alleviate your dizziness and nausea.

5 We should be able to restart production as soon as we have replaced this damaged component.

6 If we improve this part of the manufacturing process, the output should increase by up to 10 percent.

Reverse Check ❸ must「しなければならない」 66

1 作文コンテストへの参加作品は全て遅くとも5月30日までに受領されるか消印が押されていなければなりません。

2 あなたは生命保険の給付金を請求する際、医師の診断書を提出しなければならない。

3 私たちは、組立ラインの安全対策に関するコンサルタントの提言を実行に移さなければならないかもしれない。

4 All our staff must adhere to the dress code and wear business attire.

5 The meeting room must be cleaned after each use and the time for cleaning is included in your booked duration.

6 New drivers at Logis-quick Inc. must take a safety course before they start their delivery rounds.

4 staff は職員や社員たちを指す。日本語の「スタッフ」から連想して × I am a staff などと言わないように。

Reverse Check 4 must とhave to の否定文 67

1 Trendon Designs 社の服装規定は、社員は勤務中スーツを着用する必要がないと定めている。

2 我々の顧客データは厳に機密であり、社員はいかなる状況においても、第三者にいかなる部分も開示してはならない。

3 お客様は、当社の国内便には手荷物1つだけをお持ち込みいただけること、そしてそれは重量で20kg を超えてはならないことをご留意ください。

4 Tenants must not sublet their rented properties to any third party.

5 We may not have to halt production if the materials arrive by Tuesday. We still have plenty in stock.

6 Mr. Garcia is a formidable negotiator, so we must proceed with caution so that we won't end up having to make a lot of compromises.

Reverse Check 5 must「違いない」 68

1 これが Mr. Brown のお家に違いないね。というか、少なくとも私の地図アプリはそうだと言っている。待って、ガレージに彼の車が見えるよ！

2 このプリンター機は何かがおかしいに違いない。紙がしわになって字が汚れてるよ。

3 この売上予想の数字は正しいはずがない。妥当な見積もりからはあまりにもかけ離れているため、私たちは本当にこれを信頼することはできない。

4 Ms. Sato always comes to work on foot, so she must live near here.

5 As she has just come back this morning from a long flight from abroad, Ms. Lopez must be exhausted.

6 There cannot be any doubt that customer service is vital for customer retention.

Lesson 7

助動詞:その他の使い方

I 助動詞+**have**+***done***

助動詞の中にはhave +過去分詞とくっついて過去形の意味を表す、あるいは完了形として、完了・経験・継続の意味を加えるものがあります。

A) should have *done* (〜すべきだったのにしなかった)

Examples

I **should have studied** harder.

私はもっと一生懸命に勉強すべきだった(のにしなかった)

I **shouldn't have drunk** so much last night.

私は昨日あんなに飲むべきではなかった(のに飲み過ぎた)

should have *done* はやらなかったことを振り返って「やるべきだった」、そして、shouldn't have *done* はやってしまったことを振り返って「やるべきではなかった」の意味です。

should have *done*	**〜すべきだった(のにしなかった)**
shouldn't have *done*	**〜するべきではなかった(のにしてしまった)**

Other examples

We **shouldn't have ordered** so much coffee.

私たちはそんなにたくさんのコーヒーを注文するべきではなかった。

I **should have driven** to work today. It's raining hard outside, and I didn't bring my umbrella with me.

私は、今日は車で出社すべきだった。外は大雨が降っているし、傘も持ってこなかった。

訳して Check! 1

69

1 We shouldn't have deviated from the plan. It completely backfired.

2 The company should have made an official statement on the matter before the video went viral. Now it is being flamed on social media.

3 We should have switched energy suppliers when the contract expired. Now we're bound by a 3-year commitment, and they are planning to raise electricity bills.

4 私は家を出る前に携帯を充電しておくべきだった。今や、バッテリーがなくなりつつある。

5 私たちは積荷全体に保険をかけておくべきだった。全損害の 30 %の補償のみ受け取ることになるだろう。

6 Mr. Yang は旅行保険に加入しておくべきだった。彼は、自分自身で医療費を払わなければならなかったし、それを取り返すこともできないだろう。

1 **deviate**「それる」**completely**「完全に」**backfire**「裏目に出る」
2 **statement**「声明」**matter**「件、問題」**video**「動画」
go viral「急速に拡散される、バズる」**flame**「炎上させる」
social media「SNS やブログなどのソーシャルメディア」
3 **switch**「切り替える」**contract**「契約」**expire**「期限が切れる」
bound「(義務などに) 縛られた」**commitment**「約束、義務」**raise**「上げる」
electricity「電気」**bill**「請求金額、請求書」
4 **recharge**「充電する」**run low**「乏しくなる」
5 **insure**「保険を掛ける」**entire**「全体の」**cargo**「積荷」**receive**「受け取る」
compensation「補償」**total**「合計 (の)」**loss**「損失」
6 **take out**「(保険) を掛ける」**travel**「旅行」**insurance**「保険」
policy「保険 (証券)」**medical**「医療の」**expense**「経費」**get back**「取り戻す」

Check this out! should have done「～したはずだ」

should には「～すべき」の意味のほか、「～するはずだ」の意味があります。
この意味に have ＋過去分詞が使われると「～したはずだ」となります。

He left here two hours ago, so he **should have arrived** there by now.
彼はここを 2 時間前に出た。だから、今頃彼はあちらに到着しているはずだ。

形は同じですので、どちらの意味かは文脈で決めましょう。

B) may / might have *done*　(〜したかもしれない)

Example

No one is answering the phone. She **may have gone out**.

誰も電話に出ない。彼女は外出してしまっているのかもしれない。

may have *done* と might have *done* はどちらもほぼ同じ意味で「〜したかもしれない」です。いずれも過去の推測であることに注意してください。

may have *done*　〜したかもしれない
might have *done*　〜したかもしれない

Other examples

I **may have left** my phone in my car.

私は車に携帯を置き忘れてきたかもしれない。

I **might have got** 730 points on the exam, but I don't know yet.

私はその試験で730点取ったかもしれないが、まだわからない。

訳して Check! 2　70

1 The alarm on my cell phone didn't go off this morning. I might have forgotten to set it last night, or on second thought I might have turned it off in my sleep.

2 Our orders might have shipped from the warehouse yesterday, and if that's the case, they will be delivered by next week at the latest.

3 They might not have finished the maintenance on my car yet, so I think I'll give the garage a call before I go there to pick it up.

4 シェフがこの料理のレシピを変更したのかもしれない。前回とはちょっと味が違うけど、これも好きだ。

5 セミナーが始まって20分くらいで部屋から参加者が出てきたので、何かあったのかもしれない。

6 人事部はその仕事の空きに対する申込みをまだ全て処理していないのかもしれない。

1 **go off**「鳴る」**forget**「忘れる」**on second thought**「考え直してみると」
turn off「(電気やガスなど) を止める、切る」**in *one*'s sleep**「寝ながら」
2 **order**「注文品」**ship**「出荷する、される」**warehouse**「倉庫」
case「事実、実情」**deliver**「配達する」**at the latest**「遅くとも」
3 **maintenance**「整備」**give A a call**「A に電話する」**garage**「整備工場」
pick up「引き取る」
4 **chef**「シェフ」**recipe**「レシピ」**dish**「料理」**tastes**「味がする」
a bit「ちょっと」**different than A**「A とは異なる (from)」**last time**「前回」
too「もまた」
5 **attendee**「出席者」**come out of A**「A から出てくる」**minutes**「分」
A (時間) **into B**「B が始まって A が経過して」**seminar**「セミナー」
something「何か」**happen**「起こる」
6 **personnel**「人事」**department**「部門」**process**「処理する」
application「申込み」**opening**「仕事の空き」

C) must have *done* (〜したに違いない)

Example

She got full marks on the exam.She **must have studied** hard.

彼女はその試験で満点を取った。 彼女は一生懸命勉強したに違いない。

何かが起こったことがほぼ間違いないという場合 must have *done* を使います。

must have *done*　～したに違いない

Other examples

I **must have left** my phone in my car.

私は車に携帯を置き忘れてきたに違いない。

Her new watch **must have cost** more than 1,000 dollars.

彼女の新しい時計は 1000 ドルより多くかかったに違いない。

訳して Check! ③

71

1 Judging from the relaxed atmosphere when the participants came out of the room, the negotiations must have gone well.

2 The woodwind quartet's brilliant performance must have impressed the audience because they all applauded for a long time, and some of them even rose for a standing ovation.

3 Cathy looked really relieved and satisfied when she came back from the presentation to the board. Her project proposal must have been well received.

4 そのスケート選手の演技は本当に並外れたものだったので、彼は本当にハードにトレーニングしたに違いない。

5 キャビネットの中の製品仕様書ファイルの1つがない。誰かがどこかに持っていって、返すのを忘れているに違いない。

6 Jane はがっかりしているように見える。自分のプロジェクトのための予算増額の要請を部長が却下したに違いない。

1 **judging from A**「A から判断すると」**relaxed**「くつろいだ」
atmosphere「雰囲気」**participant**「参加者、関係者」**out of A**「A の中から外へ」
negotiation「交渉」**go well**「うまくいく」

2 **woodwind**「木管」**quartet**「四重奏楽団」**brilliant**「すばらしい」
performance「演奏、演技」**impress**「感動させる」
audience「聴衆」**applaud**「拍手喝采する」**rise**「立ち上がる」**ovation**「大喝采」

3 **relieved**「ほっとした」**satisfied**「満足した」**board**「取締役会、理事会」**proposal**「企画」
be well received「受けが良い（良く受け取られる)」

4 **skater**「スケート選手」**train**「訓練する」**really**「本当に」**performance**「演技」
truly「まったく」**exceptional**「卓越した」

5 **specification**「仕様」**cabinet**「キャビネット」**missing**「見当たらない」
take「持っていく」**somewhere**「どこかに」
forget to *do*「～するのを忘れる forget-forgot-forgotten」**return**「返却する」

6 **discouraged**「がっかりした」**turn down**「却下する」**request**「要請」
budget「予算」**increase**「増加」

Check this out! must「しなければならない」の過去形

must「しなければならない」の過去形は must have done ではなく had to です。

She **had to study**. 彼女は勉強しなければならなかった。

She **must have studied**. 彼女は勉強したに違いない。

D) can't / couldn't have *done* (〜したはずがない)

Example

She studied very hard, so she **can't have failed** the exam.

彼女はとてもがんばって勉強したから、その試験に落ちたはずがない。

何かが起こったことはほぼあり得ないという場合、can't / couldn't have *done* を使います。

can't have *done*	**〜したはずがない**
couldn't have *done*	**〜したはずがない**

Other examples

I **can't have left** my phone in my car. I had it when I got out.

私は携帯を車に置き忘れてきたはずがない。出るときは持っていた。

Kate **couldn't have been** at work yesterday. She is in Spain on vacation.

Kate は昨日仕事に来ていたはずがない。彼女は休暇でスペインにいる。

訳して Check! 4

72

1 There can't have been any missing items in the cargo. We double-checked it.

2 The reviewer's comment says Dr. Chen's lecture last week was mediocre at best, but it can't have been that bad. He's a world-famous expert and a brilliant speaker.

3 Olivia couldn't have been awarded first prize, or any prize for that matter, in the 'Promising Young Designers' competition. She was two months older than the age limit at the time, so she wasn't eligible to enter.

4 Ms. Moore が飛行機に乗り遅れたはずがない。私がかなり間に合う時間に彼女を空港で降ろした。

5「Maria がスマホの壁紙を彼女のネコの写真に変えたのに気がついたよ」「それは彼女のネコだったはずないわ。彼女は犬しか飼っていないのだから」

6 売り上げが減少したはずがないよ。私たちは先月新しい広告キャンペーンを始めて、客の反応はずっと本当によかった。とあるインフルエンサーが私たちの製品を取り上げてブログで称賛してくれさえしたんだ。

1 **missing**「見当たらない，欠けている」**item**「商品、物品」**cargo**「貨物」
2 **reviewer**「レビュアー」**mediocre**「平凡な」**at best**「せいぜい」
world-famous「世界的に有名な」**brilliant**「素晴らしい、優秀な」
3 **award**「(賞) を与える」**prize**「賞」**for that matter**「さらに言うと」
promising「前途有望な」**competition**「大会」**age limit**「年齢制限」
be eligible to *do*「～する資格がある」**enter**「参加する」
4 **miss**「乗り遅れる」**flight**「便、飛行機」**drop A off**「A を降ろす」
in plenty of time「十分間に合うように」
5 **notice**「気づく」**wallpaper**「壁紙」**smartphone**「スマートフォン」
6 **decline**「低下する」**launch**「始める」**ad**「広告」**campaign**「キャンペーン」
reaction「反応」**positive**「良い」**even**「さえ」**influencer**「インフルエンサー」
feature「取り上げる、特集する」**praise**「称賛する」**blog**「ブログ」

2 依頼と許可

Examples

Can you open the window?	窓を開けてくれる?
Would you help me?	私を手伝っていただけますか。
Can I use the phone?	電話借りていいかい。
May I borrow your dictionary?	辞書をお借りしてもよろしいですか。

助動詞は人にものを頼んだり、許可を得たりするのにも使われます。

■ 窓を開けてくれますか？

命令的	Will you	open the window?
インフォーマル	Can you	
丁寧	Would you	
丁寧	Could you	

■ 窓を開けてもいいですか？

インフォーマル	Can I	open the window?
丁寧	Could I	
丁寧・フォーマル	May I	

Other examples

Could you turn off the air conditioner?
エアコンを消していただいてもよろしいですか。

May I see your ID?　身分証明書を拝見してもよろしいでしょうか。

訳して Check! 5　73

1 Could you bring the stepladder or telescoping ladder from the warehouse? Both of them should be near the entrance.

2 Can you tabulate the specifications of our new line of pedometers? We want to be able to compare them at a glance.

3 塩とコショウを取ってもらえるかい。

4 明日は午前中お休みさせていただいてもよろしいでしょうか。娘の学校で保護者面談があるのです。

1 **stepladder**「脚立」**telescoping**「伸縮式の（telescopic）」**ladder**「はしご」**warehouse**「倉庫」**both**「両方」**entrance**「入り口」
2 **tabulate**「表にする」**specifications**「仕様」**line**「（製品の）ラインアップ」**pedometer**「歩数計」**compare**「比較する」**at a glance**「一目で」
3 **pass**「渡す」**salt**「塩」**pepper**「コショウ」
4 **take A**（期間）**off**「Aの間仕事を休む」**parent-teacher conference**「保護者面談」**daughter**「娘」

3 助動詞の関連表現

A) would not （どうしても～しようとしなかった）

Example

I tried to persuade him, but he **wouldn't** change his mind.
私は彼を説得しようとしたが、彼はどうしても考えを変えようとしなかった。

would not（wouldn't）は「どうしても～しようとしなかった」という否定的な意思を表すことがあります。

would not　どうしても～しようとしなかった

Other examples

My father **wouldn't** lend me his car.
父はどうしても私に車を貸してくれなかった。

I tried very hard, but the door **wouldn't** open.
かなりがんばったが、そのドアはどうしても開かなかった。

訳して Check! 6　74

1 During the negotiations with the supplier, we requested a discount on the price, but they wouldn't make any compromises.

2 The customer was persistent and wouldn't accept that the product was still on backorder and that we couldn't deliver it by tomorrow.

3 ジャムの瓶を力いっぱい開けようとしたが、フタはびくともしなかった。

4 私の犬 Sparky は、私が彼を獣医に連れて行くことを知っていたため、車に乗ろうとしなかった。どうやら、前回ワクチン注射を受ける羽目になったことを覚えていたようだ。

1 **negotiation**「交渉」**supplier**「納入業者」**request**「要請する」
discount「割引」**compromise**「妥協」
2 **persistent**「しつこい」**accept**「受け入れる」**still**「まだ、依然として」
on backorder「取り寄せ注文で」**deliver**「配達する」
3 **try to *do***「～しようとする」**as hard as possible**「できるだけ頑張って」
open「開ける」**jam**「ジャム」**jar**「ビン」**lid**「フタ」**budge**「ちょっと動く」

4 **get in A**「**A** に乗る」**take**「連れていく」**vet**「獣医（veterinarian)」
apparently「どうやら～らしい」**remember**「覚えている」
end up *doing*「最終的に～する羽目になる」**vaccine**「ワクチン」**shot**「注射」
last time「前回」

B) would like

Examples

I **would like to** visit Paris next year.　私は来年パリに行きたいです。
≒ I **want to** visit Paris next year.
Would you **like** some tea?　紅茶はいかがですか。
≒ **Do** you **want** some tea?

意味はwant とほぼ同じですが、would like のほうが控えめで丁寧とされます。ですので、人にものをすすめる場合はWould you like……? がよく使われます。また、want to *do* と同じように to 不定詞をとることもできます。

would like A	**A がほしい**
would like to *do*	**～したい（のですが）**

Other examples

I **would like** to take the day off tomorrow.　明日休みを取りたいのですが。
Would you like another slice of pizza?　ピザをもう一切れいかがですか。

訳して Check! 7　75

1 If you would like to try out our revolutionary accounting software, a trial version can be downloaded free of charge.

2 May I have your attention, please? On behalf of the sales department, I would like to propose a toast to our esteemed leader, Ms. Morin. We all will miss you very much, Cathy. Cheers!

3 If you would like to have a wonderful vacation on a remote island with the comfort and luxury of a five-star resort, our plan will be perfect for you.

4 コーヒーはお食事と一緒に召し上がりますか、それとも食後ですか。

5 ビーチでののんびりした休暇に出かけませんか？ 当社の海辺パッケージツアーが最善の選択です！

6 もしもし。あなたはTokudaクリニックにつながりました。ご予約されたい場合は“1”を押してください。スタッフの助けが必要でしたら“2”を押してください。伝言を残したい場合は、ピーという音の後にお願いします。ありがとうございます。

1 **try out**「使ってテストする」**revolutionary**「革新的な」**accounting**「会計」**trial version**「体験版」**download**「ダウンロードする」**free of charge**「無料で」
2 **attention**「注意、注目」**on behalf of A**「Aを代表して」**propose**「提案する」**toast**「乾杯」**esteemed**「尊敬されている」**miss**「いなくて寂しいと思う」**cheers!**「乾杯！（乾杯するときにかける言葉）」
3 **remote**「遠く離れた」**island**「島」**comfort**「快適さ」**luxury**「贅沢」**five-star**「5つ星の」**resort**「リゾート」**perfect**「完璧な、ピッタリな」
4 **meal**「食事」
5 **go on A**（旅）「Aに出かける」**relaxing**「のんびりした」**holiday**「休暇旅行」**beach**「ビーチ」**seaside**「海辺」**package tour**「パッケージツアー」**choice**「選択」
6 **hello**「もしもし」**reach**「連絡を取る、たどり着く」**clinic**「クリニック」**reservation**「予約」**press**「押す」**require**「必要である」**assistance**「助力」**leave**「残す」**so**「そのように」**beep**「ピーという音」

C) would rather ＋ 原形　(むしろ〜したい)

Examples

I **would rather** stay home than go out tonight.

私は今晩外出するよりもむしろ家にいたい。

I **want rather not** stay home tonight.

私は今晩むしろ家にいたくない。

would rather ＋原形は「どちらかというと〜したい」という希望を表す表現で「〜するより」というニュアンスを含みます。 比較の対象をつける場合は than ＋原形を加えます。また否定形は wouldn't rather ではなく would rather not *do* であることに注意してください。

would rather *do* (than *do*) **(～するより) むしろ～したい**

would rather not *do* **むしろ～したくない**

× would not rather *do*

Other examples

This winter vacation, I**'d rather** go on a skiing trip to Europe than lie on a tropical beach. 今年の冬休みには、私はどちらかというと南国のビーチで寝転がるよりも、ヨーロッパにスキー旅行したい。

We **would rather not** make any comment on that matter.
私どもはその件についてコメントをするのを差し控えたいと思います。

訳して Check! 8

76

1 The marketing director would rather discontinue the current product line and launch something new under a different label.

2 The president of Wheatley Foods, a nationwide grocery retailer, would rather not fast-track the opening of the new branch.

3 私の家族は街中の地域にマンションを買いたがっているが、私はむしろ郊外の一軒家に住みたい。

4 明日の製造販売会社との会合から直帰したい。なぜなら、私の家はそこからわずか徒歩5分のところにあるからだ。

1 **discontinue**「やめる」**current**「現在の」**line**「種目、商品ラインアップ」
launch「始める」**different**「異なる」**label**「ブランド、品種」

2 **nationwide**「全国規模の」**grocery**「食料品」**retailer**「小売業者」
fast-track「迅速に進める」**opening**「開店」**branch**「支店」

3 **condo**「分譲マンション (condominium)」**downtown**「(都市の) 中心部の」
area「地域」**suburb**「郊外」**in the suburbs**「郊外に」

4 **directly**「直接」**vendor**「製造販売会社」**a five-minute walk**「5分の歩き」

D) had better （したほうがいい）

Example

We **had better** check the price before placing an order.

私たちは注文する前に価格を確認したほうがいい。

had better は should と似たような意味ですが、しないとよくないことが起きるといった意味合いを含むことが多く、主に差し迫った状況や、強く言いたいときに使います。特に主語が自分以外の場合は命令や警告にも聞こえるため、そういった場合以外に目上の人に対してはあまり使われません。強く響く表現です。

had better + 原形　～したほうがいい、～すべきだ

We **had better check** the price.　　価格を確認したほうがいい。

⇒ 原形

had betterの否定はhad better not *do*です。had not betterではありません。

We **had better not place** an order before checking the price.

× had not better place　　価格を確認する前に注文しないほうがいい。

Other examples

You**'d better** finish this job before the manager comes back.

部長が戻ってくる前にこの仕事を終わらせたほうがいい。

You**'d better not** be late for the next meeting.

次の会議は遅刻しないほうがいい。

訳して Check! 9

77

1 Before we make a bulk order, we'd better make sure we really need this quantity of supplies.

2 In order to reduce customer inquiries as much as possible, we had better create a Q&A page on our website covering a wide range of topics.

3 合同就職説明会でもっとも優秀な人材を引き付けるために、魅力的な展示や会社案内を作ったほうがよい。

4 見本市は毎年とても人気があるので、ブースを確保するために、時間を無駄にせず、急いで場所を申し込んだほうがよい。

1 **bulk order**「大口注文」**make sure**「確認する」**quantity**「量」**supplies**「物資」
2 **in order to *do***「～するために」**reduce**「減らす」**inquiry**「問い合わせ」
as much as possible「できるだけたくさん」**cover**「取り扱う」**range**「幅」
3 **create**「作る」**attractive**「魅力的な」**exhibit**「展示」**brochure**「パンフレット」
attract「引き付ける」**talent**「才能ある人々」**job fair**「合同就職説明会」
4 **trade fair**「見本市」**popular**「人気がある」**in order to *do***「～するために」
secure「確保する」**booth**「ブース」**hurry**「急ぐ」**apply for A**「A を申し込む」
spot「場所」**without *doing***「～することなく」**waste**「無駄にする」

Check this out! would rather S+V

would rather は原形以外に that 節もとり「むしろ S が V するといいのだが」の意味になります。that 節内は仮定法となりますので、現在・未来の話は過去形を使います（Lesson19 を参照）。

I'd rather I didn't have to work overtime tonight.
今晩は残業しなくてよければいいのだが。

また、許可を求められた時に断る表現として I'd rather you didn't. がよく使われます。

"May I smoke?" タバコを吸ってもよろしいですか。
"Oh, sorry, **I'd rather you didn't.**"
えっと、ごめんなさい。吸わないでいただけたらありがたいです。

Questions A

1 We ------- have a meeting with the buyer as soon as we can.

(A) ought (B) had better (C) would like (D) used to

2 Hello, I ------- to make an appointment with Dr. Jones, please.

(A) needs (B) would like (C) must (D) had better

3 Mr. Kent hasn't turned up yet, so something ------- at work.

(A) may happen (C) might happen

(B) couldn't have happened (D) might have happened

4 We ------- double-checked the inventory before we placed such a big order yesterday.

(A) ought to (B) should (C) should have (D) had to

5 Mr. Watt ------- have arrived at the tax office already. He has just left here.

(A) must (B) may (C) should (D) cannot

1 **buyer**「仕入れ係、バイヤー」**as soon as A can**「Aができるだけ早く」
2 **hello**「もしもし」**appointment**「診察の予約」
3 **turn up**「現れる」**happen**「起こる」
4 **double-check**「二重に確認する」**inventory**「在庫」**place**「(注文) をする」**order**「注文」
5 **tax office**「税務署」

Questions B

1 The members of the sales team ------- delighted by the great success of the project but they soon moved on.

(A) must have (C) cannot have been

(B) must have been (D) should have

2 During yesterday's negotiations with the client, they ------- not agree to our terms.

(A) will (B) can (C) might (D) would

3 Now that she has finally settled down in her current position as Sales Director at the Toronto branch, Ms. Dahan ------- stay there than accept the sudden offer to transfer to headquarters.

(A) would like to (B) ought to (C) had better (D) would rather

4 After the project ended in mere partial success, the project leader, Mr. Gonzalez, admitted that they ------- done more careful planning and made more reasonable projections.

(A) should have (B) needed to (C) had to (D) must have

5 Based on the significant reduction in the number of customer complaints, critics think that the quality control team at East Device Electronics ------- made a great effort.

(A) had to (B) must (C) must have (D) might not have

1 **delight**「喜ばせる」**success**「成功」**move on**「先に進む」
2 **negotiation**「交渉」**agree to A**「A（提案など）に同意する」**term**「条件」
3 **now that S+V**「今やSがVするのだから」**settle down**「落ち着く」
current「現在の」**accept**「受け入れる」**sudden**「急な」**offer**「申し出」
transfer「異動」**headquarters**「本社」
4 **end in A**「Aに終わる」**mere**「単なる」**partial**「部分的な」**admit**「認める」
reasonable「妥当な」**projection**「予想」
5 **based on A**「Aに基づいて」**significant**「かなりの」**reduction**「減少」
complaint「苦情」**critic**「批評家」**quality control**「品質管理 QC」

Reverse Check 1 should have *done* 78

1 私たちは計画からそれるべきではなかった。完全に裏目に出たよ。

2 その動画が急速に広まる前に会社はその件について公式声明を出すべきだった。今やソーシャルメディアで炎上中だ。

3 私たちは契約が切れたときにエネルギー供給会社を切り替えるべきだった。今や私たちは3年の契約義務に縛られ、彼らは電気代を上げる計画をしている。

4 I should have recharged my cell phone before I left home. Now the battery is running low.

5 We should have insured the entire cargo. We will only receive compensation for 30% of the total loss.

6 Mr. Yang should have taken out a travel insurance policy. He had to pay the medical expenses himself and will not be able to get them back.

2 is being flamed は受動態の現在進行形「されている最中である」be+being+done の形。Lesson8 参照。

Reverse Check 2 may/might have *done* 79

1 今朝、私の携帯電話のアラームは鳴らなかった。昨日セットし忘れたのかもしれないし、あるいはよく考えてみると、寝ながらオフにしたのかもしれない。

2 我々の注文品は昨日倉庫から出荷されたかもしれない。もしそうだとすると、遅くとも来週までには配送されるだろう。

3 私の車の整備はまだ完了していないかもしれないから、整備工場に引き取りに行く前に電話しようと思う。

4 The chef may have changed the recipe for this dish. It tastes a bit different than last time, but I like this one, too.

5 Attendees came out of the room about 20 minutes into the seminar, so something may have happened.

6 The personnel department may not have processed all the applications for the opening yet.

2 ship は「(製品など) を出荷する」と「(製品などが) 出荷される」の２つの意味がある。

Reverse Check 3 must have *done*

80

1 関係者が部屋から出てきたときのくつろいだ雰囲気から判断すると、交渉はうまくいったに違いない。

2 その木管四重奏団のすばらしい演奏は聴衆を感動させたに違いない。なぜなら、彼らはみんな長い間拍手し、彼らの中には立ち上がってスタンディングオベーションした者さえいた。

3 Cathy は、取締役会へのプレゼンテーションから戻ってきたとき、本当にほっとして満足そうに見えた。彼女のプロジェクトの企画は受けがよかったに違いない。

4 The skater must have trained really hard, because his performance was truly exceptional.

5 One of the product specification files in the cabinet is missing. Someone must have taken it somewhere and forgotten to return it.

6 Jane looks discouraged. The manager must have turned down her request for a budget increase for her project.

Reverse Check 4 can't/couldn't have *done*

81

1 貨物の中に入っていない品物があったはずはない。私たちはダブルチェックしたのだから。

2 先週の Dr. Chen の講演はせいぜい二流だとそのレビュアーのコメントは言ってるけど、そんなに悪かったはずがないわ。彼は世界的に有名な専門家だし、素晴らしい講演者だから。

3 Olivia は「有望な若手デザイナー」コンクールで一等賞を取ったはずがない。いや、さらに言えばいかなる賞もだ。なぜなら、彼女はあの時点で年齢制限よりも2か月年齢が上だったから、参加する資格がなかった。

4 Ms. Moore cannot have missed her flight. I dropped her off at the airport in plenty of time.

5 "I noticed Maria had changed the wallpaper on her smartphone to a picture of her cat." "It can't have been her cat, because she only has a dog."

6 The sales can't have declined. We launched a new ad campaign last month and customers' reactions have been really positive. Even an influencer featured our products and praised them on her blog.

Reverse Check ⑤ 依頼と許可

82

1 倉庫から脚立か伸縮式のはしごを持ってきていただけますか。 両方とも入口の近くにあるはずです。

2 当社の歩数計の新製品ラインアップの仕様を表にしてくれるかい。 それらを一目で比較できるようにしたいんだ。

3 Can you pass me the salt and pepper, please?

4 May I take the morning off tomorrow? I have a parent-teacher conference at my daughter's school.

Reverse Check ⑥ wouldn't（どうしても〜しようとしなかった）

83

1 納入業者との交渉中、私たちは価格に対して割引を求めたが、彼らはいかなる譲歩もしようとしなかった。

2 その客はしつこくて、その商品がまだ取り寄せ中で明日までに配達できないことをどうしても受け入れようとしなかった。

3 I tried as hard as I could to open the jam jar, but the lid wouldn't budge.

4 My dog, Sparky, wouldn't get in the car because he knew I was taking him to the vet. Apparently, he remembered that he had ended up getting a vaccine shot the last time.

Reverse Check ⑦ would like = want

84

1 当社の革新的な会計ソフトをご試用になりたければ、体験版が無料でダウンロードできます。

2 みなさん注目してください。営業部を代表して、尊敬されているリーダー、Ms. Morin に乾杯をしたいと思います。みんなあなたがいないと、とても寂しく思いますよ、Cathy。乾杯！

3 もし5つ星リゾートの快適さと贅沢さとともに離島で素晴らしい休暇を過ごしたいなら、当社のプランがうってつけです。

4 Would you like to have your coffee with your meal or after?

5 Would you like to go on a relaxing holiday on a beach? Our seaside package tour is the best choice!

6 Hello. You have reached Tokuda Clinic. If you would like to make a reservation, press "1". If you require assistance from our staff, press "2". If you would like to leave a message, please do so after the beep. Thank you.

6 You have('ve) reached ～は留守番電話の応答メッセージでよく使われる表現。電話がつながったのは過去だがその状態を保持しているということで現在完了形にするのが普通。

Reverse Check 8 would rather

85

1 マーケティング部長は、むしろ現在の製品ラインアップを中止し、別のブランドで何か新しいものを始めたいと考えている。

2 全国展開する食料品小売店 Wheatley Foods 社の社長は、新店舗のオープンを急ぎたくないと考えている。

3 My family wants to buy a condo in the downtown area, but I'd rather live in a house in the suburbs.

4 I'd rather go directly home from the meeting with the vendors tomorrow since my house is only a five-minute walk from there.

4 数＋名詞の単数形を形容詞のかたまりとして別の名詞の前に置くことができる。 a five-minute walk もそれ。minute が単数形であることに注意。

Reverse Check 9 had better

86

1 大口注文を行う前に、このような量の物資が本当に必要であることを確かめたほうがいい。

2 顧客からの問い合わせを極力減らすために、私たちは、広いトピックをカバーしたQ&A のページを当社のウェブサイトに作成したほうがいい。

3 We had better create attractive exhibits and company brochures to attract the best talent at the job fair.

4 The trade fair is very popular every year, so in order to secure a booth, we'd better hurry and apply for a spot without wasting time.

2 covering は以下の語句とともに形容詞のかたまりを作り、後ろから a Q&A page を説明している。詳しくは Lesson 13 を参照。

Chapter

4

受動態

Lesson 8 受動態

「…が〜する」という文を「能動態」というのに対して「…が〜される」という文を「受動態」といいます。英語では「be 動詞＋過去分詞」という形を使います。過去分詞とは動詞に ed をつけたもので、形が過去形と同じです。ただし、不規則に変化する動詞もありますので、この場合は暗記する必要があります。

過去分詞の一例

規則動詞（-ed をつける）

原形	過去形	過去分詞
work	worked	**work<u>ed</u>**
call	called	**call<u>ed</u>**

不規則動詞（要暗記）

原形	過去形	過去分詞
take	took	**taken**
buy	bought	**bought**

This castle **<u>was built</u>** in 1345.　　この城は1345年に建てられた。
be動詞+過去分詞

受動態の文は、もともと目的語だったものを主語の位置に出して作っています。

「Mr. Smith がこの手紙を書いた」

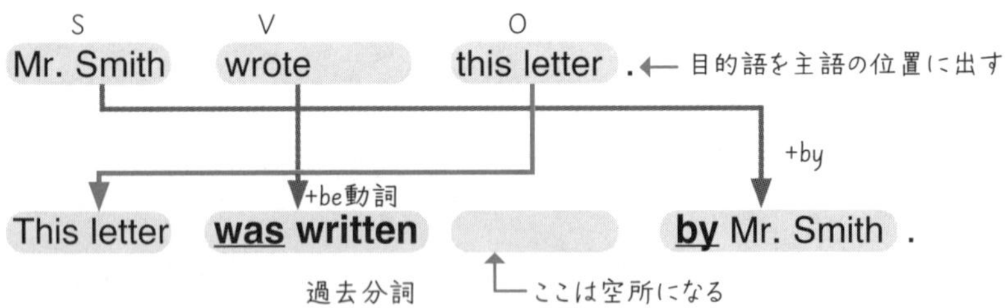

→「その手紙は Mr. Smith によって書かれた」

この他に５つの文型の中で目的語を取るものが２つあり、これを受動態にすることもできます。

$S + V + O_1 + O_2$

「Ms. Baker は彼にペンをあげた」

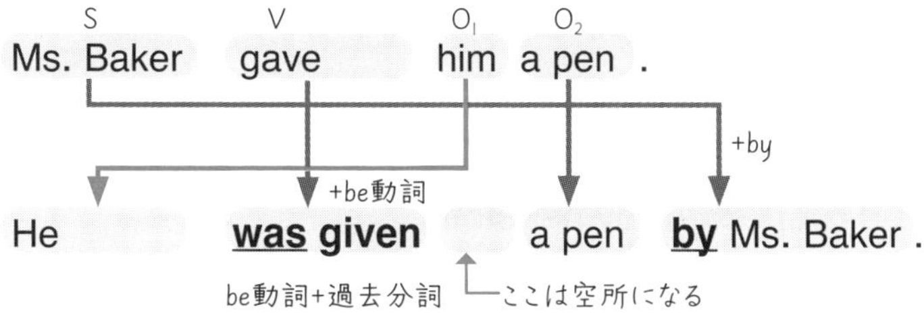

→「彼は Ms. Baker によってペンを与えられた」

なお、O_2 を前に出すこともできますが、この場合は

A pen was given **to** him.

のように、to などが入ることが多いです。これは、

Ms. Baker gave a pen to him.

の受動態と同じ形になります。この文型は O が２つあるので２通りの受動態ができるはずですが、実際には動詞によって O_1 か O_2 どちらかしか主語にできないことも多いため、ここでは仕組みだけ理解しておいてください。

S + V + O + C

「私たちはこの花をチューリップと呼んでいる」

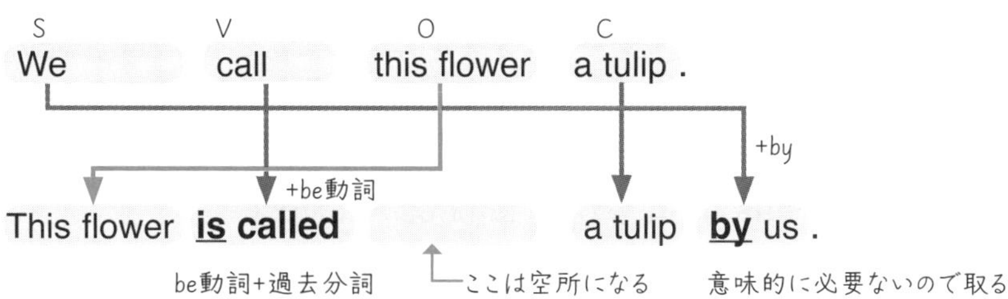

→「この花は（私たちによって）チューリップと呼ばれている」

なお、上記のように by 以下は必要なければ省略してかまいません。

Lesson

8 受動態

I 基本的な受動態

Example

Ms. Fox is **respected** by her staff.

Ms. Fox は社員たちに尊敬されている。

「〜される」の意味を表す受動態は、次のような形でした。

受動態の基本： be 動詞 ＋ 過去分詞

〜する		〜される
respect「尊敬する」 We respect him.	→	**be respected**「尊敬される」 He is respected.
build「建てる」 We built the house.	→	**be built**「建てられる」 The house was built.
take care of「世話をする」 We take care of the dog.	→	**be taken care of**「世話される」 The dog is taken care of.

また、誰によってその動作が行われたのかを明確に示す必要がある場合は by 〜を使いますが、必ずしも使う必要があるわけではありません。

The house **was built** **by** a famous architect .

その家は有名な建築家によって建てられた。

The house **was built** in 2015.　　その家は2015年に建てられた。

Other examples

Hana **was chosen** for the project.　　Hanaはそのプロジェクトに選ばれた。

The products **are inspected** thoroughly before they **are shipped**.

その製品は出荷される前に入念に検査される。

訳して Check! 1

87

1 Your order will be shipped from our fulfillment center within 24 hours.

2 Because of a mechanical failure of a crossing gate, all train services on the East Line were suspended.

3 Tariffs, along with other taxes and transport costs, are reflected in the prices of imported alcoholic beverages, and typically that makes them pricey.

4 この古いプリンターは２週間以内に新しいものに置き換えられるでしょう。

5 正装が求められていなかったので、Mr. Tran は結婚披露宴に普段着を着ていった。

6 事前の入念な立案により、倉庫の改装は予定より２日早く終了した。

1 **order**「注文（品）」**ship**「出荷する」
fulfillment center「フルフィルメントセンター、梱包出荷倉庫」
within A「A 以内に」

2 **mechanical**「機械の」**failure**「不調」**crossing gate**「遮断器」
crossing「踏切、交差点」**gate**「門」**service**「運行」
suspend「見合わせる、停止する」

3 **tariff**「関税」**along with A**「A とともに」**transport**「輸送」
reflect「反映する」**import**「輸入する」**alcoholic**「アルコールの」
beverage「飲料」**typically**「通常は、典型的に」**pricey**「高価な (pricy)」

4 **printer**「プリンター」**replace A with B**「A を B と置き換える」
within A「A 以内に」

5 **wear A to B**「B に A を着ていく」**casual**「普段着の」**clothes**「服」
wedding「結婚」**reception**「宴会」**formal**「正式の」**attire**「衣装」
require「求める」

6 **remodeling**「改装」**warehouse**「倉庫」**ahead of schedule**「予定より早く」
thanks to A「A のおかげで」**careful**「慎重な、入念な」**advance**「事前の」
planning「立案」

2 受動態のいろいろな形

A) 助動詞のついた受動態

Example

The writer's new book **will be published** next month.

その作家の新しい本は来月出版されるだろう。

助動詞の後は、動詞は必ず原形になりますから、be＋過去分詞の be は be のままです。

助動詞のついた受動態： 助動詞 ＋ be ＋ 過去分詞

The writer's new book **will be published** next month.

助動詞+be+過去分詞

Other examples

This room **must be cleaned** before the meeting.

会議の前にこの部屋はきれいにされなければならない。

Your proposal **may be accepted** by the board.

あなたの企画は取締役会に採用されるかもしれない。

訳して Check! 2 88

1 This saucepan is not microwave safe but can be used on induction cooktops.

2 The tuition fees must be fully paid before the first day of the course; otherwise your admission will be cancelled.

3 To prevent food poisoning, perishable foods such as dairy products, meat, or fish must be stored in the refrigerator at all times.

4 花壇の花は、今日は日が暮れてから庭師によって水やりされるかもしれない。

5 市場に出ているいくつかの農薬の使用が禁止されるだろう。

6 Green Leaf Heights の入居者は、使用中でない限り共用会議室をいつでも自由に使用できます。予約はオンラインでできます。

1 **saucepan**「片手鍋」**microwave safe**「電子レンジで使える」
induction「電気誘導、IH（induction heating）の」**cooktop**「レンジ台上面」

2 **tuition fee**「授業料」**fully**「完全に」**pay**「支払う」**otherwise**「さもないと」
admission「入学」**cancel**「取り消す」

3 **prevent**「防ぐ」**food poisoning**「食中毒」**perishable**「腐りやすい」
such as A「Aのような」**dairy**「乳製品の」**store**「保存する」
refrigerator「冷蔵庫」**at all times**「常に」

4 **flower bed**「花壇」**water**「水をやる」**dusk**「日暮れ」**gardener**「庭師」

5 **use**「使用」**agricultural**「農業の」**chemical**「薬品」
on the market「市場に出ている」**prohibit**「禁止する」

6 **tenant**「賃借人」**be free to *do***「自由に～できる」**communal**「共同の」
at any time「いつでも」
provided S+V「SがVする場合に限り providedはこの場合接続詞（Lesson26参照）」
occupied「（場所が）使用中で」**reservation**「予約」**online**「オンラインで」

B）受動態の進行形

Example

The wall **is being painted**.

その壁はペンキを塗られている最中だ。

受動態の進行形「されている最中である」は、be動詞の後にbeing＋過去分詞を加えて作ります。

受動態の進行形： be動詞 ＋ being ＋ 過去分詞

The wall **is being painted**. 塗られている最中だ
be+being+過去分詞

また、進行形には未来の予定を表す用法がありました。これは受動態でも同じです。

The party **is being held** tomorrow. パーティーは明日開かれる。
未来の予定

どちらの意味でも形が同じですから、文脈から判断しましょう。

Other examples

The meeting room **was being cleaned** when we arrived.

私たちが到着したとき、会議室は掃除されているところだった。

Your order **is being delivered** tomorrow as scheduled.

予定通り注文品は明日配達されます。

訳して Check! ③

89

1 The boardwalk was still being repaired when I drove past the beach.

2 I noticed ambient music was being played at a low volume when I entered the coworking space.

3 Your application is being duly processed as we speak, and you will be notified of our decision by next Friday.

4 私のパソコンはアップデートされている最中なので、私はパソコン上で何の作業もできない。

5 Ms. Suzuki は来月法務部に異動になる予定で、彼女はそれを楽しみにしている。

6 新しい痛み止めは現在大量生産されているところで、すぐに南半球のどこででも入手可能になります。

1 **boardwalk**「遊歩道」**still**「まだ、依然として」**repair**「修理する」
past「～を通り過ぎて」**beach**「浜辺」

2 **notice**「気が付く」**ambient**「環境の、周囲の」**volume**「音量」
coworking「コワーキング、共用スペースで働くこと」

3 **application**「申込み」**duly**「適切に」**process**「処理する」
as we speak「ただいま」**notify A of B**「A に B を通知する」**decision**「決定」

4 **PC**「パソコン」**update**「アップデートする」 **work**「作業」

5 **transfer**「異動させる」**legal**「法律の」**department**「部門、部署」
look forward to「～を楽しみにして待つ」

6 **pain**「痛み」**reliever**「緩和するもの」**mass-produce**「大量生産する」
available「入手可能な」 **anywhere**「どこでも」**southern**「南の」
hemisphere「半球」

C) 受動態の完了形

Example

The e-mail **has been sent**.

そのメールは送られてしまっている。

受動態の完了形は be ＋過去分詞の前に have を加えて作ります。have の後ですから、be 動詞は過去分詞形の been になります。

受動態の完了形： have + been + 過去分詞

The e-mail **has been sent**.
has been+過去分詞

Other examples

The e-mail **had been sent** when the boss came back.
このメールは上司が帰ってきたときにはすでに送られてしまっていた。

The renovation of the office **hasn't been completed**.
オフィスの改装はまだ完了していない。

This room **will have been cleaned** when the guest arrives tomorrow.
この部屋は明日、客が到着したときにはすでに清掃されてしまっているだろう。

訳して Check! ④ 90

1 The packaging design for this product has been outsourced to an outside contractor.

2 The camera had not been mounted securely on the tripod, and it fell off during the photo session of the wedding reception.

3 Since Ms. Young was diagnosed with hay fever, she has been given medication to alleviate her runny nose, itchy eyes, and other symptoms.

4 ここ数回の取締役会では、本社移転が主要な議題であるが、まだ場所に関してすら、いかなる決定もなされていない。

5 私は自分の仕事の成績のおかげで給料が大幅に上げられ、しかも、管理職への昇進を提示された。

6 新入社員たちはすでに訓練を受けてしまっていて、すぐにそれぞれの部署に配属されるだろう。

1 **packaging**「パッケージング」**outsource**「外部委託する」**outside**「外部の」
contractor「委託業者」
2 **mount**「取り付ける」**securely**「しっかりと」**tripod**「三脚」**fall off**「落ちる」
session「そのための時間」**wedding reception**「結婚披露宴」
3 **diagnose**「診断する」**hay fever**「花粉症」**medication**「投薬治療」
alleviate「緩和する」
runny nose「鼻水の止まらない鼻」**itchy**「かゆい」**symptom**「症状」
4 **relocation**「移転」**head office**「本社」**main**「主要な」**subject**「議題」
last「先、ここ」**few**「少数の」**board meeting**「取締役会議」**decision**「決定」
even「でさえ」**site**「用地、敷地」
5 **because of A**「A のおかげで」**performance**「成績」**salary**「給料」
considerably「かなり」**raise**「上げる」**moreover**「しかも」
offer「提示する」**promotion**「昇進」**managerial**「管理の」**position**「地位」
6 **employee**「社員」**train**「訓練する」**assign**「割り当てる、配属する」
respective「それぞれの」**soon**「すぐに」

D) 熟語の受動態

Example

The dog will be **taken care of** by the child.

その犬はその子どもに世話されるだろう。

2語以上で1つの動詞になっている語を使って受動態を作る場合は、そのまとまりすべてを使わなければいけません。

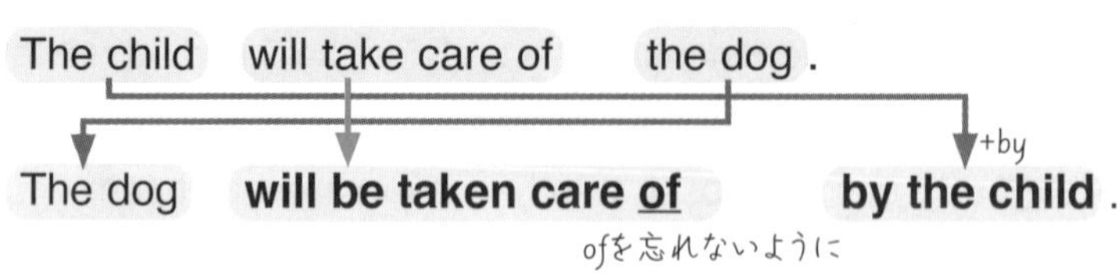

The child
will take care of
the dog .
+by
The dog
will be taken care of
by the child .
ofを忘れないように

Other examples

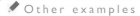

The event **was called off** by the organizer.

その催しは主催者によって中止された。

The small startup **was taken over** by an investment fund.

その小さな新会社は投資ファンドによって買収された。

訳して Check! 5

91

1 At the end of each shift, security guards must count the keys and make sure they are all accounted for.

2 All the tableware was washed and put away in the cupboards after the banquet.

3 The new hires were shown around the premises to familiarize themselves with their working environment.

4 経営陣からのこれらの指示は、遅滞なく全社的に実行されなければならない。

5 献身と30年の経験で、その体育教師は校長と他のスタッフの両方から尊敬され、頼られている。

6 この問題はすでに成功裏に対処されており、取締役会は即座に報告されるだろう。

1 **at the end of A**「Aの終わりに」**each**「それぞれの」**shift**「シフト、交代勤務時間」**security guard**「警備員」**count**「数える」**make sure**「確認する」**be accounted for**「所在が確認される」

2 **tableware**「食器類」**put away**「片付ける」**cupboard**「戸棚」**banquet**「晩餐会」

3 **new hire**「新入社員」**show around**「案内して回る」**premises**「敷地、構内」**familiarize**「慣れさせる」**environment**「環境」

4 **instruction**「指示」**management**「経営陣」**carry out**「実行する」**across the board**「全社的に、一律に」**delay**「遅れ」

5 **due to A**「Aのために」**dedication**「献身」**30 years of A**「30年にわたるA」**experience**「経験」**PE**「体育（Physical Education)」**look up to**「尊敬する」**rely on**「頼る」**both A and B**「AとBの両方」**principal**「校長」**rest**「残り」

6 **deal with**「対処する」**successfully**「成功裏に」**board**「取締役会、理事会」**inform**「通知する」**immediately**「即座に」

Questions A

1 Mr. Donovan ------- an expert on legal affairs.

(A) considers
(B) is considering
(C) is considered
(D) has considered

2 The malfunction ------- by the technical team at the moment.

(A) is being looked into
(B) is looked
(C) will look into
(D) is looking

3 The cost of repairing Ms. Weber's car ------- at $500.

(A) was estimated
(B) will be estimating
(C) has estimated
(D) will have estimated

4 No solutions to these technical problems ------- yet.

(A) have found
(B) was founding
(C) was found
(D) have been found

5 Additional materials ------- to the manufacturing plant from the depot.

(A) has been sent
(B) had to be sent
(C) must be sending
(D) have to send

1 **consider**「考える」**expert**「専門家」**legal affairs**「法務・法律問題」
2 **malfunction**「不調」**look into**「調査する」**at the moment**「現在」
3 **repair**「修理」**estimate**「見積もる」
4 **solution**「解決策」**technical**「技術的な」**yet**「まだ」
5 **additional**「追加の」**material**「原料」**manufacturing plant**「製造工場」**depot**「倉庫」

Questions B

1 The supermarket ------- when Mr. Aquino drove past it.

(A) refurbished (C) was being refurbished

(B) were refurbished (D) had refurbished

2 We have only a limited number of seats, and they ------- on a first come first served basis, so if you are interested in this great seminar, apply today!

(A) will be allotted (C) were allotting

(B) were allotted (D) will be allotting

3 The project may have to wait until this financial problem -------.

(A) has been dealt with (C) has been dealing with

(B) has dealt with (D) has been dealt

4 Adequate safety training should ------- to ensure the safety of the workers at the plant.

(A) hold (B) be holding (C) have held (D) be held

5 During the inspection, any personal belongings in the room ------- by the maintenance team.

(A) will have disposed of (C) will be disposed

(B) will dispose of (D) will be disposed of

1 **refurbish**「改装する」

2 **limited**「限られた」**allot**「割り当てる」**on a ~ basis**「~のやり方で」
first come first served「早いもの勝ち」**apply**「申し込む」

3 **wait**「後回しにできる」**financial**「財政的な」**deal with A**「A に対処する」

4 **adequate**「適切な」**safety**「安全」**training**「講習」**ensure**「確実にする」
safety「安全」**plant**「工場」

5 **inspection**「視察」**personal belongings**「個人の持ち物」
dispose of「処分する」

✓ Reverse Check ❶ 基本的な受動態

92

1 あなたのご注文は24時間以内にフルフィルメントセンターから出荷されます。

2 遮断器の機械的不調のせいで、東線の全電車の運行が見合わせとなった。

3 関税は、その他の税金や輸送費とともに輸入アルコール飲料の価格に反映されており、そのために通常それらは高価である。

4 This old printer will be replaced with a new one within two weeks.

5 Mr. Tran wore casual clothes to the wedding reception because formal attire wasn't required.

6 The remodeling of the warehouse was finished two days ahead of schedule thanks to careful advance planning.

1 ship は「出荷する」と「出荷される」の意味がある。fulfillment center については p.113 を参照。

6 ahead of schedule の反対は behind schedule。また、2 days の位置に注意。

✓ Reverse Check ❷ 助動詞+受動態

93

1 この片手鍋は電子レンジには使えないが IH のレンジには使える。

2 授業料はそのコースの初日までに完全に支払われなければなりません。さもなければ入学は取り消されます。

3 食中毒を防ぐために、乳製品や肉、魚のような腐りやすい食べ物は常に冷蔵庫で保存されなければならない。

4 The flowers in the flower bed may be watered after dusk by the gardener today.

5 The use of some agricultural chemicals on the market will be prohibited.

6 Tenants of Green Leaf Heights are free to use the communal meeting room at any time, provided it's not occupied. Reservations can be made online.

2 induction「(電気) 誘導」は induction cooktop などのように名詞を説明するとき、IH 用のという意味で使われることがある。詳しくは p.456 参照。

✓ Reverse Check ❸ 受動態の進行形

94

1 その遊歩道は私が浜辺を車で通り過ぎたとき、まだ修理されている最中だった。

2 コワーキングスペースに入ったとき、私は環境音楽が低音量で流されているのに気が付いた。

3 あなたの申込みはただいま適切に処理されているところであり、来週の金曜日までに私どもの決定が通知されるでしょう。

4 My PC is being updated, so I can't do any work on it.

5 Ms. Suzuki is being transferred to the Legal Department next month, and she is looking forward to it.

6 The new pain reliever is being mass-produced and will soon be available anywhere in the southern hemisphere.

✔ Reverse Check 4 受動態の完了形 95

1 この製品のパッケージングのデザインは外部の業者に委託されている。

2 カメラが三脚にしっかりと固定されておらず、結婚披露宴の撮影時間中に落下した。

3 Ms. Young は花粉症にかかっていると診断されて以来、鼻水や目のかゆみ、その他の症状を緩和するための投薬治療を受けている。

4 The relocation of the head office has been the main subject at the last few board meetings, but no decision has been made even about the site.

5 Because of my job performance, my salary has been considerably raised, and moreover I have been offered promotion to a managerial position.

6 The new employees have already been trained and will be assigned to their respective departments soon.

✔ Reverse Check 5 熟語の受動態 96

1 警備員はそれぞれの勤務の終わりに、鍵を数えて、すべての鍵が揃っていることを確認しなければならない。

2 晩餐会の後、すべての食器類が洗われて戸棚に片付けられた。

3 新入社員たちは、勤務環境に慣れるために敷地内を案内されて回った。

4 These instructions from the management must be carried out across the board without delay.

5 Due to his dedication and 30 years of experience, the PE teacher is looked up to and relied on by both the principal and the rest of the staff.

6 This problem has already been dealt with successfully, and the board will be informed immediately.

Chapter

5

不定詞と動名詞

不定詞

不定詞は主に to 不定詞と原形不定詞の 2 つがあります。to 不定詞は to +動詞の原形、原形不定詞はその名の通り動詞の原形だけで使われます。

to *do* **to不定詞**
do **原形不定詞**

to 不定詞には主に次の 4 つの使い方があります。 以下の例では、いずれも to study English を使っていますが、それぞれ意味と働きが違うことに注意してください。

1) ~すること （名詞と同じ働きをする）

I like **to study** English. 英語を勉強することが好きです。
勉強すること

2) ~するべき、~するための（形容詞と同じように名詞を修飾する）

I don't have time **to study** English. 英語を勉強するための時間がない。
勉強するための

3) ~するために （副詞と同じように動詞を説明し、目的を表す）

I went to the U.S **to study** English. 英語を勉強するために米国に行った。
勉強するために

4) S+V+O+to *do* **O に~するように V する・O が~することを V する**

I told Tom **to study** English. Tom に英語を勉強するように言った。
勉強するように

I allowed Tom **to study** English. Tom が英語を勉強することを許した。
勉強することを

これに対して、原形不定詞は用途が狭く、助動詞の後に来る場合のほか、主に

1）使役動詞（～させる）＋ O ＋原形不定詞　　**O に～させる**

I made him **work** overtime.　　私は彼に残業させた。

2）知覚動詞（見る・聞く・感じる）＋ O ＋原形不定詞

O が～するのを見る・聞く・感じる

I saw her **cross** the road.　　私は彼女が道路を渡るのを見た。

という２つの構文で使います。

動名詞

動詞に ing 形をつけたものは動名詞と呼ばれ、to 不定詞の「～すること」と同じ意味と働きを持ちます。

eating = to eat 食べること

動詞を名詞と同じように使うということで、「動名詞」と呼ばれていると考えるとわかりやすいでしょう。to 不定詞の「～すること」と同じ意味なので次のように「動名詞」「to 不定詞」のどちらを使っても意味は変わりません。

She began **to study** English.　　彼女は英語を勉強することを始めた。
She began **studying** English.　　彼女は英語を勉強することを始めた。

しかし、動詞の中には begin とは異なり「不定詞」または「動名詞」のどちらかしか目的語に取らないものもありますし、またどちらをとるかで意味が変わったりするものもあります。また、動名詞だけが持つ使い方もあります。

なお、-ing 形はこのほか「現在分詞」とも呼ばれ、別の使い方があります。これについては Lesson13 ～ 14 で学びます。

Lesson 9

to *do* 基本的な使い方

1 ～すること

to *do* には「～すること」の意味があります。名詞的用法と呼ばれていますが、その名の通り名詞のかたまりを作り、1つの名詞と同じように使えます。たとえば、

I like { **tennis**
　　　　 to play the piano

→同じ品詞なので同じ位置に入って同じ働きをする。

tennis は名詞で、to play the piano も同じ名詞扱いですから、同じ位置に入れることができるということです。名詞と同じ働きをするので、文の主語や目的語などとして使います。

A) ～することは…… 主語として

Example

It is important **to learn English**.
= **To learn English** is important.

英語を学ぶことは重要だ。

例文の日本語を直訳すると

△ To learn English　is　important.

と考えてしまいますが、to 不定詞を主語の位置に置くことはあまりありません。通常は it を文頭に置いて to 不定詞のまとまりを後ろに回します。

　　To learn English is important.
○　　**It**　　　　　　is important **to learn English**.

* 代わりにitを置く。
「それ」と訳さないように

⇒ Itはこれを指す。

このitはto不定詞のかたまりを指し「それ」という意味はありません。意味上の主語はあくまでもto不定詞以下で「〜することは」の意味になります。また、to以下の動作を誰がするのか言うには、「for＋人」をto不定詞の前に置きます。

It is important **for me** to learn English.

私にとって英語を学ぶことは重要だ。

Other examples

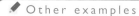

It is difficult **to improve** your English without practice.

練習なしで英語を上達させるのは難しい。

It is impossible **to get** to the station within 10 minutes during the rush hour.

ラッシュアワー時に駅に10分以内で着くのは不可能だ。

訳してCheck! 1

97

1 It is necessary for us to have a wide range of unique, high-quality products to satisfy our customers.

2 It is particularly important not only to anticipate problems in advance but also to take precautions against them.

3 It was a logistically sound decision of the plant manager to transport the cargo by freight train rather than by air.

4 もし現地の人たちの言葉でいくつかの表現を学べば、彼らとコミュニケーションをとることがより簡単になるだろう。

5 小売業界では、大口注文に対して割引することが一般的な慣習である。

6 顧客からの反応がないと、自分の商品の欠点を認識するのは一般的になかなか難しいものだ。

1 **necessary**「必要な」**a wide range of A**「幅広いA」**unique**「他にない、唯一の」**high-quality**「質の高い」**satisfy**「満足させる」**customer**「客」

2 **particularly**「特に」**not only A but also B**「AだけでなくBも」**anticipate**「予期する」**in advance**「あらかじめ」**precaution**「予防策」

3 **logistically**「物流管理的に」**sound**「賢明な」**decision**「決断、決定」**plant**「工場」**manager**「責任者、部長」**transport**「輸送する」**cargo**「積荷」**freight**「貨物」**rather than A**「Aよりむしろ」

4 **easier**「より簡単な（easy の比較級）」**communicate**「コミュニケーションをとる」
local「現地の」**learn**「学ぶ」**expression**「表現」**language**「言語」
5 **common**「よくある」**practice**「慣習」**retail**「小売」**industry**「業界」
discount「値引き」**bulk order**「大口注文」
6 **generally**「一般的に」**quite**「かなり」**recognize**「認識する」 **shortcoming**「欠点」
product「製品」**without A**「A なしで」 **feedback**「反応」

B) 〜することを …… 目的語として

Example

I want **to learn** English.

私は英語を学びたい。

目的語として動詞の後に来ると、基本的には「〜することを」となります。ただし、日本語と英語との相違により必ずしもその通りの日本語になるとは限りません。相手の言いたいことを察して理解しましょう。

I want to learn English.

直訳 私は英語を学ぶことを欲する。
通常の日本語 私は英語を学びたい。

Other examples

She is planning **to go** skiing during the winter vacation.

彼女は冬休みの間にスキーに行くことを計画している。

I have decided **to change** jobs as soon as I find a good one.

私はいい仕事が見つかり次第転職することにした。

訳して Check! 2

98

1 Sales soared to a record high in May, but growth soon started to stagnate.

2 As part of its streamlining scheme, Bonas Medics is planning to introduce a new wage system.

3 Minato Foods managed to transform itself from a local family-run grocery store into a multinational food processing company in just 10 years.

4 Ms. Bandara は昨年、この協会の一員であることをやめた。

5 Mr. Martin は頻繁に物事をギリギリまで先送りして困ったことになっており、彼はこの悪いくせをやめたがっている。

6 私たち３人がこのアパートを共有しているので、家賃と公共料金を私たちの間で均等に割ることに同意した。

1 **soar**「急上昇する」**record high**「最高記録」**growth**「成長」**stagnate**「停滞する」
2 **as part of A**「Aの一環として」**streamlining**「合理化」**scheme**「計画」
introduce「導入する」**wage**「賃金」
3 **transform**「変貌させる」**family-run**「家族経営の」**grocery store**「食料品店」
multinational「多国籍の」**processing**「加工」
4 **cease**「やめる」**association**「協会」
5 **frequently**「頻繁に」**put off**「延期する」**things**「物事」**until A**「Aまで」
the last minute「どたんば、ぎりぎり」**get into trouble**「困ったことになる」
break a habit「くせをやめる」
6 **three of us**「私たち３人」**share**「共有する」**apartment**「アパート（の１世帯分）」
split「割る」**rent**「家賃」**utility**「電気ガス水道などの公共サービス」
bill「請求金額、請求書」**evenly**「均等に」**among A**「Aの間で」

C) 不定詞のみ目的語にとる動詞

動詞の～ing形もto不定詞と同じように「～すること」という意味になります。したがって、

It began **to rain**.　雨が降り始めた。
It began **raining**.　雨が降り始めた。

は同じ意味になります。しかし、実際は「～すること」を目的語にとる場合、たいていはto *do* / *doing* のどちらかしか使えず、それは動詞によって決まっています。to *do* / *doing* のどちらでもいい begin のような動詞は限られているのです。

次の動詞は「～すること」を目的語にとる場合to不定詞しか使えません。

attempt to *do*	～することを試みる	**learn to *do***	～することを学ぶ ～できるようになる
afford to *do*	～する余裕がある		
claim to *do*	～すると主張する	**manage to *do***	なんとか～する
choose to *do*	～することを選ぶ	**mean to *do***	～するつもりである
decide to *do*	～することに決める	**offer to *do***	～しようと申し出る
decline to *do*	～することを断る	**promise to *do***	～することを約束する
fail to *do*	～するのに失敗する	**refuse to *do***	～することを拒否する
hope to *do*	～することを望む	**wish to *do***	～することを望む

このほかにも to *do* と一緒に使われる動詞があります。合わせて覚えましょう。

agree to *do*	～することに同意する	**consent to *do***	～することに同意する
appear to *do*	～するように見える	**seem to *do***	～するようだ
tend to *do*	～する傾向がある	**hesitate to *do***	～することをためらう
happen to *do*	たまたま～する	**volunteer to *do***	～しようと買って出る

訳して Check! ③

99

1 A local frozen food company, Best Frozen Ltd. agreed to open a smoothie and hot dog concession at the ballpark in Greenville.

2 One of the possible suppliers quoted a very reasonable price, so we chose to deal with them.

3 As additional funds were needed for product development, the president decided to sell off some of the company's assets, including overseas real estate.

4 ものすごい悪天候の中、登山隊は日没前に頂上に到着しようとした。

5 シアトル支社で広報の募集があり、Ms. Wang はその仕事を引き受けてそこに転勤することを自ら志願した。

6 私たちの申し出は実際的で双方にとって有益だったので、その宅配業者はそれを検討することを約束した。

1 **frozen food**「冷凍食品」**smoothie**「スムージー」**concession**「売店」
ballpark「球場」

2 **possible A**「A 候補」**supplier**「納入会社」**quote**「見積もる」
reasonable「手ごろな」**choose**「選ぶ choose-chose-chosen」
deal with「～と取引する」
3 **additional**「追加の」**fund**「資金」**sell off**「売却する」**asset**「資産」
including A「A を含めて」**overseas**「海外の」**real estate**「不動産」
4 **atrocious**「ものすごくひどい」**weather**「天気」**climbing party**「登山隊」
get to A「A に着く」**summit**「頂上」**sunset**「日没」
5 **opening**「空き、欠員」**public relations**「広報」**take**「引き受ける」
transfer「転勤する」
6 **offer**「申し出」**practical**「実際的な」**beneficial**「有益な」**both**「両方の」
party「当事者」**courier**「宅配業者」**consider**「検討する」

D) It is ～ of you to *do*

Example

It is very kind **of you** to help me.
私を助けてくれるとはあなたはとても親切です。

A）で学習したように It is ～ **for A** to *do* の構文で to 不定詞の意味上の主語（誰が to *do* の動作をするのか）を示す場合は for を使います。しかし、一般に性格を表す形容詞を使って、「A = 形容詞」の関係が成り立つ場合は of が使われます。

It is easy **for me** to speak English.
to speak English = easy

It is kind **of you** to help me.
you = kind （あなたが親切であると言いたい）

したがって、of か for か決めるときは何と何がイコールで結べるのかを考えます。上記の例では To speak English = easy なので for が使われ、you = kind つまり、あなたが親切であると言いたいので of が使われています。

Other examples

It was nice **of** you to cover for me when I was ill.

私が病気のときに代わりを務めてくれるとはあなたはいい人でした。

It was silly **of** me to realize at the checkout that I didn't have my wallet and my phone.

財布と携帯を持っていないことにレジで気が付くとは私は愚かだった。

訳して Check! ④ 100

1 It was thoughtful of you to water the plants in my garden while I was on a business trip.

2 It is advisable for any jobseeker to check the job description carefully before applying for a position.

3 It was most generous and considerate of you to make such a large donation to our charity. Your contribution will help a lot of disadvantaged children.

4 部長の間違いを人前で指摘しないのは、あなたは機転が利いてました。

5 部長が自分の部に対して現実的な目標を設定することは不可欠であり、そのような手法はスタッフに意欲を起こさせうることでもある。

6 彼が、私たちはこの企画を捨てるべきだと言うのは、理不尽ではない。私もそれはうまくいかないと思う。

1 **thoughtful**「思慮深い、思いやりがある」**water**「水をやる」**plant**「植物」

2 **advisable**「望ましい、勧められる」**jobseeker**「求職者」**description**「詳細な説明」**carefully**「注意深く」**apply for A**「A に申し込む」**position**「職位」

3 **most**「非常に」**generous**「寛大な、気前の良い」**considerate**「思いやりのある」**donation**「寄付」**charity**「慈善事業」**contribution**「寄付、貢献」**disadvantaged**「恵まれない」

4 **tactful**「機転が利く」**not to *do***「～しないこと」**point out**「指摘する」**mistake**「間違い」**in front of A**「A の前で」**others**「他の人たち」

5 **essential**「不可欠な」**set**「設定する」**practical**「実際的な」**goal**「目標」**such**「そのような」**approach**「手法」**motivate**「意欲を起こさせる」**as well**「もまた」

6 **unreasonable**「理不尽な」**scrap**「捨てる」**proposal**「企画」**work**「うまくいく」**either**「(否定文で) もまた～ない」

2 ～するための・～するべき・～する名詞

Example

I don't have time **to exercise.** 私は運動する時間がありません。

to *do* が名詞の後に置かれて、その名詞を修飾する形容詞のように使われます。

A to ***do***：「～するべきA」「～するためのA」「～するA」

a book **to read** 読むべき本、読むための本、読む本
a plane **to catch** 乗るべき飛行機、乗らないといけない飛行機
homework **to do** しないといけない宿題

Other examples

We decided to order something **to eat** from room service.
私たちはルームサービスで何か食べるものを注文することにした。

This job fair offers a great chance **to find** the right job.
この就職フェアは自分に合った仕事を見つける絶好の機会を提供します。

訳して Check! 5 101

1 It is almost impossible to find a spot to park in a congested metropolis, especially near train stations and in office blocks.
2 Our department has an ample budget to fund this joint project, but we still need the board of directors' approval.
3 The sales director is looking for a way to reduce the staff's workload, as some of the key members are resigning and the rest of the department will have to cover for them.
4 今こそテレワーク制度を導入する時だ。私たちのスタッフは在宅勤務をするという選択肢を必要としている。
5 バリカンと数個のアタッチメントを１つの箱にすっきりと収めるためのパッケージデザインの提案は、即座に商品開発チームに採用された。

6 市議会はごみをリサイクルするための新しい施設を建設する計画を承認した。そして、地元住民の過半数がそれを支持している。

1 **almost**「ほぼ」**impossible**「不可能な」**spot**「場所」**park**「駐車する」
congested「混雑する」**metropolis**「大都市」**especially**「特に」**block**「街区」
2 **ample**「豊富な」**budget**「予算」**fund**「～に資金を出す」**joint**「共同」
still「まだ、それでも」**board of directors**「取締役会」**approval**「承認」
3 **look for**「探す」**way**「方法」**reduce**「減らす」**workload**「仕事量」**key**「主要な」
resign「退職する」**rest**「残り」**cover for A**「A の代わりを務める」
4 **Now is the time to *do***「今こそ～すべき時だ」**introduce**「導入する」
teleworking system「テレワーク制」**option of *doing***「～する選択権、選択の自由」
work from home「在宅勤務をする」
5 **packaging**「パッケージング」**proposal**「提案」**fit**「はめ込む」
hair clippers「バリカン」**attachment**「アタッチメント」**neatly**「すっきりと」
immediately「ただちに」**adopt**「採用する」**product development**「製品開発」
6 **city council**「市議会」**approve**「承認する」**facility**「施設」**recycle**「リサイクルする」
garbage「ゴミ」**majority**「過半数」**resident**「住民」**support**「支持する」

3 副詞的用法～するために

Example

I worked hard **to get** the special bonus.

私は特別ボーナスをもらうためにがんばって働いた。

「～するために」という目的を表します。in order to や so as to も同じ意味です。

がんばって働いた　　もらうために
I worked hard　**to get**　the special bonus.
[**in order to get** / **so as to get**]

Other examples

I went to the airport **to meet** the client.

顧客を出迎えるために空港に行った。

We hired a consultant **to improve** our productivity.

生産性を向上させるためにコンサルタントを雇った。

訳して Check! 6

102

1 To bring down personnel costs, some of the departments will be streamlined.

2 Add a pinch of oregano to taste in order to remove the smell of meat and enhance the taste.

3 The management advisory committee recommended recruiting another 100 temporary workers so as to alleviate the burden on the factory floor workforce.

4 この美しい森を保全するために何百本もの木が植えられているが、元の状態に戻すのに50年かかるだろう。

5 Woodstream Industries 社はアジア地域での存在感を増すためにそこに進出することを決めた。

6 注目を集めるために、マーケティング部はいくつかの主要な新聞に全面広告を出すことを計画中だ。

1 **bring down**「引き下げる」**personnel**「人事の」**streamline**「合理化する」
2 **add**「加える」**a pinch of**「ひとつまみの」**oregano**「オレガノ」
to taste「好みに合わせて（この taste は名詞）」**remove**「取り除く」**smell**「匂い」
meat「肉」**enhance**「より良くする」**taste**「味」
3 **advisory**「顧問の、諮問の」**committee**「委員会」 **recommend**「推薦する」
recruit「雇用する」**another**「さらに～の」**temporary**「一時的な」
alleviate「緩和する」**burden**「負担」
factory floor「工場の現場、工場の従業員たち」**workforce**「（全）従業員」
4 **hundreds of A**「何百もの A」**plant**「植える」**preserve**「保全する」**forest**「森」
take+A（時間）**+to *do***「～するのに A がかかる」**restore**「復元する」
original「元の」**state**「状態」
5 **expand**「進出する」**region**「地域」**increase**「増やす」**presence**「存在、存在感」
6 **attract**「引きつける」**publicity**「（メディアや宣伝による）注目、評判」
place「（広告や注文）を出す」**full-page**「ページ全部の」**advertisement**「広告」
major「主要な」

Questions A

1 Please do not hesitate ------- us with any questions about our products.
(A) contacted (B) not contact (C) not to contact (D) to contact

2 Mr. Gagnon left the office early because he had a plane -------.
(A) to catch (B) catching (C) being caught (D) catch

3 We must conserve energy ------- preserve the natural environment.
(A) for (B) to (C) so that (D) in order that

4 It was ------- of you to take care of my dog when I was in hospital.
(A) enjoyable (B) considerate (C) difficult (D) exciting

5 Ms. Ruiz had enough energy ------- read the novel after she came home.
(A) in (B) for (C) by (D) to

1 **contact**「連絡する」
2 **catch**「間に合う、乗る」
3 **conserve**「節約する」**preserve**「保護する」**environment**「環境」
4 **enjoyable**「楽しい」**considerate**「思いやりのある」**take care of A**「A の世話をする」
5 **enough**「十分な」**energy**「エネルギー」**novel**「小説」

Questions B

1 When cooking, it is always advisable ------- proper utensils to get good results.

(A) for using (B) to be used (C) to use (D) to using

2 It was prudent ------- Mr. Danton not to criticize his subordinate in front of others.

(A) for (B) of (C) to (D) with

3 While on board this coach, please remain seated and keep your seatbelt fastened ------- ensure your safety.

(A) so as (B) in order (C) for (D) to

4 ------- survive the fierce competition, the company has been trying to improve its efficiency.

(A) For (B) in order to (C) for the purpose of (D) so as not to

5 If you ------- to submit an application for the workshop, please email it to the following address.

(A) enjoy (B) consider (C) wish (D) finish

1 **advisable**「望ましい」**proper**「適切な」**utensil**「器具」**result**「結果」
2 **prudent**「分別のある、賢明な」**criticize**「批判する」**subordinate**「部下」**in front of A**「A の前で」**others**「他の人たち」
3 **on board A**「A に搭乗中で」**coach**「長距離バス」**remain**「～のままでいる」**seat**「座らせる」**fasten**「締める」**ensure**「確実にする」**safety**「安全」
4 **survive**「生き残る」**fierce**「激しい」**competition**「競争」**improve**「改善する」**efficiency**「効率」
5 **submit**「提出する」**application**「申込書」**workshop**「勉強会」**following**「下記の」

✓ Reverse Check ❶ ～すること 主語として

103

1 顧客を満足させるために、他にはない高品質な製品を幅広く持つことが私たちにとって必要だ。

2 あらかじめ問題を予期するだけでなく、それに対して予防策を講じることが特に重要だ。

3 その積荷を空路ではなく貨物列車で輸送したのは、工場長による物流管理上の賢明な決断だった。

4 It will be easier to communicate with the local people if you learn some expressions in their language.

5 It is a common practice in the retail industry to give discounts for bulk orders.

6 It's generally quite hard to recognize the shortcomings of your products without customer feedback.

✓ Reverse Check ❷ ～すること 目的語として

104

1 5月に売り上げが最高記録にまで伸びたが、成長はすぐに鈍化し始めた。

2 合理化計画の一環として Bonas Medics 社は新しい賃金体系を導入する計画を立てている。

3 Minato Foods 社はたった10年で、家族経営による地元地域の食料品店から、多国籍食料加工会社に変貌することができた。

4 Ms. Bandara ceased to be a member of this association last year.

5 Mr. Martin frequently puts things off until the last minute and gets into trouble, so he wants to break this bad habit.

6 Since three of us share this apartment, we agreed to split the rent and utility bills evenly among ourselves.

6 apartment は1世帯分の居住部分を指す。建物全体は apartment building などと呼ばれる。また、動詞や前置詞の目的語が主語と同じ場合には、目的語には -self のついた代名詞を使う。

He talked to himself.　　彼は独り言を言った。

Reverse Check ③ 不定詞のみ目的語にとる語 105

1 地元の冷凍食品会社 Best Frozen 社はスムージーとホットドッグの売店を Greenville の球場に開店することに同意した。

2 納入会社候補の１つがとても手ごろな金額を見積もったので、私たちは彼らと取り引きすることを選んだ。

3 製品開発のために追加の資金が必要だったので、社長は海外不動産を含む会社の資産をいくつか売却することに決めた。

4 In atrocious weather, the climbing party attempted to get to the summit before sunset.

5 There was an opening in public relations at the Seattle office, and Ms. Wang volunteered to take the job and transfer there.

6 Because our offer was practical and beneficial for both parties, the courier promised to consider it.

Reverse Check ④ It is ～ of you to *do* 106

1 私が出張中に庭の植物に水をやってくれたのは、あなたは心遣いのある方でした。

2 職に申し込む前に注意深く職務内容を確認することはどの求職者にとっても望ましい。

3 私どもの慈善団体にそのような多額の寄付をしていただけるとは、あなたはとても寛大で思いやりのある方です。あなたの寄付は多くの恵まれない子供たちを救うことになります。

4 It was tactful of you not to point out the manager's mistake in front of others.

5 It is essential for a manager to set practical goals for their department, and such an approach can motivate staff as well.

6 It is not unreasonable of him to say we should scrap our proposal. I don't think it will work, either.

5 they（their/them を含む）は性別不特定の単数名詞を受けることができる。ここでは their の代わりに his or her でもよい。

6「～ないと思う」は I don't think that S+V がよく使われる形。

Reverse Check ⑤ ～するための・～するべき・～する名詞 107

1 混雑した大都市では、特に駅の近くやオフィス街で駐車するための場所を見付けるのはほぼ不可能だ。

2 私たちの部署はこの共同プロジェクトに拠出するだけの十分な予算があるが、それでも取締役会の承認を必要としている。

3 中心メンバーの数人が退職する予定で、部の残りの者たちがその代わりを務めなければならないから、営業部長は部員の労働量を減らすための方法を探しているところだ。

4 Now is the time to introduce a teleworking system. Our staff need the option of working from home.

5 The packaging design proposal to fit the hair clippers and several attachments neatly in one box was immediately adopted by the product development team.

6 The city council approved a plan to build a new facility to recycle garbage, and the majority of the local residents support it.

4 会社に勤めている人が「在宅勤務する」は from home が使われることが多い。

Check this out! to不定詞の後に置かれる前置詞

The girl needs a friend to play **with**.

その女の子は一緒に遊ぶ友達が必要だ。

上記のように、形容詞的用法の to 不定詞のかたまりの中に前置詞が必要であることがあります。例えば上記の a friend to play with「一緒に遊ぶ友達」では play に with がついています。これは play with で「一緒に遊ぶ」という意味なので with も必要だからです。

play **with** a friend→　a friend to play **with**
play　a game→　a game to play

I need a piece of paper to write **on**.	書く紙が必要だ。
I need a pen to write **with**.	書くペンが必要だ。
I need a topic to write **about**.	書く話題が必要だ。
I need someone to write a letter **to**.	手紙を書く相手が必要だ

✓Reverse Check ❻ ～するために

108

1 人件費を引き下げるために、いくつかの部署は合理化されるだろう。

2 肉の臭みを消して味を良くするために好みに合わせてオレガノをひとつまみ入れてください。

3 経営諮問委員会は工場の現場従業員の負担を緩和するためにさらに100人の臨時従業員を雇用することを提言した。

4 Hundreds of trees have been planted to preserve this beautiful forest, but it will take 50 years to restore it to its original state.

5 Woodstream Industries decided to expand into the Asian region to increase its presence there.

6 To attract publicity, the Marketing Department is planning to place a full-page advertisement in some major newspapers.

4 hundreds of の類似表現に thousands of「何千の」millions of「何百万の」などがある。ちなみに、「何万の」は tens of thousands of、「何十万の」は hundreds of thousands of。これは、1万が ten thousand、10万が one hundred thousand だとわかれば理解できるだろう。

Check this out! 感情を表す形容詞+to *do*

感情を表す形容詞と to *do* がセットになり、「～して…な気持ちになる」の意味になることがあります。

I'm surprised to see you here.	ここであなたに会って驚いています。
I'm happy to see you.	あなたに会えて嬉しいです。
I'm sorry to hear that.	それを聞いてお気の毒 / 残念です。

Lesson

10 to不定詞の応用

I いろいろな不定詞

A) 不定詞の完了形

Example

He seems **to have studied** yesterday.

彼は昨日勉強したようだ。

通常、不定詞の時制は述語動詞と同じかそれより未来になります。しかし、「過去に to *do* したように、今見える」など、述語動詞よりも to 不定詞の時制を過去にするとき、あるいは完了形の意味（完了、経験、継続）を付け加える場合は完了不定詞 to have *done* を使います。

① He seems **to study** every day. 彼は毎日勉強しているようだ。

≒ It **seems** that he **studies** every day.

seemが現在形なのでto studyも現在形

② He seemed **to study** every day. 彼は毎日勉強しているように見えた。

≒ It **seemed** that he **studied** every day.

seemが過去形なのでto studyも過去形

③ He seems **to have studied** yesterday. 彼は昨日勉強したようだ。

≒ It **seems** that he **studied** yesterday.

seemは現在形だがto have studiedは過去形

④ He seems **to have met** her before.

彼は彼女に以前会ったことがあるようだ。

≒ It **seems** that he **has met** her before.

seemは現在形だがto have met は現在完了形

例文③では彼が勉強したのは昨日ですが、その様子を見て現在「そのように見える」ので、「ようだ」の部分が現在形、「勉強した」の部分がそれよりも前の過去を指すはずです。それを表すために to have studied が使われています。

例文④では、完了形の「経験」の意味に使われています。ただし、③④は形が同一ですので、そこだけ見ても決められません。時制を表す言葉や文脈で決めます。

この形で使われる表現には主に次のようなものがあります。

be reported to have *done* ～したと伝えられる

The company's sales are reported to have improved.

その会社の売り上げが伸びたと伝えられている。

be believed to have *done* ～したと信じられている

The technology is believed to have been developed by a student.

そのテクノロジーは一人の学生によって開発されたと信じられている。

be said to have *done* ～したと言われている

The company is said to have made a huge profit.

その会社は巨額な利益を上げたと言われている。

seem to have *done* ～したようだ

He seems to have already had lunch. 彼はすでに昼食をとったようだ。

appear to have *done* ～したようだ

She appears to have practiced hard. 彼女はがんばって練習したようだ。

訳して Check! 1

109

1 The tech team seems to have made considerable progress in developing a new material.

2 There is said to have been an ancient settlement on this island, and you can explore its ruins on our exciting adventure tour.

3 Judging from the consumer report, the performance of the new washing machine appears to have improved compared with that of the previous model.

4 その音楽家は自分の回顧録を一等地にある彼の大邸宅で去年書いたと言われている。

5 うちの社員は入会するのに10％割引の対象になるので、何人かの新入社員はすでにそのフィットネスクラブに入会したようだ。

6 TK Corporation の売り上げは、新しい掃除機が大ヒットとなり、前四半期に奇跡的な回復をしたと伝えられている。

1 **tech team**「技術チーム」**considerable**「相当の」**progress**「進歩」
develop「開発する」**material**「素材」
2 **ancient**「古代の」**settlement**「入植地、居留地」**explore**「探検する」
ruins「遺跡、廃墟」**adventure**「冒険」**tour**「ツアー、旅行」
3 **judging from A**「A から判断すると」**consumer**「消費者」**performance**「性能」
washing machine「洗濯機」**improve**「改善する」**compared with A**「A と比較して」
previous「前の」
4 **musician**「音楽家、ミュージシャン」**memoirs**「回顧録」**mansion**「大邸宅」
prestigious address「一等地」
5 **as S+V**「S が V するので」**be eligible for A**「A を受ける資格がある」
a 10% discount「10%の割引」**membership**「会員権」**new hire**「新入社員」
join「入会する」**fitness club**「フィットネスクラブ」
6 **sales**「売り上げ」**miraculous**「奇跡的な」**recovery**「回復」**quarter**「四半期」
vacuum cleaner「掃除機」**smash hit**「大ヒット」

B) 不定詞の受動態

Examples

Stay away from those kangaroos if you don't want **to be kicked**. もし蹴られたくないならあれらのカンガルーから離れていなさい。

She seems **to have been invited** to the party.
彼女はそのパーティーに招待されたようだ。

to be *done* の形で「〜されること」「〜されるために」など、to 不定詞の意味に「される」が加わります。完了形と組み合わせた to have been *done* も可能です。

I don't want **to kick** those kangaroos.
kickすることを望む

I don't want **to be kicked** by those kangaroos.
to be kickedされることを望む

She seems **to have been invited** to the party.
She has been invited / She was invited のように見える

Other examples

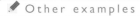

I want **to be chosen** for the project team.

私はそのプロジェクトチームに選ばれたい。

The meeting is reported **to have been cancelled**.

その会議はキャンセルされたと伝えられている。

訳して Check! 2

110

1 This liquor seems to be made from sugar cane, but it has a subtle flavor of fruit.

2 The client data appears to have been backed up successfully before the system shut down.

3 Ms. Shaw, a member of Ohama Library management committee, wanted to be selected as public relations officer, but she was appointed treasurer, instead.

4 そのパン屋の営業時間は延長されたようだが、開店時間は同じままだ。

5 海外に異動になりたいなら、これまでの傑出した業績と、当然のことながら、優れた英語力が必要です。

6 壮大で歴史的に重要なこの大聖堂は11世紀終わり頃に建築されたと言われており、人気のある観光地である。

1 **liquor**「酒」**be made from A**「Aで作られている」**sugar cane**「サトウキビ」**subtle**「微かな」**flavor**「風味」

2 **client**「顧客」**back up**「バックアップをとる」**successfully**「うまく」**shut down**「シャットダウンする」

3 **management**「運営」**committee**「委員会」**public relations**「広報」**officer**「役員」**appoint**「任命する」**treasurer**「会計係」**instead**「代わりに」

4 **opening hours**「営業時間」**bakery**「パン屋」**extend**「延長する」**opening time**「開店時間」**remain**「～のままである」**same**「同じ」

5 **transfer**「異動させる」**overseas**「海外に」**outstanding**「傑出した」**record**「経歴、記録」**accomplishment**「成果、達成、業績」**obviously**「当然ながら」**command**「(語学の) 運用力」

6 **magnificent**「壮大な」**historically**「歴史的に」**cathedral**「大聖堂」**construct**「建築する」**late**「終わり近い」**century**「世紀」**popular**「人気のある」**tourist destination**「観光地」

C) 不定詞の進行形

Examples

She seems **to be studying** now. 彼女は今勉強している最中のようだ。
She seemed **to have been waiting** for a long time.
彼女は長い間待っていたようだった。

to be *doing* で通常の to 不定詞に「〜している最中」という意味が加わります。完了形と組み合わせた to have been *doing* も使われます。

She seems **to be studying** now.
She is studying のように見える

She seems **to have been waiting**.
She has been waiting ⎤ のように見える
She was waiting ⎦

Other examples

The athlete is said **to be training** for the next race.
その選手は次のレースのためにトレーニングをしている最中だと言われている。

She seems **to have been working** for the company for a long time.
彼女は長年その会社で働いてきたようだ。

訳して Check! ③ 111

1 The coffee maker seems to be working normally, but the coffee brewed with it tastes a little odd.

2 Tanaka's Kitchen seems to be gaining popularity among the locals and is frequented by a young clientele.

3 The number of customers appears to be steadily increasing, but we cannot afford to be complacent. After all, we've only just exceeded the break-even point by a tiny margin.

4 インターホンが鳴ったとき、私はたまたま洗濯物を外に干しているところだった。

5 そのエネルギー会社は、化石燃料から再生可能エネルギーに重点を移しつつあると伝えられている。

6 彼女は10年以上自分自身の工房で陶器の食器を作って販売しているようで、ご贔屓の客を多く持っている。

1 **normally**「正常に」 **brew**「淹れる」 **taste**「～の味がする」**odd**「奇妙な」
2 **gain**「得る」**popularity**「人気」**among A**「A の間で」**locals**「地元の人々」 **frequent**「頻繁に訪れる」**clientele**「常連客たち」
3 **steadily**「堅調に」**afford to *do***「～する余裕がある」**complacent**「自己満足な」 **after all**「結局、なにしろ～だから」**exceed**「超える」 **break-even point**「損益分岐点」**by A**（数量）「A の分、差で」 **tiny**「小さな、ごくわずかな」**margin**「差」
4 **happen to *do***「たまたま～する」**hang out**「外に干す」**laundry**「洗濯物」 **intercom**「インターホン」**ring**「鳴る（ring-rang-rung）」
5 **shift**「移す」**focus**「重点、焦点」**fossil**「化石」**fuel**「燃料」 **renewables**「再生可能エネルギー」
6 **pottery**「陶器」**tableware**「食器」**A's own B**「A 自身の B」 **workshop**「工房」**more than A**「A より多い」**decade**「10 年」 **loyal**「熱烈な、忠誠心のある」**customer**「客」

D) 不定詞の否定形

Examples

I decided **not to go** there.　　私はそこに行かないことにした。
I studied **in order not to fail** the exam.
私は試験に落ちないように勉強した。

「～すること」の否定形「～しないこと」は not to *do* になります。ただし「～するために」の否定形「～しないために」は、not to *do* ではなく in order not to や so as not to を使う、あるいはまったく別の so that + S + V を使うのが普通です。（Lesson 26 参照）

I decided **to go** there　　そこに行くことを
not to go there　　そこに行かないことを

I studied **to pass** the exam　　試験に合格するために
in order not to fail the exam　　試験に落ちないように
so as not to fail the exam　　試験に落ちないように
so that I wouldn't fail the exam　　試験に落ちないように
?**not to fail** the exam ⇒「～しないために」の意味では使わない。

Other examples

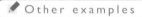

I tried **not to fall** asleep during the meeting.

会議の間、私は居眠りしないようにつとめた。

I got up early **in order not to be** late for work.

私は仕事に遅れないように早く起きた。

It is important **not to be** late for work.

仕事に遅刻しないことが重要だ。

訳して Check! 4

112

1 It is imperative for customer service representatives to be polite and friendly and try not to offend or upset customers.

2 In order not to have to wait for a long time, some outpatients try to arrive an hour before the hospital opens.

3 At the food processing plant, while working on the assembly line, workers must wear a cleanroom suit so as not to contaminate the food products.

4 たとえそれが些細なものでも、同じ間違いを繰り返さないことが重要だ。

5 Ms. Han は他の邪魔にならないよう、後ろのドアから静かに会議室を出た。

6 長い交渉と説得の後、その会社は最終的に我々との提携関係を解消しないことに同意した。

1 **imperative**「絶対必要な」**representative**「(客などに応対する) 担当者」
polite「礼儀正しい」**offend**「気分を害させる」**upset**「動揺させる」

2 **outpatient**「外来患者」

3 **food processing plant**「食品加工工場」**assembly**「組み立て」
cleanroom「クリーンルーム」**suit**「特定の目的に用いる服、～着」
contaminate「汚染する」

4 **repeat**「繰り返す」**even if S+V**「たとえ S が V しても」**trivial**「些細な」

5 **leave**「去る」**conference**「会議」**quietly**「静かに」**through A**「A を通って」
back「後ろ」**disturb**「邪魔する」**others**「他の人たち」

6 **lengthy**「長い」**negotiation**「交渉」**persuasion**「説得」**finally**「最終的に」
agree「同意する」**dissolve**「解消する」**partnership**「提携関係」

2 S+V+O+ to *do* SはOが～することをVする

Example

I **asked her to open** the window.

私は彼女に窓を開けるように頼んだ。

動詞の中には「S + V + O + to 不定詞」という構文をとるものがあります。基本的には to 不定詞の意味上の主語は O で、「S は O に～するよう V する」「S は O が～することを V する」という意味になります。

Sは	Vする	Oに	to *do* するように
I	**asked**	**her**	**to open the window**.
私は	頼んだ	彼女に	開けるように

この構文を使える主な動詞は次の通りです。

want	Oに～してほしい	**tell**	Oに～するように言う
ask	Oに～するように頼む	**expect**	Oが～することを期待する
advise	Oに～するよう忠告する	**allow**	Oに～することを許す
persuade	Oに～するよう説得する	**invite**	Oに～するように誘う
cause	Oが～することを引き起こす	**enable**	Oが～することを可能にする
force	Oに～するように強いる	**compel**	Oに～するように強いる

Other examples

I **advised him to clean** up his room.

私は彼に部屋を掃除するように忠告した。

I **invited him to have** lunch with me.

私は彼に昼食を一緒に食べようと誘った。

訳して Check! 5

113

1 The new reservation system enables customers to purchase their tickets online.

2 The heavy snow and consequent congestion on Charlotte Avenue forced the ambulance to take a detour to the site.

3 Some of the figures in the invoice were incorrect, so Ms. Varga asked the supplier to rectify the mistakes.

4 その物流会社のCEOは遅配の問題に取り組むよう社員たちに指示した。

5 庭の物置のドアが軋んでいたので、私は彼に芝を刈る前にちょうつがいに油を差すように頼んだ。

6 その花瓶は歴史的に重要できわめて価値の高いものだったので、学芸員がスタッフたちに最大限の注意を払って扱うように言った。

1 **reservation**「予約」**purchase**「購入する」
2 **consequent**「続く」**congestion**「渋滞」**ambulance**「救急車」 **detour**「迂回路」 **site**「現場」
3 **figure**「数値」**invoice**「送り状、インボイス」**incorrect**「不正確な」 **supplier**「納入業者」**rectify**「修正する」
4 **logistics**「物流」**instruct**「指示する」**address**「取り組む」**late delivery**「遅配」
5 **garden shed**「庭の物置」**squeak**「軋む」**apply**「塗る」**oil**「油」 **hinge**「ちょうつがい」**mow**「刈る」**lawn**「芝生」
6 **curator**「キュレーター、学芸員」**handle**「扱う」**vase**「花瓶」**utmost**「最大限の」 **care**「注意」**historically**「歴史的に」**extremely**「きわめて」**valuable**「価値の高い」

3 S+V+O+to *do*の受動態

Example

I was told to clean the blackboard after the meeting.
私は会議のあと黒板をきれいにするように言われた。

S + V + O + to *do* の構文はOを主語にした受動態の文に使われることもよくあります。「Oは～するようにVされる」「Oは～することをVされる」という意味です。受動態になるのはS + Vの部分だけでto不定詞は変化しません。

They told me to clean the blackboard.
彼らは私に言った　黒板をきれいにするように

↓

I was told to clean the blackboard.
私は言われた　黒板をきれいにするように

Other examples

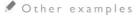

Visitors **aren't allowed to enter** the lab.

訪問客は研究室に入ることを許されていない。

I **was asked to stay** on hold when I called the customer services.

私がカスタマーサービスに電話したとき、保留のまま待つように言われた。

訳して Check! 6

114

1 Parents and family members are cordially invited to attend the annual Christmas party at our nursery.

2 Staff at Takena Designs are instructed not to open any files attached to an e-mail from an unknown sender.

3 Inpatients of Middle Valley Hospital are advised not to consume any food except hospital meals during their stay unless otherwise approved by their attending physician.

4 そのアパートの家賃は妥当だったが、私たちは保証金を払うことと、4月まで入居を待つように求められた。

5 出発地での吹雪のため、その便は定刻より1時間30分遅い、午後7時に着くことが見込まれている。

6 そのフェリーに乗船している乗客は、第2デッキの指定された場所でのみ喫煙を許されていた。

1 **cordially**「心から」**annual**「年に一度の」 **nursery**「保育園」

2 **instruct**「指示する」**attach**「添付する」**unknown**「不明な」**sender**「送信者」

3 **inpatient**「入院患者」**consume**「摂取する、消費する」**except**「～を除いて」
hospital meal「病院食」**unless otherwise** ＋過去分詞「別途～されない限り」
approve「承認する」**attending physician**「主治医」

4 **rent**「家賃」**flat**「(英) アパート」**reasonable**「妥当な」**deposit**「保証金」
wait to *do*「～するのを待つ」**move in**「入居する」

5 **due to A**「Aのせいで」**blizzard**「吹雪」**departure**「出発」**point**「地点」
flight「便、フライト」**arrive**「着く」**behind schedule**「予定より遅れて」

6 **passenger**「乗客」**ferry**「フェリー」**designated**「指定された」
area「場所、区域」**deck**「デッキ」

4 to不定詞の慣用表現

A) enough to「〜するのに十分なだけ……」

Example

Ms. Sada's English is good **enough** for her **to** join the class.

Ms. Sada の英語はそのクラスに参加するのに十分な程度に良い。

enough to *do* で「〜するのに十分なだけ、〜するのに必要なだけ」という意味です。通例 enough は形容詞・副詞につく場合は後に、名詞の場合は前に置かれます。

I have **enough time** to study English.
名詞

He was **clever enough** to pass the exam.
形容詞

Other examples

She worked hard **enough** to get a special bonus.

彼女は特別ボーナスをもらうのに十分なほど一生懸命働いた。

He didn't have **enough** energy to finish the job last night.

彼は昨晩、仕事を終わらせるのに十分なほどエネルギーがなかった。

B) too〜to…「あまりに〜なので…できない」

Example

I was **too** tired **to cook** dinner last night.

私は昨晩、あまりにも疲れていたので夕食を作れなかった。

否定文ではありませんが、意味上は「〜できない」と不可能を表します。また for 〜 は to 不定詞の主語を表します。 too 〜 to は so 〜 that S can't と同じ意味です。

I was **too** tired **to cook** dinner.
I was **so** tired **that** I **couldn't** cook dinner.

so ～ that はこのほかに「あまりに～なので**…する**」という意味にも使えます。

I was **so** tired **that** I went to bed at 8.

私はとても疲れていたので8時に寝た。

Other examples

This suitcase is **too** heavy **for** me **to** carry around.

このスーツケースはあまりに重いので、私は持って回ることができない。

She was **so** excited by the job offer **that** she **couldn't** sleep.

彼女はその仕事のオファーにとても興奮していたので寝ることができなかった。

訳して Check! 7

115

1 This trading card is so rare that it fetches unbelievably high prices at online auctions.

2 The board of directors concluded that Ms. Scott was competent and experienced enough to assume a managerial position.

3 The painting may be too abstract for lay people to appreciate, but critics think it is a masterpiece and worth four million dollars.

4 司会者はそのイベントを円滑に進めるほど十分に経験がなかった。

5 CEO はあまりに速く話していたので、記者は速記でもついていけなかった。

6 10巻きの芝生は昨日届いたが、その庭園はあまりも大きすぎたので、造園作業員たちは1日でそれらの全てを敷くことができなかった。

1 **trading card**「トレーディングカード」**rare**「レアな」
fetch「(オークションなどで) 値段がつく」**unbelievably**「信じられないほどの」
auction「オークション」

2 **board of directors**「取締役会」**conclude**「結論づける」
competent「有能な」**experienced**「経験を積んだ」**assume**「就任する」
managerial「管理職の」**position**「地位、役職」

3 **abstract**「抽象的な」**lay**「素人の」**appreciate**「正しく理解する、感謝する」
critic「評論家」**masterpiece**「傑作」**worth**「～の価値がある」

4 **MC**「司会者 (master of ceremonies)」**experience**「経験」**facilitate**「円滑に進める」

5 **reporter**「記者」**keep up with A**「A についていく」**shorthand**「速記」

6 **roll**「巻いたもの」**turf**「芝地、芝の一片」**landscape**「景観、造園する」
worker「作業員」**lay**「敷く」

Questions A

1 Ms. Blanco seems ------- at the Berlin office two hours ago.
(A) to arrive (B) to be arrived (C) to have arrived (D) she arrived

2 Mr. Davis asked the waiter ------- him the menu.
(A) to have brought (B) to be brought (C) bring (D) to bring

3 The assembly line workers ------- to take a break every two hours.
(A) are advised (B) are advising (C) advise (D) advised

4 This memo appears to ------- in German.
(A) write (B) be written (C) to have written (D) be writing

5 The bad weather ------- the climbing party to change their route to the summit.
(A) forced (B) made (C) let (D) prevented

1 **Berlin**「ベルリン」
2 **waiter**「ウェイター」
3 **assembly**「組み立て」**every**「～ごとに」
4 **memo**「連絡票、連絡メモ」**German**「ドイツ語」
5 **climbing party**「登山隊」**route**「ルート、進路」**summit**「頂上」

Questions B

1 The component that caused the malfunction of a traffic signal on 5th Avenue ------- to have some design flaws.

(A) found (B) was founding (D) has found (D) was found

2 Considering the favorable economic climate, the CEO decided that the opening of the new branch needed ------- forward.

(A) to have brought (C) to be bringing
(B) to bring (D) to be brought

3 During the negotiations last month, the mega retailer is reported to -------- a concession to the supplier concerning the delivery fees.

(A) make (B) be making (C) have made (D) have been made

4 The stocktaking at Meitan Manufacturing's Georgia warehouse is reported to -------- smoothly and is expected to finish by tomorrow.

(A) be proceeding (C) proceeding
(B) have proceeded (D) had proceeded

5 Our shop is attractive -------- to draw people but not enough to make them want to visit again.

(A) quite (B) well (C) enough (D) sufficient

1 **component**「部品」**cause**「引き起こす」**malfunction**「故障」
traffic signal「信号」**flaw**「欠陥」
2 **considering A**「A を考えると」**favorable**「有利な」**climate**「状況」
bring forward「前倒しする」
3 **negotiation**「交渉」**mega**「巨大な」**retailer**「小売業者」**concession**「譲歩」
concerning A「A に関して」
4 **stocktaking**「棚卸し」**warehouse**「倉庫」**smoothly**「順調に」**proceed**「進む」
5 **attractive**「魅力的な」**draw**「引き寄せる」

Reverse Check 1 不定詞の完了形

116

1 技術チームは新素材の開発において相当な進歩をしたようだ。

2 この島には古代の集落があったと言われており、当社の冒険に満ちたツアーでその遺跡を訪問していただけます。

3 消費者レポートから判断すると、その新しい洗濯機の性能は前の機種に比べて改善したようだ。

4 The musician is said to have written his memoirs last year in his mansion at a prestigious address.

5 As our employees are eligible for a 10% discount on membership, some new hires seem to have already joined the fitness club.

6 TK Corporation's sales are reported to have made a miraculous recovery in the last quarter after their new vacuum cleaner became a smash hit.

1 in は前置詞なので目的語に名詞を必要とする。もし動詞を「～すること」を表す目的語として使いたい場合は -ing 形にする。to 不定詞も「～すること」の意味を持つが前置詞の目的語には使えないことに注意。この使い方については Lesson12 参照。

2 There is ～ に be said to have を使っている。

There is a pen.	ペンがある。
There is said to be a pen.	ペンがあると言われている。
There is said to have been a pen.	ペンがあったと言われている。

この構文の主語は be 動詞の後に来る名詞なので、それに動詞を合わせる必要がある。上記の例文では、a pen なので動詞が is said になる。

Reverse Check 2 不定詞の受動態

117

1 この酒はサトウキビでできているようだが、かすかな果実の風味がある。

2 顧客データはシステムがシャットダウンする前に、うまくバックアップされたようだ。

3 Ohama 図書館運営委員会のメンバーである Ms. Shaw は広報担当に選ばれたかったが、代わりに会計担当に任命された。

4 The opening hours of the bakery seem to have been extended, but the opening time remains the same.

5 If you want to be transferred overseas, you need an outstanding record of accomplishments and, obviously, a good command of English.

6 This magnificent and historically important cathedral is said to have been constructed in the late eleventh century and is a popular tourist destination.

✔ Reverse Check 3 不定詞の進行形

118

1 そのコーヒーメーカーは正常に機能しているようだが、それを使って淹れられたコーヒーは少し妙な味がする。

2 Tanaka's Kitchen は地元の人の間で人気を得つつあるようで、若い常連客に頻繁に訪れられている。

3 顧客の数は堅調に増えているようだが、まだ自己満足する余裕はない。損益分岐点をほんのわずかに超えただけからだ。

4 I happened to be hanging out the laundry when the intercom rang.

5 The energy company is reported to be shifting its focus from fossil fuels to renewables.

6 She seems to have been making and selling pottery tableware at her own workshop for more than a decade and has many loyal customers.

6 loyal customer は、他所の競争相手などに目移りせず、商品やサービスを買い続けてくれる客のこと。

✔ Reverse Check 4 不定詞の否定形

119

1 カスタマーサービス担当者にとって、礼儀正しくフレンドリーであること、そして客の気分を害したり動揺させたりしないように心がけることは絶対必要なことだ。

2 長時間待たなくてもいいように、外来患者の中にはその病院が開く1時間前に到着しようとする人もいる。

3 その食品加工工場では、組立ラインで働く間は食品を汚染しないよう、クリーンルーム作業着を着用しなければならない。

4 It's important not to repeat the same mistake even if it's trivial.

5 Ms. Han left the conference room quietly through the door at the back so as not to disturb the others.

6 After lengthy negotiations and persuasion, the company finally agreed not to dissolve its partnership with us.

2 have to の否定「しなくてもよい」を使っている。
5 back door は通例「裏口、通用口」の意味で使われるので、このように書いたほうが無難。

✔ Reverse Check 5 S+V+O+to *do*

120

1 新しい予約システムは、客が自分のチケットをオンラインで購入することを可能にしている。

2 大雪とそれに続く Charlotte 通りの渋滞で救急車が現場まで迂回路を取らざるを得なくなった。

3 インボイスの数値のうちいくつかが不正確だったので、Ms. Varga は納入業者に間違いを正すように頼んだ。

4 The CEO of the logistics company instructed the staff to address the problem of late deliveries.

5 Because the garden shed door was squeaking, I asked him to apply some oil to the hinges before mowing the lawn.

6 The curator told his staff to handle the vase with utmost care as it was historically important and extremely valuable.

✔ Reverse Check 6 S+V+O+to *do*の受動態

121

1 両親と家族の方は私どもの保育園で行われる毎年恒例のクリスマスパーティーに心よりご招待申し上げます。

2 Takena Designs の社員は不明な送り主からのメールに添付されたいかなるファイルも開封しないように指示されている。

3 Middle Valley 病院の入院患者は、入院中は別途主治医の承認がない限り、病院食以外のいかなる食品も摂取しないように勧告されている。

4 Although the rent on the flat was reasonable, we were asked to pay a deposit, and to wait to move in until April.

5 Due to a blizzard at the departure point, the flight is expected to arrive at seven, one and half hours behind schedule.

6 The passengers on the ferry were allowed to smoke in designated areas on the second deck only.

1「幼稚園」は kindergarten。また、nursery には「(販売用植物の) 種苗園」の意味もあり、こちらも使われるので覚えておきたい。

2 attend には「出席する」の他に「世話する」の意味がある。この動詞の人を表す名詞形は意味によって異なり、attendee「出席者」attendant「接客係、世話人」。日本語の「アテンダント」はここから来ている。

Reverse Check 7 to不定詞の慣用表現

122

1 このトレーディングカードはあまりにもレアなので、オンラインのオークションでは信じられないほど高い値段がつく。

2 取締役会は、Ms. Scott が管理職に就くのに十分な能力と経験を持っていると結論付けた。

3 その絵は素人にはあまりにも抽象的すぎて理解できないかもしれないが、評論家たちはそれが傑作であり、400万ドルの価値があると考えている。

4 The MC didn't have enough experience to facilitate the event.

5 The CEO was talking too fast for the reporter to keep up with her even in shorthand.

6 The 10 rolls of turf arrived yesterday, but the garden was so large that the landscape workers could not lay all of them in one day.

Lesson

11 原形不定詞

I 知覚動詞と原形不定詞

Example

I **saw** him **cross** the road.

私は彼が道路を渡るのを見た。

hear, see など人間の五感に関する動詞は知覚動詞と呼ばれ、普通の一般動詞とは異なり、目的語の後に to 不定詞ではなく原形を取ります。

知覚動詞＋ O＋ 原形不定詞：
「O が…するのを見る / 聞く」

I	**saw**	**him**	**cross** the road.
私は	見た	**彼が**	道路を渡るのを

himは cross the road の主語

主な知覚動詞は次の通りです。

see	見える	**watch**	じっと見る	**look at**	見る	**feel**	感じる
hear	聞こえる	**listen to**	聞く	**notice**	気がつく	**observe**	観察する

Other examples

I **felt** someone **pat** me on the shoulder.

私は誰かが肩をたたくのを感じた。

I **heard** Mary **open** the door and **run** into her room.

私は Mary がドアを開けて部屋に走って入ったのを聞いた。

I **watched** the security guard **lock** the storage room.

警備員が備品室に鍵をかけるのを見守った。

訳して Check! 1

123

1 In an online video, I saw a man bungee-jump off a cliff about 200 meters high.

2 While sitting in the waiting room of the physician's office, Mr. Perris heard the reception clerk call out a colleague's name.

3 The spectators saw several runners cross the finish line almost simultaneously. They had no idea who had won the race until the photo finish image was displayed on the stadium screen.

4 私は電気技師が私の部屋の壁にコンセントを取り付けるのを見守った。

5 自分の前の候補者が面接室に入るのを見て、Ms. Seta は突然不安に感じた。

6 子ども向けの科学セミナーの間、児童たちは、教授がボタンを押すと同時に、自分たちの手作りのペットボトルロケットが打ち上がるのを熱心に見た。

1 **video**「動画」**bungee-jump**「バンジージャンプする」**off A**「A から離れて、落ちて」
cliff「崖」**200 meters high**「200m の高さの」

2 **physician's office**「個人医院」**reception**「受付」**clerk**「事務員」
call out「(声をあげて) 呼ぶ」**colleague**「同僚」

3 **spectator**「観客」**cross**「横切る」**finish line**「ゴール (の線)」
simultaneously「同時に」**who + V**「誰が V するか」
photo finish「写真判定 (のきわどい勝負)」**image**「画像」

4 **electrician**「電気技師」**install**「取り付ける」**socket**「(壁の) コンセント」

5 **as S+V**「S が V するとき、するにつれて」**candidate**「候補者」**before A**「A の前の」
enter「入る」**interview**「面接」**suddenly**「突然」**apprehensive**「不安な」

6 **during A**「A の間」**scientific**「科学の」**seminar**「セミナー」**kid**「子ども」
school children「児童」**enthusiastically**「熱心に」**hand-made**「手作りの」
plastic bottle「ペットボトル」**lift off**「打ち上がる」
as S+V「S が V するとき、と同時に」**professor**「教授」**press**「押す」**button**「ボタン」

Check this out! 知覚動詞 + O + *doing/done*

知覚動詞はこのほかに目的語の後に動詞の ing 形と過去分詞をとることができ、それぞれ意味が異なります。

知覚動詞 +O+*do* O が *do* **するのを**見る・聞く…（最後まで）
知覚動詞 +O+*doing* O が *doing* **しているところを**見る・聞く…（最中）
知覚動詞 +O+*done* O が *done* **されるのを**見る・聞く…（受動態の関係）

I saw him **cross** the street. 彼が通りを横切るのを（最後まで）見た。
I saw him **crossing** the street. 彼が通りを横切っているところを見た。
I heard my name **called**. 自分の名前が呼ばれるのを聞いた。

知覚動詞＋ O ＋ ing 形と過去分詞については、Lesson13 で扱います。

2 使役動詞と原形不定詞

Example

My boss **made** me **work** overtime.

上司は私に残業させた。

使役動詞とは「～させる」の意味を持つ動詞で、次のような使い方をします。

使役動詞 +O+ 原形不定詞：
「主語は O に～させる」

My boss **made** **me** **work overtime**.
私の上司は させた 私に 残業する
meは work overtimeの主語

使役動詞は次のようなものがあります。使い方が異なるものもありますので、注意してください。

make / **have** / **let**	**+ O + *do***	（相手の意志に関係なく）Oに～させる （業務上や目下の者への指示）Oに～してもらう Oが～するのを許す、Oに～させてやる
help	**+ O + *do***	Oが～するのを手伝う
	+ O + to *do*	Oが～するのを手伝う
	+ *do*	～する役に立つ、手伝う
	+ to *do*	～する役に立つ、手伝う
get + O + to *do*		（説得して、あるいは頼んで）Oに～してもらう

上記のようにhelpとgetは特殊な使い方をします。気を付けてください。

I **made** **him** **do** the job. （強制的に）その仕事を彼にさせた。
make + O + 原形

I **had** **him** **do** the job. （仕事上の指示で）その仕事を彼にしてもらった。
have + O + 原形

I **let** **him** **do** the job. 彼がその仕事をするのを許してやった。
let + O + 原形

I **helped** **him** **do** the job. 彼がその仕事をするのを手伝った。
help + O + 原形

I **helped** **him** **to do** the job. 彼がその仕事をするのを手伝った。
help + O + to不定詞

I **helped** **do** the job. その仕事をするのを手伝った。
help + 原形

I **helped** **to do** the job. その仕事をするのを手伝った。
help + to不定詞

I **got** **him** **to do** the job. （頼んで）その仕事を彼にしてもらった。
get + O + to不定詞

Other examples

This book will **help** improve your English.

この本はあなたが英語を上達させる役に立つでしょう。

This medicine will **make** you feel better.

この薬はあなたの気分をましにしてくれるでしょう。

The CEO **had** her secretary make some arrangements.

CEO は秘書にいくつかの手配をさせた。

Please **let** me know as soon as you finish.

あなたが終わり次第知らせてください。

The sales representative managed to **get** the customer to sign the contract.　その営業担当者はなんとか顧客に契約書にサインしてもらった。

The new training coach **is helping** the team improve their performance.

新しいトレーニングコーチは、チームのパフォーマンス向上を手伝っている。

訳して Check! 2

124

1 Ms. Fraser had to take an urgent call, so she got her assistant to show the clients around the facility.

2 The entrepreneur had a web design company create a new stylish and professional-looking website for his business.

3 Besides being expected to generate profits, this project will also help promote mutual cooperation among departments.

4 Ms. Watt は秘書に正式な招待状の言い回しを確認してもらい、印刷と郵送の手配をしてもらった。

5 制作者の視点で撮影された動画を見ることは、乗り物酔いやめまいを感じさせることがある。

6 この集中コースは、あなたがプロジェクト管理の要点を学ぶのを助け、キャリア開発にも役立つだろう。

1 **urgent**「緊急の」**assistant**「アシスタント」**show around**「案内する」**facility**「施設」
2 **entrepreneur**「起業家」**create**「作る」**stylish**「スタイリッシュな」
professional「プロの、専門的な」**-looking**「～に見える」
3 **besides *doing***「～することに加えて」**generate**「生み出す」**profit**「利益」

promote「促進する」**mutual**「相互の」**cooperation**「協力」**among A**「A の間で」**department**「部署、部門」

4 **secretary**「秘書」**check**「確認する」**wording**「言い回し」**formal**「正式な」**invitation**「招待状」**arrange for A**「A の手配をする」**printing**「印刷」**mailing**「郵送」

5 **video**「動画」**shoot**「撮影する shoot-shot-shot」**creator**「制作者」**perspective**「視点」**can**「ことがある」**experience**「(不調など) を感じる」**motion sickness**「(乗り物の移動などから生じる) 酔い」**dizziness**「めまい」

6 **intensive**「集中的な」**essential**「要点、最重要事項」**management**「管理」**helpful**「役に立つ」**career**「キャリア」**development**「開発」

Check this out! 「読む・書く・聞く・話す」を考えた練習

単語と文法は、単に頭に入れただけでは使えるようになりません。何度も反復練習する必要があります。そして、練習した方法でしか使えないということに注意してください。たとえば目で見ただけで暗記した単語や文法は、読んだときに認識できても、「聞く・書く・話す」で使えるとは限らないのです。
つまり、聞いたときに瞬時に意味がわかりたいなら、単語や文法を強く認識しながら聞き、話したいなら自分で英文を作って口に出す、そして書けるようになりたいなら書いて練習すればいいのですね。
そこで、単語・文法を習得するときには、「読む・書く・聞く・話す」のどれに使いたいのかを考えながら練習しましょう。
TOEIC でスコアアップを目指すなら、少なくとも「読む・聞く・書く」を向上させなければなりません。「書く」が必要なのは、文法問題に正解するためです。
そして、もし日常生活や仕事などで「話す」ことが必要でしたら、やはり話して練習するのが一番効率がいいです。訳してチェックや Reverse Check で日本語音声を聞いて、すぐに英文を声に出してみてください。その際は、単に暗唱するのではなく、まるで誰かと会話しているかのように話しましょう。劇の台本と同じで、覚えるだけでは意味がなく、演じられるまで体に染み込ませるのです。これを繰り返していけば、本書の英文がだんだん自分の言葉になっていくはずです。
いずれにしても、英語はスキル化することが必要です。特に苦手な方は、暗記だけに終始していないかを確認してみてください。

Questions A

1 Mr. Williams had his secretary ------- a copy of his itinerary.
(A) make (B) to make (C) made (D) makes

2 Ms. Chen watched the plumber ------- the leaky kitchen sink faucet.
(A) fix (B) to fixing (C) fixed (D) was fixed

3 This two-minute exercise ------- you focus on the task at hand.
(A) allows (B) helps (C) enables (D) keeps

4 The personnel manager ------- the new assistant to file some documents.
(A) made (B) had (C) let (D) told

5 The home appliance company ------- an advertising agency design its new product brochure.
(A) got (B) had (C) asked (D) allowed

1 **secretary**「秘書」**itinerary**「旅程表」
2 **plumber**「配管工」**leaky**「漏れる」**sink**「流し台」**faucet**「蛇口」**fix**「修理する」
3 **exercise**「運動」**focus**「集中する」**task**「仕事」**at hand**「手元の」
4 **file**「ファイルする」
5 **home appliance**「家電」**advertising agency**「広告代理店」**brochure**「パンフレット」

Questions B

1 This seminar will ------- your legal staff members acquire an extensive practical knowledge of corporate law.

(A) help (B) assist (C) enable (D) get

2 As a mediator, after Ms. Russo listened attentively to both parties ------- their positions, she made a suggestion.

(A) to state (B) state (C) states (D) stated

3 Corporate leisure activities such as company barbecues can ------- facilitate inter-department communication.

(A) make (B) let (C) get (D) help

4 This suit from a local apparel company, Master Attire, ------- you look slim and is very popular.

(A) compels (B) have (C) makes (D) gets

5 The passengers were made ------- from the bus after the engine stalled and the vehicle came to a halt.

(A) disembark (C) disembarkation
(B) disembarking (D) to disembark

1 **acquire**「獲得する」**extensive**「広範囲に渡る」**practical**「実践的な」**knowledge**「知識」**corporate**「会社の」**law**「法律」
2 **mediator**「調停者」**attentively**「注意深く」**both**「両方の」**party**「当事者」**state**「述べる」**position**「立場」**suggestion**「提案」
3 **corporate**「会社の」**leisure**「レジャー、余暇」**activity**「活動」**facilitate**「容易にする」**inter-**「～間の」**department**「部署」
4 **apparel**「衣料」**slim**「スリムな」
5 **passenger**「乗客」**disembark**「降りる」**stall**「(エンジンが故障などで) 停止する、エンスト」**vehicle**「車両」**come to a halt**「停止する」

Reverse Check 1 知覚動詞+目的語+原形

125

1 オンラインの動画で、男性が高さ約200メートルの崖からバンジージャンプするのを見た。

2 その医院の待合室で座っていた間、Mr. Perrisは受付の事務員の人が同僚の名前を呼ぶのを聞いた。

3 観客は、数人のランナーがほとんど同時にゴールするのを見た。彼らは、写真判定の画像がスタジアムのスクリーンに映されるまで、誰が勝ったのか全くわからなかった。

4 I watched the electrician install a socket on the wall of my room.

5 As she watched the candidate before her enter the interview room, Ms. Seta suddenly felt apprehensive.

6 During the scientific seminar for kids, the school children enthusiastically watched their hand-made plastic-bottle rocket lift off as the professor pressed the button.

1「高さ200mの崖」では、about 200 meters highが後ろからthe cliffを説明している。これはLesson 25で取り扱う。

Reverse Check 2 使役動詞+目的語+原形

126

1 Ms. Fraserは緊急の電話を取らなければならなかったので、アシスタントに顧客の施設案内をしてもらった。

2 その起業家はウェブデザイン会社に、自分のビジネスのためのスタイリッシュで専門的な外観の新しいウェブサイトを作成してもらった。

3 このプロジェクトは利益を生み出すと期待されている他に、部門間の相互協力を促進するのにも役立つだろう。

4 Ms. Watt had her secretary check the wording of the formal invitation and arrange for printing and mailing.

5 Watching videos shot from the creator's perspective can make you experience motion sickness or dizziness.

6 This intensive course will help you learn the essentials of project management and it will also be helpful to your career development.

5 shot ~ perspective は後ろから videos を説明している。これは過去分詞が持つ働き。詳しくは Lesson 13 で扱う。

Check this out! 使役動詞 make と知覚動詞の受動態

使役動詞のうち make と知覚動詞の多くは受動態にできます。能動態で原形を使う構文を受動態にする場合、原形動詞は to 不定詞になります。

■ 使役動詞 make

主語	使役動詞	目的語	原形
They	made	me	**buy** the product.

主語	使役動詞の受動態	to不定詞
I	was made ～させられた	**to buy** the product.

I **was made to buy** the product. 私はその製品を買わされた。

■ 知覚動詞

主語	知覚動詞	目的語	原形動詞
They	**saw**	him	**enter** the room.

主語	知覚動詞の受動態	to不定詞
He	**was seen**	**to enter** the room.

He **was seen to enter** the room. 彼はその部屋に入るのを見られた。

Lesson

12 動名詞

1 名詞としての動名詞

A) 主語・目的語としての動名詞

Examples

Staying in a foreign country is an interesting experience.

外国に滞在することは興味深い体験だ。

I always enjoy **having** a chat with her.

彼女とおしゃべりするのはいつも楽しい。

動詞に～ ing をつけると「～すること」の意味を持ち、名詞のかたまりを作ります。受動態「～されること」は being *done* の形になります。

studying English	英語を勉強すること
playing the piano	ピアノを弾くこと
being treated	扱われること
being manufactured	製造されること

名詞と同じ扱いを受けますので、主語や目的語などとして使うことができます。to *do* も「～すること」という意味を持ちますが、*doing* は to *do* と異なり、文頭に置き主語としてもかまいません。（Lesson 9 不定詞参照）

Staying in a foreign country is an interesting experience.
主語 「外国に滞在することは」

I always enjoy **having a chat with her**.
目的語 「彼女とおしゃべりすることを」

Other examples

I like **watching** videos on science.

科学についての動画を見ることが好きだ。

Being chosen for the project was a great achievement for Ms. Kano.

そのプロジェクトに選ばれることはMs. Kanoにとっては大きな偉業だった。

訳して Check! 1

127

1 Reading books on career development might help you decide which path you should take.

2 Being treated fairly at work can sometimes be a major factor for many employees in deciding whether they want to stay or not.

3 Developing effective promotional activities involves grasping consumer needs and creating advertisements that target specific demographics.

4 インターネットの動画を見ることは私にとって楽しくて、ときどき時間を忘れさせることがある。

5 スタッフのスケジュールを調整することがプロジェクトの成功に不可欠だった。

6 製品の一貫性を改善することはMilton Ace Furniture社の第一の関心事であり、私どもの研究開発部はこの目標を達成するために日々努力しています。

1 **career**「キャリア」**development**「開発」**path**「道」

2 **treat**「扱う」**fairly**「公平に」**major**「主要な」**factor**「要因」**employee**「社員」**whether**「かどうか」

3 **develop**「展開する、開発する」**effective**「効果的な」**promotional**「宣伝の」**activity**「活動」**involve**「含む、必要とする」**grasp**「把握する」**consumer**「消費者」**needs**「ニーズ」**create**「作る」**advertisement**「広告」**target**「ターゲットにする」**specific**「特定の」**demographics**「層」

4 **online**「オンラインの、インターネット上の」**video**「動画」**fun**「楽しさ」**lose track of time**「時が経つのを忘れる」

5 **coordinate**「調整する」**essential**「不可欠な」**success**「成功」

6 **improve**「改善する」**consistency**「一貫性」**primary**「もっとも重要な」**concern**「関心事」**R&D**「研究開発」**strive**「努力する」**accomplish**「達成する」**goal**「目標」

B) 前置詞の目的語として

Example

I'm interested **in taking** an English course at a language school.

私は語学学校で英語のコースを受けるのに興味がある。

前置詞は必ず後に名詞のかたまりをとります。したがって前置詞の後に動詞を置いて「～すること」の意味にしたい場合、動詞を ing 形にします。 to *do* も同じ意味を持ちますが、前置詞の後に to *do* を置くことはできません。

I'm interested in **taking** an English course.

× **to take**

takingもto takeも「受けること」だが前置詞 inの後なので to takeは不可

Other examples

She hung up the phone **without saying** good-bye.

彼女はさよならも言わずに電話を切った。

His great idea saved the project **from being scrapped**.

彼の素晴らしいアイデアが、その企画を廃案にされることから救った。

訳して Check! 2 128

1 After filling in a lost and found form, Ms. Garcia turned it in at the counter.

2 If you have a legitimate reason for being late for the exam or missing it altogether, you can apply for a makeup.

3 The majority of the marketing team objected to changing the graphics in the flier. In spite of their opposition, however, the manager made them do it.

4 新しい組立工場は 1 日に 10000 個のこの部品を製造する能力がある。

5 搭乗券を喫茶店に忘れたことに気が付かずに、Mr. Lee は出発ゲートに急いだ。

6 研修会の間、講演者の Ms. Ortiz は、問題を異なる見方から見ることの重要性を強調した。

1 **fill in**「記入する」**lost and found**「遺失物保管所」**form**「用紙」**turn in**「提出する」
2 **legitimate**「正統な」**reason for A**「A の理由」**late**「遅刻した」
miss「逃す、欠席する」**altogether**「全く」**apply**「申し込む」**makeup**「追（再）試験」
3 **majority**「大多数」**marketing**「マーケティング」**object to A**「A に反対する」
graphics「画像」**flier**「チラシ =flyer」 **in spite of A**「A にもかかわらず」
opposition「反対」
4 **assembly**「組み立て」**plant**「工場」**be capable of**「～できる」
manufacture「製造する」**unit**「一個、単位」**component**「部品」**per A**「A につき」
5 **rush**「急いでいく」**departure**「出発」**gate**「ゲート」**without**「～なしに」
notice「気づく」**leave**「置き忘れる」**boarding pass**「搭乗券」**café**「喫茶店」
6 **workshop**「研修会」**lecturer**「講師」**stress**「強調する」**importance**「重要性」
different「異なる」**perspective**「ものの見方」

2 動名詞のみ目的語にとる動詞

to *do* も *doing* も同じ「～すること」という意味を持ちますから、動詞の目的語として同じように使えます。

He began **to study** English.　　彼は英語を勉強し始めた。
He began **studying** English.　　彼は英語を勉強し始めた。

しかし、これはたまたま begin という動詞が to *do* / *doing* の両方をとる動詞だったからです。 残念ながら英語には to *do* か *doing* のどちらかしか目的語にとらないという動詞があります。 以下は *doing* のみをとる動詞です。

enjoy *doing* **～することを楽しむ**

I **enjoy** playing tennis.　私はテニスをして楽しむ。

avoid *doing* **～することをさける**

I **avoided** meeting him.　私は彼に会うことを避けた。

finish *doing* **～することを終える**

I **finished** writing the letter.　私はその手紙を書き終えた。

keep *doing* **～し続ける**

She **kept** practicing tennis.　彼女はテニスを練習しつづけた。

deny *doing* **～したことを否定する**

He **denied** eating my pizza.　彼は私のピザを食べたことを否定した。

suggest *doing* **～することを提案する**

She **suggested** taking a break.　彼女は休憩することを提案した。

consider *doing* **～することを思案する**

I **considered** going to the U.S.　私は米国に行くことを考えた。

delay *doing* **～することを先延ばしにする**

The company **delayed** dealing with the problem.

会社はその問題に対処するのを先延ばしにした。

訳して Check! 3

129

1 Our customers enjoy being able to inscribe their names on their purchases in the font of their choice.

2 We had to delay revising our catalog as the specifications of some of our products were only tentative and might be changed.

3 The CEO told the public relations staff to avoid giving the media excessive information on the merger at the press conference.

4 Shine Printing 社は義務的なノー残業デーを実施することを検討している。

5 人事部長はその候補者たちが会社の必要条件に合っていることを確認するために彼らの履歴書を見なおそうと提案した。

6 私のおやしらずは痛み続けたが、歯医者には行くひまがなかったので、その場しのぎで痛み止めを飲んだ。

1 **inscribe**「(石・板などに文字を) 刻む、彫る」**purchase**「購入、購入品」
font「フォント」**choice**「選択、選ぶこと」

2 **delay**「延期する」**revise**「改訂する」**catalogue**「カタログ」**specifications**「仕様」
tentative「仮の」

3 **public relations**「広報、広報部」**excessive**「過度な」**merger**「合併」
press conference「記者会見」

4 **implement**「実施する」**mandatory**「義務的な」**no-overtime day**「ノー残業デー」

5 **personnel director**「人事部長」**go over**「見直す」**candidate**「候補者」
résumé「履歴書」**make sure**「確認する」**meet**「合う」**requirement**「必要条件」

6 **wisdom tooth**「おやしらず」**ache**「痛む」**dentist**「歯医者」
painkiller「痛み止め」**as A**「Aとして」**quick fix**「その場しのぎの方法」

Check this out! 動名詞の主語を明示する場合

動名詞の主語を明示したい場合、-ing形の前に主語となるものを置きます。その場合は、目的語の形か、所有を表す形となります。

me playing tennis
my playing tennis
私がテニスをすること

I don't like **Jim coming** home late.
I don't like **Jim's coming** home late.
私はJimが夜遅く帰宅するのが好きではない。

I appreciate **your attending** the meeting on such short notice.
このような直前のお知らせで、みなさまが会議にご出席いただけたことを感謝いたします。

3 to *do*/ *doing*で意味が変わる動詞

後ろに to *do* が来るか *doing* が来るかによって意味が変わる動詞があります。

A) forget / remember

Examples

I **forgot to return** the book to the library.

私は図書館にその本を返すのを忘れていた。

I'll never **forget seeing** the movie.

その映画を見たことは決して忘れない。

Remember to meet her tonight.

彼女に今晩会うのを覚えておいてね。

I **remember meeting** her at last year's party.

私は昨年のパーティーで彼女に会ったのを覚えている。

to 不定詞なら「これからすること」を表し、*doing* なら「すでにしたこと」を表します。

forget
- **to *do*** ～し忘れる
- ***doing*** ～したことを忘れる

I **forgot to return** the book to the library. 返却すること

I'll never **forget seeing** the movie. 映画を観たこと

remember
- **to *do*** ～することを覚えている、忘れずに～する
- ***doing*** ～したことを覚えている

Remember to meet her tonight. 今晩会うこと

I **remember meeting** her at last year's party. 会ったこと

Other examples

I **forgot to lock** the office. オフィスにカギをかけるのを忘れた。

I'll never **forget working** with her. 私は彼女と働いたことを忘れない。

I **remembered to lock** the door. 私は忘れずにドアに鍵をかけた。

He **remembers lending** me money. 彼は私に金を貸したのを覚えている。

B） try

Examples

I **tried to exercise** regularly but I couldn't.
私は定期的に運動しようとしたが、できなかった。

I **tried doing** some yoga to sleep better, and it worked.
もっとよく眠るために試しにヨガを実践してみたら、うまくいった。

try to *do* は「〜しようとする」、try *doing* は「試しに〜してみる」の意味です。

try
- **to *do*** 〜しようとする
- ***doing*** 試しに〜してみる

I **tried to exercise** regularly but I couldn't.
運動しようとした（困難だったが挑戦した）

I tried **practicing** some yoga to sleep better, and it worked well.
試しに実践してみた

Other examples

I **tried to put** a screen film on my smartphone, but it was very difficult.
スマートフォンに画面フィルムを張ろうとしたが、とても難しかった。

I **tried restarting** my cell phone when it froze.
携帯電話が固まったとき、私は試しに再起動してみた。

C） need

Examples

We **need to paint** the wall. 私たちは壁にペンキを塗る必要がある。

The wall **needs painting**. その壁はペンキを塗られる必要がある。

need to *do* は「～することが必要である」 need *doing* は「～されることが必要である」となります。 need *doing* は受け身の意味を持っていますから、need to be *done* と書き換えられます。

need | **to *do*** ～する必要がある
| ***doing*** ～される必要がある（= need to be *done*）

We **need to paint** the wall. 私たちが塗ることが必要

The wall **needs painting**. 壁が塗られることが必要

= needs to be painted

Other examples

You **need to wipe** the screen before you put the film on the phone.

フィルムを携帯電話に貼る前に画面を拭く必要があります。

The air pressure in my car's tires **needs adjusting**.

私の車のタイヤの空気圧は調整される必要がある。

D） stop

Examples

I **stopped to read** emails on my way to work.

仕事に向かう途中でメールを読むために立ち止まった。

I **stopped reading** emails on my way to work.

仕事に向かう途中でメールを読むのをやめた。

stop to *do* が「～するために手を止める、立ち止まる、(今やっていることを)やめる」、stop *doing* が「～することをやめる」となります。

stop | **to *do*** ～するために手を止める、立ち止まる
| ***doing*** ～することをやめる

I stopped **to read** emails.　メールを読むために手を止める、立ち止まる

I stopped **reading** e-mails.　メールを読むのをやめる

※厳密にはstopは目的語に*doing*しか取りません。stop *to do*はstopを自動詞(目的語を取らない)として使用し、to不定詞の副詞的用法「〜するために」が後ろに来ているだけです。

Other examples

If you don't **stop chatting** now, I'll have to ask you to leave.
話すのをやめなければ、出て行くように言わなければならなくなる。

I **stopped to chat** with friends on my way to music class and I was late.
音楽の授業に向かう途中で友人と話すために立ち止まり、遅刻してしまった。

訳して Check! 4

130

1 If you wish to deposit $100,000 or more in cash into your account, you need to speak with a teller.

2 My smartphone has been responding slowly and the screen has been flickering ever since I dropped it on the floor. I think it needs repairing.

3 CSK Sowings stopped manufacturing horticulture equipment several years ago and shifted its focus to computer peripherals.

4 メーカーに修理に出す前に、スマートフォン上のデータをバックアップするのを忘れないでください。

5 砂糖が切れていたので、代わりに試しにはちみつを使ってみたが、とてもうまくいった。

6 掲示板のお知らせを見るのを忘れないでね。 Park 通りで来週行われるガスの本管の点検についてだよ。

1 **deposit**「貯金する」**in cash**「現金で」**account**「口座」**teller**「銀行の窓口係」
2 **respond**「反応する」**slowly**「ゆっくりと、のろのろと」**flicker**「チカチカする」**ever since**「〜してからずっと」**drop**「落とす」**repair**「修理する」
3 **manufacture**「製造する」**horticulture**「園芸」**equipment**「機器」**shift**「移動する」**focus**「重点」**peripheral**「周辺機器」
4 **back up**「バックアップを取る」**manufacturer**「メーカー」**repair**「修理」
5 **be out of A**「A が切れている」**instead**「代わりに」**work**「機能する」
6 **notice**「お知らせ」**bulletin board**「掲示板」**inspection**「点検」**main**「ガスなどの本管」**avenue**「大通り」

4 動名詞の慣用表現

動名詞には暗記すべき慣用表現があります。

It goes without saying that　**～は言うまでもない**

It goes without saying that books are good for kids.

本が子どもにとってよいのは言うまでもない。

feel like *doing*　**～したい感じがする**

While in Chicago, I often **felt like eating** Japanese food.

シカゴにいる間よく日本料理が食べたい気がした。

cannot help *doing*　**～せずにはいられない**

I **couldn't help shouting** when I heard the news.

その知らせを聞いたとき、叫ばずにはいられなかった。

It is no use *doing*　**～しても仕方がない・無駄だ**

It is no use waiting for him. He won't show up.

彼を待ってもムダだ。 彼は来ないよ。

worth *doing*　**～する価値がある**

Their offer was **worth considering**.

彼らの申し出は考慮する価値があった。

look forward to *doing*　**～するのを楽しみにして待つ**

We **look forward to serving** you again.

私どもはまたお役に立てることを楽しみにしています。

be used to *doing*　**～するのに慣れている**

I'**m not used to speaking** English.

私は英語を話すのに慣れていない。

※「慣れる」という動作を表すときは、get / become used to *doing* を使う。

訳して Check! 5

131

1 As a proofreader, I cannot help blaming myself for not spotting the misprint in the article.

2 It takes time to get used to using a new smartphone, especially if it runs on a different operating system.

3 I watched a pay-per-view video on the connection between the ecosystem and sustainable use of marine resources. It was definitely well worth paying for.

4 あの晩は微熱があり、食欲もあまりなかったので、外食したい気分ではなかった。

5 顧客満足度がこの業界での私たちの生き残りのための鍵であることは言うまでもない。

6 その決定について議論しても仕方がない。 Mr. Kelly の異動は確定で、君がプロジェクトマネージャーとして彼の後任だ。

1 **proofreader**「校正者」**blame A for B**「B のことで A を責める」**spot**「見付ける」 **misprint**「ミスプリント」 **article**「記事」

2 **take**「(時間) がかかる」**especially**「特に」**run on A**「A で動く」 **operating system**「**OS**、オペレーティング・システム」

3 **pay-per-view**「ペイ・パー・ビュー方式の」**video**「動画」**connection**「関係」 **ecosystem**「生態系」**sustainable**「持続可能な」**marine**「海洋の」 **resource**「資源」**definitely**「間違いなく」

4 **slight**「わずかな」**fever**「熱」**appetite**「食欲」**eat out**「外食する」

5 **satisfaction**「満足」**key**「鍵」**survival**「生存」**industry**「業界」

6 **argue**「議論する」**transfer**「異動」**confirm**「確定させる」**replacement**「後任」

Questions A

1 ------- in charge of a project is hard but also rewarding.
(A) Be (B) To being (C) Being (D) Been

2 Ms. Wang is not used ------- a presentation on her own.
(A) to making (B) to make (C) make (D) making

3 Mr. Ivanov was concentrating on ------- e-mails on his smartphone.
(A) check (B) to check (C) checked (D) checking

4 Ms. Schneider considered ------- a new car on an installment plan.
(A) purchase (B) purchasing (C) to purchase (D) purchase

5 The spare room needs ------- since it hasn't been used for a long time.
(A) to vacuum (B) vacuuming (C) vacuum (D) being vacuumed

1 **be in charge of A**「Aを担当する、責任がある」**rewarding**「やりがいのある」
2 **be used to A**「Aに慣れている」**on one's own**「1人で」
3 **concentrate**「集中する」
4 **purchase**「購入する」**installment plan**「分割払い」
5 **spare**「予備の」**vacuum**「掃除機をかける」

Questions B

1 After being fully briefed on the plan, the vice president stopped ------- it and expressed his approval.

(A) opposing (B) to oppose (C) oppose (D) opposition

2 ------- the right property for your business can be a formidable and time-consuming task.

(A) Choose (B) Chosen (C) To be chosen (D) Choosing

3 This book describes various ways to avoid ------- labeled at work as "irresponsible", or "a procrastinator".

(A) to be (B) being (C) be (D) been

4 In response to the sluggish sales, the marketing director suggested ------- their promotional strategy.

(A) altering (B) to alter (C) to altering (D) alter

5 The consultant recommended ------- comprehensive on-the-job training as well as aptitude tests to improve the productivity of new employees.

(A) to introduce (B) introduces (C) introducing (D) introduced

1 **fully**「完全に」**brief**「説明する」**oppose**「反対する」**express**「示す、表す」**approval**「賛同、支持」
2 **right**「正しい」**property**「物件」**formidable**「手強い」**time-consuming**「時間のかかる」**task**「仕事」
3 **describe**「説明する」**various**「さまざまな」**label**「レッテルを張る」**irresponsible**「無責任な」**procrastinator**「先延ばしする人」
4 **in response to A**「Aに対応して」**sluggish**「停滞した」**alter**「変える」**promotional**「販売促進の」**strategy**「戦略」
5 **comprehensive**「包括的な」**on-the-job**「実地の」**aptitude**「適性」**productivity**「生産性」

✓ Reverse Check 1 主語・目的語としての動名詞

132

1 キャリア開発の本を読むことは、あなたがどの道に進むべきかを決める助けになるかもしれない。

2 職場で公正に扱われることは、多くの従業員にとって会社に留まりたいかどうかを決定する上で主要な要因になる場合がある。

3 効果的な宣伝活動を展開することは、消費者のニーズを把握し、特定の層をターゲットにした広告を作成することを必要とする。

4 Watching online videos is fun for me and sometimes makes me lose track of time.

5 Coordinating the schedules of the staff was essential for the success of the project.

6 Improving the consistency of the products is the primary concern of Milton Ace Furniture, and our R&D department strives every day to accomplish this goal.

1 間接疑問文（Lesson22 参照）が使われている。
3 関係代名詞の that（Lesson 15 参照）が使われており、that ~ demographics が後ろから advertisements を説明している。

✓ Reverse Check 2 前置詞の目的語として

133

1 遺失物保管所の用紙に記入した後、Ms. Garcia はカウンターで提出した。

2 もしあなたが試験に遅れる、あるいは全く受験できない正当な理由がある場合は、再試験を申し込むことができます。

3 マーケティングチームの過半数はチラシの画像を変更することに反対したが、部長はその反対にもかかわらず、そうさせた。

4 The new assembly plant is capable of manufacturing 10 thousand units of this component per day.

5 Mr. Lee rushed to the departure gate without noticing that he had left his boarding pass at the café.

6 During the workshop, the lecturer, Ms. Ortiz, stressed the importance of looking at a problem from a different perspective.

2 late は形容詞なので、for の後には直接来ない。たとえば、I play tennis を使って、「テニスをする理由」というためには、主語を抜いて play を -ing 形にして作る。a reason for playing tennis。では、「遅刻する理由」というためには、I am late を使うので、主語をとって am を -ing 形、すなわち being にする。よって、a reason for being late となる。この being は忘れがちなので注意。

Check this out! **objectとoppose**

object と oppose のどちらも「反対する」の意味がありますが、使い方が異なりますので注意しましょう。

Mr. Fox **objected to** the plan. Mr. Fox はその計画に反対した。
Mr. Fox **opposed** the plan. Mr. Fox はその計画に反対した。
Mr. Fox **was opposed to** the plan. Mr. Fox はその計画に反対していた。

oppose は動詞として使う場合は、他動詞ですので目的語を直接とります。ただし、opposed という形容詞になると、形容詞なので前置詞が必要になります。

object to A A に反対する
oppose A A に反対する
be opposed to A A に反対している

またこの場合の to は前置詞です。上記の例文からもわかるように to の後には名詞が来ています。そのため、動詞を入れる場合は通例動名詞 -ing となります。

Mr. Fox objected to **working** overtime.
Mr. Fox は残業することに反対した。

object と oppose の使い方はややこしいので、穴埋め問題に出題されても大丈夫なようにしておきましょう。

✔ Reverse Check ③ -ingを目的語に取る動詞

134

1 選んだフォントでご購入品に名入れができることを当社のお客様は喜んでおられます。

2 いくつかの製品の仕様が仮のもので変わるかもしれなかったので、私たちはカタログを改訂するのを先延ばしにしなければならなかった。

3 CEO は広報部員たちに合併に関する過度な情報を記者会見でメディアに与えることを避けるよう言った。

4 Shine Printing Ltd. is considering implementing mandatory no-overtime days.

5 The personnel director suggested going over the candidates' résumés to make sure they met the company's requirements.

6 My wisdom tooth kept aching, but I didn't have time to go to the dentist, so I took painkillers as a quick fix.

✔ Reverse Check ④ to *do*/*doing*で意味が変わる動詞

135

1 もし 10万ドル以上を現金で口座に預けたい場合は、窓口係とご相談いただく必要があります。

2 私がスマートフォンを床に落としてからずっと反応が遅く、画面がちらつく。 修理が必要だと思う。

3 CSK Sowings 社は数年前に園芸設備品の製造をやめて、重点をコンピューター周辺機器に移した。

4 Remember to back up the data on your smartphone before you send it to the manufacturer for repair.

5 As I was out of sugar, I tried using honey instead, and it worked very well.

6 Don't forget to read the notice on the bulletin board. It's about next week's inspection of a gas main on Park Avenue.

✔ Reverse Check ⑤ 動名詞の慣用表現

🔊 136

1 校正者として、私はその記事の誤植を見つけられなかったことで自分を責めずにはいられない。

2 新しいスマートフォンを使うのに慣れるのは時間がかかる。特に、それが異なるOSで動いている場合には。

3 生態系と海洋資源の持続可能な利用との関係についてのペイ・パー・ビューの動画を見た。金を払う価値が間違いなく十分にあった。

4 As I had a slight fever and didn't have much appetite, I didn't feel like eating out that night.

5 It goes without saying that customer satisfaction is the key to our survival in this industry.

6 It's no use arguing about the decision. Mr. Kelly's transfer has been confirmed and you will be his replacement as the project manager.

1 not *doing* で「しないこと」の意味。

3 文末の for に注意。

① This book is worth reading.　この本は読む価値がある。
⇒ read this bookが成り立つ

② This book is worth paying for.　この本は金を払う価値がある。
⇒ pay for this bookが成り立つ
(payは、「pay+(金)+for+品物」の使い方)

①で read the book が成り立つように、②で for がない場合 pay this book が成り立つことになってしまう。pay for this book と言わなければならないから、for もつける必要がある。逆に、pay the tax「税金を払う」pay the bill「請求書を支払う」と言うので、

This tax is worth paying.　この税金は支払う価値がある。
This bill is worth paying.　この請求書は支払う価値がある

となる。

Chapter

6

eating と eaten

……分詞

Lesson | 13 現在分詞と過去分詞

Lesson | 14 分詞構文

動詞の ing 形を「現在分詞」、動詞に ed をつけたものを「過去分詞」と呼びます。過去分詞は、規則動詞なら過去形と同じ形、不規則活用する動詞なら個別に覚える必要があります。

writing	**現在分詞(~している)**	…… 書いている
written	**過去分詞(~された/される)**	…… 書かれる・書かれた

現在分詞は「～している」、「過去分詞」は「～される、～された」という意味を持ちます。

分詞には主に４つの使い方があります。

1）名詞の前後に置いて形容詞として使う

「～しているA」	**(現在分詞 ing 形)**
「～されるA・～されたA」	**(過去分詞 ed 形)**
a sleeping baby	寝ている赤ちゃん
a boiled egg	ゆで卵（ゆでられた卵）

2）分詞本来の意味 + 接続詞（ので、ながら、して）として使う

Written in formal English, this book may be difficult for beginners.

フォーマルな英語で書かれているので、この本は初心者には難しいかもしれない。

writtenだけでwrite「書く」+受動態+「ので」の意味を持つ。

3）be 動詞と一緒になり進行形・受動態を作る

She **is eating** dinner.	彼女は夕食を食べている最中です。
The castle **was built** in 1490.	その城は 1490 年に建てられた。

4）知覚動詞とともに使う

I **saw** him **dancing.**　　私は彼が踊っているのを見た。

I **heard** my name **called.**　　私は名前が呼ばれるのを聞いた。

動詞の ing 形と ed 形はそれぞれ分類すると次の働きがあります。

ing形

- 動名詞
  - 名詞として使う　I like **listening** to music.　音楽を聞くことが好きだ。
- 分詞
  - 進行形　I am **listening** to music.　私は音楽を聞いている最中だ。
  - 形容詞　The boy **listening** to music is my brother.　音楽を聞いている少年は私の弟だ。
  - 接続詞（分詞構文）　I study English **listening** to music.　私は音楽を聞きながら英語を勉強する。
  - 知覚動詞とセット　I saw him **listening** to music.　私は彼が音楽を聞いているのを見た。

ed形

- 過去形　I **repaired** the car.　私は車を修理した。
- 過去分詞
  - 受動態　The car was **repaired**.　その車は修理された。
  - 形容詞　The car **repaired** by Tom is old.　Tom に修理されたその車は古い。
  - 接続詞（分詞構文）　**Repaired** by Tom, the car was in good condition.　Tom に修理されたのでその車はよい状態だった。
  - 知覚動詞とセット　I saw the car **repaired** from start to finish, and it took an hour.　私はその車が修理されるのを最初から最後まで見た。1時間かかった。
  - 使役動詞とセット　I had the car **repaired**.　私は車を修理してもらった。

Lesson

13 現在分詞と過去分詞

1 形容詞としての分詞

Examples

The boy **playing** the piano in that room is my nephew.

あの部屋でピアノを弾いている少年は私の甥です。

The car **parked** in front of my house is Susan's.

私の家の前に停められている車はSusanのものだ。

分詞は名詞の前後に置き名詞を説明する形容詞の働きをします。通例、1語で名詞を説明する場合は名詞の前、他の語句とつながり2語以上で1つの形容詞を作っている場合は後ろに置かれます。

現在分詞 ing 形

a **sleeping** baby　　**寝ている** 赤ちゃん

1語なのでbabyの前に置かれる

a baby **sleeping in bed**　　**ベッドで寝ている** 赤ちゃん

2語以上で1つの形容詞になっているので
babyの後ろにまとめて置かれる

過去分詞 ed 形

a **boiled** egg　　**ゆでられた** 卵

1語なのでeggの前に置かれる

the car **parked** in front of my house　　**私の家の前に停められた** 車

2語以上で1つの形容詞になっているので
the carの後ろにまとめて置かれる。

Other examples

For further information, please refer to the documents **accompanying** this e-mail.

さらにくわしい情報は、このメールに付属している資料をご覧ください。

The new product **developed** by Mr. Koval's team will be on sale soon.

Mr. Koval のチームによって開発された新製品はもうすぐ発売になる。

訳して Check! 1

137

1 Total losses caused by the power outage at the plant may amount to over $1 million.

2 The new commercial van designed by the car manufacturer runs on hydrogen and is considered to be environmentally friendly.

3 More than 5,000 favorable reviews posted from all over the world attest to our products' exceptional quality.

4 Beau Art Designs 社は社員用に指定された大きな駐車場を所有している。

5 この新興企業に開発されたそのアプリは、ますます人気が高まっている。

6 このセミナーに出席することを希望する人は誰でも6月21日までに登録しなければならない。そして、その日付より後に受領されたいかなる申し込みも却下される。

1 **loss**「損害」**cause**「引き起こす」**power outage**「停電」**plant**「工場」
amount to A「総計 A になる」**million**「100 万」

2 **commercial**「商用の」**van**「ライトバン」**design**「設計する、デザインする」
car manufacturer「自動車メーカー」**run on A**「A で走る」**hydrogen**「水素」
consider「考える」**environmentally friendly**「環境に優しい」

3 **favorable**「好意的な」**review**「レビュー」**post**「投稿する」
attest to A「A を実証する」**exceptional**「類まれな」**quality**「質」

4 **parking lot**「駐車場」**designate**「指定する」**staff**「社員」

5 **app**「アプリ」**develop**「開発する」**start-up**「新興企業」**increasingly**「ますます」
popular「人気がある」

6 **anyone**「誰でも」**wish**「望む」**attend**「出席する」**seminar**「セミナー」
register「登録する」**application**「申し込み」**date**「日付」**reject**「拒否する」

2 知覚動詞とともに使われる分詞

A) 知覚動詞＋目的語＋現在分詞（*doing*）

Example

I **saw** him **crossing** the road.

私は彼がその道路を渡っているのを見た。

知覚動詞＋目的語＋現在分詞（*doing*）で「…が〜しているのを見る・聞く・感じる」の意味になります。

Sは	知覚動詞	Oが	現在分詞「しているのを」
I	**saw**	**him**	**crossing the road** .
私は	見た	彼が	渡っているのを

目的語は通常「〜を」がつきますが、ここでは現在分詞の意味上の主語になっているため、日本語では「〜が」と訳すことになります。

Other examples

When I entered the room, I **saw** her **reading** a book.

私はその部屋に入ったとき彼女が本を読んでいるのが見えた。

I **saw** many people **standing** in line with their children in front of the toy shop.

私は多くの人がおもちゃ屋さんの前で子どもと一緒に列に並んでいるのを見た。

訳して Check! 2

138

1 Children intently watched the performer juggling with five balls while riding a unicycle.

2 While I was driving, I felt something vibrating in my pocket, and realized it was my phone receiving an email.

3 Imported textiles are quite cheap in some countries, so manufacturers exporting them to such regions are having difficulty making profits.

4 私は、何人かの建設作業員が足場を解体してパイプや木の板をトラックに積んでいるところを見た。

5 喫茶店で紅茶を飲んでいる間に、Mr. Conti は別の客が携帯電話で彼女の料理の写真を撮ろうとしていることに気が付いた。

6 酒類の通路で店長が両手でボトルを持ちながら、客に熱心に何かを説明しているのがちらりと見えた。

1 **intently**「熱心に」**performer**「演技者」**juggle**「お手玉する」
while「～しながら」**ride**「乗る」**unicycle**「一輪車」

2 **vibrate**「振動する」**realize**「悟る」

3 **import**「輸入する」**textile**「織物、布地」**quite**「かなり」**cheap**「安い」
manufacturer「メーカー」**export**「輸出する」**region**「地域」
have difficulty *doing*「～するのに苦労する」**profit**「利益」

4 **construction**「建設」**dismantle**「解体する」**scaffolding**「建設用足場」
load「積み込む」**pipe**「パイプ」**plank**「木の板」

5 **café**「喫茶店」**notice**「気付く」**try to *do***「～しようとする」
photograph「写真」**dish**「料理」**cell phone**「携帯電話」

6 **glimpse**「ちらりと見える」**store manager**「店長」
with A in his hands「Aを両手で持ちながら」**enthusiastically**「熱心に」
explain「説明する」**liquor**「酒」**aisle**「通路」

B) 知覚動詞＋目的語＋過去分詞

Example

I **heard** my name **called.**　私は自分の名前が呼ばれるのを聞いた。

知覚動詞＋目的語＋過去分詞は「…が～されるのを見る･聞く･感じる」の意味です。

Sは	知覚動詞	Oが	過去分詞「されるのを」
I	**heard**	**my name**	**called**
私は	聞いた	私の名前が	呼ばれるのを

なお、「～されているところ」と進行中の受動態は being *done* を使います。

Sは	知覚動詞	Oが	being+過去分詞「されているところを」
I	**saw**	**my car**	**being repaired**
私は	見た	私の車が	修理されているところを

訳して Check! ③

139

1 While I was having lunch at the cafeteria, I overheard my name mentioned behind me.

2 I saw a man carried outside on a stretcher and put into an ambulance by paramedics.

3 その水族館の来館者は毎日1時にラッコが餌を与えられるのを見る機会がある。

4 私は地元の劇団によってそのオペラが演じられるのを見たが、それは実に見事だった。

1 **cafeteria**「社員食堂、学食」**overheard**「漏れ聞く、偶然耳にする」
mention「言及する、名を挙げる」**behind A**「A の後ろで」

2 **carry**「運ぶ」**stretcher**「担架」**ambulance**「救急車」
paramedic「救急救命士」

3 **visitor**「来館者」**aquarium**「水族館」**get to *do***「~する機会がある」
sea otter「ラッコ」**feed**「餌をやる feed-fed-fed」

4 **opera**「オペラ」**perform**「演じる」**theater company**「劇団」
absolutely「実に、絶対に」**stunning**「見事な」

3 have + 目的語 + 過去分詞

Example

I **had** my car **repaired**.　　私は車を修理してもらった。

「してもらう」の have は Lesson 11 で学んだ「目的語+原形動詞」をとるほかに「目的語+過去分詞」をとる使い方もあります。目的語と分詞が能動態の関係なら原形、受動態の関係なら過去分詞を使います。

Sは	have	Oが	過去分詞「される」
I	**had**	**my car**	**repaired**
私は	してもらった	車が	修理される

Sは	have	Oが	原形動詞「する」
I	**had**	**Tom**	**repair my car** .
私は	してもらった	Tomが	修理する

Other examples

We **had** our new website **created** by a design firm.

私たちは新しいウェブサイトをデザイン会社に作ってもらった。

I **had** my assistant **take** over some of my daily routines.

私はアシスタントに日々の業務の一部を引き継いでもらった。

訳して Check! ④

140

1 Mr. Wilson had all the fluorescent tubes in his house replaced with LEDs to conserve energy.

2 Ms. Han had a travel agency make the necessary travel arrangements for her business trip and print out the itinerary in the form of a table.

3 When her dog became ill, Ms. Tanaka had a vet make a house call, and had it treated.

4 私たちは弁護士にその契約書の試案を作成してもらい、それを顧客に提示した。

5 私の意見では我々はパンフレットの原稿を印刷所に送る前に専門家に校正してもらったほうがいい。

6 私は過剰に請求されていないことを確認するために、別の建築士に改装設計図と見積もりをチェックしてもらった。

1 **fluorescent tube**「蛍光灯」**replace**「取り替える」**conserve**「大切に使う」
2 **travel agency**「旅行代理店」**necessary**「必要な」**travel**「移動」**arrangement**「手配」**itinerary**「旅行日程」**form**「形式」**table**「表」
3 **ill**「病気の」**vet**「獣医 veterinarian」**house call**「往診」**treat**「治療する」
4 **lawyer**「弁護士」**draw up**「書類を作成する」**tentative**「仮の」**draft**「草案」**contract**「契約書」**put forward**「(案を) 提示する」
5 **in A's opinion**「A の意見では」**draft**「原稿」**brochure**「パンフレット」**proofread**「校正する」**professional**「専門家」**printing company**「印刷所」
6 **another**「別の」**architect**「建築家」**remodeling**「改装の」**blueprint**「設計図」**estimate**「見積もり」**make sure**「確認する」**overcharge**「過剰に請求する」

Questions A

1 The project team ------ last week will meet weekly.
(A) form (B) forming (C) formed (D) to be formed

2 Mr. Romero had his new jacket ------ to fit him better.
(A) altered (B) altering (C) alters (D) alter

3 Ms. Alonso opened a grocery store ------ exclusively in organic produce.
(A) dealt (B) dealing (C) that deal (D) deals

4 People ------- in a rural area sometimes have a hard time getting a stable Internet connection.
(A) live (B) lived (C) living (D) to be lived

5 The fabric ------- in our sofas is waterproof and resistant to stain.
(A) uses (B) using (C) is used (D) used

1 **form**「結成する」**meet**「会合する」
2 **alter**「仕立て直す」**fit**「合う」
3 **grocery store**「食料品店」**deal in A**「Aを取り扱う」**exclusively**「に限って」
organic「有機栽培の」**produce**「農作物」
4 **rural**「田舎の」**have hard time *doing***「～するのに苦労する」
stable「安定した」**connection**「接続」
5 **fabric**「布地」**waterproof**「防水の」**resistant**「耐える、強い」**stain**「しみ」

1 Some of the people ------- to Ms. Walker's farewell party could not arrive on time due to heavy congestion on Park Avenue.

(A) invite (B) invited (C) inviting (D) invites

2 Travel expenses ------- during a business trip will be reimbursed only when prior authorization by the section chief is obtained.

(A) incurring (B) incurred (C) to incur (D) are incurred

3 The computer manufacturer decided to have its manufacturing plant in that county ------- to a more accessible site.

(A) relocated (B) to relocate (C) to be relocated (D) relocation

4 We would appreciate it if you could take a few minutes of your time to fill in the questionnaire ------- to this email and send it back to us.

(A) attaching (B) attached (C) is attaching (D) attaches

5 When I got to the front of the office, I saw a delivery person ------- a large box from a truck.

(A) unload (B) was unloaded (C) to unload (D) unloading

1 **farewell party**「送別会」**on time**「時間通りに」**due to A**「Aのせいで」**congestion**「混雑」

2 **travel expense**「交通費」**incur**「被る、招く」**reimburse**「返済する」**prior**「事前の」**authorization**「許可」**section chief**「課長」**obtain**「得る」

3 **manufacturer**「製造会社」**manufacturing**「製造」**plant**「工場」**county**「郡」**relocate**「移転する」**accessible**「行きやすい」

4 **appreciate**「感謝する」**fill in**「記入する」**questionnaire**「アンケート」**attach**「添付する」

5 **front**「前」**delivery**「配達」**unload**「(積荷) を降ろす」**truck**「トラック」

✔ Reverse Check 1 形容詞としての ed/ing

141

1 工場の停電で引き起こされた損失の合計は100万ドル以上になるかもしれない。

2 その自動車メーカーにデザインされた新しい商用ライトバンは水素で走り、環境に優しいと考えられている。

3 世界中から投稿された5000件以上の好意的なレビューが、当社の製品の類まれなる品質を実証しています。

4 Beau Art Designs has a large parking lot designated for staff.

5 The app developed by this startup company is becoming increasingly popular.

6 Anyone wishing to attend this seminar must register by June 21, and any application received after that date will be rejected.

✔ Reverse Check 2 知覚動詞+目的語+ing

142

1 子どもたちは演技者が一輪車に乗りながら5つのボールをお手玉しているのを熱心に見つめた。

2 私が運転していたとき、ポケットの中で何かが振動しているのを感じた。そして、それは私の電話がeメールを受け取っていたのだと気が付いた。

3 いくつかの国では輸入繊維がかなり安いので、それをそのような地域に輸出するメーカーは利益を出すのに苦労している。

4 I saw some construction workers dismantling the scaffolding and loading the pipes and planks onto the truck.

5 While drinking tea at a café, Mr. Conti noticed another customer trying to take a photograph of her dish with her cell phone.

6 I glimpsed the store manager, with a bottle in his hands, enthusiastically explaining something to a customer in the liquor aisle.

✔ Reverse Check ③ 知覚動詞+目的語+ed

143

1 私が社員食堂で昼食をとっているとき、背後で私の名前が言及されたのが漏れ聞こえた。

2 私は男性が救急救命士によって担架で外に運ばれ救急車に入れられるのを見た。

3 Visitors to the aquarium get to see the sea otters being fed at one o'clock every day.

4 I saw the opera performed by a local theater company, and it was absolutely stunning.

3 to see the sea otters fed でもよい。

Check this out!

知覚動詞はこのほかに「知覚動詞＋目的語＋原形不定詞」という使い方もありました。(Lesson 11 参照)

I saw him cross the road. 私は彼が道路を渡るのを見た。

✔ Reverse Check ④ have + 目的語 + ed/原形

144

1 Mr. Wilson は省エネのために自宅の蛍光灯をすべて LED に交換してもらった。

2 Ms. Han は旅行代理店に出張に必要な移動の手配をしてもらい、表の形式で旅程表をプリントアウトしてもらった。

3 飼い犬が病気になったとき、Ms. Tanaka は獣医に往診してもらい、治療してもらった。

4 We had our lawyer draw up a tentative draft of the contract and put it forward to the client.

5 In my opinion, we should have the draft of the brochure proofread by a professional before sending it to the printing company.

6 I had another architect check the remodeling blueprints and estimates to make sure that I was not being overcharged.

Lesson 14

分詞構文

1 基本的な使い方

Examples

Living close to work, Mr. Hall can sleep until 8 o'clock.
Mr. Hall は職場の近くに住んでいるので8時まで寝ることができる。

Chris watched a movie **lying** on the sofa.
Chris はソファーに寝転がりながら映画を観た。

Made from fresh fruit, this juice has a pleasant taste.
新鮮なフルーツから作られているので、このジュースはおいしい。

現在分詞（-ing）と過去分詞（-ed）は when や because のような接続詞の意味を含む副詞のかたまりを作ることがあります。これを分詞構文と呼びます。

①「Mr. Hall は職場の近くに住んでいる**ので**8時まで寝ることができる」

Living close to work, Mr. Hall can sleep until 8 o'clock.

⇒ Because he lives close to work
後ろの語句とともに副詞のかたまりを作る。以下同

②「Chris はソファーに寝転がり**ながら**映画を観た」

Chris watched a movie **lying** on the sofa .

⇒ as / while he was lying on the sofa

③「新鮮なフルーツから作られている**ので**、このジュースはおいしい」

Made from fresh fruit , this juice has a pleasant taste.

⇒ Because this juice is made from fresh fruit または
this juice is made from fresh fruit **and** とも考えられる

上記の例では、-ing や -ed に「～ので」「～ながら」「～して」の意味が加えられています。

作り方は、元の文から接続詞＋ S を取り、動詞を -ing か -ed にするだけです。能

動態なら -ing、受動態なら -ed となります。ただし、主語は主節の主語と同じである必要があります。

Living →he と live が能動態の関係なので ing 形にする

Because he lives close to work, **Mr. Hall** can sleep until 8 o'clock.

主語は同じであること

接続詞＋ S を削除

主語は同じであること

lying →能動態の関係なので be を取って ing 形だけにする

Chris watched a movie **while he** ~~was~~ **lying** on the sofa.

接続詞＋ S を削除

Made →受動態なので be を取って -ed だけにする

Because it ~~is~~ **made** from fresh fruit, **this juice** has a pleasant taste.

主語は同じであること

接続詞＋ S を削除

分詞構文の基本的なルールは次の通りです。

1. 分詞の主語は主節の主語と同じです。例文で言えば、① living の主語は Mr. Hall、② lying の主語は Chris、③ made の主語は this juice です。

2. -ing か -ed のどちらが必要かは、主語と分詞の関係が能動態か受動態かで決まります。例では、① Mr. Hall と sleep、② Chris と lie は能動態の関係なので -ing、③ this juice と made は受動態の関係なので過去分詞となります。

3. 分詞にどの接続詞の意味が加わっているかは文脈で決まります。主に「～なので」「～して」「～ながら」の意味で使われます。また、複数の意味が当てはまることもあります。話の流れに合うようにとれば OK です。

4. 否定はnotやneverを先頭につけます。

Not knowing what to do, I asked my friend for advice.

どうしたらよいのかわからなかったので、私は友人に助言を求めた。

5. 現在分詞(-ing形)は、能動態を指し示すだけで、進行形の意味とは限りません。そのため、進行形にならない状態動詞も-ing形になります。

「彼が英語をうまく話すと知っていたので、彼に翻訳の手伝いを頼んだ」

Knowing he spoke English well, I asked him to help with the translation.

⇒ **Because I knew** (-ing形なのは能動態だから。進行形の意味を持つとは限らない)

逆に-ingが動作動詞の場合は、進行中の動作かどうかを考えましょう。

「振り返って、私は彼女が後ろに立っていることに気が付いた」

Turning around, I noticed she was standing behind me.

When I turned ⇒「振り返って」

When I was turning ⇒「振り返っている最中に」

「Park通りを歩いていると、古い友人に偶然出会った」

Walking down Park Avenue, I came across an old friend.

When I walked ⇒「歩いたときに」

When I was walking ⇒「歩いていたときに」

上記の例では、過去形でも過去進行形でも、どちらの意味で取っても文法的には構わないことになります。よって文脈や状況から察することになります。このように、分詞構文の意味は文脈や状況に大きく依存しますので、書き手の意図を察することが大切です。

A) 理由を表す「〜ので」

Examples

Playing the piano, I didn't hear the phone ringing.
ピアノを弾いていたので、電話が鳴っているのが聞こえなかった。

Surrounded by the mountains, my town has a severe climate.
山に囲まれているので私の町は厳しい気候である。

上記の例文は次のように書き換えられます。

Playing the piano, I didn't hear the phone ringing.
⇒ **Because I was playing**
"Playing " 1語だけで play ＋能動態（進行形）＋ because の役目を果たしている。

Surrounded by the mountains, my town has a severe climate.
⇒ **Because my town is surrounded**
"Surrounded" 1語だけで surround（囲む）＋ 受動態 ＋ because の役割を果たしている。

つまり、playing も surrounded も本来の動詞の意味「弾く」「囲む」の意味に because の意味が加わっていることになります。ただし、これも絶対とは限りません。「弾いていて」「囲まれていて」など and と考えても OK です。

Other examples

Living in the countryside, I often see wild animals.
田舎に住んでいるので私はよく野生動物を見かける。

Mass-produced all over the world, this medicine is available anywhere.
世界中で大量生産されているので、この薬はどこでも入手できる。

訳して Check! 1　145

1 Washing and polishing his car very thoroughly, Mr. Gamage developed sore muscles.

2 Knowing that he would be persistently asked for a discount on the installation fee, Mr. Hunt set the initial price on the high side.

3 Recognizing the potential of digital marketing, the company collaborated with popular influencers to strengthen its online presence.

4 英語が流暢だったので、私はシドニーで意思疎通するのに全く苦労しなかった。

5 定期的にお手入れされているので、Ms. Wu の歯はよい状態で、虫歯もない。

6 総合病院で常勤の看護師として勤めているので、Mr. Ray は3交代で勤務することを求められている。

1 **polish**「磨く」**thoroughly**「徹底的に」**develop**「(病気に) なる、かかる」
sore「ひりひりした」**muscle**「筋肉」

2 **persistently**「しつこく」**ask A for B**「AにBを求める」**discount**「割引」
installation fee「取り付け費用」**set**「設定する」**initial**「当初の」
on the ~ side「多少~気味に」

3 **recognize**「認識する」**potential**「潜在力、将来性」**digital**「デジタルの」
collaborate「コラボする、協力する」**influencer**「インフルエンサー」
strengthen「強める」**presence**「存在」

4 **fluent**「流ちょうな」**have trouble *doing***「~するのに苦労する」
communicate「意思疎通する」**Sydney**「シドニー」

5 **regular**「定期的な」**care**「手入れ、世話」**teeth**「歯 (単数形 tooth)」
be in good condition「よい状態である」**be free of A**「Aがない」**cavity**「虫歯」

6 **full-time**「常勤の」**nurse**「看護師」**general hospital**「総合病院」
require「求める」**shift**「シフト、交代勤務時間」

B) 「~しながら」「~して」

Examples

She came into the room **carrying** some dishes.
彼女は皿を運びながらその部屋に入ってきた。

She came into the room **accompanied** by her teacher.
彼女は先生に付き添われてその部屋に入ってきた。

Looking out of the window, I saw someone standing at the door. 窓の外を見て私は誰かがドアのそばに立っているのに気が付いた。

同時に起こる動作「~しながら」や、andと同じ「~して……」という意味を持ちます。

She came into the room **carrying** the dishes.
⇒ **while / as / and** she was carrying

She came into the room **accompanied** by her teacher.
⇒ **while / as / and** she was accompanied

Looking out of the window, I saw him standing at the door.
⇒ I looked out of the window **and**

Other examples

It was a Friday, so I returned home from work **feeling** relaxed.
金曜日だったので、私はリラックスした気分を感じながら仕事から帰宅した。

He went out **leaving** a message for me.
彼は私にメッセージを残して外出した。

訳して Check! 2

146

1 Mr. Sato sometimes exercises on the treadmill listening to English learning materials.

2 Not realizing he had the wrong number, Mr. Liyanage inadvertently faxed a stranger a classified document pertaining to the new product.

3 The Greenwood Convention Centre, located conveniently close to a subway station, shopping malls, and tourist destinations, is an ideal venue for any type of conference.

4 スタッフのやる気を高めることを狙って、その新しい給料体系が昨年導入された。

5 特別ボーナスに刺激され、プロジェクトチームは本当に頑張って働いて、その主要な目標を達成した。

6 この記事では、酢や重曹のようなありふれた製品を使いながら頑固な染みを取る創意に満ちた方法をいくつか示している。

1 **exercise**「運動する」**treadmill**「ランニングマシン（ベルトの上を走る運動器械）」
learning material「学習教材」

2 **realize**「気付く」**inadvertently**「間違って」**fax**「ファックスする」
stranger「見知らぬ人」**classified**「機密の」**pertaining to A**「A に関する」

3 **convention**「大会、会議」**locate**「設置する、設ける」**conveniently**「便利に」**close**「近い」**subway**「地下鉄」**tourist destination**「観光目的地」**ideal**「理想的な」**venue**「会場」

4 **be aimed at A**「(計画などが) A を目標にする、A に向けられている」**incentivize**「(褒賞で) やる気を出させる」**compensation**「報酬」**system**「体系」**introduce**「導入する」

5 **motivate**「やる気にさせる」**achieve**「達成する」**primary**「主要な」**goal**「目標」

6 **article**「記事」**ingenious**「見事な、創意に満ちた」**way**「方法」**remove**「取り除く」**stubborn**「頑固な」**stain**「しみ」**common**「ありふれた」**such as A**「A のような」**vinegar**「酢」**baking soda**「重曹」

2 完了形の分詞構文

Examples

Having finished my homework yesterday, I am feeling relaxed. 昨日宿題を終わらせたので、私はくつろいだ気持ちである。

Having been repaired last week, the car is in good condition. 先週に修理されたので、その車はいい状態だ。

上記の例文は次のように書き換えられます。

過去の出来事　　　現在

Having finished my homework yesterday, I am feeling relaxed.

⇒ Because I finished

Having been repaired last week, the car is in good condition.

⇒ Because the car was repaired

分詞構文では分詞の時制は主節と同じです。主節の時制よりも前に起こった動作や、経験・継続などの完了形の意味を持たせる場合は having を前に加えて、having *done* / having been *done* の形にします。例文では「くつろいだ気持ちである」のは現在で、「宿題を終えた」のは過去ですから、その時差を表すために having をつけます。なお、過去分詞構文の完了形である、having been *done* は having been が省略され、過去分詞だけで使われることもあります。

Repaired last week, the car is in good condition.

⇒ 本来なら Having been repaired だが、Having been は省略されることがある。

Other examples

Having been in product development for 20 years, she is very experienced.

製品開発に20年間携わっているので、彼女はとても経験豊かである。

Never having visited the city before, Mr. Scott got lost.

その街を一度も訪れたことがなかったので、Mr. Scott は道に迷った。

訳して Check! 3

147

1 Having finished the mandatory on-the-job training, Ms. Wei is now a full-fledged bookkeeper.

2 Having worked as a system engineer for many years, Mr. Sousa immediately identified the cause of the malfunction when the computer started to keep rebooting itself.

3 Having prepared for many weeks for the presentation, Ms. King was sure that she would win the contract with the high-profile prospective client.

4 Ms. Cook は秘書に交通手段を手配してもらっていたので、空港から遠隔地にある顧客のオフィスまで移動するのに全く支障はなかった。

5 研究開発への投資に資源を集中させてきて、その会社は現在、競争相手を大きくリードしている。

6 ホテルへの問い合わせを間違って自分宛にメールで送ってしまい、Mr. Bell はすぐに自分の間違いに気が付いて、すぐに正しい受信者にそれを再送した。

1 **mandatory**「強制の、義務的な」**on-the-job**「実地の、仕事中の」
full-fledged「一人前」**bookkeeper**「簿記係」

2 **immediately**「即座に」**identify**「特定する」**cause**「原因」
malfunction「不調、故障」**reboot**「再起動する」

3 **prepare**「準備する」**sure**「確信して」**win**「勝ち取る」**contract**「契約」
high-profile「注目を集めている」**prospective**「そうなるはずの」

4 **secretary**「秘書」**arrange for A**「A を手配する」**transportation**「交通手段」
have no trouble *doing*「～するのに全く困らない」**travel**「移動する」
remote「遠く離れた」

5 **concentrate A on B**「AをBに集中させる、注ぐ」**resource**「資源」
invest in A「Aに投資する」**research**「研究」**development**「開発」
well「かなり」**be ahead of A**「Aに先んじている」**competitor**「競争相手」

6 **accidentally**「間違って」**inquiry**「問い合わせ」**instead of A**「Aの代わりに」
realize「気付く」**mistake**「間違い」**right away**「すぐに」**promptly**「即座に」
resend「再送する」**correct**「正しい」**recipient**「受取人」

3 慣用的な表現

Examples

When I got home, my daughter was **busy cooking** dinner.
私が家に帰ると、娘は夕食を作るのに忙しかった。

I **spend** my free time **watching** TV.
私は自由な時間を、TVを見て過ごす。

I always have a lot of **trouble getting** up early.
私はいつも朝早く起きるのはとても苦労する。

Unless otherwise stated, all prices include tax.
別途記載のない限りすべての価格は税込みです。

busy *doing* **～するのに忙しい**

I was **busy checking** the report this morning.
私は今朝レポートをチェックするのに忙しかった。

spend time/money *doing* **～するのに時間/お金を費やす**

He **spends** his free **time playing** computer games.
彼は自由時間を、コンピューターゲームをして過ごす。

have trouble/difficulty *doing* **～するのに苦労する**

I **have** a lot of **trouble memorizing** English words.
私は英単語を暗記するのにとても苦労する。

unless otherwise *done* **別途～されない限り**

Unless otherwise indicated, all the products will be shipped within 24 hours.
別途記載のない限り、全ての商品は24時間以内に出荷されます。

訳して Check! 4

148

1 We had spent a vast amount of money developing the product, but we recouped our development costs in six months.

2 Our product development department is busy analyzing customer feedback on previous models in order to develop new air purifier products.

3 Unless otherwise directed, trainees are to report to their immediate superior for additional instructions before heading for the training venue.

4 その記者は、原稿がいかなる事実誤認も含んでいないことを確実にするために何時間もチェックした。

5 別途処方されない限り、この薬は8歳未満の子どもに与えてはいけない。

6 自営業者として、1人で経理を行うことに苦労しているなら、会計士に依頼してやってもらうことは常に良い考えだ。

1 **vast**「莫大な」**amount**「量」**recoup**「回収する」**development**「開発」
2 **analyze**「分析する」**feedback**「意見、反応」**previous**「前の」
air purifier「空気清浄機」
3 **direct**「指示する」**trainee**「研修生」**be to *do***「～しなければならない」
report to A「(到着を知らせに) A に出向く」**immediate**「直属の」
superior「上司」**additional**「追加の」**instruction**「指示」
head for A「A に向かう」**venue**「会場」
4 **journalist**「ジャーナリスト」**hour**「1時間」**check**「チェックする」
draft「原稿」**make sure that S+V**「必ず S が V するようにする」
contain「含む」**factual**「事実に関する」**error**「誤り」
5 **prescribe**「処方する」**under eight**「8歳未満の」
6 **accounting**「会計、経理」**on one's own**「1人で」**as A**「A として」
self-employed「自営の」**always**「いつも、常に」
hire「〈O + to *do* で〉特定の仕事をしてもらうために O を雇う」
accountant「会計士」**task**「仕事」

Questions A

1 ------- around the meeting table, the staff discussed the problem.
(A) Sit (B) Be sitting (C) Sitting (D) Been sat

2 ------ in 1960, the factory needs to be modernized.
(A) Building (B) Built (C) To build (D) Having built

3 Ms. Navarro is busy ------- for the upcoming business trip.
(A) packing (B) having packed (C) packed (D) pack

4 ------ in the city center, the Grand Hotel is very popular.
(A) Locating (B) Locate (C) To locate (D) Located

5 Mr. Begu, ------- a presentation on his own before, was nervous.
(A) never made (C) have never made
(B) never have made (D) never having made

1 **discuss**「話し合う」
2 **factory**「工場」**modernize**「近代化する」
3 **upcoming**「近く起こる、来たるべき」
4 **locate**「位置させる」
5 **on *one's* own**「１人で」**nervous**「緊張した」

1 ------- that he couldn't repair the machine on his own, the on-site engineer called in for backup.

(A) Having concluded (C) Having been concluded

(B) Concluded (D) Being concluded

2 ------- from a different perspective, the essence of the problem is simply the price.

(A) Viewing (B) Viewed (C) View (D) Having viewed

3 Unless otherwise -------, you must get all transactions authorized in advance.

(A) instruction (B) instructing (C) instructed (D) instruct

4 Ms. Martinez is busy ------- her share of the preparation for the upcoming sales presentation.

(A) finish (B) having finished (C) finishing (D) finished

5 ------- the importance of employee welfare, the CEO expressed his hope that the new compensation system would increase the employee retention rate.

(A) Stressed (C) Having been stressed

(B) To be stressed (D) Stressing

1 **conclude**「結論づける」**repair**「修理する」**on A's own**「A 1人で」
on-site「現場の」**call in**「電話で連絡する」**backup**「支援、応援」

2 **view**「見る」**perspective**「ものの見方」**essence**「本質」**simply**「単に」

3 **transaction**「取引」**authorize**「許可する」**in advance**「前もって」

4 **share**「割り当て分」**upcoming**「近く起こる」

5 **stress**「強調する」**importance**「重要性」**welfare**「福利厚生」
express「表明する」**compensation**「報酬」**retention rate**「定着率」

Reverse Check 1 理由を表す「～ので」

149

1 徹底的に車を洗って磨いたので、Mr. Gamage は筋肉痛になった。

2 取り付け費用に対する割引をしつこく求められることがわかっていたので、Mr. Hunt は、当初の価格を高めに設定した。

3 デジタルマーケティングの潜在力を認識していたので、その会社はインターネット上の存在感を強めるために、人気のインフルエンサーたちとコラボレーションを行った。

4 Being fluent in English, I didn't have any trouble communicating in Sydney.

5 Given regular care, Ms. Wu's teeth are in good condition and free of cavities.

6 Working as a full-time nurse at a general hospital, Mr. Ray is required to work in three shifts.

Reverse Check 2 「～しながら」「～して」

150

1 時折 Mr. Sato は英語学習教材を聞きながらランニングマシンで運動する。

2 電話番号が間違っているとは気が付かず、Mr. Liyanage は新製品に関する機密書類を間違って見知らぬ他人にファックスしてしまった。

3 Greenwood コンベンションセンターは、地下鉄駅、ショッピングモール、観光地に近い便利な場所にあり、あらゆる種類の会議に理想的な会場です。

4 Aimed at incentivizing the staff, the new compensation system was introduced last year.

5 Motivated by a special bonus, the project team worked really hard and achieved its primary goal.

6 This article shows several ingenious ways to remove stubborn stains using common products, such as vinegar and baking soda.

3 centre はイギリス英語のスペル。アメリカ英語では center。

✓ Reverse Check 3 完了形の分詞構文 151

1 必須の実地訓練を終了して、Ms. Wei は今や一人前の簿記係である。

2 システムエンジニアとして何年も勤務してきたので、Mr. Sousa はコンピューターが再起動し続けだしたとき、直ちにその不調の原因を特定した。

3 そのプレゼンテーションのために何週間も準備してきたので、Ms. King は注目を集める顧客候補との契約を自分が勝ち取ると確信していた。

4 Having had her secretary arrange for transportation, Ms. Cook had no trouble traveling from the airport to the client's office in a remote area.

5 Having concentrated its resources on investing in research and development, the company is now well ahead of its competitors.

6 Having accidentally sent his inquiry to himself instead of the hotel, Mr. Bell realized his mistake right away, and promptly re-sent it to the correct recipient.

4 使役動詞 have「～してもらう」を使っている。

✓ Reverse Check 4 慣用的な表現 152

1 私たちは莫大なお金をその製品を開発するのに費やしたが、半年で開発コストを回収した。

2 当社の製品開発部は、新しい空気清浄機の製品を開発するために、旧モデルに対する顧客の意見を分析するのに忙しい。

3 別途指示のない限り、研修生は研修会場に向かう前に、直属の上司のもとに出向いて、追加の指示を仰がなければならない。

4 The journalist spent hours checking his draft to make sure it didn't contain any factual errors.

5 Unless otherwise prescribed, this medicine must not be given to children under eight.

6 If you are having difficulty doing the accounting on your own as a self-employed person, it is always a good idea to hire an accountant to do this task.

Chapter

7

関係詞

Lesson | 15 基本的な関係代名詞

Lesson | 16 その他の関係代名詞

Lesson | 17 関係副詞と～ever

関係詞は、簡単に言うと「SがVする名詞A」「Vする名詞A」のように、(主語)+動詞を使って名詞を説明したい時に使う文法です。これを使うとかなり難しい英文も作れるようになります。また、長く複雑な英文にはよく使われているので、リスニングやリーディングでつまずかないようしっかり習得しましょう。

たとえば次のような語を作りたい場合、以下の手順を踏みます。

私に英語を教えてくれた先生

これは

私に英語を教えてくれた 先生

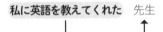

と、「私に英語を教えてくれた」が「先生」を説明していると考えられます。そして、英語と日本語は基本的に語順が逆なので

先生 **私に英語を教えてくれた**

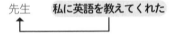

とひっくり返します。しかしこのまま英語にしても

The teacher taught me English.
「その先生は私に英語を教えた。」

という1つの完全な文となってしまい、taught me English が The teacher を説明しているとはわかりません。そこで taught me English が the teacher を説明しているという目印に関係代名詞 who を間に挟み連結します。

名詞のかたまり

the teacher who taught me English ⇒ 私に英語を教えた先生

The teacher taught me English. ⇒ その先生は私に英語を教えた。
完全な文

このように関係代名詞は（主語）＋動詞を含んだ形容詞のかたまり（関係詞節）を作り、「直前の名詞（先行詞）をこれから説明しますよ」という目印として使われます。

先行詞	+	関係詞	（主語）＋ 動詞
the teacher		**who**	**taught me English**
説明したい語		このまとまりを関係詞節と呼ぶ	

「SがVする名詞A」という名詞のかたまりは、多くの場合この文法を使えば作ることができます。ただし、関係詞は複数あり使い分ける必要があります。まず、先行詞が人を指す語なのか、それとも物や事を指す語なのかで大きく分かれ、さらに、先行詞が関係詞節の中でどのような働きをしているかで変わります。

先行詞の種別	主語	所有	目的語
	先行詞の関係詞節中の働き		
人	① **who/that**	② **whose**	③ **who/whom/that/省略**
物・事	④ **which/that**	⑤ **whose**	⑥ **which/that/省略**

先行詞の働きというと難しく聞こえますが、簡単に言うと、関係詞節の中には言わば「穴」があり、そこに先行詞が戻る関係になっています。そして、どこにどのように戻るのかで使うべき関係詞が決まります。まずは人か物・事なのかで分かれ、そして次のことを考えます。

- **どこに戻る？**　　主語の位置、目的語の位置、その他
- **どのように戻る？**

1. 何もつけず直接戻る
   ⇒　上記の② ⑤以外のどれか
2. 前置詞をつければ戻る
   ⇒　前置詞＋③ whom ⑥ which、あるいは where/when/why などの関係副詞
3. 's（アポストロフィ＋s）をつければ戻る
   ⇒ ② ⑤

この考え方に基づいて、例を見てみましょう。

▶「Ms. Smith は私に英語を教えてくれた先生だ」

Ms. Smith is **the teacher** [?] ＿＿ taught me English .

➡ the teacher は taught の主語として直接戻る関係にあるので、①が入る。

▶「Ms. Smith は私が同窓会で会いたい先生だ」

Ms. Smith is **the teacher** [?] I want to see ＿＿ at the reunion .

➡ the teacher は see の目的語として直接戻る関係にあるので、③が入る。

▶「Ms. Smith は先月本が出版された先生だ」

Ms. Smith is **the teacher** [?] ＿＿ book was published last month .

(+ 's)

➡ the teacher は the teacher's としてアポストロフィーをつけて book の前に入る関係にあるので、② whose を使う。

▶「これは私を魅了した本だ」

This is **the book** [?] ＿＿ fascinated me .

➡ the book は fascinated の主語として戻る関係にあるので、④が入る。

▶「これは私が昨日読んだ本だ」

This is **the book** [?] I read ＿＿ yesterday .

➡ the book は read の目的語として戻る関係にあるので⑥が入る。

▶「これは君が題名を忘れていた本だ」

This is **the book** [?] ＿＿ title you forgot .

(+ 's)

➡ the book は the book's として title の前に入る関係なので⑤ whose を使う。

▶「Ms. Smith は私が昨日話をした先生だ」

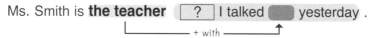

Ms. Smith is **the teacher** [?] I talked ＿＿ yesterday .

+ with

➡ the teacher は with the teacher として I talked の後に入る関係にあるので、with whom が必要。前置詞を加えないと戻らないことに注意。

▶「Ms. Smith は私が昨日話をした先生だ」

Ms. Smith is **the teacher** [?] I talked with ＿＿ yesterday.

➡すでに with が入っているので、the teacher は I talked with の後に直接入る関係にある。よって、③が正解。

▶「これは私が使う部屋だ」

This is **the room** [?] I use ＿＿ .

➡ the room は use の後ろに目的語として直接戻る関係なので⑥が正解。

▶「これは私が寝る部屋だ」

This is **the room** [?] I sleep ＿＿ .

+ in

➡ the room は sleep の後ろに目的語としては直接戻らず、in を付けなければ入らない。よって、in which か、あるいは場所を表す先行詞に対して、in / on / at which の代わりを果たす where が正解。

▶「これは私が寝ている部屋だ」

This is **the room** [?] I sleep in ＿＿ .

➡ the room は in の後ろに前置詞の目的語として直接戻る。よって、⑥が正解。先行詞が場所を表す語だからといって必ずしも where が入るわけではない。

関係詞を使った文は長くなりがちです。どこからどこまでがひとまとまりなのか常に意識して読み、述語動詞と関係詞節にある動詞を混同しないようにしてください。

Lesson

15 基本的な関係代名詞

1 who/that

Example

The man **who** lives next door speaks English.

隣に住んでいる男の人は英語を話す。

先行詞（説明したい語）が関係詞節にある動詞の主語になる場合 who/that を使います。

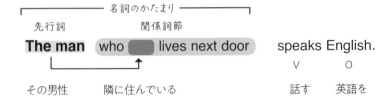

名詞のかたまり

先行詞　　　関係詞節

The man who ［　］ lives next door　speaks English.

V　O

その男性　隣に住んでいる　話す　英語を

the man は lives next door の主語になる。つまり、the man lives next door が成り立つので who / that を使います。

上記のように関係節は名詞を説明する形容詞の働きをして、先行詞＋関係詞節で1つの名詞扱いになります。

Other examples

I have a friend **who** works for a trading company.

私には貿易会社で働く友人がいる。

The salesclerk **who** helped me was friendly.

私の応対をしてくれた店員はフレンドリーだった。

訳して Check! ❶ 153

1 Tanton Supermarket offers special online coupons for customers who have installed its app on their smartphones.

2 For the safety of people who cross Lindon Boulevard, a pedestrian overpass is being built in addition to the existing underground path.

3 For new customers who have never used our services, we offer an introductory price of $19.99 for the first 3 billing cycles. After this period expires, you will be charged the regular price of $24.99 per month.

4 私の前にこのアパートに住んでいた住人はいくつかの電化製品を残していった。

5 先月最も高い売上高を達成した営業担当者は、次の給料日に特別ボーナスを受け取ります。

6 本社に仮配属されている社員の正式な任命は、本人の適性や希望に応じて決定される。

1 **coupon**「クーポン」**app**「アプリ」
2 **safety**「安全」**cross**「渡る」**boulevard**「大通り」**pedestrian**「歩行者」**overpass**「陸橋」**in addition to A**「A に加えて」**existing**「現存する、現行の」**underground**「地下の」**path**「小道」
3 **introductory**「紹介用の、初めての人向けの」**bill**「請求書を送る」**cycle**「周期」**period**「期間」**expire**「期限が切れる、満了する」**charge**「請求する」**regular price**「定価」
4 **tenant**「居住者」**reside in A**「A に住む」**leave A behind**「A を残して去る」**electric appliance**「電化製品」
5 **sales representative**「営業担当者」**achieve**「達成する」**highest**「最も高い（high の最上級）」**sales**「売り上げ」**figure**「数値」**receive**「受け取る」**special**「特別な」**payday**「給料日」
6 **formal**「正式な」**appointment**「任命」**employee**「社員」**provisionally**「暫定的に」**assign**「配属する」**head office**「本社」**finalize**「最終決定する」**based on A**「A に基づいて」**aptitude**「適正」**preference**「希望」

2 whose

Examples

I met a writer **whose** novels are very popular.

私は小説がとても人気のある作家に会った。

I met a writer **whose** novels I'd never read.

私が一度も小説を読んだことがなかった作家と会った。

先行詞が関係代名詞の次に来る名詞を所有している場合、もしくは先行詞に 's（アポストロフィ）をつけて関係詞の直後の名詞とセットになっている場合は whose を使います。whose ＋名詞が関係詞節の中で主語なのかそれ以外なのかで文の作り方が違います。

先行詞＋ 's ＋名詞が関係詞節の中で主語の場合

先行詞＋ whose ＋名詞＋ V

S V

I met **a writer** **whose** **novels** are popular.

＋ 's

the writer's novels are popularが成り立つ

先行詞＋ 's ＋名詞が関係詞節の中で主語以外の場合

先行詞＋ whose ＋名詞＋ S ＋ V

O S V

I met **a writer** **whose novels** I had never read.

＋ 's novels

I had never read the writer's novelsが成り立つ

また whose は文法上、先行詞が人でも物でも使えますが、物に対してはあまり使われません。

Other examples

Employees **whose** scores on this exam are good enough might be offered an overseas position.

この試験のスコアが十分に良い従業員は海外の職を提示されるかもしれしれない。

The employee **whose** brilliant ideas helped with the project will be promoted.

素晴らしいアイデアがプロジェクトの助けとなった従業員は昇進するだろう。

訳して Check! 2

154

1 The software house whose spreadsheet program we use was taken over by a major tech company last month.

2 The travel agency announced it would compensate customers whose tours had been canceled due to the double-booking caused by system errors.

3 During the ceremony, the sales representative whose monthly performance had been the department's best was recognized for her contribution. She was also presented with a travel voucher.

4 Ms. Zhang はその専門知識が高く評価されている貴重な戦力だ。

5 ブログが何百万人ものフォロワーを持つインフルエンサーが、すべてのオンライン活動から引退することを発表した。

6 その自動車メーカーは、安全機能が小さな子どもがいる家族にアピールしそうな新しい SUV を発売した。

1 **software house**「ソフトウェア会社」**spreadsheet**「表計算シート」
take over「買収する」**major**「大きな」**tech company**「テクノロジー企業」

2 **travel agency**「旅行代理店」**announce**「発表する」**compensate**「補償する」
due to A「A のせいで」**double-booking**「二重予約」**cause**「引き犯す」**error**「エラー」

3 **ceremony**「式典」**sales representative**「営業担当者」**monthly**「月間の、毎月の」
performance「成績」**recognize**「表彰する」**contribution**「貢献」
present A with B「A に B を贈る」**travel voucher**「旅行券」

4 **valuable**「価値の高い」**asset**「有用なもの、戦力」**expertise**「専門知識」**highly**「高く」
esteem「尊重する、評価する」

5 **influencer**「インフルエンサー」**blog**「ブログ」**millions of A**「何百万人もの A」
follower「フォロワー」**announce**「発表する」
retire from A「A（仕事や業界）から引退する」**online**「オンラインの」**activity**「活動」

6 **manufacturer**「メーカー」**launch**「発売開始する」
SUV「スポーツ用多目的車 sport-utility vehicle」**safety**「安全」**feature**「特徴的機能」
be likely to *do*「～しそうである」**appeal**「興味を引く」

3 whom / who / that

Example

The woman (**who**) I met at the party speaks English.
私がパーティーで会ったその女性は英語を話す。

先行詞が関係詞節内の動詞の目的語になる場合。ただし whom は非常にフォーマルに聞こえるので日常会話で使われることはなく、後述の「前置詞＋関係詞」以外は、通例 who / that を使うか省略します。特に話し言葉では関係詞自体が省略されることが普通です。

先行詞　S　V　O
The woman **who** I met [　] at the party speaks English.

I met the woman at the partyが成り立つ

The woman **whom** I met at the party
The woman **who** I met at the party
The woman **that** I met at the party
The woman [　] I met at the party
} speaks English.

↑省略

省略されていることに気が付かないと、文の構造を見失って混乱することもよく起こります。英文を読むときには注意してください。

Other examples

The shop clerk I asked for directions was very helpful.

私が道を尋ねた店員さんはとても助けになってくれた。

The doctor (**who**) I saw yesterday prescribed some medicine for my headache.

私が昨日診てもらった医師は私の頭痛のために薬を処方してくれた。

訳して Check! ③ 155

1 The owner of the mansion agreed to have a meeting with a prospective tenant her real estate agency wanted to introduce.

2 The person who posted this positive review on our restaurant must be the customer that I served last week.

3 One of the lecturers we had invited couldn't come to the conference due to urgent business.

4 その交渉のために私たちが雇った通訳はすばらしい仕事をしてくれた。

5 私たちがオフィスの設計を依頼した建築家と、私は打ち合わせをする予定だ。

6 私が今日面接をした候補者はたくさんの経験と関連したいくつかの資格を持っていた。だから、彼女は最終候補に残るだろう。

1 **mansion**「大邸宅」**prospective A**「Aになりそうな人」**tenant**「居住者」**real estate agency**「不動産会社」**introduce**「紹介する」

2 **post**「投稿する」**positive**「良い」**review**「レビュー」**serve**「接客する、給仕する」

3 **lecturer**「講演者」**due to A**「Aのせいで」**urgent**「緊急の」**business**「用事」

4 **translator**「通訳」**hire**「雇う」**negotiation**「交渉」**do a great job**「すばらしい仕事をする」

5 **architect**「建築士」**commission A to *do***「～するようにAに委託する」**design**「設計する」

6 **candidate**「候補者」**interview**「面接する」**experience**「経験」**relevant**「関連した」**qualification**「資格」**shortlist**「最終候補に残す」

4 which/that 物・事を説明する場合

Examples

I want a car **which** runs on hydrogen.

私は水素で走る車がほしい。

The car (**that**) he bought yesterday runs on hydrogen.

彼が昨日買った車は水素で走る。

which / that は先行詞が関係詞節の中の動詞の主語となる場合と目的語となる場合があります。先行詞が人の場合は who と whom を使い分けなければなりませんでしたが、先行詞が物の場合は主語のときも目的語のときも which または that を使います。なお、先行詞が関係詞節内の動詞の目的語になる場合は省略可能で、特に話し言葉においては、省略されることが普通です。

S V

I want **a car** **which** ☐ runs on hydrogen .

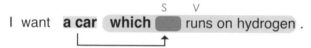

the car runs on hydrogenが成り立つ。runsの主語なので関係詞は省略できない。

S V O

The car (**that**) he bought ☐ yesterday runs on hydrogen.

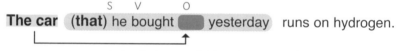

he bought the carが成り立つ。boughtの目的語の位置に戻る関係なので、thatは省略可能。

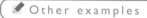

Other examples

The lasagna I ordered at the restaurant was great.

私がそのレストランで注文したラザニアはすばらしかった。

I have a printer **that** prints 200 copies a minute.

私は1分間に200枚印刷できるプリンターを持っている。

訳して Check! ④ 156

1 The property that the real estate agency recommended to me today is fully furnished, and the monthly rent includes utilities.

2 The artworks that are currently displayed at the municipal art museum are mainly from medieval Europe.

3 Cell phones that are specifically designed for outdoor activities are usually waterproof and heavy-duty, but also tend to cost more and weigh more.

4 The painting that I acquired from a local street vendor for almost nothing turned out to be an authentic work by Rembrandt.

5 我々は山のふもとへ続く曲がりくねった小道を行った。

6 Mr. Kent は、大成功により社会現象になった大ヒット TV ゲームの続編を買うためにお金を貯めているところだ。

7 プレゼンテーションの後、Ms. Phan はマーケティング部から借りていたプロジェクターを返すために、そこに立ち寄った。

1 **property**「物件」**real estate agency**「不動産会社」**recommend**「勧める」
fully「完全に」**furnished**「家具付きの」**monthly**「月々の」**rent**「家賃」
include「含む」**utilities**「電気・ガス・水道（のサービス）」

2 **artwork**「芸術作品」**currently**「現在」**display**「展示する」
municipal「市の、公営の」**art museum**「美術館」**mainly**「主に」**medieval**「中世の」

3 **cell phone**「携帯電話」**specifically**「特に」**design**「設計する」**outdoor**「屋外の」
waterproof「防水の」**heavy-duty**「頑丈な」**tend**「傾向がある」**weigh**「重さがある」

4 **acquire**「入手する」**street vendor**「露天商」**almost**「ほとんど」
for nothing「無料で」**turn out to be**「～であるとわかる」**authentic**「本物の」
work「作品」**Rembrandt**「レンブラント（オランダの画家）」

5 **winding**「曲がりくねった」**trail**「小道」**lead**「導く」**foot**「ふもと」

6 **save money**「お金を貯める」**sequel to A**「A の続編」**blockbuster**「大ヒット作」
video game「TV ゲーム」**social**「社会の」**phenomenon**「現象」
due to A「A のせいで」**huge**「巨大な」**success**「成功」

7 **stop by A**「A に立ち寄る」**return**「返却する」**projector**「プロジェクター」
borrow「借りる」

Questions A

1 I have a friend ------- father is a theater actor.

(A) who (B) whom (C) which (D) whose

2 People ------- live abroad sometimes become homesick.

(A) whose (B) who (C) which (D) those

3 Ms. Murati works for a company ------- exports cars to Africa.

(A) which (B) whom (C) whose (D) where

4 The possible buyer ------ Ms. Evans met at the trade fair is visiting our office today.

(A) who (B) whose (C) which (D) to whom

5 This seminar is particularly suitable for ------- who need to learn how to give effective presentations.

(A) any employee (C) sales staff

(B) a sales manager (D) someone

1 **theater**「劇場」**actor**「俳優」
2 **abroad**「海外に」**homesick**「ホームシックの」
3 **export**「輸出する」
4 **possible A**「Aになりそうな人」**buyer**「バイヤー」**trade fair**「見本市」
5 **seminar**「セミナー」**particularly**「特に」**suitable**「適している」**effective**「効果的な」

Questions B

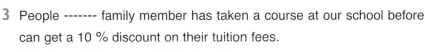

1 Some of the candidates ------- shortlisted voluntarily withdrew from the final interview with the board.

(A) who (B) whose (C) we (D) their

2 The man ------- the company hired as a new public relations officer was actually headhunted by the CEO himself.

(A) which (B) who (C) whose (D) to whom

3 People ------- family member has taken a course at our school before can get a 10 % discount on their tuition fees.

(A) who (B) whom (C) that (D) whose

4 The business person ------- we had an interview for our magazine had innovative ideas about how to run a company.

(A) with whom (B) that (C) who (D) whose

5 The trainee ------- the director is expecting to be a valuable asset will be assigned to headquarters.

(A) whose (B) which (C) to whom (D) that

1 **candidate**「候補者」**shortlist**「最終選考に残す」**voluntarily**「自発的に」**withdraw**「身を引く、辞退する」**board**「取締役会」

2 **public relations officer**「広報担当者」**actually**「実は」**headhunt**「引き抜く」

3 **tuition fee**「授業料」

4 **business person**「実業家、経営者、経営にかかわる人」**innovative**「革新的な」**run**「経営する」

5 **trainee**「研修生」**director**「部長」**valuable**「貴重な」**asset**「戦力」**assign**「配属する」**headquarters**「本社」

✓ Reverse Check 1 who/that

157

1 Tanton スーパーマーケットはスマートフォンに店のアプリをインストールした客に特別なオンラインクーポンを提供している。

2 Lindon 大通りを渡る人々の安全のために、現行の地下道に加えて歩道橋が建設されているところだ。

3 当社のサービスを一度も使用したことがない新規のお客様には、最初の3回の請求期間中は19.99ドルのお試し価格を提供しています。この期間が満了すると、通常価格の1か月24.99ドルが請求されます。

4 The tenant who resided in this apartment before me left some electric appliances behind.

5 The sales representative who achieved the highest sales figures last month will receive a special bonus on their next payday.

6 The formal appointment of employees who have been provisionally assigned to the head office will be finalized based on their aptitude and preferences.

2 is being built は受動態の進行形。

✓ Reverse Check 2 whose

158

1 私たちが使用している表計算ソフトのソフトウェア会社が先月、大手テクノロジー会社に買収された。

2 その旅行代理店は、システムエラーによって引き起こされた二重予約のせいで、同社がツアーをキャンセルした顧客に補償すると発表した。

3 式典では、月間成績が部内で最高だった営業担当者がその貢献を表彰された。彼女はまた、旅行券を贈られた。

4 Ms. Zhang is a valuable asset whose expertise is highly esteemed.

5 An influencer whose blog has millions of followers announced that she was going to retire from all her online activities.

6 The car manufacturer launched a new SUV whose safety features are likely to appeal to families with small children.

✔ Reverse Check 3 who/whom/that/省略

159

1 その大邸宅の家主は、不動産会社が紹介したがっている借り主候補と会合を持つことに同意した。

2 私たちのレストランについて好意的なこのレビューを書いた人は、私が先週接客したお客さんに違いない。

3 私たちが招待していた講演者の1人が、緊急の所用で会議に来ることができなかった。

4 The translator we hired for the negotiations did a great job.

5 I'm having a meeting with the architect (who) we commissioned to design our office.

6 The candidate (that) I interviewed today has a lot of experience and several relevant qualifications, so she will be shortlisted.

1 mansion は日本で言う「マンション」ではなく「大邸宅」を指すことに注意。「マンション」は apartment、あるいは condominium「分譲マンション」。

✔ Reverse Check 4 物を説明するwhich/that

160

1 今日、不動産業者が私に勧めてくれた物件は家具付きで、毎月の家賃には光熱費が含まれています。

2 その市立美術館に現在展示されている芸術作品は、主に中世ヨーロッパの物だ。

3 屋外活動のために特別に設計された携帯電話はたいてい防水で頑丈であるが、同時に、より高価でより重い傾向がある。

4 私が地元の露天商からほとんど無料で入手した絵はレンブラントによる本物の作品だと判明した。

5 We went on a winding trail which led to the foot of the mountain.

6 Mr. Kent is saving money to buy the sequel to a blockbuster video game that became a social phenomenon due to its huge success.

7 After the presentation, Ms. Phan stopped by the Marketing Department to return the projector she had borrowed from them.

Lesson

16 その他の関係代名詞

I what

Examples

You should do **what** you can do.　あなたができることをやるべきだ。

What is needed is your help.　必要とされているのはあなたの助けだ。

what の一番の特徴は先行詞がいらないということです。「～すること・もの」の意味で、the thing which と書き換えられます。つまり what の中にすでに the thing「もの、こと」という先行詞が含まれている扱いのため、それ以上の先行詞は不要なのです。「こと・もの」という訳につられて× the thing what などとしないようにしましょう。

what you can do　あなたができること
= **the thing which**

what is needed　必要とされていること
= **the thing which**

Other examples

Changing jobs is exactly **what** she wants to do.
転職することがまさに彼女がしたいことである。

What impressed me most about the shop clerk was his way of talking.
その店員について私を最も感動させたものは彼の話し方だった。

訳して Check! I　161

1 What Mr. Ward has been arguing is totally beside the point and frankly has no bearing on this matter.

2 What Ms. Jensen suggested to the client may have contributed to his decision not to terminate the contract with us.

3 Come and consult our nutritionists at any of our drugstores to find out if what you eat every day is right for your body.

4 このプロジェクトに関して私が最も心配しているのは、経営陣上層部からのサポートの欠如だ。

5 最も重要なことは、我々がこの巨大な得意先を失うことを避けられるかどうかである。

6 Mr. Huber がこの町の児童のために過去10年に渡ってしてきたことは、この近隣での交通安全の意識を高めるのに役立った。

1 **argue**「主張する」**totally**「全く」**beside the point**「的外れな」
frankly「率直に言って」**bearing**「関係」**matter**「問題」

2 **suggest**「提案する」**contribute**「一因となる」**terminate**「(契約) を解除する」

3 **consult**「相談する」**nutritionist**「栄養士」**drugstore**「薬局」
find out「突き止める、知る」**right**「正しい」

4 **worry**「心配させる」**most**「最も」**lack**「欠如」**support**「サポート」**upper**「上位の」
management「経営陣」

5 **matter**「問題である」**most**「最も」**whether**「～かどうか」**avoid**「避ける」
lose「失う」**huge**「巨大な」**account**「得意先」

6 **school children**「児童」**help** ***do***「～する役に立つ」**raise**「高める」**traffic**「交通」
safety「安全」**awareness**「意識」**neighborhood**「近隣」

2 前置詞+関係代名詞

Example

This is the room **in which** I study English every day.
これは私が毎日英語を勉強している部屋です。

「これは私が使う部屋です」「これは私が寝る部屋です」を英訳しようとすると、多くの人が

これは私が**使う**部屋です　○This is the room which I use.
これは私が**寝る**部屋です　× This is the room which I sleep.

としてしまいがちです。日本語で考えると全く作りが同じような文ですが、実は「私が寝る部屋です」のほうは間違いです。ではなぜおかしいのでしょう。

関係代名詞 who, whom, which, that の文では先行詞は関係詞節（S + V を含むかたまり）のどこかに入る関係になっています。たとえば、下の文では、関係代名詞の節から 'lives next door' を取り出して考えると、先行詞の the man は lives の前に主語として入る関係です。

The man who ＿ lives next door speaks English.

the manはliveの主語 → the man lives next doorが成り立つ

また、次の文でも the room は use の後に目的語として入ります。

This is **the room** which I use ＿ .

the roomはuseの目的語 → I use the roomが成り立つ

しかし

× This is **the room** which I sleep ＿ .

と書くと× I sleep the room が成り立ちません。正しくは、

I sleep <u>**in**</u> the room every day.

となるべきなのです。したがって関係詞を使った場合もどこかにこの in がないといけないのです。

「これは私が寝る部屋です」を正しい文にすると次のようになります。

① This is the room **in which** I sleep.
② This is the room（**which**）I sleep **in**.

thatあるいは省略も可

前置詞の置き場所は２つあります。１つは関係詞の直前、もう１つは元々あったと考えられる場所です。①と②は同じ意味ですが前置詞を前に出す①の形はフォーマルとされています。日常会話では ②のように前置詞を動詞の後に置き、さらに関係代名詞を省略することがよくあります。

また、関係詞の前に前置詞を置く①では、with who や to that などは使わないことになっています。また省略もできません。

This is the man **(who / whom / that)** I talked about.

the manが直接aboutの後ろに入る関係になっているので、いずれでも可。省略もできる。

This is the man **about whom** I talked.

前置詞+関係詞の場合、whoやthatは使えない。省略も不可。

Other examples

The man **with whom** I was asked to share the table was a famous actor.

私がテーブルの相席を頼まれたその男性は有名な俳優だった。

There are many aquariums **in which** you can see dolphin shows.

イルカのショーが見られる水族館はたくさんある。

訳して Check! 2

162

1 The database in which customer information is stored is accessible only to authorized personnel.

2 The representative of the trading company with whom we were negotiating agreed to keep in touch even after the negotiations broke down.

3 The following chart illustrates the degree to which our customers are satisfied with our service.

4 来館者が携帯音声ガイドを使ってそれぞれの展示品を詳しく鑑賞できる美術館もあります。

5 すべての返金は、購入がなされたクレジットカード上に振り込まれます。

6 Ms. Ellis が居住している高層分譲マンションは、物件の維持を担当する正職員の管理人を雇用している。

1 **database**「データベース」**store**「保存する」**accessible**「アクセス可能な」
authorized「権限を与えられた」**personnel**「社員」

2 **representative**「代表者」**trading company**「商社」**negotiate**「交渉する」
agree「同意する」**keep in touch**「連絡を続ける」**even**「さえ、～でも」
negotiation「交渉」**break down**「(交渉・計画が) 失敗する」

3 **following**「次の」**chart**「図」**illustrate**「説明する」**degree**「度合い、程度」
be satisfied with A「A に満足している」

4 **art museum**「美術館」**visitor**「来館者」**appreciate**「鑑賞する」
each「それぞれの」**exhibit**「展示品」**in detail**「詳しく」
handheld「手のひらに乗る大きさの」**audio guide**「音声ガイド」

5 **refund**「返金」**credit**「振り込む」**purchase**「購入」

6 **high-rise**「高層建築物の」**condominium**「分譲マンション」
reside in A「A に居住する」**employ**「雇用する」**full-time**「常勤の」
janitor「管理人」**in charge of A**「A を担当する」**upkeep**「保全」
property「物件、建物」

3 コンマ+which

Example

Mr. Sutton was late for the meeting, **which** was quite unusual for him.

Mr. Sutton はその会議に遅刻した。それは彼には珍しいことだった。

コンマ＋ which は、前の文全体や語句のまとまりを指すことがあります。

Mr. Sutton was late for the meeting, **which** was quite unusual for him.

⇒and that
「そして、そのことは」

この場合、「彼にとって珍しい会議」ではなく、彼が会議に遅れたことが珍しいことだと言っているのです。

訳して Check! ③ 163

1 The hotel I stayed at last week offers a complimentary breakfast to guests, which is why I chose it.

2 Many retailers rely on celebrity branding in their advertisements to endorse their products, which can be costly but is generally considered highly effective.

3 In anticipation of heavy traffic on the main street, Ms. Dunn took a detour to the airport, which turned out to be a big mistake as the byway she was going to take was closed for roadwork.

4 Mr. Dawson はたった２か月で昇進したが、それは非常にまれなことではあるが、彼のこれまでの売り上げに対する貢献を考えると意外なことではなかった。

5 Sasha's Kitchen は、その独創的な料理のために地元で生産された有機野菜のみを使用しており、それがそのレストランをとても人気にしている。

6 私どものコンベンションセンターは地下鉄と鉄道の駅に隣接しており、Lanesville 空港はたった車で５分です。そのことは、この素晴らしい施設を、いかなるタイプの会議にとっても理想的な会場にしています。

1 **offer**「提供する」**complimentary**「無料の」**guest**「宿泊客」
why S+V「S が V する理由」**choose**「選ぶ choose-chose-chosen」

2 **retailer**「小売業者」**rely on A**「A に頼る」**celebrity**「有名人」
branding「ブランド戦略」**endorse**「（商品など）を褒める、推奨する」**costly**「高くつく」
generally「一般的に」**consider**「考える」**highly**「とても」**effective**「効果的な」

3 **anticipation**「予期」**traffic**「交通（量）」**detour**「回り道」**turn out to be**「～であるとわかる」**byway**「脇道」**close**「閉鎖する」**roadwork**「道路工事」

4 **promote**「昇進させる」**highly**「非常に」**unusual**「珍しい」**unexpected**「意外な」
considering「～を考慮すると」**contribution**「貢献」**so far**「これまでのところ」

5 **organic**「有機的な」**vegetable**「野菜」**produce**「生産する」**locally**「地元で」
original「独創的な」**dish**「料理」**popular**「人気のある」

6 **convention**「会議、大会」**be adjacent to A**「A と隣接している」**subway**「地下鉄」
railroad「鉄道」**mere**「単なる」**5-minute**「5 分の」**drive**「運転」
～ **away**「（時間、距離）分だけ離れて」**facility**「施設」**ideal**「理想的な」
venue「会場」**type**「種類」**conference**「会議」

Questions A

1 The bistro ------- Mr. Brown is going to take his client is on Park Street.
(A) which (B) what (C) to which (D) in what

2 There is a small glassed-in section on each floor of this facility ------- smoking is permitted.
(A) which (B) that (C) in which (D) whose

3 ------- happened to this shipment may happen to other shipments.
(A) Which (B) What (C) That (D) Who

4 It is important to tailor your cover letter for the position ------- you are applying.
(A) for which (B) which (C) that (D) in which

5 Ms. Jing has been in public relations for 10 years, ------- makes her a great asset to the department.
(A) which (B) what (C) who (D) in which

1 **bistro**「ビストロ、小さなレストラン」**take**「連れていく」
2 **glassed-in**「ガラス張りの」**section**「区、部分」**each**「それぞれの」**floor**「階」**facility**「施設」**permit**「許可する」
3 **shipment**「積荷」
4 **tailor**「合わせて変える」**position**「職」**apply for A**「Aに申し込む」
5 **public relations**「広報」**asset**「戦力、貴重な存在」

Questions B

1 Goldon Pharmaceuticals changed the manufacturing process, ------ led to better quality in its products.

(A) by which (B) who (C) whose (D) which

2 The chapter ------- some mistakes have been found will be altered to correct them in the next edition.

(A) which (B) whose (C) in which (D) that

3 The date of the purchase was not stated on the receipt, ------- made it difficult for Ms. Nguyen to get a refund.

(A) which (B) what (C) that (D) in which

4 Taking out a bank loan is a complicated, time-consuming process ------- invariably entails careful planning.

(A) by which (B) that (C) who (D) whose

5 It is sometimes a good strategy for a company to concentrate its resources on ------- it is best at rather than spread them thin.

(A) for which (B) which (C) what (D) why

1 **pharmaceuticals**「製薬会社」**manufacturing process**「製造工程」
2 **chapter**「章」**alter**「変更する」**edition**「版」
3 **purchase**「購入」**state**「記す、述べる」**receipt**「レシート」**refund**「返金」
4 **take out**「(ローン) を組む」**complicated**「複雑な」
time-consuming「時間のかかる」**process**「過程、手続き」**invariably**「きまって、いつも」
entail「伴う」**planning**「立案」
5 **strategy**「戦略」**concentrate A on B**「A を B に集中させる」**resource**「資源」
rather than A「A よりもむしろ」**spread**「分散させる」**thin**「薄く」

Reverse Check 1 what

164

1 Mr. Ward がずっと主張してきたことは全く的外れであり、率直に言ってこの件とは何の関係もない。

2 Ms. Jensen がその顧客に提案したことが、我々との契約を解除しないという彼の決定に寄与したのかもしれない。

3 あなたが毎日食べているものがあなたの体に合っているかどうかを調べるために私どものいずれかの薬局に来て栄養士と相談してください。

4 What worries me most about this project is the lack of support from the upper management.

5 What matters most is whether we can avoid losing this huge account.

6 What Mr. Huber has done for school children in this town over the past 10 years has helped raise traffic safety awareness in this neighborhood.

2 not to terminate は to 不定詞の否定で「解除しないこと」。

Reverse Check 2 前置詞+関係代名詞

165

1 顧客情報が保存されているデータベースには、権限を持った社員しかアクセスできない。

2 私たちが交渉していた商社の代表者は、交渉が不調に終わった後も連絡を取り続けることに同意した。

3 次の図は、顧客が我々のサービスに満足している度合いを表している。

4 There are art museums in which visitors can appreciate each exhibit in detail using a handheld audio guide.

5 All refunds are credited to the credit card on which the purchase was made.

6 The high-rise condominium in which Ms. Ellis resides employs a full-time janitor in charge of the upkeep of the property.

4 using はこの場合、分詞構文。「使いながら」「使って」の意味。代わりに with でもよい。

✔ Reverse Check ③ コンマ+which

166

1 私が先週泊まったホテルは宿泊客に無料の朝食を提供しており、それがそこを選んだ理由だった。

2 多くの小売業者は自分たちの製品を推奨するために、広告に有名人を用いたブランド戦略に頼っており、それは高くつくこともあるが一般的な非常に有効であると考えられている。

3 大通りの渋滞を予想して、Ms. Dunn は空港までの回り道を行った。しかし、それは彼女が通ろうとした脇道が工事のために閉鎖されていたため大きな間違いだとわかった。

4 Mr. Dawson was promoted in only two months, which was highly unusual but not unexpected considering his contribution to the sales so far.

5 Sasha's Kitchen only uses organic vegetables produced locally for its original dishes, which makes the restaurant very popular.

6 Our convention center is adjacent to subway and railroad stations, and Lanesville Airport is a mere 5-minute drive away, which makes this wonderful facility an ideal venue for any type of conference.

1 why は先行詞が reason の時に使われる関係詞だが、reason は省略できる。
Lesson17 で学ぶ。

2 can は「～することがある」の意味がある。

6 数 + ハイフン + 単位の単数形で、「～の」を表す形容詞になる。
a 2-day trip「2 日間の旅行」
a 5-million-dollar project「500 万ドルのプロジェクト」

Lesson 17

関係副詞と〜ever

1 whereとwhen

Examples

This is the restaurant **where** I usually eat lunch.
これは私がたいてい昼食を食べるレストランです。

This is **where** I usually eat lunch.
ここは私がたいてい昼食を食べるところです。

That was the time **when** things started to get better.
それが、物事がよくなり始めたときだった。

That was **when** things started to get better.
それが、物事がよくなり始めたときだった。

先行詞が場所を表す語句の場合、主に at / in / on + which の代わりに where を使うことができます。また where は先行詞が the place の場合はそれを省略することができます。

This is the restaurant **at which** I usually eat lunch.
= where

This is **where** I usually eat lunch.
→ the place whereと同じ

先行詞が時を表す語句の場合、at / in / on + which の代わりに when を使うことができます。また、the time や the day など漠然とした時を表す先行詞の場合は、それを省略することができます。

That was the time **at which** things started to get better.
= when

That was **when** things started to get better.
→ the time whenと同じ

Other examples

Museums **where** visitors can enjoy interactive exhibits are popular.

来館者が体験型の展示物を楽しめる博物館が人気だ。

We had to pick up our client at the airport on the day **when** the motorway was closed for construction.

私たちは、高速道路が工事のため通行止めになった日に顧客を空港に迎えに行かなければならなかった。

訳して Check! 1

167

1 There were several times when Ms. May's ingenious ideas led to a major breakthrough.

2 My office is in the vicinity of a famous waterfall. However, I can't see it from where my desk is because the wall blocks the view.

3 The beauty salon where Ms. Tang has her hair done is in a prestigious area, and their prices are also commensurate with the location.

4 私の地域では月曜日がゴミの集められる唯一の日だ。

5 オンライン注文履歴は、特定の購入が行われた正確な時間と日付を示します。

6 オークションのためにあなたの陶芸作品を出品できるウェブサイトがあり、それが、私が生計を立てているところです。

1 **ingenious**「創意に満ちた」**lead**「つながる lead-led-led」**major**「大きな」**breakthrough**「躍進」

2 **vicinity**「近所」**waterfall**「滝」**block**「遮る」**view**「視界」

3 **beauty salon**「美容室」**has one's hair done**「散髪・セットしてもらう」**prestigious**「一流の、名声のある」**be commensurate with A**「A に見合った、相応の」

4 **garbage**「ゴミ」**collect**「集める」**neighborhood**「地域、近所」

5 **order**「注文」**history**「履歴」**show**「示す」**exact**「正確な」**particular**「特定の」**purchase**「購入」

6 **website**「ウェブサイト」**put A up**「A を出品する」**pottery**「陶芸」**work**「作品」**auction**「オークション」**make one's living**「生計を立てる」

Check this out! whereの補足

where は先行詞が場所を表す名詞のときに必ず使うわけではありません。先行詞が場所を表す名詞であっても関係詞節の主語や目的語など、先行詞が直接戻る関係にあれば which や that を使います。

I visited the city **which** Tom likes.　Tom が好きな街
the city は like の目的語 → Tom likes the city が成り立つ

I visited the city **where** Tom works.　Tom が働いている街
Tom works the city が成り立たない → Tom works **in** the city.
したがって which は不可で in which か where となる。

これは、when も同じです。

April is the month **which** I like best.　4月は私が一番好きな月だ。
April is the month **when** I was born.　4月は私が生まれた月だ。

また、where S + V は「S が V するところでは」と、in the place where と同じ働きをすることもできます。

Where I work, casual attire is permitted.
私が働いているところではカジュアルな服装が許されている。

2 why

Example

The reason **why** I like my job is that I can meet new people.
私が自分の仕事が好きな理由は知らない人と出会えるということだ。

why は、先行詞が reason のみで後ろに S + V が来て、何が何をする理由かを表します。ただし why 以外に that でもよく、省略も可能です。the reason 自体も省略されることがあります。特に日常会話では、どちらかが省略されるのが普通です。

the reason why I like my job
the reason that I like my job
the reason I like my job
why I like my job

私が自分の仕事が好きな理由

「なぜ私が自分の仕事が好きなのか」を表す間接疑問(Lesson 22)と同じ形。

Other examples

No one knows **the reason** the customer cancelled the order.

その客が注文をキャンセルした理由を誰も知らない。

The reason I work in product development is that I like making things.

私が製品開発で働いているのは物を作るのが好きだからです。

訳してCheck! 2

168

1 The main reason why local residents are opposed to the construction of the new shopping mall is that traffic is likely to increase.

2 The weather was humid, which is why we couldn't demonstrate the potential of the prototype humidifier.

3 Ms. Francis が雇われたのは彼女が経験豊かで有能だからだった。

4 会社がその地域に移転する計画を立てている理由は、そこでは原料がもっと簡単に入手可能だからだ。

1 **main**「主要な」**resident**「住民」**be opposed to A**「Aに反対する」**construction**「建築」**traffic**「交通」**be likely to *do***「～しそうだ」**increase**「増加する」

2 **weather**「天気」 **humid**「湿気の多い」**demonstrate**「実証する」**potential**「潜在能力」**prototype**「試作品」**humidifier**「加湿器」

3 **hire**「雇用する」**experienced**「経験を積んだ」**competent**「有能な」

4 **relocate**「移転する」**region**「地域」**raw**「生の」**material**「素材」**readily**「簡単に」**available**「入手可能な」

3 関係詞+ever

関係詞はeverがついて特殊な意味を表すことがあります。基本的には次の２つの使い方があります。

A) 名詞として

Examples

You can invite **whoever** wants to come.
来たい人は誰でも招待してよい。

You can invite **whoever** you like.
あなたが好きな人誰でも招待してよい。

Please eat **whatever** you want.
あなたがほしい物何でも食べてください。

Which cake would you like? Take **whichever** you like.
どちらのケーキがいいですか？ どちらでもいいほうを取ってください。

whoever / whomever / whatever / whichever は「～する誰でも」「～するどんなものでも」という名詞のかたまりになります。anyone who, anything that などと考えるとわかりやすいでしょう。

whoever wants to come　　来たい人は誰でも
anyone who
⇒whoeverはwantsの主語

whoever you like　　あなたが好きな人は誰でも
anyone who(m)
⇒whoeverはlikeの目的語 この場合はwhomeverでもよいが硬く響く

whatever you want　　あなたがほしい物は何でも
anything that

whichever you like　　好きな物はどちらでも

whichever と whatever は後ろに名詞をとることもできます。

whichever **cake** you want to eat　あなたが食べたいどちらのケーキでも
whatever **toy** you give him　あなたが彼にあげるどんなおもちゃでも

これらは名詞のかたまりを作りますので、主語や目的語などに使われます。

Whoever wants to come can come.
主語　動詞

You can invite **whoever wants to come**.
主語　動詞　目的語

Other examples

Whoever is behind the wheel must pay attention to pedestrians.
運転する人は誰でも歩行者に注意を払わなければならない。

He will appreciate **whatever** advice you can give him.
あなたが彼にできるどんなアドバイスも彼は感謝するでしょう。

訳して Check! 3

169

1 Whatever you can do to help the cause will be much appreciated.
2 We proudly offer exquisite culinary delights to whoever chooses to dine at our restaurant.
3 Whoever wishes to utilize the company's recreational facilities must hand in an application to the Facilities Division for approval.
4 ジャズとカクテルが好きな人は誰でも Jazzy's Bar をすごく楽しいと思うはずだ。
5 夕食に招待されたとき、テーブルに出されたものは何でも食べるのが礼儀正しいことだ。
6 私どものパンフレットからあなたが選ぶどのパッケージツアーも快適さと冒険の感覚の両方をあなたに提供するでしょう。

1 **cause**「運動」**appreciate**「感謝する」
2 **proudly**「誇りを持って」**offer**「提供する」**exquisite**「極上の、最高の」
culinary「料理の」**delight**「喜び、楽しみ」**choose**「選ぶ」**dine**「食事をする」
3 **utilize**「利用する」**recreational**「娯楽、レクリエーション」**facility**「施設」
hand in「提出する」**application**「申込み」**division**「課」**approval**「承認」
4 **jazz**「ジャズ」**cocktail**「カクテル」**find O+C**「O を C だと思う（Lesson1 参照）」
highly「とても」**entertaining**「楽しい」

5 **polite**「礼儀正しい」**serve**「(飲食物) を出す」**invite**「招待する」
6 **package tour**「パッケージツアー」**choose**「選ぶ」**brochure**「パンフレット」
provide A with B「A に B を提供する」**both**「両方」**comfort**「快適さ」
sense「感覚、感じ」**adventure**「冒険」

B) 〜しようとも / 〜いつでも・どこでも

Examples

Whoever you are, you have to follow the rules.
あなたが誰であろうとも、規則に従わなければならない。

Whatever problem you have, we will solve it.
どんな問題をあなたが持っていても、私たちが解決します。

Wherever she goes, she makes a lot of friends.
彼女はどこに行ってもたくさんの友人を作る。

Put this vase **wherever** you like.
この花瓶をどこでも好きなところに置いてください。

Whenever I phone him, the line is busy.
いつ彼に電話しても話し中だ。

Call us **whenever** you have any questions.
何かご質問があるときはいつでも私どもにお電話ください。

However difficult the task is, we must do it.
その仕事がどんなに難しくても、私たちはそれをしなければならない。

ever のついた関係詞は「誰が／何が／どれが／どこに／いつ〜しようとも」や「〜するときはいつでも」「〜するところはどこでも」などの意味も持ちます。

whoever you are	あなたが誰であろうとも
whatever problem you have	あなたがどんな問題を持っていても
wherever he goes	彼がどこへ行こうとも
wherever you like	あなたが好きなところどこへでも
whenever I phone him	あなたがいつ彼に電話しても
whenever you have questions	あなたがご質問のあるときはいつでも
however difficult the task is	その仕事がどれだけ難しくても

Other examples

Whenever you call the customer services of the company, you are put on hold for a long time.

いつその会社のカスタマーサービスに電話しても、長い間保留にされる。

We must avoid making mistakes **however** small they are.

私たちはどんなに小さくてもミスをすることを避けなければならない。

訳して Check! ④

170

1 Whenever you pass by the café, there is an invigorating aroma of freshly brewed coffee.

2 However hard we try, we won't be able to finish revising our new sales literature by the deadline unless we enlist some help.

3 Music streaming services usually enable you to listen to music of almost any genre, wherever you are.

4 税金を節約する必要があるときはいつでもプロのアドバイザーに相談すべきだ。

5 どの候補者たちが最終面接に進んでも、雇用委員会は資格と経験のみに基づいて彼らを評価するだろう。

6 もし視力が必要とされる基準に合わなければ、運転するときはいつでも眼鏡やコンタクトレンズなどの矯正器具を身につけなければならない。

1 **pass by**「通り過ぎる」**café**「カフェ」**invigorating**「活力を与えるような」**aroma**「香り」**freshly** ~「~したてで」**brew**「(コーヒーを) 淹れる」

2 **revise**「改定する」**literature**「資料」**deadline**「締切」**enlist**「求める」

3 **streaming service**「ストリーミングサービス」**enable A to *do***「A が~することを可能にする」**genre**「ジャンル」

4 **save on A**「A を節約する」**tax**「税金」**consult A**「A に相談する」**professional**「プロの」**adviser**「アドバイザー」

5 **candidate**「候補者」**advance**「進む」**final**「最終の」**interview**「面接」**hiring committee**「雇用委員会」**evaluate**「評価する」**based on A**「A に基づいて」**qualification**「資格」**experience**「経験」

6 **eyesight**「視力」**meet**「適合する」**required**「必要とされる」**standard**「基準」**corrective**「矯正の」**device**「器具」**such as A**「A のような」**glasses**「メガネ」**contact lens**「コンタクトレンズ」

C) No matter ～

Examples

No matter who you are, you have to follow the rules.
あなたが誰であろうとも、規則に従わなければならない。

No matter what problem you have, we will solve it.
どんな問題をあなたが持っていても私たちが解決します。

No matter where she goes, she makes a lot of friends.
彼女はどこに行ってもたくさんの友人を作る。

No matter when I phone him, the line is busy.
いつ彼に電話しても話し中だ。

No matter how difficult the task is, we must do it.
その仕事がどんなに難しくても、私たちはそれをしなければならない。

ever のついた関係詞で「～しようとも」という意味のものは no matter ～と言い換えることができます。

no matter who you are　あなたが誰であろうとも
= whoever

no matter what problem you have　あなたがどんな問題を持っていても
= whatever

no matter where he goes　彼がどこへ行こうとも
= wherever

no matter when I phone him　私がいつ彼に電話しようとも
= whenever

no matter how difficult the task is　その仕事がどれだけ難しくても
= however

Other examples

No matter when you visit the town, it is crowded with tourists.
いつその町を訪れても観光客で混雑している。

No matter how many times we check the document, there will still be a few mistakes.

何度その書類を見直しても、それでも多少の間違いがあるだろう。

訳して Check! ⑤ 171

1 The CEO instructed the technical team to identify the cause of the mechanical failure no matter what it was.

2 No matter what the occasion is, be it an elegant wedding reception, an upscale executive lunch, or a simple coffee break, complement it with the exquisite dishes from our online-order catering menu!

3 In her report, our management consultant warns that no matter how much we raise salaries, employee turnover will not decrease unless other working conditions are improved.

4 私がその交差点に着くといつも、信号は赤である。

5 どこでどのように材料を入手しようとも、私たちの製品が高品質で、何より一定であることを確実にしなければならない。

6 もしあなたが、どこで、あるいはどのように収入を得ようと、年に2000ドル以上稼げば、納税申告書を提出しなければなりません。しかし、当会計事務所はその過程全体を手間のかからないものにできます。

1 **instruct**「指示する」**technical**「技術の」**identify**「特定する」**cause**「原因」
mechanical「機械の」**failure**「故障」

2 **occasion**「機会」**be it A or B**「AであってもBであっても」**elegant**「エレガントな」
wedding reception「結婚披露宴」**upscale**「豪華な」**executive**「重役」
complement「補完する」**exquisite**「洗練された、絶妙な」**dish**「料理」
catering「ケータリング、仕出し」

3 **management**「経営」**consultant**「コンサルタント」**warn**「警告する」**raise**「上げる」
turnover「離職率、入れ替え率」**decrease**「減る」**unless**「～ない限り」
condition「条件」**improve**「改善する」

4 **get to A**「Aに到達する」**intersection**「交差点」**traffic light**「信号」

5 **obtain**「入手する」**material**「材料」**ensure**「確実に～であるようにする」
high-quality「高品質な」**above all**「何よりも、とりわけ」
consistent「首尾一貫して、均一で」

6 **gain**「得る」**income**「収入」**earn**「稼ぐ」**file**「提出する」**tax return**「納税申告書」
accounting firm「会計事務所」**whole A**「A全体」**process**「過程」
hassle「面倒、苦労」**-free**「～がない（名詞に付いて形容詞を作る）」

Questions A

1 Please fill in the date ------- you lost the item.

(A) when (B) which (C) why (D) how

2 There are several reasons ------- the diner is popular.

(A) how (B) why (C) which (D) what

3 ------- item you choose from the list, it will be delivered within 24 hours.

(A) No matter what (C) However

(B) Whenever (D) No matter how

4 The meeting room ------- tomorrow's workshop is being held is at the end of the corridor.

(A) where (B) that (C) which (D) whose

5 No matter ------- season it is, the view from the mountain is breathtaking.

(A) what (B) how (C) where (D) how many

1 **fill in**「記入する」
2 **diner**「簡易食堂」
3 **item**「品物」
4 **workshop**「研修会、勉強会」**corridor**「廊下」
5 **breathtaking**「息を呑むような」

1 ------- likes crispy Italian pizza should visit Nero's Den.
(A) Whoever (B) No matter who (C) Anyone (D) Wherever

2 On the very day ------- the repairs were completed, the tablet acted up again.
(A) which (B) for when (C) when (D) with which

3 The conference center has a large auditorium ------- can accommodate up to 1,000 people and is equipped with the latest technology.
(A) at which (B) which (C) where (D) in which

4 The hotel ------- we stayed at during our vacation provided us with the luxury of a 5-star resort and excellent service.
(A) where (B) that (C) to which (D) in which

5 No matter ------- many customers we serve, we take pride in providing each and every one of them with the best possible dining experience.
(A) how (B) who (C) when (D) where

1 **crispy**「パリッとした」
2 **very**「まさにその」**repair**「修理」**act up**「調子が悪くなる」
3 **auditorium**「講堂」**accommodate**「収容する」**equipped with A**「Aを備えた」
4 **luxury**「贅沢さ」**excellent**「素晴らしい」
5 **serve**「奉仕する、給仕する」**take pride in A**「Aに誇りを持つ」**dining**「食事」**experience**「体験」

Reverse Check 1 whereとwhen

172

1 Ms. May の創意に満ちたアイデアが大きな躍進につながった時が何回かあった。

2 私のオフィスは有名な滝の近くにあるが、壁が視界を遮っているので、私の机があるところからは見えない。

3 Ms. Tang が髪をセットしてもらう美容室は一等地にあり、価格もまたその立地に見合ったものだ。

4 Monday is the only day when garbage is collected in my neighborhood.

5 The online order history shows the exact time and date when a particular purchase was made.

6 There is a website where you can put your pottery works up for auction, and that's where I make my living.

Reverse Check 2 why

173

1 地元の住民が新しいショッピングモールの建設に反対している主な理由は、交通量が増加しそうだからである。

2 天気はとても湿気が多かった。 それが、私たちが加湿器の試作品の潜在能力を実証できなかった理由である。

3 The reason Ms. Francis was hired was that she was experienced and competent.

4 The reason the company is planning to relocate to the region is that raw materials are more readily available there.

Reverse Check 3 関係詞+ever …… 名詞として

174

1 この運動を援助するためにあなたができることは何でも大変感謝されます。

2 当レストランでのお食事を選ばれるどなた様にも、私どもは誇りを持って極上のお料理をご提供いたしております。

3 会社のレクリエーション施設を利用したい者は誰でも、承認のために施設課に申請書を提出しなければならない。

4 Whoever likes jazz and cocktails should find Jazzy's Bar highly entertaining.

5 It is polite to eat whatever is served on the table when you are invited for dinner.

6 Whichever package tour you choose from our brochure will provide you with both comfort and a sense of adventure.

2 whoever が節中の主語になるときは単数扱い。よって、chooses。

Reverse Check 4 関係詞+ever ～しようとも/いつでも・どこでも 175

1 そのカフェをいつ通り過ぎても、活力を与えるような淹れたてのコーヒーの香りがする。

2 助けを求めなければ、私たちはどんなにがんばっても、締切までに新しい販売資料の改訂を終えることができないだろう。

3 音楽ストリーミングサービスはたいてい、あなたがどこにいようともほとんどどんなジャンルの音楽でも聞くことを可能にする。

4 Whenever you need to save money on taxes, you should consult a professional adviser.

5 Whichever candidates advance to the final interview, the hiring committee will evaluate them based solely on their qualifications and experience.

6 If your eyesight doesn't meet the required standard, you must wear a corrective device, such as glasses or contact lenses whenever you drive.

Reverse Check 5 No matter 176

1 CEO は、その機械の故障の原因が何であれ、それを特定するように技術チームに指示した。

2 エレガントな結婚披露宴であれ、重役向けの豪華なランチ、あるいはシンプルなコーヒーブレークであれ、どんな機会でも、オンライン注文のケータリングメニューの絶品な料理で引き立ててください。

3 我々の経営コンサルタントは報告書の中で、給与をいくら上げても、他の労働条件が改善されない限り従業員離職率は低下しないと警告している。

4 No matter when I get to the intersection, the traffic light is red.

5 No matter where and how we obtain our materials, we must ensure our products are high-quality, and above all consistent.

6 No matter where or how you gain your income, if you earn $2,000 or more a year, you have to file a tax return. However, our accounting firm can make the whole process hassle-free.

3 turnover は、従業員が会社を辞め、新しい人に入れ替わる割合を指す。

6 more than $2,000 は厳密には $2,000 ちょうどは含まれないので、厳格に含める場合は、$2,000 or more のように言う。ただし、そこまで厳格に考える必要がない場合は「以上」と意訳されることもある。

Chapter

8

比較

Lesson | 18 比較

英語では、形容詞や副詞を使って何かと何かを比較する場合、主に３つの言い方があります。そして、比較の仕方によって、形容詞や副詞は形を変えて使います。

Ａ はＢと**同じくらい**〜　原級（元の形）を使う
Ａ はＢ**より**〜　比較級を使う
Ａ はＢの中で**一番**〜　最上級を使う

このうち、「同じくらい〜」というときには、元の形に as を足すだけなのですが、「より」「一番」という場合は、形容詞・副詞の形そのものが変わるか、more / most を付けます。変化の仕方は次の３通りあります。

①基本的に母音が２つ以内の単語は er / est をつけて比較級・最上級にします。

	同じくらい〜	より〜（比較級）	最も〜（最上級）
小さい	**as** small	small**er**	small**est**
一生懸命に	**as** hard	hard**er**	hard**est**
かしこい	**as** clever	clever**er**	clever**est**

②母音が２つ以上の語。また、ful / ive / able / ed / ing / ous / ly で終わる単語は more / most をつけます。

	同じくらい〜	より〜（比較級）	最も〜（最上級）
役に立つ	**as** useful	**more** useful	**most** useful
快適な	**as** comfortable	**more** comfortable	**most** comfortable
ゆっくりと	**as** slowly	**more** slowly	**most** slowly

③ この他、不規則に形が変わるものがあります。これは暗記が必要です。

	同じくらい～	より～（比較級）	最も～（最上級）
よい うまく	**as** good **as** well	**better**	**best**
悪い ひどく	**as** bad **as** badly	**worse**	**worst**
多くの	**as** many **as** much	**more**	**most**
少ない	**as** little	**less**	**least**

つまり、「同じくらい～」という場合はasをつけるだけでよく、「より～」「一番～」という場合は、使う形容詞・副詞によって変化の仕方が異なるのですね。

そして、それぞれに比較の対象をつけます。

Aと同じくらい～　**as A**
Aより～　**than A**
Aの中で一番～　**in A**（所属しているグループ）
of A（他の同類のものたち）

This PC is **as fast as mine**.　このパソコンは**私のと**同じくらい速い。
This PC is **faster than mine**.　このパソコンは**私のより**速い。
This PC is **the fastest in this price range**.
このパソコンは**この価格帯の中で**最も速い。
This PC is **the fastest of all the computers on the market**.
このパソコンは**市場に出ている全てのコンピューターの中で**最も速い。

それでは、順番に見ていきましょう。

Lesson

18 比較

1 同じくらい …… 原級

A) 基本的な使い方

Examples

This car is **as** fast **as** mine. この車は私のものと同じくらい速い。
Tom works **as** hard **as** Ken.
Tom は Ken と同じくらい一生懸命に働く。

as ＋形容詞／副詞＋ as A で「A と同じぐらい〜」の意味になります。

as + 形容詞 / 副詞の原級 + as + 比較の対象 A：
(元の形)

A と同じくらい〜

1つ目の as は「同じくらい」の意味です。したがって、as fast だけで「同じくらい速い」となります。2つ目の as は比較対象を指し「〜と」の意味です。ですので、as mine で「私のものと」の意味です。

This car is **as fast** **as mine** .
同じくらい速い　私のものと

複雑そうに見えますが、形容詞や副詞を使った文に「as」と「as ＋比較対象」を加えるだけです。

This car is **fast.** ⇒ This car is **as** fast **as mine** .
as→　←**as mine**

Tom works **hard**. ⇒ Tom works **as** hard **as Ken .**

as ↑ ↑ **as Ken**

次のポイントに気を付けましょう。

① 比較対象は名詞とは限らない

The party wasn't as interesting **as we had expected** .

そのパーティーは私たちが期待していたほど面白くなかった。

Tom can sleep as long **as he wants to** .

Tom は寝たいだけ長く寝ることができる。

② 重複する箇所など意味上明らかな箇所は省略される

「私は以前そうだったほどテニスに興味がない」

I am not as interested in tennis as **I was before**.

↑ interested in tennis

③ as と as の間に入るのは1単語とは限らない

「Mari はカナダにも日本と同じくらいの友人がいる」

Mari has **as** **many friends in Canada** **as in Japan** .

これは、以下のような仕組みになっています。

Mari has **many** friends in Canada.

as ↑ 同じくらい

↑ 重複するので削除 she doesでもOK

as she has many friends **in Japan**

と 日本で

なお、これらは比較相手と比べているだけということに注意してください。たとえば、Ken is as tall as me. は Ken が私と同じくらいの身長だと言っているだけで、Ken が背の高い人とは限りません。

Other examples

The conference went **as** smoothly **as** the organizers had hoped.

その会議は主催者が望んだのと同じくらいスムーズに進んだ。

The sequel to the movie will be **as** popular **as** the original.

その映画の続編は１作目と同じくらい人気になるだろう。

訳して Check! 1

177

1 Some over-the-counter medicines are as effective as prescription drugs.

2 Economizing on resources is sometimes as important to a company as improving sales.

3 Unfortunately, when we received our new menu from the printing company, the dish in one of the photos didn't look as attractive and delectable as we had intended.

4 新しい人事部の部長は前任者ほどスタッフと多くは付き合わない。

5 業界に関係なく、独立したビジネスを設立するための手続きは一般に認識されているほど複雑ではない。

6 調査によると、その博物館の来館者のほとんどが今年の特別展と同じくらい常設展が興味をそそりかつ、ためになると考えていた。

1 **over-the-counter**「処方箋なしで買える、市販の」**medicine**「薬」
effective「効果的な」**prescription**「処方箋」**drug**「薬」

2 **economize on A**「A を倹約する」**resource**「資源」**improve**「改善する」

3 **unfortunately**「残念なことに」**printing company**「印刷会社」**dish**「料理」
attractive「魅力的な」**delectable**「おいしそうな」**intend**「意図する」

4 **personnel director**「人事部長」**socialize**「交友する」**predecessor**「前任者」

5 **regardless of A**「A に関係なく」**industry**「業界」**procedure**「手続き」
set up「立ち上げる」**independent**「独立した」**complicated**「複雑な」
commonly「一般に」**perceive**「理解する、知覚する」

6 **according to A**「A によると」**survey**「（意見）調査」**visitor**「来館者」
museum「博物館」**find+O+C**「O ＝ C だと考える (Lesson 1 参照)」
permanent「恒常の」**exhibition**「展覧会」**intriguing**「興味をそそるような」
instructive「ためになる、教育的な」**special**「特別の」

B） 倍数表現

Example

This truck is nearly **twice as** heavy **as** my car.

このトラックは私の車の２倍くらい重い。

普通の as を使った比較の文の as の前に何倍かを加えるだけです。倍数には次のようなものがあります。

2倍	半分	3倍	1.5倍	2/3	1/4
twice	**half**	**3 times**	**1.5 times**	**two-thirds**	**a quarter**

This truck is as heavy as my car.

This truck is **twice** as heavy as my car.

足すだけ

「２倍」と「半分」「1/4」にはそれぞれ twice、half、quarter という特別の形がありますが、それ以外は「～ times」で「～倍」という表現です。また分数は次のように表します。

基数　序数

$\frac{2}{3}$ = **two - thirds**

基数: one, two, three, fourのようなふつうの数

序数: first, second, third, fourth, fifthのような数

考え方としては、たとえば 2/3 は 1/3 が２つあると考えますので、third には s が必要です。つまり、1/3 = one-third ですが、2/3 = two-thirds となります。

訳して Check! ②　178

1 The number of people moving into Milton Town last year was 5 times as large as that of people moving out.

2 Only one tenth as many people as we had expected rated the new mint flavor of our Silky Sweet ice cream as "palatable".

3 この新しい車は前のモデルの 1/4 の CO_2 しか放出しない。

4 会計部の Kate は私より会社から２倍以上遠くに住んでいるのに、私と同じくらいの時間にタイムカードを押しているようだ。

1 **move**「転居する」
2 **expect**「期待する」**rate A as B**「A を B と評価する」**mint**「ミント」
flavor「風味、味」 **palatable**「口に合う」
3 **emit**「放出する」**CO_2**「二酸化炭素 carbon dioxide」**previous**「前の」
4 **accounting**「会計」**department**「部門」**more than A**「A よりも多く」
far from A「A から遠くに」**seem to *do***「～するようだ」
punch in「タイムレコーダーで出勤時刻を記録する → punch out」
same A as B「B と同じ A」

Check this out! 名詞を使った比較

size, weight, length, width, number, amount など数量や大きさを表す語は the same や倍数表現とともに比較を表すことがあります。

This pool is **twice the length of** the one in my school.
このプールは学校にあるものの 2 倍の長さがある。

His suitcase is **half the size of** mine.
彼のスーツケースは私のものの半分のサイズだ。

This smartphone is exactly **the same weight as** the previous model.
このスマートフォンは前モデルと全く同じ重さだ。

C) 原級の慣用表現

Examples

I ran to the station **as** fast **as possible**.
私はできるだけ速く駅に向かって走った。

We **as good as** won the game.
私たちはその試合に勝ったも同然だった。

She studies French **as well as** English.
彼女は英語だけでなくフランス語も勉強している。

as ～ as を使った慣用表現があります。ぜひ覚えてください。

as ～ as possible = as ～ as A can　できるだけ～
Come home **as soon as** possible.　すぐに帰って来なさい。

as good as A　A とほとんど同じ（almost）

The report is **as good as** finished.　そのレポートは終わったも同然だ。

as well as A　A だけでなく、A に加えて

As well as being a writer, she works as a teacher.

彼女は作家であるだけでなく、教師としても働いている。

このうち、as ～ as possible は「できるだけ～」という意味で as ～ as A can と書き換えられます。

I ran to the station **as** fast **as possible**.
as fast **as I could**.
} 意味は同じ

訳して Check! ③

179

1 After the overhaul, this 20-year-old car is as good as new at least in terms of performance.

2 We need to decorate the show window to make the clothes look as attractive and fashionable as possible.

3 The Windville City Council resolved that, as well as its historic buildings, its intangible cultural heritage should be preserved.

4 このコードレス電話はできる限り電子レンジから離して取り付けてください。

5 その店は、オンラインで商品を注文するための QR コードが付いた最新のパンフレットだけでなく注文用紙も私たちに送ってきた。

6 私たちはすでにその製品の開発を終わってしまったも同然だったが、土壇場で欠陥が発見された。

1 **overhaul**「総点検修理」**at least**「少なくとも」**in terms of A**「A の点で」**performance**「性能」

2 **decorate**「飾る」**show window**「ショーウインドウ」**clothes**「服」**attractive**「魅力的な」**fashionable**「ファッショナブルな」

3 **council**「市議会」**resolve**「決議する」**historic**「歴史上重要な」**intangible**「無形の」**cultural**「文化の」**heritage**「遺産」**preserve**「保存する」

4 **install**「取り付ける」**cordless**「コードレスの」**far away from A**「A から離れて」**microwave**「電子レンジ」

5 **order form**「注文用紙」**latest**「最新の」**brochure**「パンフレット」**QR code**「QR コード」**order**「注文する」**item**「商品」**online**「オンラインで」

6 **complete**「完成させる」**development**「開発」**product**「製品」
at the last minute「土壇場で」**defect**「欠陥」**discover**「発見する」

Check this out!「〜も」を表すas〜as

as 〜 as は「〜も」「〜もの」と数量の多さや程度の高さを強調するのにも使われます。

As many as 100 people came to the party.
100人**もの**人がパーティーに来た。

The new shop will open **as early as** next month.
新しい店は来月**にも**開店する。

2 Aより〜……比較級

A) 基本的な使い方

Examples

He works **harder than** me. 彼は私よりも一生懸命働く。
He is **more skillful than** me. 彼は私よりも熟練している。
He is a **better** singer **than** me. 彼は私よりもうまい歌い手だ。

形容詞／副詞の比較級 + than A で「Aよりも〜」という意味です。

比較級 + than + 比較の対象 A：
Aより〜だ

▶ -er を付ける場合

He works **hard** → **harder** ← **than me**　　He works **harder than** me.

▶ more を付ける場合

He is **skillful** → **more skillful** ← **than me**　　He is **more skillful than** me.

▶ 不規則に変化する場合

He is a **good** singer ← **than me** → He is a **better** singer **than** me.
better

Other examples

This assignment is **easier than** I thought.　この仕事は思ったより簡単だ。

This quiz book is **more challenging than** the one I bought last week.
このクイズ本は先週私が買ったやつよりもっとやりごたえがある。

訳して Check! ④

180

1 Unless we make this magazine more in tune with the tastes of contemporary young people, fewer and fewer people will read it.

2 After the general orientation, new hires proceeded to attend training sessions at their respective departments for more practical guidance.

3 In his videos, the Internet celebrity often showcases little-known but talented musicians who deserve more recognition and admiration. As a result, some of their works have gone viral.

4 知事は、観光産業を発展させるためにもっと多くの努力がなされるべきだと主張した。

5 この技術を発展させ、実用的な利用法を生み出すためには、はるかに多くの適格な研究者を私たちは必要としている。

6 もしうちの会社が売り上げのさらなる低下を防ぐために思い切った手段を取らなければ、状況はさらに悪化するだけだ。

1 **unless**「～ない限り」**in tune with A**「A に合う」**taste**「好み」
contemporary「現代の」**fewer and fewer**

2 **general**「全体的な」**orientation**「オリエンテーション」**new hire**「新入社員」
proceed to *do*「次に～する」**attend**「出席する」**training session**「研修会」
respective「それぞれの」**practical**「実際的な」**guidance**「指導」

3 **video**「動画」**celebrity**「有名人」**showcase**「紹介する」
little-known「ほとんど無名の」**talented**「才能ある」**deserve A**「A に値する」
recognition「評価、認識」**admiration**「称賛」**as a result**「結果として」
go viral「バズる、(情報などが) 急速に拡散する」

4 **governor**「知事」**maintain**「主張する」**effort**「努力」**foster**「発展させる」
tourism「観光産業」

5 **many more**「はるかに多くの～ (p.316 参照)」**qualified**「適格な、資格を持つ」
researcher「研究者」**advance**「進歩させる」

technology「技術」**produce**「生み出す」**practical**「実用的な」
application「利用法、応用」

6 **drastic**「思い切った」**measure**「手段」**prevent**「防ぐ」**further**「さらなる」
decline「低下」**sales**「売上」**situation**「状況」**get worse**「より悪くなる」

B) より〜でない

Example

This problem is **less** important **than** that one.

この問題はあの問題ほど重要ではない。

more のかわりに less を用いれば「…より〜の度合いが少ない」「…ほど〜ない」の意味になります。

This problem { is **less** important より重要さが少ない / is **more** important より重要である } than that one.

また、less は little「少ない」の比較級として「より少ない量の」の意味でも使われます。

I spend **less** time reading than I used to.

私はかつてよりも少ない時間を読書に費やしている。

Other examples

This restaurant is **less affordable than** others but worth the money.

このレストランは他ほどお手頃ではないがお金を払う価値がある。

Thanks to the nap I took during the lunch break, I am **less tired than** usual.

昼休みに昼寝したおかげで、私はいつもほど疲れていない。

訳して Check! ⑤

181

1 Mr. Patel is less experienced than the others on the team, but has more contacts, which makes him an indispensable asset for the project.

2 The weather in the mountains is less predictable than at ground level, so you must always plan ahead accordingly and be prepared for the worst.

3 Certain common agricultural chemicals are less detrimental to the environment, but still their widespread use must be closely monitored.

4 8時12分の電車は、おそらく猛烈な雨のためにいつもほど混雑していなかった。

5 バーゼルからの私の帰りの便は、より少ない足元の空間とより硬い座席で、行きの旅ほど快適ではなかった。

6 私の10年経つエアコンは当時最高級の製品だったが、今は現在市場に出回っている基本モデルよりも出力が低く、エネルギー効率も劣っている。

1 **experienced**「経験豊かな」**contact**「つて、縁故、仲介役」**indispensable**「不可欠な」**asset**「戦力、貴重な存在」

2 **predictable**「予測できる」**ground**「地面、地表」**level**「高さ」**plan ahead**「予め計画を立てる」**accordingly**「それに従って、それ相応に」**be prepared for A**「Aに備えている」**worst**「最悪のこと」

3 **certain**「ある」**common**「ありふれた」**agricultural chemical**「農薬」**detrimental**「害がある」**environment**「環境」**still**「それでも」**widespread**「広く普及した」**closely**「厳重に、注意して」**monitor**「監視する」

4 **crowded**「混雑した」**than usual**「普段より」**probably**「おそらく」**because of A**「Aのせいで」**torrential**「急流のような」

5 **return flight**「帰りの便」**comfortable**「快適な」**outbound**「出発の、外国行きの」**trip**「旅、移動」**with A**「Aで、Aのせいで」**legroom**「足元の空間」**hard**「硬い」**seat**「座席」

6 **10-year-old**「10年経過した」**air conditioner**「エアコン」**top-on-the-line**「最上位機種の」**at the time**「当時」 **powerful**「強力な」**energy-efficient**「エネルギー効率のよい」**entry model**「基本モデル」**on the market**「市場に出回っている」

C) 比較級の慣用句

Examples

You should **know better than** to say things like that to other people.

あなたは他の人にそんなことを言わないぐらいの分別は持つべきだ。

I **no longer** work for the company.

私はもはやその会社で働いていない。

I can't speak English well, **much less** French.

私は英語をうまく話せない。ましてやフランス語はうまく話せない。

The harder you try, **the faster** you will finish the job.

頑張れば頑張るほど、早くその仕事は終わるよ。

know better than to *do*
～しないぐらいの分別を持つ、～するほど馬鹿ではない

I **know better than to** tell him the truth.

私は彼に本当のことを言うほど馬鹿じゃない。

no longer　もはや～でない

The shop **no longer** carries blank CDs.

その店はもはや空の CD を置いていない。

much less/ let alone　まして～ない（後ろには名詞、動詞、形容詞などが来る）

I can't ride a bicycle, **let alone** drive a motorbike.

私は自転車に乗れない。ましてバイクを運転することはできない。

I don't have enough money to buy a car, **much less** a house.

私は車を買うお金がない。 まして家を買う金もない。

the+ 比較級，the+ 比較級　　～すればするほどますます～する

The harder you practice, **the better** you'll become.

がんばって練習すればするほど、うまくなるだろう。

このうち know better than to *do* は「～することよりもよく物事がわかっている」という意味から「～しないくらいの分別を持つ」「～するほど馬鹿じゃない」という意味だと解釈すれば覚えやすいでしょう。日本語訳からすると否定文に見えますが、英語ではあくまで肯定文であることに注意してください。

訳して Check! ⑥ 182

1 The drugstore chain no longer hires fulltime pharmacists on a regular basis.

2 Mr. O'Brian didn't read the recipe carefully, much less follow it, which resulted in a complete culinary disaster.

3 The company should have known better than to treat its customers' grievances lightly. Now it is being flamed on social media.

4 一般的に、宣伝により多くのお金を使えば使うほど、より多くの潜在的な顧客にアピールすることができる。

5 その会社は、今は医療機器を製造することに集中しており、もはやスマートフォンを生産していない。

6 私は完全に疲れ果てることなく1マイル走るのもほとんど無理で、ましてフルマラソンを完走することはとてもできない。

1 **drugstore**「薬局」**chain**「チェーン店」**hire**「雇用する」**fulltime**「常勤の」
pharmacist「薬剤師」**on ～ basis**「～の基準で」**regular**「定期的な」

2 **recipe**「レシピ」**carefully**「注意深く」**follow**「従う」
result in A「A という結果に終わる」**complete**「完全な」**culinary**「料理の」
disaster「惨事」

3 **treat**「扱う」**grievance**「不満」**lightly**「軽々しく」**flame**「炎上させる」
social media「ソーシャルメディア」

4 **generally**「一般的に」**spend**「費やす」**advertising**「宣伝」**prospective**「潜在的な」
appeal to A「A にアピールする、興味を引く」

5 **focus on A**「A に集中する」**manufacture**「製造する」**medical**「医療の」
equipment「機器」**produce**「生産する」

6 **barely**「ほとんど～ない、かろうじて」**mile**「マイル」**without *doing***「～することなく」
utterly「完全に」**exhausted**「疲れ果てた」**complete**「やり終える」
full「完全な、丸々の」**marathon**「マラソン」

3 一番〜……最上級

Examples

Taro is **the most experienced** of all the sales staff.

Taro は全営業スタッフの中で最も経験豊かである。

Jane is **the fastest** runner in our club.

Jane はクラブの中で一番速いランナーだ。

This is **the best** book that I've ever read.

これは私が読んだ中で最高の本だ。

最も程度が高いことを表す構文です。作り方は次の通りです。なお副詞の場合は the を省略することもよくあります。

the+ 最上級
- **of 複数の同種のもの**
- **in 所属する場所・組織など**
- **that (S) +完了形……今まで（S が）〜した中で**

Taro is **experienced**.

⇒ **the most experienced** **of all the sales staff**

of+自分を含めた同類の人や物たち

Jane is a **fast** runner.

⇒ **the fastest** runner **in our club**

in+所属する場所・組織など

This is **a good** book.

⇒ **the best** book **that I've ever read** 私が今までに読んだ中で

⇒ **the best** book **that has come out** 今まで出た中で

that+ (S)+完了形

Other examples

One of **the most common** ingredients in this region is olive oil.

この地域でもっともよく使われる食材の１つはオリーブオイルだ。

Of all the rare stamps I have, **the most valuable** one is worth $10,000.

私が持つ全てのレアな切手の中で、最も価値のあるものは１万ドルの価値がある。

This is **the best** game app that the developer has ever created.

これはその開発会社がこれまでに作った中で最高のゲームアプリだ。

訳して Check! ⑦ 183

1 The Ferris wheel at this theme park was the world's largest for 20 days but was quickly overtaken.

2 Ms. Kang assumed the position of CEO of Medicostas amid the biggest crisis the company had thus far experienced.

3 Our top-of-the-line cordless vacuum cleaner has the strongest suction power and the longest lasting-battery in the industry and is also extremely maneuverable.

4 その船旅の最も壮観だったところは、最上部のデッキからオーロラを見れたことだ。

5 当社の最も多才で機知に富んだプログラマーでさえも、OS の仕様から生じるこの問題を回避することができなかった。

6 この部署の全員を代表し、この場をお借りして、Mr. Dixon の献身に対し私の最も深い感謝を述べさせていただきます。

1 **Ferris wheel**「観覧車」**theme park**「テーマパーク」**overtake**「追い抜く」

2 **assume**「就任する」**position**「職」**amid A**「A の中で」**crisis**「危機」
thus far「これまでのところ」**experience**「経験する」

3 **top-of-the-line**「ラインアップの中で最高級の」**cordless**「コードレスの」
vacuum cleaner「掃除機」**suction**「吸引」**long-lasting**「長持ちする」
battery「バッテリー」**industry**「業界」**extremely**「ものすごく」
maneuverable「動かしやすい」

4 **spectacular**「壮観な」**part**「部分」**cruise**「船旅」**get to *do***「～することができる」
the northern lights「オーロラ、北極光」**top**「一番上の」**deck**「デッキ」

5 **even**「さえ」**versatile**「多才な」**resourceful**「機知に富んだ」
get around A「A を回避する」**stem from A**「A から生じる」**specifications**「仕様」

6 **on behalf of A**「A を代表して」**would like to *do***「～したい」
take this opportunity to *do*「この場を借りて～する、この機会に～する」
express「表現する、表明する」**gratitude**「感謝」**dedication**「献身」

4 比較級・最上級の強調

Examples

Taro is **much** more experienced than any of us.

Taro は私たちの誰よりもはるかに経験豊富だ。

Mary is **by far** the fastest runner in our club.

Mary は我々のクラブの中で、断トツで一番速いランナーだ。

比較級・最上級を強調し、「はるかにもっと〜」「断トツで一番〜」の意味を付け加えるときには、比較級には much / far / a lot を、最上級には by far が使われます。

	比較級		最上級
much/far/a lot	smaller	by far	the smallest
	more beautiful		the most beautiful
	better		the best

His English is **much better** than mine.
はるかに良い

She sings **far more beautifully** than me.
はるかにもっと美しく

His English is **by far the best** in the office.
断然一番うまい

She sings **by far the most beautifully** in the music club.
断トツでもっとも美しく

なお、more books「より多くの本」など、more が many の比較級「より多くの」として使われている場合、それを強調して「はるかに多くの〜」と言うときは much を使わず、通例 many more 〜と言います。

He has **many more books** than I do.　はるかに多くの本
muchは不可。farとa lotはOK

訳して Check! ⑧

184

1 Our new fridge uses by far the most advanced technology we have ever developed.

2 There are many cosmetics boxes of similar price going around on the market, but ours looks much more sophisticated than any of the others.

3 To the untrained eye, Tracy's painting was far more impressive than any other winning entry on display. However, the grand prize was awarded to another contestant.

4 私たちのコンサルタントは予想していたよりもはるかに費用対効果の高い解決策を提示した。

5 仕事を辞めて作曲家になるという彼の決断は人生の中で群を抜いて一番大胆なものだったが､彼はその過程そのものを楽しんでおり､一切の後悔はない。

6 これは今年これまで出た中で圧倒的に最高の小説で、疑う余地なく映画化されるだろう。

1 **fridge**「冷蔵庫」**advanced**「先進的な」

2 **cosmetics**「化粧品」**similar**「似た」**go around**「出回る」**market**「市場」
sophisticated「洗練された」

3 **untrained**「訓練されていない、素人の」**painting**「絵」**impressive**「感動的な」
winning「勝った」**entry**「出品作品」**on display**「展示されている」
prize「賞」**award**「授与する」**contestant**「参加者」

4 **consultant**「コンサルタント」**come up with A**「A を出す」
cost-effective「費用対効果の高い」**solution**「解決策」**expect**「予想する」

5 **decision**「決断」**quit**「辞める」**composer**「作曲家」**bold**「大胆な」
process「過程」**itself**「そのもの」**regret**「後悔」

6 **novel**「小説」**come out**「世に出る」**undoubtedly**「間違いなく」
adapt A into B「A（原作）を B（映画など）に改作（翻案）する」

Questions A

1 Ms. Wang is by far the ------- enthusiastic staff member in the department.

(A) very (B) more (C) most (D) really

2 This studio apartment is almost ------- to the station as mine is.

(A) very close (B) too close (C) far close (D) as close

3 This new brochure looks much ------ than the old one.

(A) useful (B) better (C) stylish (D) user-friendly

4 Of all the product proposals, Ms. Yamano's seemed the ------- promising.

(A) many (B) much (C) very (D) most

5 Ms. Khan is ------- about her staff taking long holidays than the previous manager.

(A) very critical (B) less critical (C) critical (D) much critical

1 **enthusiastic**「熱心な」
2 **studio apartment**「ワンルームマンション」
3 **brochure**「パンフレット」
4 **proposal**「企画案」 **seem**「～のように思える」 **promising**「期待が持てる」
5 **critical**「批判的な」 **previous**「前の」

Questions B

1 Mr. Leeds knew that he was chosen as CFO as a cost-cutter, but he also knew ------- than to try to change too much too fast.

(A) well (B) greatly (C) too much (D) better

2 The financial director failed to explain the company's strategy in as ------- detail as the shareholders had hoped.

(A) many (B) much (C) well (D) clearly

3 In many countries, personal computers are ------- widespread than mobile phones.

(A) much (B) very (C) less (D) a little

4 During the third quarter, Gigatech Mobile recorded the second ------- quarterly revenue in its history.

(A) high (B) higher (C) highest (D) as high

5 Considering that our rivals are increasing product variety or diversifying their business, maintaining the status quo is ------- a viable option for us.

(A) no longer (B) any longer (C) at the longest (D) much longer

1 **choose**「選ぶ」**CFO**「最高財務責任者 Chief Financial Officer」
cost-cutter「コストカッター」
2 **financial director**「財務部長」**strategy**「戦略」**shareholder**「株主」
3 **widespread**「普及している」
4 **quarter**「四半期」**record**「記録する」**quarterly**「四半期の」**revenue**「収益」
5 **considering A**「A を考慮すると」**variety**「多様性」**diversify**「多角化する」
maintain「維持する」**the status quo**「現状 (維持)」
viable「現実的な、成功の見込める」**option**「取るべき方法」

Reverse Check ❶ 同じくらい〜

185

1 市販の薬の中には、処方薬と同じくらい効果的なものもある。

2 資源を節約することは、時に企業にとって売り上げを改善することと同じくらい重要なことがある。

3 残念ながら、私たちが新しいメニューを印刷会社から受け取ったとき、1枚の写真の料理が、私たちが意図していたほど魅力的でおいしそうには見えなかった。

4 The new personnel director doesn't socialize with staff as much as his predecessor did.

5 Regardless of the industry, the procedures for setting up an independent business are not as complicated as commonly perceived.

6 According to the survey, most visitors to the museum found the permanent exhibition as intriguing and instructive as this year's special exhibition.

Check this out! asは1つでもOK

as を使ったこの構文は、たまたま as が２つ使われているので、挟んでいるように思いますが、挟むことによって初めて成り立つ構文ではありません。比較対象がわかっていれば、２つ目の as 以下は省略可能です。

Your car may be very fast, but mine goes as fast (as yours).

君の車はとても速いかもしれないが、私のも（君のと）同じくらい速く走る。

Reverse Check ❷ 倍数表現

186

1 昨年の Milton Town の転入者数は、転出者の 5倍だった。

2 私たちが見積もっていた 1/10 の人しか、"Silky Sweet" アイスクリームの新しいミント味を「口に合う」と評価しなかった。

3 This new car emits only a quarter as much CO_2 as its previous model.

4 Kate in the accounting department lives more than twice as far from the office as I do, but she seems to punch in at about the same time as me.

Check this out! 〜times+比較級

倍数表現は、比較級とも一緒に使うことができます。ただし、〜 times だけで、twice などは使えないことに注意してください。

This room is three times larger than mine.

この部屋は私の部屋の3倍広い。

✔ Reverse Check 3 原級の慣用表現 187

1 全体的な点検修理の後、この20年前の車は少なくとも性能の点で新車も同然である。

2 服をできるだけ魅力的でファッショナブルに見えるようにするために、ショーウインドウを飾る必要がある。

3 Windville 市議会は、市の歴史的建造物だけでなく、無形文化遺産も保存すべきであると決議した。

4 Please install this cordless phone as far away from a microwave as possible.

5 The shop sent us an order form as well as its latest brochure with QR codes for ordering items online.

6 We had already as good as completed the development of the product, but at the last minute a defect was discovered.

✔ Reverse Check 4 「Aより〜」基本的な使い方 188

1 この雑誌をもっと現代の若者の好みに合わせない限り、読む人はますます減っていくだろう。

2 全体的なオリエンテーションの後、新入社員は続いてさらに実際的な指導のためにそれぞれの部署での研修会に出席した。

3 自分の動画の中で、そのインターネットセレブリティは、ほとんど知られていないけれども、もっと多くの評価や称賛に値する音楽家を紹介しており、結果として、彼らのいくつかの作品はバズっている。

4 The governor maintained that more effort should be made to foster tourism.

5 We need many more qualified researchers to advance this technology and produce practical applications.

6 If our company doesn't take drastic measures to prevent a further decline in sales, the situation will only get worse.

1 fewer and fewer people で「ますます少ない人」。同じ比較級の語を and で並べると「ますます〜」の意味になる。

✔ Reverse Check 5 より〜でない 189

1 Mr. Patel はチームの他の人たちほど経験豊富ではなかったが、より多くの人脈があり、それが彼をプロジェクトに欠かせない戦力にしていた。

2 山の天気は地上より予測しにくいから、常にそれに従って前もって計画し、最悪の事態に備えていなければならない。

3 特定のありふれた農薬には環境に害がより少ないものもあるが、それでもその普及した使用は注意して監視されなければならない。

4 The 8:12 train was less crowded than usual probably because of the torrential rain.

5 My return flight from Basel was less comfortable than the outbound trip, with less legroom and harder seats.

6 My 10-year-old air conditioner was a top-of-the-line product at the time, but it is now less powerful and less energy-efficient than the entry models on the market today.

6 10-year-old については p.111 注 1 を参照。また、~ year old は年齢だけでなく物に対しても使われることに注意。

✔ Reverse Check 6 慣用句 190

1 そのドラッグストアチェーンはもはや定期的に常駐の薬剤師を雇用していない。

2 Mr. O'Brian はレシピを注意深く読まなかった、ましてやそれに従わなかった。そのことが、完全な料理上の惨事に終わる結果となった。

3 その会社は客の苦情を軽く扱わないだけの分別を持つべきだった。今、それはソーシャルメディアで炎上している。

4 Generally, the more money you spend on advertising, the more prospective customers you can appeal to.

5 The company now focuses on manufacturing medical equipment and no longer produces smartphones.

6 I can barely run a mile without getting utterly exhausted, much less complete a full marathon.

✔ Reverse Check 7 最上級 191

1 このテーマパークの観覧車は 20 日間だけ世界一の大きさだったが、すぐに追い抜かれてしまった。

2 Ms. Kang は Medicostas 社がこれまでのところ経験した最も大きな危機のさなか CEO の職に就任した。

3 当社の最高級コードレス掃除機は、業界でもっとも強い吸引力と最も長持ちするバッテリーを持ち、また、相当に動かしやすくなっています。

4 The most spectacular part of the cruise was getting to see the northern lights from the top deck.

5 Even our most versatile and resourceful programmer couldn't get around the problems stemming from the OS specifications.

6 On behalf of everyone in this department, I'd like to take this opportunity to express my deepest gratitude to Mr. Dixon for his dedication.

Reverse Check 8 比較級・最上級の強調

192

1 私たちの新しい冷蔵庫は、これまで開発した中で断然もっとも先進的なテクノロジーを使用しています。

2 似たような価格の化粧品箱は数多く市場に出回っているが、当社のものは他のどんなものよりもはるかに洗練されているように見える。

3 素人目には、Tracy の絵は展示されている他のどの入賞作品よりもはるかに感動的なものだったが、他の参加者が大賞を与えられた。

4 Our consultant came up with a far more cost-effective solution than we had expected.

5 His decision to quit his job and to become a composer has been by far the boldest in his life, but he is enjoying the process itself and has no regrets.

6 This is by far the best novel that has come out this year, and it will undoubtedly be adapted into a movie.

4 予想していたのは解決策が提示される前なので、過去の過去を表すために過去完了 had expected が使われている。

Check this out! very best

very は、best など特定の語の最上級には強調のために使われます。

This is the **very best** novel I've ever read.

私が読んだ中でまさに最高の小説だ。

Chapter

9

if

ifを使った文は、if節の動作が起こる可能性があると話し手が思っているかどうかで大きく変わります。

可能性あり 実際に起こる／事実である可能性のあること、過去に起こった可能性のあることを指す場合。時制はそのまま。

if節	**現在・未来の出来事**	**現在形**
	過去の出来事	**過去形**
主節	**現在の出来事**	**現在形**
	未来の出来事	**未来を表す表現**
	過去の出来事	**過去形**

上記で、if節が未来の話でも現在形を使うのは、単純な未来を表すwillは使えないというルールがあるからです。(Lesson2参照)

▶「明日手伝ってくれたら、金曜日に手伝ってあげる」

主節はそのままの時制。未来の話なので未来を表す表現

If you **help** me tomorrow, I **will help** you on Friday.

明日の話だがif節の中なので現在形

▶「もし彼が昨日いつも通りに家を出たなら、おそらく8：20のバスに乗った」

（いつも通りに家を出た可能性があると思って話している）

If he **left** home as usual yesterday, he probably **took** the 8:20 bus.

過去の話は過去形　　こちらも過去の話なので過去形

▶「もし彼が6時のバスに乗ったのなら、ここに8時に着くだろう」

（たとえば今7時。彼が6時のバスに乗ったと知っているか可能性があると思って話している）

If he **caught** the 6:00 bus, he **will get** here at 8.

乗ったのは過去　　これから到着するので未来を表す表現

可能性なし 起こる／事実である可能性のないこと、過去に起こらなかったことを起こったとして仮定する場合。あるいは、現実とは関係なくあくまで仮定の話をする場合。if 節の時制は１つ古くなり、主節は特殊な形になる。 仮定法と呼ばれる。

if 節	現在・未来の出来事	過去形
	過去の出来事	過去完了形（had *done*）
主節	現在・未来の出来事	S＋助動詞の過去＋動詞の原形
	過去の出来事	S＋助動詞の過去＋ have ＋過去分詞

▶「もし私が明日その試験を受けたら、合格するだろう」

（実際には受けない、あるいはあくまで仮定の話）

If I **took** the exam tomorrow, I **would pass** it.

明日の話でも過去形　　助動詞過去形+動詞の原形

▶「もし私が先週その試験を受けていたら、合格していただろう」

（実際には受けなかった）

If I **had** taken the exam last week, I **would have passed** it.

過去の話でも過去完了形　　助動詞過去形+have+過去分詞

▶「もし面接がうまくいっていたら、今私はパリにいただろうに」

If the interview **had** gone well, I **would be** in Paris now.

過去の話でも過去完了形　　現在の話は助動詞過去形+動詞の原形

考え方としては if S ＋ V が起こりうる話なのか起こりそうもない話なのかを考えて、そのあと if 節と主節の時制を別々に考えます。読むときには、実際の時制と使われている時制にズレがあるか、主節が特殊な形かどうかを確認します。また、実際に可能性があるかないかを決めるのは話し手の主観です。客観的な確率の話ではないので注意してください。

Lesson

19 基本的なifの使い方

I 起こる／事実である・起こった／事実だった可能性のある条件

Examples

If it **is** sunny tomorrow, I **will go** shopping.

もし明日晴れたら私は買い物に行きます。（晴れる可能性はある）

If he **caught** the 7:00 train, he **will get** here by 8:00.

もし彼が7時の電車に乗っていたら彼は8時までには着くだろう。

（電車に乗った可能性がある）

起こる／起こった可能性がある条件、もしくはどちらかわからない出来事については、通常の時制を使います。ただし、if 節には単純な未来を表す will は使わず、その場合は現在形を使います（Lesson 2 参照）。

if節	**現在・未来の出来事**	**現在形**
	過去の出来事	**過去形**
主節	**現在の出来事**	**現在形**
	未来の出来事	**未来を表す表現**
	過去の出来事	**過去形**

If it **is** sunny tomorrow, I **will go** shopping.

- will go ← 明日の話だから未来を表す表現
- is ← 明日の話だが if節の中なので現在形
  ⇒ 明日晴れる可能性があると思っている。

If he **caught** the 7:00 train, he **will get** here by 8:00.

- caught ← 過去の話なので過去形
  ⇒ 彼が7時の電車に乗った可能性があると思っている。
- will get ← 未来の話だから未来を表す表現

Other examples

If Cathy **doesn't show** up in another five minutes, **let's** give her a call.

もしあと5分経っても Cathy が現れなかったら、電話しよう。

If this project **goes** well, we **will be** the industry leader.

このプロジェクトがうまくいけば、我々が業界のリーダーだ。

訳して Check! 1

193

1 If meteorological conditions don't improve by tomorrow, the organizers will let the speakers give their presentations online.

2 Ms. Carr's house has a narrow hallway, so if this bed doesn't fit through the door, we'll need to hoist it up by crane and get it into her room through the window.

3 If the order status screen is correct and the printer shipped our flyers and other sales literature on Tuesday, we should be able to receive them by the end of the week.

4 もし原料が昨日要望通りに倉庫から出荷されていれば、私たちは生産を止める必要はないだろう。

5 この鎮痛剤は市販薬ではないので、医師の処方箋がないなら薬局でそれを買うことはできない。

6 もし私たちが契約書で明記されている日付までに作業を終えなかったら、違約金を支払わなければならないだろう。

1 **meteorological**「気象の」**condition**「状況」**improve**「改善する」**organizer**「主催者」**speaker**「講演者」

2 **narrow**「狭い」**hallway**「廊下」**fit**「合う、収まる」**through A**「A を通って」**hoist A up**「(クレーンなどで) A を持ち上げる」**crane**「クレーン」

3 **order**「注文」**status**「状況」**correct**「正しい」**printer**「印刷会社」**ship**「出荷する」**flyer**「チラシ」**literature**「印刷物」

4 **material**「原料」**ship**「出荷する」**warehouse**「倉庫」**as requested**「要望通りに」**production**「生産」

5 **pain reliever**「鎮痛剤」**over-the-counter**「(薬が) 市販の」**medicine**「薬」**prescription**「処方箋」**pharmacy**「薬局」

6 **deadline**「締め切り」**specify**「明記する」**contract**「契約書」**be subject to A**「A を受けなければならない」**penalty payment**「違約金の支払い」

2 可能性のない仮定

Examples

If it **were** sunny now, I **would go** shopping.

もし今晴れていたら、私は買い物に行くだろうに。

（今、雨が降っているので行かない）

If it **had been** sunny yesterday, I **would have gone** shopping.

もし昨日晴れていたら私は買い物に行っていただろう。

（昨日、雨が降っていたので行かなかった）

実際には起こりそうもないこと・実際の事実とは違うこと・実際には起こった可能性がないことを「もし起こったら」と仮定する場合は仮定法を使います。

if節	**現在・未来の出来事**	**過去形**（be 動詞は正式にはすべて were）
	過去の出来事	**過去完了形**
主節	**現在・未来の出来事**	S + **助動詞の過去形** + **動詞の原形**
	過去の出来事	S + **助動詞の過去形** + have + ***done***

if 節の中の be 動詞には主語に関係なく were を使うとされていますが、特に口語では主語に合わせて was も使われます。

現在・未来の話は助動詞過去形+動詞の原形

If it **were** sunny now, I **would go** shopping.

現在の話だが、現在晴れていないので過去形

過去の話は助動詞過去形+have+過去分詞

If it **had been** sunny yesterday, I **would have gone** shopping.

単なる過去の話だが、昨日は晴れていなかったので過去完了

Other examples

If I **were** you, I **would** tell him the truth.

もし私があなただったら、彼に本当のことを言うだろう。

If you **hadn't overslept**, you **would have been** able to catch the flight.

もしあなたが寝坊していなかったら、あなたはその飛行機に乗れていただろうに。

訳して Check! ②

194

1 If the copier hadn't got jammed, Mr. Porter wouldn't have had to go four floors down and use the one in the personnel department.

2 If the company had diversified its revenue streams, it wouldn't have had to be excessively reliant on a single product line.

3 If we had found these mistakes in the brochure before the presentation, it would have gone smoothly, and we might have been able to land the contract.

4 もしあの日、バイトで予定通りにシフトを終えていたら、私はその合同就職説明会に出席することができたのに。

5 もし、私たちが徹底的な市場調査を行っていなければ、新製品の売り上げはさらにもっと悲惨だったかもしれない。

6 もし家賃と契約更新料がそんなに高くなければ、私たちは契約を更新するのだが。他の条件が良かったのでこのオフィスを気に入っていたのだが、私たちは移転するしかない。

1 **copier**「コピー機」**get jammed**「つまる」**floor**「階」**personnel**「人事の、人員」**department**「部、部門」

2 **diversify**「多様化する」**revenue**「収入」**stream**「源」**excessively**「過度に」**be reliant on A**「A に依存している」**line**「(製品の) ラインアップ」

3 **brochure**「パンフレット」**smoothly**「支障なく」**land**「手に入れる」**contract**「契約」

4 **shift**「シフト」**as scheduled**「予定通りに」**part-time job**「バイト」**attend**「出席する」**job fair**「合同就職説明会」

5 **conduct**「行う」**thorough**「徹底的な」**market research**「市場調査」**sales**「売り上げ」**even**「さらに」**disastrous**「悲惨な」

6 **rent**「家賃」**contract**「契約」**renewal**「更新」**fee**「料金」**renew**「更新する」**other**「他の」**condition**「条件」**have no choice but to *do***「～するより他にない」**relocate**「移転する」

3 時制の混合

Example

If I **had won** the lottery last year, I **would be** very rich now.

もし去年その宝くじに当たっていたら、私は今大金持ちだったろうに。

if 節と主節の時制は全く別に考える必要があります。話の内容によっては「もしあのとき～していれば、今～だったろうに」などのように **if** 節と主節の時制が違うことがあります。そのときはそれに合わせた時制を使います。

当選は去年の話→実際は当たらなかったので過去形ではなく過去完了を使う

If I **had won** the lottery last year, I **would be** very rich now.

現在の話だから助動詞過去+原形でよい

Other examples

If I **had caught** the train, I **would be playing** tennis with friends now.

その電車に乗っていれば、私は今友人とテニスをしている最中だっただろうに。

If Mr. Smith **was** the leader, the job **would** already **have finished** by now.

もし Mr. Smith がリーダーだったら、その仕事は今頃もう終わっていただろう。

訳して Check! 3

195

1 If we had patented the technology, the company would now be financially stable thanks to the patent fees.

2 If the management had let the R&D department continue with the project without slashing their budget, we would be the number one company in the industry now.

3 If the packing machine hadn't broken down, production would be at full capacity now and orders could be shipped tomorrow.

4 もし営業チーム会議が時間通りに終わっていれば、私は今ごろすでに夕食を食べ終わり、家で映画を観ている最中だっただろうに。

5 もし私が先月、本社への転勤に選ばれていたら、私は毎日あと30分寝ていられただろうに。

6 今朝、気温が0度をはるかに下回っていたのは事実だが、もし私の車がそんなに古いものでなければ、全く問題なくエンジンがかかっていただろう。

1 **patent**「特許を取る」**financially**「財政的に」**stable**「安定した」
thanks to A「Aのおかげで」**patent fee**「特許料」
2 **management**「経営陣」**R&D**「研究開発 research and development」
continue「続く」**slash**「大幅に切り下げる」**budget**「予算」**industry**「業界」
3 **packing**「包装、梱包」**break down**「故障する」**production**「生産」
at full capacity「フル操業で」**ship**「出荷する」
4 **on time**「時間通りに」**movie**「映画」
5 **choose**「選ぶ」**transfer**「転勤、異動」**headquarters**「本社」
stay in bed「ベッドにとどまる」**another A**「もうA（数量）」
6 **it is true that S+V**「SがVするのは事実である」**temperature**「温度」
well「かなり」**below A**「Aの下で」**start**「始動する」**without A**「Aなしで」

Check this out! if（～かどうか）

ifは「もし」の意味のほかに「～かどうか」という意味も持っていますので、どちらの意味で使われているのか考えなければなりません。

You should ask her **if** she is coming to the party tonight.
あなたは、彼女に今晩のパーティーに来るのかどうか聞くべきだ。

You should ask her **if** you have any questions.
何か質問があれば彼女に尋ねるべきだ。

このifの用法については、Lesson22で扱います。

Questions A

1 If Josh hadn't missed the flight this morning, he ------- here hours ago.

(A) would arrive　　(C) will have arrived

(B) had arrived　　(D) would have arrived

2 If the project ------- gone well, the staff would have received a huge bonus.

(A) has　　(C) had

(B) will have　　(D) would have

3 If Mr. Weber had not lent us a hand yesterday, we ------- still be writing the report now.

(A) will　(B) can　(C) would have　(D) would

4 Don't worry. If you ------- hard last night, this quiz will be easy.

(A) would have studied　(B) study　(C) had studied　(D) studied

5 If Ms. Ruiz had taken the promotion exam last week, she ------- Sales Manager by now.

(A) might be　(B) may be　(C) might have　(D) may have been

1 **miss**「乗り遅れる」
2 **go well**「うまくいく」**huge**「巨大な」
3 **lend+O+a hand**「Oに手を貸す」
4 **quiz**「小テスト」
5 **promotion exam**「昇進試験」

Questions B

1 If Ms. Hall ------- her intensive training without any problems, she will probably be assigned to the regional headquarters in Bangkok.

(A) had been finished　　(C) finish
(B) have finished　　(D) finishes

2 If the bus to the airport ------- delayed, Ms. Li would have made the flight.

(A) has not been　　(C) had not been
(B) would not be　　(D) is not

3 According to the regulations, employees ------- given a reward of up to one million dollars by the company if their invention is patented.

(A) would have been　　(C) are
(B) had been　　(D) were

4 If the food company had not withdrawn the frozen dinner product from the market immediately, it ------- a huge damage in its reputation.

(A) would have suffered　　(C) would not suffer
(B) had suffered　　(D) will have suffered

5 I didn't have an umbrella with me on that day, so if it had rained on my way home from work, I ------- soaking wet. Luckily, the weather held long enough.

(A) would get　　(C) would have got
(B) got　　(D) had got

1 **intensive**「集中的な」**assign**「配属する」**regional**「地域の」**headquarters**「本部」
2 **delay**「遅らせる」**make**「間に合う」
3 **regulation**「規則」**reward**「報酬」**up to**「最大」**invention**「発明」**patent**「特許を取る」
4 **withdraw**「回収する」**frozen**「冷凍の」**immediately**「即座に」**suffer**「被る」**reputation**「評判」
5 **umbrella**「傘」**on one's way**「途中で」**soaking wet**「びしょ濡れの」**luckily**「幸運にも」**hold**「持ちこたえる」

✓ Reverse Check 1 起こる・起こった可能性のあること 196

1 もし気象状況が明日までに改善しないなら、主催者は講演者たちに発表をオンラインで行うことを許すだろう。

2 Ms. Carr の家は廊下が狭いので、もしこのベッドがドアを通り抜けられないなら、私たちはクレーンで持ち上げて窓から彼女の部屋に入れる必要がある。

3 もし注文状況画面が正しくて、印刷会社が私たちのチラシやその他の販売用印刷物を火曜日に発送したのなら、私たちは今週末までにはそれを受け取ることができるはずだ。

4 If the materials were shipped from the warehouse yesterday as requested, we will not have to stop production.

5 This pain reliever isn't an over-the-counter medicine, so if you don't have a doctor's prescription, you can't buy it at a pharmacy.

6 If we don't finish the work by the deadline specified in the contract, we will be subject to a penalty payment.

6 be subject to はこの他に「～の影響を受ける可能性がある」の意味がある。
All prices are subject to change without notice.
「すべての価格は予告なく変更になる可能性があります」

✓ Reverse Check 2 可能性のない出来事 197

1 もしコピー機が詰まっていなかったら、Mr. Porter は4階下まで降りて、人事部のものを使う必要がなかっただろうに。

2 もし会社が収入源を多様化していれば、単一の製品ラインアップに過剰に依存しなくてもよかっただろうに。

3 もし私たちがプレゼンテーションの前にパンフレットの間違いに気が付いていれば、プレゼンテーションは支障なく進んでいただろうし、私たちは契約を得ることができたかもしれなかったのに。

4 If I had finished my shift as scheduled at my part-time job that day, I could have attended the job fair.

5 If we hadn't conducted thorough market research, the sales of the new product might have been even more disastrous.

6 If the rent and the contract renewal fee weren't so high, we would renew our contract. We liked this office, because the other conditions were good, but we have no choice but to relocate.

1 have to「しなければならない」の否定「～する必要がない」に would have を加えて would not have had to「～する必要はなかっただろうに」となる。2 も同じ。

Reverse Check 3 時制の混合 198

1 もし私たちがその技術で特許をとっていれば、今会社は特許料のおかげで財政的に安定していただろうに。

2 もし経営陣が予算を削ることなく研究開発部にプロジェクトを続けさせていたら、我々は今、業界で一番の企業だっただろうに。

3 もしその梱包機械が故障していなければ、生産は今フルで行われ、注文品も明日出荷できただろうに。

4 If the sales team meeting had finished on time, I would have already eaten dinner and would be watching a movie at home by now.

5 If I'd been chosen for the transfer to headquarters last month, I would be able to stay in bed for another 30 minutes every day.

6 It's true the temperature was well below zero this morning, but if my car wasn't so old, it would have started without any problem.

6 well に「かなり」の意味があることに注意。well behind schedule「予定よりかなり遅れて」

Lesson 20

その他の仮定法

I wish / if only S+V

Examples

I wish I didn't have an exam tomorrow.
If only I didn't have an exam tomorrow.
} 明日試験がなければなあ。

If only I didn't have an exam tomorrow, I could go to bed right now. 明日試験がなければ、今すぐ寝ることができたのに。

wish が後に that 節を取るとき、仮定法が使われ、現在に対する願望は S ＋過去形、過去の出来事に対する願望を述べる場合は S ＋過去完了になります。また、if only も wish とほぼ同じ意味です。ただし、if only は通常の if 文と同じように、if only S ＋ V, S ＋ V という形でも使えます。

I wish I **didn't have** an exam tomorrow.
=if only　→ I have an exam tomorrowという現実とは逆を述べている。

I wish I **had studied** harder yesterday. 昨日もっと勉強しておけばよかった。
= if only　→ 過去のことは過去完了形　実際はI didn't study hard yesterdayだった。

If only I didn't have an exam tomorrow, **I could go to bed right away**.
if onlyは主節を伴うときもある

Other examples

I wish I lived closer to work.　もっと職場の近くに住んでいればなあ。
If only the weather were nicer!　もっと天気がよかったらいいのに!
If only I hadn't overslept, I would have made the flight.
寝坊していなければ、そのフライトに間に合ったのに。

訳して Check! ❶ 199

1 I wish our finances were in better shape so that we could launch a massive ad campaign.

2 If only I hadn't accidentally clicked 'Yes' on the pop-up. If I hadn't, I wouldn't have to be waiting like this for the update to be complete.

3 If only we could automate some of the manufacturing process, we could bring down the production costs as well as make the product quality more consistent.

4 私はその研修に率先して申し込んでいればよかった。

5 私は在宅勤務が許されていればなあとよく願う。特に土砂降りのときは。

6 その美術館の常設展では写真を撮ることが許可されていることを知っていれば、荘厳な水彩画の写真を撮ることができたのに。

1 **finances**「財政状況」**shape**「状態」**so that S+V**「S が V するように」**launch**「始める」**massive**「大規模な」**ad**「広告」**campaign**「キャンペーン」

2 **accidentally**「間違って」**click**「クリックする」**pop-up**「ポップアップ画面」**like this**「こんな風に」**update**「アップデート、更新」**complete**「完了した」

3 **automate**「自動化する」**manufacturing process**「製造工程」**bring down**「下げる」**A as well as B**「B だけでなく A も」**consistent**「均一な」

4 **take the initiative to *do***「自ら進んで～する **initiative**（率先）」**apply for A**「A に申し込む」**workshop**「研修」

5 **allow**「許す」**work from home**「在宅で勤務する」**especially**「特に」**pour down**「土砂降りに降る」

6 **photo**「写真」**permit**「許可する」**permanent**「恒久の」**exhibition**「展覧会」**art gallery**「美術館」**picture**「写真」**sublime**「荘厳な」**watercolor**「水彩画」

2 should/were to

Examples

If you **should** need help, call us anytime.

もし万が一助けが必要なら、いつでも私たちに電話してください。

If you **were to** win the lottery, what would you do?

もし仮にその宝くじに当たったら、あなたは何をしますか。

should が if 節で使われると「万一～すれば」の意味になることもあります。可能性が低くても絶対に有り得ない話ではないときに使うので、仮定法以外の文や、例文のように「万が一～したら～してください」といった依頼文や命令文ともよく使われます。were to は「仮に」の意味で、仮定の話を表し、仮定法で使われます。

If you **should** need help, call us anytime.
「万が一」

If you **were to** win the lottery, what would you do?
「仮に」

訳して Check! 2　200

1 If we were to offer you a full-time position in Dublin instead of Calais, would you still be able to accept it?

2 If we were to fail to complete the contract by the deadline, we would never be offered work by this major client again.

3 If this customer should call us and make an unreasonable complaint again, refer him to the special customer division at the head office. They will take over and deal with it.

4 もし仮にMs. Adamsが今退職したら、適切な後任を探すのがとても難しいだろう。

5 もし万が一このコンピューターがもう一度不安定になったら、私たちは新しいものと取り替えざるを得ないだろう。

6 もし仮に会社が合併の提案に同意したら、私たち一般社員はどうなるのだろう。

1 **full-time**「常勤の」**position**「職」**instead of A**「Aの代わりに」**still**「それでも」**accept**「受け入れる」
2 **fail**「失敗する」**complete**「完了する」**contract**「契約」**deadline**「締切」
3 **unreasonable**「理不尽な」**complaint**「苦情」**refer**「差し向ける、回す」**special**「特別な」**division**「課、部門」**head office**「本社」**take over**「引き継ぐ」**deal with A**「Aに対処する」
4 **resign**「退職する」**suitable**「適切な」**replacement**「後任」
5 **unstable**「不安定な」**force**「強いる」**replace A with B**「AをBと取り替える」
6 **agree to A**「Aに同意する」**merger**「合併」**proposal**「提案」**happen**「起こる」**the rank and file**「一般社員たち」

3 慣用表現

Examples

He is talking **as if** he were flying to Paris tomorrow.
彼はまるで明日パリに飛ぶかのように話している。

But for his help, we wouldn't be able to do it.
彼の助けがなければ私たちはそれをできないだろう。

If it were not for his help, we wouldn't be able to do it.
彼の助けがなければ私たちはそれをできないだろう。

What if we miss the deadline? もし締め切りを逃したらどうなるの。

It is time you went to bed. もう寝る時間ですよ。

A) as if （まるで～かのように）

as if は「まるで～かのように」の意味です。as if の後の動詞は、可能性があると話者が思う場合は通常の時制が使われ、事実ではない、あるいは可能性がかなり低いと思う場合は、仮定法が使われます。

「彼は明日パリに飛ぶかのように話している」

He is talking **as if** he **were flying** to Paris tomorrow.
実際には行かないことを知っている場合など

He is talking **as if** he **is flying** to Paris tomorrow.
実際に行く可能性があると思っている

ただし、特に日常会話ではあまり区別なく使われ、文脈に依存することが多くあります。

B) but for/ if it were not for （もし～がなければ）

but for と if it were not for はともに「もし～がなければ」の意味です。「もしあのとき～がなかったら」と過去の話をする場合は but for か、were を過去完了 had been にした if it had not been for が使われます。

⇒現在・未来の話だから were
If it were not for his help, I **wouldn't be able to do** it.
⇒仮定法で現在・未来の話なので助動詞過去

⇒過去の話だから had not been → but for でも同じ

If it <u>had</u> not <u>been</u> for his help yesterday, I **<u>couldn't have done</u>** it.

⇒仮定法で過去の話

C) what if （もし～したらどうする、～したらどうだろうか）

if がありますが、what + if 節で文が完結します。また、通常の if 節と同じように可能性によって動詞の時制が変わります。

「もし彼が明日の試験に落ちたらどうする」

What if he fails the exam tomorrow?　現実的な可能性として

What if he failed the exam tomorrow?　仮定の話として

⇒ what if S+V のあとにさらに別の S+V をつけないように注意

D) it's time （～する時間だ）

it's time はそのあとに S ＋過去形が入り、「S が V する時間だ」の意味です。

It's time you **<u>went</u>** to bed.

⇒ これからすることでも過去形を使うことに注意

訳して Check! ③　201

1 But for the Internet, communication with people in distant places would be very difficult.

2 Just hypothetically, what if we offered them a friendly buyout? It would be much better than our competitors taking them over.

3 If it had not been for the safety precautions, the operator of the manufacturing machine might have been injured when it malfunctioned. Luckily, he wasn't hurt. However, the incident is now being looked into by the technical team.

4 その会社はその取引から手を引くつもりのようだ。

5 もし生産を止めて検査するという工場長の的確な判断がなければ、製造機械のほとんどは今ごろ停止してしまっていただろう。

6 私たちはその古いプリンターを新しいものと取り替える時期だ。印字がかすれて読めないことが多すぎる。トナーを替えても効果はなかった。しかも、そもそも両面印刷にも無線接続にも対応していない。

1 **communication**「通信、連絡」**distant**「遠い」
2 **hypothetically**「仮の話だが」**offer**「提示する」**buyout**「買収」**competitor**「競合他社」**take over**「乗っ取る、買収する」
3 **safety**「安全」**precaution**「予防策」**operator**「操作者」**manufacturing**「製造」**injure**「怪我させる」**malfunction**「不具合を起こす」**hurt**「怪我させる」**incident**「出来事」**look into A**「A を調査する」
4 **back out of A**「A から手を引く」**deal**「取引」
5 **factory manager**「工場長」**astute**「的確な、機敏な」**decision**「決定」**production**「生産」**conduct**「行う」**inspection**「検査」**most**「ほとんど」**manufacturing machine**「製造機械」**shut down**「停止する」
6 **replace A with B**「A を B と取り替える」**printer**「プリンター」**print**「印刷」**blurred**「かすれて」**illegible**「読めない」**toner**「トナー」**work**「効果がある」**moreover**「しかも」**support**「(機能) に対応する」**double-sided**「両面」**printing**「印刷」**wireless**「無線の」**connectivity**「相互通信能力」**in the first place**「そもそも」

Check this out! ifの省略による倒置

if が省略されて、その後が疑問文の語順になることがあります。意味は同じですが、読んでいるときに気が付きにくいので注意が必要です。

If you should have any problem, call me.
→ **Should you** 「万が一何か問題があれば電話してください」

If I had known you were coming, I would have picked you up at the station.
→ **Had I** 「もしあなたが来ると知っていたら駅に迎えに行ったのに」

この倒置は、if 節に should, had *done*, were が使われているときに起こります。

Questions A

1 We are not sure if the shipment ------- tomorrow.

(A) arrive (C) arrived

(B) will arrive (D) had arrived

2 I hope the manager ------- of my sales proposal at tomorrow's meeting.

(A) approve (C) had approved

(B) approves (D) would have approved

3 It's time we ------- something new if we want to stay on top in the industry.

(A) start (B) will start (C) started (D) have started

4 If we were to win the contract, we ------- need to recruit more engineers.

(A) had (B) have (C) will (D) would

5 If it ------- for Ms. Brown's advice, yesterday's talks might have gone badly.

(A) is not (B) had been (C) will not (D) had not been

1 **sure**「確かな」**shipment**「貨物」
2 **approve**「承認する」**proposal**「企画」
3 **stay on top**「トップの座を維持する」**industry**「業界」
4 **win**「勝ち取る」**contract**「契約」**recruit**「新規に採用する」
5 **advice**「アドバイス」**talks**「交渉」**go badly**「うまくいかない」

Questions B

1 If it had not been for the manager's tactful decision, we ------- have suffered a considerable loss.

(A) would (B) may (C) might not (D) will

2 This is a brand-new gadget, but the design makes it look as if it ------- 30 years ago.

(A) would have produced
(B) had been produced
(C) is produced
(D) had produced

3 ------- the copier start acting up again, please contact our help desk anytime.

(A) If (B) Had (C) Should (D) Unless

4 ------- we make the staff meeting mandatory to improve the attendance rate?

(A) What about (B) What if (C) How about (D) What

5 If only we ------- in that startup when we had the chance, we would have made a huge profit by now.

(A) had been invested
(B) would have invested
(C) had invested
(D) would be invested

1 **tactful**「機転の利いた」**suffer**「被る」**considerable**「かなりの」**loss**「損失」
2 **brand-new**「新品の、真新しい」**gadget**「装置」
3 **copier**「コピー機」**act up**「不調になる」**contact**「連絡を取る」**anytime**「いつでも」
4 **mandatory**「義務的な」**improve**「改善する」**attendance**「出席」**rate**「率」
5 **invest**「投資する」**startup**「新興企業」**huge**「巨大な」**profit**「利益」

Reverse Check 1 wish / if only

202

1 大規模な広告キャンペーンが打てるよう財政状況がもっとよかったらいいのに。

2 ポップアップ画面で間違って「はい」をクリックさえしなければよかったのに。そうしなければ、アップデートが完了するのをこんなふうに待っている必要なんてなかった。

3 もし私たちが製造工程のいくらかを自動化できれば、製品の品質をもっと安定させられるだけでなく、生産コストを下げることもできるだろうに。

4 If only I had taken the initiative to apply for the workshop.

5 I often wish I was allowed to work from home, especially when it is pouring down.

6 If only I had known that taking photos was permitted in the permanent exhibition of the art gallery, I could have taken some pictures of the sublime watercolors.

2 今待っている最中なので進行形が使われている。

5 「(出社するのではなく) 在宅で勤務する」は work from home を使うことが多い。

Reverse Check 2 should/were to

203

1 もし仮に私たちが Calais の代わりに Dublin でのフルタイムの職をあなたに提示したら、それでもその仕事を受け入れることができますか。

2 もし仮に私たちが締め切りまでに請け負った仕事を完了できなければ、私たちは二度とこの大手の顧客から仕事を依頼されないだろう。

3 万が一この客がまた電話してきて理不尽な苦情を言ってきたら、本社の特別顧客課に回してください。彼らがあとを引き継いで対処してくれます。

4 If Ms. Adams were to resign now, it would be very difficult to find a suitable replacement.

5 If this computer should become unstable again, we will be forced to replace it with a new one.

6 If the company were to agree to the merger proposal, what would happen to us, the rank and file?

1 were to はあくまで仮の話だということを示唆することによって、このように控えめで丁寧な依頼や提案を表すのにも使われる。

Reverse Check 3 慣用表現

204

1 インターネットがなければ、遠くの場所にいる人々との連絡がとても困難なことだろう。

2 単に仮定の話だが、彼らに友好的買収を提示してはどうだろう。競合他社が彼らを乗っ取るよりはるかにマシだろう。

3 安全予防対策がなければ、その製造機械が不具合を起こしたとき、操作者が負傷していたかもしれない。幸運なことに彼はけがしなかった。しかし、今その出来事は技術チームによって調査されているところだ。

4 It looks as if the company is going to back out of the deal.

5 But for the factory manager's astute decision to stop production and conduct an inspection, most of the manufacturing machines would have shut down by now.

6 It's time we replaced the old printer with a new one. The print is too often blurred and illegible. Changing the toner didn't work. Moreover, it doesn't support double-sided printing or wireless connectivity in the first place.

2 our competitors taking them over では、taking は動名詞として使われている。その主語を表すために our competitors が置かれ、「私たちの競争相手が彼らを乗っ取ること」の意味（Lesson 12 Check this out! 参照）。a baby sleeping in bed「ベッドで寝ている赤ちゃん」のように、ing 形以下が手前の名詞にかかる場合と見た目が全く同じになるので、文脈から判断することになる。

Chapter

10

疑問詞

TOEICにおいて疑問詞を使った疑問文は、長文やリスニングなど問題そのものの中に出てくるだけでなく、設問文にも使われています。そして、いくら本文の意味が理解できても、設問の意味を取り違えてしまえば誤答に直結します。また、こういった疑問文は文の構造が複雑に見えるため、慣れていないと理解するのに時間がかかります。その状態では時間制限の厳しいリーディングはもとより、瞬時に解答しなければならないリスニングでも足を引っ張ることになります。このため、TOEICのスコアアップという観点から見ると、疑問詞は最重要項目の１つなのです。そこでこの章では、設問として出題されそうな形式の疑問文も入れています。ぜひ、慣れておきましょう。

疑問詞を理解する上でポイントとなるのが以下の点です。

■ 疑問詞はそれぞれ使い方が異なる

一言で「疑問詞」と言ってもすべて同じ使い方をするわけではありません。大きく次の３つの使い方があります。

① 単体で名詞として主語や目的語などに使う

What is in the box?　　何がその箱に入っていますか。
主語「何が」

② 形容詞のように名詞の前に置かれて名詞とセットになる

What books do you like reading?　どんな本を読むのが好きですか。
名詞のかたまり。セットで1つの目的語の働き「どんな本を」

③ 副詞として使う

Where did you eat dinner?　　どこで夕食を食べましたか。
副詞　**at** the restaurantなど、前置詞+名詞の代わりになっている

疑問詞別に分類してみましょう。

名詞・形容詞として使う

who

①「誰が・誰を (whom)」

Who attended the meeting?　誰が会議に出席しましたか。

whose

①「誰のもの」

Whose is this?

これは誰のですか。

②「誰の A」

Whose book is this?

これは誰の本ですか。

what

①「何」

What happened?

何が起こったのですか。

②「何の A」

What color do you like best?

何色が一番好きですか。

which

①「どれ」

Which is yours?

どちらがあなたのものですか。

②「どの A」

Which book is yours?

どちらの本があなたのですか。

副詞として使う

when

③「いつ」

When did you read the book?　あなたはその本をいつ読んだのですか。

where

③「どこで、どこに」

Where did you go?　どこに行ったのですか。

why

③「なぜ」

Why did you buy this book?　なぜこの本を買ったのですか。

how

③「どのように」

How do you go to work?　どうやって仕事に行っていますか。

また、how は他の形容詞や副詞と一緒に使われることが多く、形容詞＋名詞と組み合わされることによって名詞のかたまりを作ることもあります。

How often do you take the English class?
副詞のかたまり
どれくらいの頻度で英語の授業を受けているのですか。

How important is this report?
形容詞のかたまり
このレポートはどれくらい大切なのですか。

How many books are on the table?
名詞のかたまり(主語)
何冊の本がテーブルの上にありますか。

How much sugar do you take in your coffee?
名詞のかたまり(目的語)
コーヒーにどれくらいの砂糖を入れますか。

「疑問詞」という名前に惑わされて、みんな同じ使い方をするという思い込みのないようにしてください。品詞が異なりますから、使い方も異なるのです。

また、疑問詞を使った疑問文は、答えとなる文の一部を疑問詞に変換することで作られています。

▶「あなたは夕食に**何を**食べましたか？」

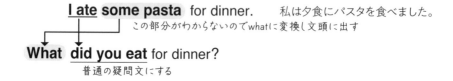

I ate **some pasta** for dinner.　私は夕食にパスタを食べました。
この部分がわからないのでwhatに変換し文頭に出す

What **did you eat** for dinner?
普通の疑問文にする

▶「**誰が**その試験に合格しましたか？」

Jane **passed** the exam.　Janeはその試験に合格した。

Who **passed** the exam?
whoは主語なので残りの部分はそのまま

「Tom は**どこに**住んでいますか？」

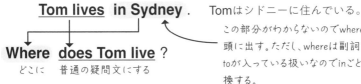

Tom lives in Sydney .　Tomはシドニーに住んでいる。

Where does Tom live ?
どこに　普通の疑問文にする

この部分がわからないのでwhereに変換し文頭に出す。ただし、whereは副詞でin/on/at/toが入っている扱いなのでinごとwhereに変換する。

「Tom は**どの町**に住んでいますか？」

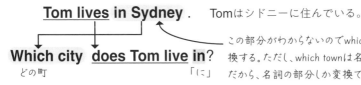

Tom lives in Sydney .　Tomはシドニーに住んでいる。

Which city does Tom live in?
どの町　「に」

この部分がわからないのでwhich townに変換する。ただし、which townは名詞のかたまりだから、名詞の部分しか変換できないので、inは残す必要がある。または元々in Sydneyで1つのかたまりなのだから、in whichとして一緒に前に出してもよい。

■ 疑問詞のかたまりを考える

もう1つ疑問詞を処理する上で大切なことがあります。それは疑問詞のかたまりがどこまでなのかを見抜くことです。単体で使われているのか、あるいは他の語とくっついて大きなひとかたまりになっているのかを考えるようにしてください。

What did you eat?　何を食べましたか。
何を

What kind of food did you eat?　どんな種類の食べ物を食べましたか。
どんな種類の食べ物を

How many employees in the sales department came to the party?
営業部の何人の従業員が
営業部の何人の従業員がパーティーに来ましたか。

疑問詞のかたまりが長くなると構造を見失いがちですので気を付けましょう。

Lesson 21

疑問詞の基本的な使い方

1 疑問詞を使った疑問文の語順

Examples

What happened yesterday? 昨日何が起こったのですか?

What did you eat yesterday? 昨日あなたは何を食べましたか?

Who introduced you to Mr. Kent?

誰があなたを Mr. Kent に紹介しましたか。

Who did you introduce to Mr. Kent?

あなたは誰を Mr. Kent に紹介しましたか。

疑問詞を使った疑問文の語順は、疑問詞が文中で主語かそうでないかによって変わります。

主語の場合 ➡ **疑問詞** + **V**

S V
What happened yesterday?
Sが Vする

S V O
Who introduced you to Mr. Kent?
Sが Vする Oを

主語でない場合 ➡ **疑問詞** + **通常の疑問文**

O S V
What did you eat yesterday?
Oを Sは Vする

O S V
Who did you introduce to Mr. Kent?
Oを Sは Vする

読むときは、疑問詞が主語なのかそうでないのかを考えてください。これは、名詞として使う、あるいは名詞のかたまりを作るwhat, who, whose, which、そしてhow many studentsのように、howが名詞のかたまりを作っているときに特に注意が必要です。これらが主語なのか目的語なのかを取り違えると大きく誤解する原因となります。

Other examples

Which smartphone is popular among young people?

どのスマートフォンが若者の間で人気がありますか？

Which smartphone is Mr. Olsen going to buy?

どのスマートフォンをMr. Olsenは買うつもりですか？

訳して Check! 1 205

1 Where do the speakers most likely work?

2 According to the invitation card, where will the gala concert be held?

3 What is NOT mentioned as a requirement for selling an item at the online auction?

4 According to the first e-mail, what is most likely Ms. Russell's role in the sales negotiations?

5 春のセールについてチラシは何を示していますか。

6 Madison Book Clubのメンバーである主要な利点は何ですか。

7 誰がその試験的プロジェクトのリーダーとしてMr. Yangを引き継いだのですか。

8 Deli A500ホットプレートは前モデルとくらべてどのように異なっていますか。

1 **speaker**「話し手」**likely**「おそらく」

2 **according to A**「Aによると」**invitation**「招待」**gala**「祝祭、特別な催し」**hold**「開催する」

3 **mention**「述べる」**requirement**「必要条件」**item**「物品」**auction**「オークション」

4 **likely**「おそらく」**role**「役割」**negotiation**「交渉」

5 **flier**「チラシ」**indicate**「示す」**spring**「春」**sale**「セール」

6 **main**「主要な」**advantage of *doing***「～することの利点」**member**「メンバー」

7 **take over from A**「Aから引き継ぐ」**as**「として」**pilot**「試験的な」

8 **electric griddle**「ホットプレート」**differ from A**「Aと異なる」**previous**「前の」

2 プラスαで１つのまとまりになる疑問詞

Examples

Whose tablet did you borrow? 誰のタブレットを借りたのですか。

What time did you go to bed? 何時に寝ましたか。

Which students in the class passed the exam?
そのクラスのどの生徒が試験に合格したのですか。

How many hours a day do you work?
１日に何時間働いていますか。

疑問詞は後の語とひとまとまりになることがあります。その場合は、それらを１つのかたまりとして処理し、そのうえで主語かどうかを判断してください。

Whose tablet did you borrow?
誰のタブレット

What time did you go to bed?
何時

Which students in the class passed the exam?
そのクラスのどの生徒

How many hours a day do you work?
1日に何時間

Other examples

What type of product is being advertised?
どの種類の製品が宣伝されていますか。

Which new feature did the users find most useful?
どの新機能をユーザーは最も役に立つと思いましたか。

How many employees are going to attend the event?
何人の社員がその催し物に出席するつもりですか。

How many employees are you going to invite to the event?
何人の社員をあなたはその催し物に招待するつもりですか。

訳して Check! ② 206

1 Which item in the invoice has to be returned?

2 What model microwave will Mr. Takano most likely order?

3 According to the store policy, what can be inferred about the product warranty?

4 According to the second letter, how many of the applicants have been selected for a provisional appointment?

5 どんな種類の書類が一番上の引き出しに保存される必要がありますか。

6 その候補者のうち何人が二次面接にたどり着きましたか。

7 そのビルの4階のどこに備品室は設置されるべきですか。

8 テキストメッセージによると、誰の車が誤って Mr. Green の駐車スペースに駐車されたのですか。

1 **item**「物品」**invoice**「送り状、インボイス」**return**「返品する」
2 **microwave**「電子レンジ」**likely**「おそらく」
3 **according to A**「Aによると」**policy**「方針規則」**infer**「推論する」**warranty**「保証」
4 **applicant**「申込者」**select**「選ぶ」**provisional**「仮の」**appointment**「採用」
5 **type**「型種類」**document**「書類」**store**「保存する」**top drawer**「一番上の引き出し」
6 **candidate**「候補者」**get through to A**「通過してAに到達する」**interview**「面接」
7 **floor**「階」**supply room**「備品室」**locate**「設置する」
8 **according to A**「Aによると」**text message**「テキストメッセージ」**mistakenly**「誤って」**park**「駐車する」**parking space**「駐車スペース」

3 前置詞＋疑問詞

Examples

Which country did you go **to**?
To which country did you go?
あなたはどの国に行きましたか。

Who were you talking **with**?
With whom were you talking?
あなたは誰と話していたのですか。

疑問詞が前置詞とセットになる場合は前置詞を文末に置くか疑問詞の前に置きます。疑問詞の代わりに答えとなる語句を使ってみて疑問文を考えるとよくわかります。

この部分がwhich countryに代わり文頭に行く

Did you go to **England** ?

Which country did you go to ?

toが残ることに注意

この部分がwhoに代わり文頭に行く

Were you talking with **Tom** ?

Who were you talking with ?

withが残ることに注意

または前置詞＋名詞で１つのまとまりと考えられるので、前置詞も前に置くことができます。

この部分がto which countryに代わり文頭に行く

Did you go **to England** ?

To which country did you go?

この部分がwith whomに代わり文頭に行く

Were you talking **with Tom** ?

With whom were you talking ?

where には to や in などの前置詞が含まれている扱いなので、これらの前置詞は不要です。

この部分がwhich countryに代わり文頭に行く

Did you go **to England** ?

Where did you go?

ただし、from などは含まれませんので、その場合は例外的に残す必要があります。

Where does he come from? 彼はどこの出身ですか。

訳して Check! 3

207

1 With which trading company is the production team negotiating to import foodstuffs?

2 In which venue is the international convention being held next month?

3 According to the minutes, with whom did Ms. Takano discuss the proposed merger with Medicuss Pharmaceuticals?

4 このテントは何人の大人向けに設計されていますか。

5 提案された東別館の拡張のうちどの部分に Ms. Singh は反対しているのですか。

6 就職面接の後、どのような状況下で礼状を送るべきですか。

1 **trading company**「商社、貿易会社」**negotiate**「交渉する」**import**「輸入する」**foodstuff**「食材、食料品」

2 **venue**「会場」**convention**「大会」**hold**「開催する」

3 **minutes**「議事録」**discuss**「話し合う」**proposed**「提案された」**merger**「合併」**pharmaceutical**「製薬の、製薬会社」

4 **adult**「大人」**tent**「テント」**design**「設計する」

5 **part**「部分」**proposed**「提案された」**expansion**「拡張」**east**「東」**annex**「別館」**object to A**「A に反対する」

6 **under A**「A の下で」**circumstance**「状況」**thank-you letter**「礼状」**job interview**「就職の面接」

Questions A

1 ------- sales idea did the manager choose?

(A) How (B) How many (C) Who (D) Whose

2 ------- important is the contract for the company?

(A) What (B) Why (C) Which (D) How

3 ------- is this notice most likely intended?

(A) Which (B) How many people (C) For whom (D) At which

4 ------- employees attended the general meeting last year?

(A) Where (B) How often (C) Why (D) How many

5 ------- point did the operator realize something was wrong with the system?

(A) At what (B) Which (C) Where (D) Whose

1 **sales**「販売」**choose**「選ぶ」
2 **contract**「契約」
3 **notice**「お知らせ」**likely**「おそらく」**intend**「意図する」
4 **attend**「出席する」**general meeting**「総会」
5 **point**「時点」**operator**「オペレーター」**realize**「気が付く」
something is wrong with A「Aにどこか異常がある」

Questions B

1 Out of ------- candidates was Ms. Suzuki chosen for the position?

(A) how (B) where (C) how many (D) when

2 According to the second e-mail, ------- model of kettle needs to be withdrawn from the market immediately?

(A) why (B) when (C) which (D) how many

3 According to the text message, ------- item on the agenda does Ms. Gibson want to discuss first?

(A) about which (B) which (C) for what (D) how many

4 ------- time frame must the contract be completed?

(A) Within what (B) What (C) Whose (D) When

5 According to the estimate, how much money ------- to convert the North Annex into an auditorium?

(A) it would cost (B) would it cost (C) cost (D) would cost

1 **out of A**「Aの中から」**candidate**「候補者」**position**「職」
2 **kettle**「ケトル、やかん」**withdraw**「引き上げる」**immediately**「直ちに」
3 **item**「項目」**agenda**「協議事項」**discuss**「話し合う」
4 **time frame**「期間、時間の尺度」**complete**「完成させる」
5 **estimate**「見積もり」**convert**「改造する」**annex**「別館」**auditorium**「講堂」

✔Reverse Check ① 疑問詞を使った疑問文の語順 208

1 話し手たちは最もおそらくどこで働いていますか。

2 招待状によると、特別コンサートはどこで行われますか。

3 そのオンラインオークションで品物を販売するための条件として述べられていないものは何ですか。

4 1通目のEメールによると販売交渉におけるMs. Russellの役割は最も何だと思われますか。

5 What does the flier indicate about the spring sale?

6 What is the main advantage of being a member of Madison Book Club?

7 Who has taken over from Mr. Yang as the leader of the pilot project?

8 How does the Deli A500 electric griddle differ from the previous model?

Check this out! whom

「誰を」の場合は、whomとも言いますが、日常的な英語では目的語を表す場合でもwhoを使うことが普通になっています（前置詞＋whomを除く）。また、Whom do you like? などとするのは不自然な英語だと感じるネイティブスピーカーもいます。

✔Reverse Check ② プラスαで1つのまとまりになる疑問詞 209

1 送り状のどの物品が返品されなければなりませんか。

2 Mr. Takanoは最もおそらくどのモデルの電子レンジを注文するでしょうか。

3 店の規則によると、製品保証について何が推論できますか。

4 2通目の手紙によると、応募者のうちの何人が仮採用に選ばれましたか。

5 What type of document needs to be stored in the top drawer?

6 How many of the candidates got through to the second interview?

7 Where on the 4th floor of the building should the supply room be located?

8 According to the text message, whose car was mistakenly parked in Mr. Green's parking space?

Reverse Check 3 前置詞＋疑問詞

210

1 生産チームは食材を輸入するためにどの商社と交渉していますか。

2 その国際大会はどの会場で来月開催されますか。

3 議事録によると、Ms. Takano は Medicuss 製薬との提案された合併について、誰と話しましたか。

4 For how many adults is this tent designed?

5 To which part of the proposed expansion of the east annex does Ms. Singh object?

6 Under what circumstances should you send a thank-you letter after a job interview?

Check this out! 「どれくらい」

日本語の「どれくらい」は how を使って言い表そうとしたとき、「どのくらい何なのか」を考える必要があります。たとえば、「どのくらいコーヒーに砂糖を入れますか」の「どのくらい」は量を聞いているので "how much sugar" となりますが、「この薬をどのくらい飲みましたか」の場合、どのくらいの期間なのか、あるいはどのくらいの頻度なのか、相手に何を答えてもらいたいのかを決める必要があります。

▶「この薬をどれくらい飲みましたか」

How long did you take this medicine?
期間

How often did you take this medicine?
頻度

How much of this medicine did you take?
量

How many times did you take this medicine?
回数

スピーキングとライティングの際は、この点に気をつけると文を作りやすくなります。

Lesson

22 疑問詞のその他の使い方

I 間接疑問文

A) 疑問詞を使う場合

Examples

I don't know **who broke the cup**.

私は誰がカップを割ったのかを知らない。

Who broke the cup doesn't matter.

誰がカップを割ったのかは問題ではない。

I don't know **why he was late**.

私は彼がなぜ遅刻したのかを知らない。

Why he was late doesn't matter.

なぜ彼が遅刻したかは問題ではない。

疑問詞を使った疑問文は、「疑問詞の意味（何を、いつ、どこに etc）～するか」の意味を持つ名詞のかたまりを作り、主語や目的語などとして使います。

I don't know **who broke the cup** . **誰がカップを割ったのか**を
目的語

I don't know **why he was late** . **なぜ彼が遅刻したのか**を
目的語

Who broke the cup doesn't matter. **誰がカップを割ったのか**は
主語

Why he was late doesn't matter. **なぜ彼が遅刻したのか**は
主語

その際、疑問詞がかたまりの中で主語かそうでないかによって作り方が異なります。

疑問詞が主語のとき ➡ **変更なし**

誰がそのカップを割ったのですか？ → 誰がそのカップを割ったか

Who broke the cup? ➡ **who broke the cup**

⇒ whoはbrokeの主語 / 語順に変更なし

疑問詞が主語でないとき ➡ **疑問詞 + S + V**

なぜ彼は遅刻したのですか？ → なぜ彼が遅刻したか

Why **was he** late? ➡ why **he was** late

疑問詞+S+V

疑問詞が主語でないときは、疑問詞の後は普通の肯定文の順番に戻ます。その際、動詞の時制に気を付けてください。

彼はどこに住んでいますか → 彼がどこに住んでいるか

Where does he **live**? ➡ where he **lives**

doesがなくなったので livesとなる

彼はどこに住んでいましたか → 彼がどこに住んでいたか

Where did he **live**? ➡ where he **lived**

didがなくなったので livedとなる

通常の疑問文		名詞のかたまり
Who **came** here? (whoは主語) 誰がここに来ましたか？	➡	who **came** here (変化なし) 誰がここに来たか
What **is the problem**? 何が問題なのですか？	➡	what **the problem is** 何が問題なのか
What time **does she get up**? 彼女は何時に起きますか？	➡	what time **she gets up** 彼女が何時に起きるか

Other examples

Please make sure everyone knows **where** we are having a meeting.

私たちがどこで会議をやるのかを全員が知っているようにしてください。

When we can start the project may decide the company's future.

私たちがいつプロジェクトを開始できるかが会社の将来を決めるかもしれない。

訳して Check! 1

211

1 Be mindful of how much and what kind of nutrition you get when you are on a diet, and avoid any crash diet altogether.

2 Our new brochure more clearly outlines what the main advantages and features of our products are compared to those of our competitors.

3 The quality control team has not yet identified which part of the manufacturing process is the cause of the high defect rate of this particular product.

4 営業部の誰も明日のバイヤーとの交渉の結果がどうなるかは定かではない。

5 私はなぜ、我々の顧客の個人情報を含んでいるこれらの機密文書がパスワードで保護されていないのかわからない。

6 その候補者たちの素晴らしい履歴書と推薦状を考慮して、人事部長は彼らのうち何人が二次面接に到達すべきなのかを簡単には決められなかった。

1 **be mindful of A**「Aに注意する」**nutrition**「栄養」**on a diet**「食事療法中で」**avoid**「避ける」**crash**「突貫の」**altogether**「完全に」

2 **brochure**「パンフレット」**outline**「概説する」**advantage**「利点」**feature**「特長」**compared to A**「Aと比較して」**competitor**「競合他社」

3 **quality control**「品質管理」**identify**「特定する」**manufacturing**「製造」**process**「工程」**cause**「原因」**defect**「欠陥、不良」**particular**「特定の」

4 **nobody**「誰も～ない」**sales department**「営業部」**sure**「確かな」**outcome**「結果」**negotiation**「交渉」**buyer**「バイヤー」

5 **classified**「秘密の」**document**「文書」**contain**「含む」**personal**「個人の」**client**「顧客」**password-protected**「パスワードで保護された」

6 **considering A**「Aを考慮すると」**glowing**「輝かしい」**resume**「履歴書」**reference**「紹介状」**personnel director**「人事部長」**easily**「簡単に」**go through to A**「通過してAに到達する」**interview**「面接」

B) if/whetherを使う場合

Example

Do you know **if** she still lives in Ottawa?

彼女がまだオタワに住んでいるかどうか知ってますか？

疑問詞を使わない疑問文は if / whether（〜かどうか）をつけて名詞にできます。

if / whether + S + V：　SがVするかどうか

Does she live in Ottawa? + I don't know. =

I don't know **if** she lives in Ottawa.

〜かどうか（whetherでもよい）

訳して Check! ②

212

1 A survey was conducted to find out if customers were satisfied with their shopping experience at the supermarket.

2 Whether or not we can strike a bargain with the city concerning the proposed construction of a multi-story car park will decide our company's future.

3 Residents of this district are being urged to attend a meeting tomorrow to discuss whether they should accept the city's proposal to build a new city hall on the site of a closed primary school.

4 その医者は私に薬を処方する前に頭痛以外に症状があるかどうか聞いた。

5 もしあなたがこのコンテストに参加する資格があるかどうか定かでなかったら、私たちのウェブサイトで規則と「よくある質問」を参照してください。

6 人事部長は Ms. Bowen に、主任会計士に昇進して Boston 支社に転勤することに興味があるかどうか尋ねた。

1 **survey**「調査」**conduct**「行う」**find out**「調べる」**satisfied with A**「A に満足した」**experience**「体験」

2 **strike**「（取引）をする」**bargain**「取引」**concerning**「〜に関して」

proposed「提案された」**construction**「工事」**multi-story**「複数の階からなる」
car park「駐車場」

3 **resident**「住民」**district**「地区」**urge**「強く促す」**accept**「受け入れる」
proposal「提案」**city hall**「市庁舎」**site**「跡地」**primary school**「小学校」

4 **prescribe**「処方する」**symptom**「症状」**other than A**「A の他に」**headache**「頭痛」

5 **uncertain**「不確かな」**be eligible to *do***「～する資格がある」**enter**「参加登録する」
refer to A「A を参照する」**regulation**「規則」
FAQs「よくある質問 Frequently Asked Questions」

6 **HR director**「人事部長（HR=Human Resources)」
interested in *doing*「～したいと思う、興味がある」**promote**「昇進させる」
chief「主任」**accountant**「会計士」**transfer**「転勤させる」**branch**「支社」

C) 疑問詞＋thinkを使った疑問文

Example

Where do you **think** he lives?

彼がどこに住んでいると思う？

疑問詞＋ think や suggest などを使った疑問文は疑問詞を前に出します。これはこれらの動詞を使うと「はい・いいえ」で答えられる疑問文にならないからです。

▶「あなたは彼がどこに住んでいるか知っていますか？」
はい / いいえで答えられる　→ do から文を始める。
→ Do you know **where** he lives?

▶「あなたは彼がどこに住んでいると思いますか？」
場所を答えなければならない → where から文を始める。
→ **Where** do you think he lives?

また、疑問詞が主語のときは注意してください。

▶「何が起こったと思いますか？」　**What** do you think happened?

見かけ上は think と happened という 2 つの動詞が連続しているように見えます。

しかし、これは do you think が What happened? の文に組み込まれているだけですので、連続していても差しつかえありません。

Other examples

Do you **know** how much the ad cost?

その広告がいくらかかったか知っていますか。

How much do you **think** the ad cost?

その広告がいくらかかったと思いますか。

訳して Check! 3

213

1 How much did the contractor estimate it would cost to renovate the north annex?

2 How do you think we can make up for the losses the company suffered without overworking the staff?

3 According to the minutes, what percentage of the promotional budget does Ms. Sean think should be spent on Internet advertising?

4 そのコンサルタントは、どのように私たちが拡大戦略を続けるべきだと提案したのですか。

5 どんな種類の宣伝動画が潜在的な若い顧客を引きつけると思いますか。

6 子どもが小さい家庭に対して、我々の製品をもっと魅力的にするために、何が大切だと思いますか。

1 **contractor**「請負業者」**estimate**「見積もる」**renovate**「改装する」**annex**「別館」
2 **make up for**「～を埋め合わせる」**loss**「損失」**suffer**「こうむる」**overwork**「働かせすぎる」
3 **according to A**「A によると」**minutes**「議事録」**percentage**「割合」**promotional**「販売促進用の」**budget**「予算」**advertising**「広告を出すこと」
4 **consultant**「コンサルタント」**suggest**「提案する」**proceed with A**「A を続ける」**expansion**「拡大」**strategy**「戦略」
5 **kind**「種類」**promotional**「宣伝用の」**video**「動画」**attract**「引きつける」**potential**「潜在的な」
6 **important**「大切な」**make+O+C**「O を C にする」**attractive**「魅力的な」**family**「家族、家庭」**with A**「A を持った」

2 疑問詞を使った慣用句

Examples

Why don't you go to bed early today? You look tired.

今日は早く寝たらどうですか。疲れてるように見えますよ。

How about eating out tonight?

今夜は外食するというのはいかがですか。

How come you cancelled the trip?

どうして旅行をキャンセルしたの？

■ why not / why don't you （～してはどうですか?）

why not / why don't you は「～してはどうですか」という提案を表す表現です。この意味では、理由を尋ねる通常の疑問文ではないということに注意してください。また、why not の直後にも動詞の原形が入ります。

Why don't you / **Why not** } go to bed early today?

■ how about / what about（～はいかがですか?、～はどう?）

提案や勧誘を表す表現です。後には名詞が入りますので、動詞を使いたい場合は ing をつけます。

How about { some coffee? コーヒーはいかが？ / eating out tonight? 今夜外食するってのはどう？

■ how come（なぜ）

how come は why と同じ意味ですが、直後には S + V が入ります。

Why did you cancel the trip?（did you cancel：通常の疑問文）

How come you cancelled the trip?（you cancelled：S + V(肯定文の形)）

} なぜ旅行をキャンセルしたの？

How come のあとに通常の疑問文などを入れないように気を付けてください。また、動詞の形にも気を付けましょう。過去の話なら過去形が必要です。

訳して Check! ④ 214

1 If you don't need a high-speed Internet connection and want to save money on the phone bill, why not switch to a budget mobile operator?

2 How come the company postponed its plans to expand into Europe when it recorded the highest sales in its 10 years of business?

3 How come the customer didn't show up to pick up her dress today? She insisted that it was urgent, and that she really wanted the shoulder width of the dress to be altered by today.

4 データ入力を外注するというのはどうだろうか。それは今私たちの時間の多くを取りすぎている。

5 もしやりがいがあり給料の良い仕事をお探しなら、私どもの職業紹介所をお試しになるのはいかがでしょう。

6 テイクアウトのために食堂で並ぶ代わりに、君のスマホで注文してその場で受け取るというのはどうかな？

1 **connection**「接続」**save**「節約する」**bill**「請求書」**switch**「切り替える」**budget**「安い」**mobile operator**「携帯通信会社」

2 **postpone**「延期する」**expand**「拡大する」**record**「記録する」

3 **show up**「現れる」**pick up**「取りに来る」**insist**「強く主張する」**urgent**「緊急な」**shoulder**「肩」**width**「幅」**alter**「仕立て直す」

4 **outsource**「外注する」**entry**「入力」**take**「取る」

5 **look for**「探す」**rewarding**「やりがいのある」**well-paying**「給料の良い」**try**「試す」**placement**「職業斡旋」**agency**「代理店」

6 **instead of A**「A の代わりに」**queue**「列に並ぶ」**diner**「食堂」**takeout**「テイクアウト」**order**「注文する」**pick A up**「A を引き取る」**on the spot**「その場で、即座に」

3 疑問詞 + to *do*

Example

I didn't know **what to do**.

私は何をしたらいいのかわかりませんでした。

疑問詞＋ to *do* で、疑問詞の意味＋「〜すべきか」という意味になり、名詞のまとまりとして扱われます。

what to say	何を言うべきか
when to leave home	いつ家を出発すべきか
where to stay	どこに滞在すべきか
how to play baseball	どのように野球をすべきか･野球の仕方

how は「どうやって〜すべきか」と「〜の仕方・方法」という２種類に訳すことができます。

Other examples

I want to learn **how to give** an effective presentation.

私は効果的なプレゼンテーションの仕方を学びたい。

When I couldn't get the contract, I didn't know **what to report** to my boss.

私はその契約が取れなかったとき、上司に何と報告すべきかわからなかった。

訳してCheck! 5 215

1 A good manual is one that shows you how to use the product in an easy-to-understand manner, for example with diagrams.

2 When you move to a different town, it is important to check how and on what days of the week to take out your garbage.

3 This washing machine is so advanced and equipped with so many functions that I don't even have a clue which button to push to start a wash cycle.

4 新しい免許証を申請あるいはご自分の現在の免許証を更新するやり方を知るには、次の手順を読んでください。

5 どの納入業者を選ぶかを決めようとしているとき、信頼性が最初に考慮されるべきだ。

6 Ms. Ito は大使館敷地内のどこに行けば配偶者ビザの申請ができるのかわからなかったので、警備員に尋ねた。

1 **manual**「マニュアル」**manner**「方法」**diagram**「図」
2 **move**「引っ越す」**take out**「出す」**garbage**「ゴミ」
3 **washing machine**「洗濯機」**advanced**「進んだ」**equipped with A**「A を備えた」**function**「機能」**even**「さえ」**clue**「手がかり」
wash cycle「洗濯サイクル（洗い、すすぎ、脱水の一連の流れ）」
4 **following**「次の」**step**「手順（の１つ）」**carefully**「注意深く」**learn**「知る」**apply for A**「A を申請する」**license**「免許証」**renew**「更新する」**current**「現在の」
5 **try to *do***「～しようとする」**supplier**「納入業者」**choose**「選ぶ」**reliability**「信頼性」**consideration**「考慮すべき事柄」
6 **embassy**「大使館」**premises**「敷地、構内」**apply for A**「A を申請する」**spouse**「配偶者」**visa**「ビザ、査証」**security guard**「警備員」

Questions A

1 The doctor asked the patient ------- she was feeling any pain or not.
(A) if (B) where (C) which part (D) that

2 The mover sent us a quote on ------- cost to move our office to Milan.
(A) how much will it (C) how much would it
(B) how much does it (D) how much it would

3 Our marketing team has not yet decided ------- products to exhibit at their booth at the trade show.
(A) if (B) when (C) where (D) what

4 Please let us know ------- of the week is usually convenient for you.
(A) which day (B) on which day (C) what (D) for when

5 ------- bringing in some help from other departments?
(A) How come (B) What if (C) What about (D) Why not

1 **patient**「患者」**pain**「痛み」
2 **mover**「引越し業者」**quote**「見積もり」**Milan**「ミラノ」
3 **exhibit**「展示する」**booth**「展示スペース、ブース」**trade show**「見本市」
4 **day (of the week)**「曜日」**convenient**「都合がいい」
5 **bring in A**「Aを招き入れる、呼び込む」**department**「部署」

Questions B

1 ------- does Mr. Morris think we should do to economize on our fuel costs?

(A) When (B) In what section (C) What (D) Why

2 Ms. Martinez has been in the advertising industry for eight years, so she knows perfectly well ------- to advertise new products.

(A) what (B) how (C) which strategies (D) which

3 Before you purchase a property, you should check ------- it has sufficient storage space.

(A) how (B) if (C) what (D) when

4 Customer feedback will tell us ------- functions we would need to add to a new model of our microwave.

(A) what (B) whether (C) how much (D) In which

5 Before any drastic measures are taken, it is prudent to consider ------- the long-term consequences might be.

(A) when (B) what (C) where (D) whether

1 **economize on A**「Aを節約する」**fuel**「燃料」
2 **advertising**「広告」**industry**「産業、業界」**advertise**「広告する」**product**「製品」
3 **purchase**「購入する」**property**「物件」**check**「確認する」**sufficient**「十分な」**storage**「収納」
4 **feedback**「感想、反響」**function**「機能」**add**「加える」**microwave**「電子レンジ」
5 **drastic**「思い切った」**measure**「手段」**prudent**「賢明である」**long-term**「長期の」**consequences**「影響、結果として起こること」

Reverse Check 1 名詞になった疑問文……疑問詞を使う場合 216

1 あなたがダイエットをしているときはどれぐらい、そしてどんな種類の栄養を摂取するのかに気を配り、そして、いかなる突貫的なダイエットも完全に避けてください。

2 私たちの新しいパンフレットは、競合他社の製品と比較して、当社製品の主な利点や特徴が何であるかをより明確に概説している。

3 品質管理チームは、製造工程のどの部分がこの特定の製品の高い不良率の原因となっているのかをまだ特定していない。

4 Nobody in the sales department is sure what the outcome of tomorrow's negotiations with the buyer will be.

5 I don't understand why these classified documents containing personal information on our clients are not password-protected.

6 Considering their glowing resumes and references, the personnel director couldn't easily decide how many of the candidates should go through to the second interview.

2 are と compared は受動態として使われているのではないことに注意。compared 以下を文頭に出して考えるとわかりやすい。

6 resume はもともとフランス語で、"résumé" とも綴られる。どちらでもよい。ただし、発音に注意。/rézəmèi/「レズメイ」に近い。

Reverse Check 2 名詞になった疑問文……疑問詞がない場合 217

1 そのスーパーマーケットでの買い物体験に客が満足しているかどうかを調べるために調査が行われた。

2 提案された立体駐車場の建設に関して我々が市と取引をすることができるかどうかが、我が社の将来を決めるだろう。

3 その地区の住民は、廃校となった小学校の跡地に新しい市庁舎を建設するという市の提案を受け入れるべきかどうかを議論するために、明日の会合に出席するよう促されている。

4 Before prescribing me some medicine, the doctor asked me if I had any symptoms other than a headache.

5 If you are uncertain whether you are eligible to enter the contest, please refer to the regulations and FAQs on our website.

6 The HR director asked Ms. Bowen if she'd be interested in being promoted to chief accountant and transferred to the Boston branch.

6 would be interested は仮定法で、「仮にこんな話があったら興味があるか（したいか）」のような言い方になっている。そのため、オファーや勧誘などに使われる。

Reverse Check 3 thinkを使う場合 218

1 北別館を改装するのにいくらかかると請負業者は見積もったのですか。

2 会社がこうむった損失を、どうすれば社員を働かせすぎずに埋め合わせることができると思いますか？

3 議事録によると、販売促進予算の何割をインターネット広告に費やすべきだと Ms. Sean は考えているのですか。

4 How did the consultant suggest we should proceed with the expansion strategy?

5 What kind of promotional videos do you think will attract potential young customers?

6 What do you think is important to make our product more attractive to families with young children?

Reverse Check 4 疑問詞を使った慣用句 219

1 もし高速なインターネット接続を必要とせず、電話代を節約したいなら、格安モバイル事業者に乗り換えてみてはいかがでしょう。

2 創業 10年で最高の売り上げを記録したのに、なぜ会社はヨーロッパへの進出計画を延期したのだろうか。

3 なぜその客は今日自分のドレスを引き取りに来なかったのだろう。彼女はそれが急用でどうしても今日までにドレスの肩幅を仕立て直ししてほしいと言い張ったのに。

4 How about outsourcing data entry? It's taking too much of our time now.

5 If you are looking for a rewarding and well-paying job, why don't you try our placement agency?

6 Instead of queuing at the diner for takeout, how about ordering on your smartphone and picking it up on the spot?

6 andの後のthatはshe really wanted以下もinsistのthat節だとわかるためについている。

Reverse Check 5 疑問詞+to *do* 220

1 良い説明書とは、例えば図などを使って製品の使い方をわかりやすく教えてくれるものだ。

2 別の街に引っ越すときは、何曜日にどのようにゴミを出すべきかを確認することが大切だ。

3 この洗濯機はあまりも先進的であまりにも多くの機能を備えているため、私は洗濯を開始するのにどのボタンを押せばいいかすらさっぱりわからない。

4 Please read the following steps carefully to learn how to apply for a new license or renew your current one.

5 When you are trying to decide which supplier to choose, reliability should be the first consideration.

6 Ms. Ito didn't know where to go on the embassy premises to apply for a spouse visa, so she asked a security guard.

2 onに注意。たとえば「金曜日にあなたはゴミを出す」は
you take out your garbage on Friday
となり、Fridayがわからないからwhat days of the week「何曜日」に代わる。しかし、onはそのまま残るのでonごと前に出すというのが元になっている。

6「敷地内で」はon the premisesであることに注意。

Check this out! 文脈や状況に合わせて解釈する

ここまでいろいろな文法を学習してきましたが、特定の形に複数の意味がある場合がありました。たとえば、現在進行形 am / are / is ＋〜 ing には、「現在行っている最中である」と未来の予定「〜する予定である」の２つ、助動詞では、must なら「しなければならない」「〜に違いない」など、１つで複数の意味を持ちましたね。

したがって、英文でこれらを見かけたとき、たとえば、He is playing tennis. を見て、現在進行形が使われていると認識するだけでは足りません。
「している最中」なのか「する予定」なのかを特定しなければならないのです。なんとなく「現在進行形だ」と気がつくだけではきちんと意味が取れず、その分だけ曖昧になります。そこで、「どの意味で使われているのか」を把握することが大切ですが、形が同じなのですから、それだけ見てもわかりません。意味を確定させるためには状況や文脈の助けが必要なのです。

実は、これは日本語でも起こります。試しに、生徒が先生に向かって話しているところを想像して次の文を読んでみてください。

①「最近はネコが**描かれた**絵がすごく人気らしいですよ」
②「私、美術の田中先生が**描かれた**絵を見てすごく感動しました」

「描かれた」は①では、「モデルとして描かれた」という受け身の意味。②では、「お描きになった」という能動態の尊敬語のつもりで書いています。つまり、日本語では能動態と受動態が同じ形であることがありうるのですね。もちろん、①と②を逆に解釈することは文法上可能ですし、①はともかく②はこの文ならどちらでもいけそうです。ただ重要なのは、どちらにしても我々は実際の場面においては正しく判断しており、解釈の余地が文法上複数あっても相手の意図を誤解しないということなのです。

これと同じことを英語でもする必要があるのですね。文法というと、数学の公式のような感じがするかもしれません。しかし、実際は確定しているのは形と用法だけで、複数の意味や解釈の仕方があります。単語もそうです。辞書を見ると１つの単語に複数の意味が載っていますね。そして、それらが集まってできた１つの文は、単純な組み合わせを考えると膨大な数の解釈が可能です。その無数の組み合わせの中から、書き手が伝えたかったたった１つの意味を察しなければならないのです。
そのためには「単語や文法をきちんと取る」だけでなく「話の流れや状況から察する」ことも心がけてください。英文を理解するには、「英語のことだけ考えても確定できない」ことが多いのです。

Chapter

11

品詞

Lesson | 23 名詞

Lesson | 24 代名詞

Lesson | 25 形容詞と副詞

Lesson | 26 接続詞

Lesson | 27 前置詞

単語を機能別にグループ分けしたものを「品詞」と呼びます。品詞の大まかな説明は本書冒頭の Warming up! で解説しました。TOEIC では、Part 5（短文穴埋め）と Part 6（長文穴埋め）に品詞を問う問題が頻出しますし、英文の構造を把握しながら内容を理解するのにも不可欠ですので、非常に重要な項目と言えます。

品詞を学ぶ上で、できるようになりたい目標が2つあります。

① 個々の単語の品詞を特定できること

非常に多くの単語が複数の品詞を持ちます。たとえば、book はよく知られた「本」という名詞の他に、動詞として「予約する」の意味も持ちます。このため、自分がよく知っているはずの単語に知らない品詞があることもよくあるのです。たとえば、名詞として覚えた単語が動詞として使われているとか、動詞として覚えた単語が前置詞として使われているなどです。そこで、単語の品詞は知識を鵜呑みにせず、文の構造から品詞を当てるという作業が必要になります。試しに、次の下線部の品詞を考えてみてください。

1. The baseball player hit the ball with all his **might**.
2. Mr. Smith is planning to **vacation** in Hawaii.
3. We will have **select** farms produce our ingredients.
4. He is not **like** you.

答えは次の通りです。

1. 名詞「力」⇒「その野球選手は全力でボールを打った」
2. 動詞「休暇を過ごす」⇒「Mr. Smith はハワイで休暇を過ごす計画中だ」
3. 形容詞「選り抜きの」⇒「私たちは選り抜きの農家に食材を作ってもらいます」
4. 前置詞「～のような、～に似た」⇒「彼はあなたとは違うのです」

いかがでしょうか。思ってもみない品詞もあったのではないでしょうか。

通例、単語の語尾は品詞を当てるヒントになります。たとえば、-tion で終わる単語は名詞であるとか、-able で終わる単語は「～できる」の意味を持つ形容詞であるとかです。ただし、これも 2 のように絶対とは限りません。

また、4 を見てください。like は「好きである」の意味だと思い込むと「彼はあなたを好きではない」と誤解することもあるのです。本来なら、"He doesn't like you" でないといけないのに、思い込んでしまうと is がおかしいとも気が付かなくなるのですね。したがって、単語を覚えたときの知識や、語尾の形をヒントにしつつも、最終的には文の構造から確定することを忘れないでください。

② 空所にどんな品詞が入るのかわかること

これは①と密接に関係があります。品詞を当てるためには、文の構造から「ここにはこの品詞が入る」ということを見抜く作業が必要です。結局これは、穴埋め問題の「空所にどの品詞が必要か」を当てるのと同じことです。

文の構造から考えて、動詞の原形じゃないの？

Mr. Smith is planning to **vacation** in Hawaii.

考えていることはほとんど同じ

文の構造から考えて、動詞の原形が入るんじゃないの？

Mr. Smith is planning to ------- in Hawaii.

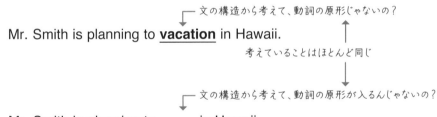

つまり、英文を読んでいるときに単語ごとの品詞を確認するくせがつくと、知っている単語でつまずいたりしなくなるだけでなく、品詞の感覚も強化され、穴埋め問題も解くことができるようになります。特に品詞の問題が苦手な方は、この点に注意してみてください。

それでは、これらの目標を目指しつつ、個々の品詞を学んでいきましょう。

Lesson 23

名詞

1 数えられる名詞

名詞には数えられるもの（可算名詞）と数えられないもの（不可算名詞）があります。基本的には個数で数えるものは可算名詞、個数ではなく量ではかるものや数の概念とは関わりのないものは不可算名詞になります。ただし、これらの中には日本人の感覚にそぐわないものがありますので注意が必要です。

A) 可算名詞の複数形

たとえば「２冊の本」など複数を指す場合、s または -es をつけて複数形にします。

book→ book**s**　　dish→dish**es**

ただし、これ以外に特殊な形になるものがあります。

① 語尾が f/fe → ves となる

語尾が -f または -fe で終わる単語は -f や -fe を取って -ves をつけます。

leaf	→	**leaves**	葉っぱ	wife	→	**wives**	妻
shelf	→	**shelves**	棚	life	→	**lives**	人生･生命
knife	→	**knives**	ナイフ	scarf	→	**scarves**	スカーフ

② まったく別の形

まったく別の形になるものは、あらかじめ覚えておく必要があります。

mouse	→	**mice**	ネズミ	tooth	→	**teeth**	歯
foot	→	**feet**	足	man	→	**men**	男性
child	→	**children**	子ども	woman	→	**women**	女性
person	→	**people**	人（法律文書などでは persons も使われる）				

Children should help **their** parents.　　子どもは親を手伝うべきだ。

（Children ← 複数）（their ← 複数なのでhisやherではない）

③ 数えられるが単数と複数が同じ形

複数形でも -s がつかないものと、単数でも -s がつくものがあります。

sheep	ヒツジ	**fish**	魚	**deer**	シカ	**aircraft**	航空機
yen	円	**species**	種	**means**	手段		

I saw a lot of **sheep** in England and **they** looked cute. たくさんのヒツジ

（sheep：sがなくても複数／they：複数だからthey）

I have **a sheep** in my garden and **it** is cute. 1匹のヒツジ

（a sheep：可算名詞なので1匹の時はaが必要／it：1匹だからit）

English is **a means** of communication. 1つの手段

（a means：-sがついていても単数の場合はaが必要）

B) 通常複数形で扱うもの

似たようなパーツが複数集まってできているものは、複数形で用いて、単数形にはなりません。

glasses	めがね	**scissors**	ハサミ	**tights**	タイツ
trousers	ズボン	**pajamas**	パジャマ	**jeans**	ジーンズ

I've lost **my glasses**. I can't find **them**.

（them：メガネ1つでもitにならない）

ただし分離できる物についてはその1つを指す場合、単数で使うこともできます。

earrings	イヤリング	**shoes**	くつ	**boots**	ブーツ
slippers	スリッパ	**gloves**	手袋	**socks**	靴下

I found **an earring** under the bed, but **it** wasn't mine.

（an earring：イヤリングの片方／it：1つだからit）

While I was shopping, I lost **my left glove**.

（my left glove：左側の手袋）

訳して Check! 1

221

1 My golf instructor advised me to wear a golf glove on my non-dominant hand so that I wouldn't get blisters on the palm.

2 This state-of-the-art technology could tremendously enhance people's lives if put into practice.

3 Our facilities division started keeping two sheep in a vacant plot of the company's land to save money on weeding. However, they soon realized that they would need to feed them in the winter months when there is not enough grass growing.

4 私の利き足は右だが、いつも左の靴底がより早くすり減る。

5 携帯電話は、必須のコミュニケーション手段であるのと同時に、私たちの生活になくてはならない生活の一部になった。

6 Mr. Cook が空港で 10 万円を米ドルに両替したとき、法外な手数料を取られて、600 ドルといくらかの小銭しか受け取らなかった。

1 **instructor**「インストラクター」**advise**「忠告する」**wear**「着用する」
non-dominant「利き腕ではない方の」**blister**「水膨れ」**palm**「手のひら」
2 **state-of-the-art**「最先端の」**tremendously**「大幅に」
enhance「より良くする」**put A into practice**「A を実用化する」
3 **facility**「施設」**division**「課、部門」**vacant**「空いている」**plot**「区画」
weed「雑草を取る」**realize**「気が付く」**feed**「餌を与える」**grass**「草」
4 **right-footed**「右が利き足の」**sole**「足の裏」**wear out**「すり減る」
5 **integral**「なくてはならない」**part**「一部」**A as well as B**「B だけでなく A も」
essential「必須の」**communication**「コミュニケーション」
6 **exchange**「両替する」**dollar**「ドル」**charge**「請求する」**exorbitant**「法外な」
commission「手数料」 **change**「小銭」

2 数えられない名詞

液体や気体など決まった形のないものや、固体でも普段から個数ではなくグラムや分量などではかるもののほか、数・個数の概念とは関わりのない名詞は数えられない名詞であることが多くあります。

数えられない名詞には a / an も複数の -s もつきませんが、数えられる名詞につけるaの代わりに、漠然とした量を表すsomeをつけることがあります。また、主語として使われる場合は、現在形では動詞にsがつきます。

Water boils at 100℃.　　　水は100度で沸騰する。

water は数えられないので単数扱い

I drank **some** tea in the morning.　　　私は朝に紅茶を飲んだ。

この場合のsomeは大きな意味はない

重要な不可算名詞

information	情報	**advice**	アドバイス	**news**	ニュース
equipment	装置・機器	**furniture**	家具	**knowledge**	知識
homework	宿題	**work**	仕事	**machinery**	機械類
merchandise	商品	**software**	ソフトウェア	**hardware**	ハードウェア 金物類

数えられない名詞を数えるときは容器や単位をつけ、それを数えます。

two **slices** of bread　　2枚のパン
two **cups** of coffee　　2杯のコーヒー
two **glasses** of water　　2杯の水
two **pieces** of information　　2つの情報

訳して Check! 2

222

1 Because Ms. Chen had in-depth knowledge in the field, even the manager relied on her.

2 The customer testimonials attest to the high quality of the hardware we provide including our pots and pans.

3 The design company sent us a draft of our new flyer for confirmation. However, it lacked the two most important pieces of information: the price of the product, and our company name!

4 あまりにもたくさんの家具を所有していたので、私たちは新しいアパートに1日で引っ越すことができなかった。

5 製造装置の１台だけが故障したが、それが生産を丸一日止めた。

6 店舗スペースの制約により、店が置くべき商品の適切な種類を決定するのが難しい場合がある。

1 **in-depth**「詳細な」**field**「分野」**rely on A**「A に頼る」
2 **testimonial**「推薦文」**attest to A**「A を証明する」**hardware**「金物類」**provide**「提供する」**including A**「A を含めて」**pots and pans**「鍋類」
3 **draft**「草稿」**flyer**「チラシ」**confirmation**「確認」**lack**「欠ける」
4 **move**「引っ越す」**flat**「(英) アパート」**too**「あまりに」
5 **piece**「１つ」**manufacturing**「製造」**malfunction**「正常に機能しない、誤動作する」**halt**「止める」**production**「生産」**whole**「まるごとの」
6 **because of A**「A のせいで」**constraint**「制限」**store space**「店舗スペース」**challenging**「難しい」**determine**「決定する」**appropriate**「適切な」**range**「幅、種類」**merchandise**「商品」**carry**「(店が商品) を置いている」

3 名詞につける語

名詞を使う場合は次のことを考える必要があります。

1. 数えられるか数えられないか
2. 数えられるものなら、１つあるのか複数あるのか
3. ある特定のものを指すのか、あるいは、複数存在するうちの「ある１つ」「いくつか」など、「どれ」かを特定しないものを指すのか

このうち 1,2 は先ほど説明しました。 ここでは 3 を説明します。
「私は本を買った」という文の「本」はこれだけ聞いても、世の中に本が無数にあるため、聞き手が「どの本」かを特定できるわけではありません。また「私は犬が好きだ」というのもある特定の犬を指すのではなく、犬全体を指しています。

これに対して「私はその本が好きだ」とか「あの犬はかわいい」における「その本」「あの犬」というのは「どの本・どの犬」かを特定しています。

英語では名詞が特定されているか、簡単に言えば、聞き手が「どれ」かわかるかどうかで使い方が異なります。

特定されていないもの （聞き手が「どれ」かわからないもの）

⇒　名詞の種類・数によって使い分ける

可算名詞の単数形 (book)	a/an
可算名詞の複数形 (books)	何もなし（some をつけることもよくある）
不可算名詞 (water)	何もなし（some をつけることもよくある）

特定されているもの （聞き手が「どれ」かわかる前提）

⇒　可算・不可算を問わず特定する語を使う

· this, that, these, those	「この・あの・これらの・それらの」
· Tom's, my, their…	所有を表す語
· the	「その」聞き手がどれかわかっている場合 もしくは1つしか存在しないもの

したがって、可算名詞の単数形は特定・不特定にかかわらず何らかの語をつけて使うことになります。

4 「多くの」と「少しの」

「たくさんの」「少しの」に当たる英語はいくつかありますが、数えられる名詞専用の表現や数えられない名詞専用のものがありますから注意が必要です。

数えられる名詞専用

a large number of　多くの

A large number of students went there.　多くの生徒がそこに行った。

many　多くの

There are **many** shops in the city.　その街には多くの店がある。

several　数個の

I slept for **several** hours yesterday.　昨日私は数時間寝た。

a few　少数の、多少の　　**few**　ほとんど～ない

I have **a few** friends in Japan.　私は日本に何人かの友達がいる。

I have **few** friends in Japan.　私は日本にほとんど友人がいない。

数えられない名詞専用

a great deal of　多量の

He drank **a great deal of** beer.　彼はたくさんのビールを飲んだ。

a large amount of　多量の

I need **a large amount of** money.　私は多額の金が必要だ。

much　たくさんの

I don't have **much** free time.　私は自由な時間があまりない。

a little　少しの　　**little**　ほとんど～ない

There's **a little** water here.　ここに少しの水がある。

There's **little** water here.　ここには水がほとんどない。

両方 OK

a lot of　多くの

I have **a lot of** books.　たくさんの本を持っている。

I have **a lot of** money.　たくさんのお金を持っている。

plenty of　十分なほど多くの

I have **plenty of** skills.　私は多くのスキルを持っている。

I have **plenty of** free time.　私は自由時間がたくさんある。

some　いくらかの、少しの

Would you like **some** biscuits?　ビスケットはいかが。

Would you like **some** tea?　紅茶はいかがですか。

any　何か、少しでも、いかなる

If you have **any** questions, phone me.　もし何か質問があれば電話して。

If you have **any** trouble, phone me.　もし困ったことがあれば電話して。

few と little は a がつくと肯定的に「少しある」の意味で、a がないと否定的に「ほとんどない」の意味になります。

訳して Check! ③　223

1 The wholesaler sells plenty of condiments at its depot at extremely competitive rates, and they are available to individual customers, too. However, you have to bulk-buy them.

2 In today's fast-paced business environment, business owners must keep up with any changes in market trends in order not to lag behind their rivals.

3 A great amount of money and effort has been invested in the development of a new stronger and lighter material. However, it will be some time before the research is completed.

4 その国には多数の観光目的地があり、毎年多くの観光客を引きつけている。

5 医者は患者に風邪薬を処方し、脱水症状を避けるために水をたくさん飲むように言った。

6 海外の新しい市場に進出するためには、現地の生活様式や慣習に適した製品を作る必要があり、それはたいてい多くの時間がかかる。

1 **wholesaler**「卸売業者」**condiment**「調味料」**depot**「倉庫」**extremely**「きわめて」**competitive**「(他より)安い、競争的な」**rate**「値段」**individual**「個人の」**bulk-buy**「まとめ買いする」

2 **fast-paced**「目まぐるしい」**environment**「環境」**keep up with A**「Aについていく」**market**「市場」**trend**「動向」**lag behind A**「Aに遅れをとる」**rival**「ライバル」

3 **effort**「労力」**invest**「投入する」**development**「開発」**light**「軽い」**material**「素材」**some time**「長い間」**research**「研究」**complete**「完成させる」

4 **tourist destination**「観光目的地」**attract**「呼び寄せる、魅了する」

5 **prescribe**「処方する」**patient**「患者」**cold**「風邪」**avoid**「避ける」**dehydration**「脱水症状」

6 **enter**「参入する」**overseas**「海外の」**market**「市場」**necessary**「必要な」**create**「作る」**suitable**「適切な」**local**「地元の」**lifestyle**「生活様式」**custom**「慣習」**take**「かかる」

5 名詞に何もつけない場合

冠詞などが必要に見えて実際は何もつけない場合があります。

A) 建物や場所を表す語句

特定の物理的・地理的な場所・建物として考えるよりも、単にその本来の目的を表すときは何もつけないことがあります。ただし、これはイディオム的に一部の名詞のみに適用されます。主に、次のような名詞があります。

go to **school**	教育の場として（生徒や教師などが）行く
go to **work**	仕事をするために職場に行く
	（work は「職場」の意味ではもともと不可算名詞で無冠詞）
go to **church**	礼拝のために行く
go to **bed**	寝るために行く
be in **hospital**	入院している
	（主にイギリス英語。アメリカ英語では the hospital）

My wife was at **work**, my son was at **school**, and I was in **bed**.

妻が仕事、娘が学校で、私はベッドで寝ていた。

I was in (the) **hospital** for a week last month.

私は先月１週間入院していた。

特定の場所や建物として使う場合は、一般の名詞と同じように使います。

Local people gathered at **the school** to discuss the town's festival.

地元の人たちは町の祭りについて話し合うために学校に集まった。

B）by + 交通手段

by を使って交通手段を表すときは何もつけません。交通機関を特定したい場合、つまり「あのバスで」とか「彼の車で」などと言いたい場合は in / on を使います。

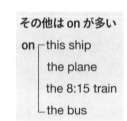

特定する語がない場合	特定する語を使う場合	
by + 交通機関	**乗用車は in**	**その他は on が多い**
by train / plane / ship	**in** his car / the taxi	**on** this ship / the plane / the 8:15 train / the bus

※ただし、「徒歩で」は on foot

I went to the station
- by car.
- in his car.
- ~~by his car.~~ …… byの後は何もつけない

C) スポーツや食事名

スポーツや食事名は通例不可算名詞として扱い、冠詞などもつけません。

食事		スポーツ	
eat	breakfast	play	tennis
	lunch		baseball
	dinner		soccer
	supper		golf

I cook **dinner** on weekends. 週末は夕食を作る。
I used to play **baseball** when I was a kid. 子どものころ野球をしたものだ。

食事名は通常 a / the はつきませんが、形容詞がつくなどして特定された食事や、種類、1回分の食事を指す場合などはつきます。また、複数形にもなります。

Mr. Jackson used to eat **a** big breakfast every morning.
かつて Mr. Jackson は毎朝、朝食をたくさん食べていた。
We enjoyed **the** supper he prepared for us.
私たちは彼が準備してくれた夕食を楽しんだ。
The price of the package tour includes **three breakfasts** and **two dinners**. そのパッケージツアーの価格は3回の朝食と2回の夕食を含みます。

ただし、meal「食事」は普通の可算名詞です。

Take this medicine between **meals**. この薬を食間に飲みなさい。

D）意味によって用法が変わる名詞

可算名詞か不可算名詞かは絶対的なものではなく、１つの単語で両方の使い方を持つものが非常にたくさんあります。中には意味が異なる場合もあります。特に次のものを覚えておきましょう。

Ⓒ可算名詞　Ⓤ不可算名詞

glass Ⓒ コップ Ⓤ ガラス	I put **a glass** on the table. **Glass** is transparent.	私はテーブルにグラスを置いた。 ガラスは透明だ。
iron Ⓒ アイロン Ⓤ 鉄	I bought **an iron**. This box is made of **iron**.	私はアイロンを購入した。 この箱は鉄でできている。
light Ⓒ 電灯 Ⓤ 光	I turned off the **lights** in my room. This material absorbs **light**.	私は部屋の電灯を消した。 この物質は光を吸収する。
paper Ⓒ 新聞、論文 問題用紙 Ⓤ 紙	I bought **two papers** at the newsstand. I need a lot of paper.	私は新聞売り場で２つの新聞を購入した。 私はたくさんの紙が必要だ。
room Ⓒ 部屋 Ⓤ 余地	I have **a big room**. There is some room for improvement.	私は大きな部屋を持っている。 改善の余地がある。
TV Ⓒ テレビの機械 Ⓤ テレビ放送	I bought **a TV** last year. I watched **TV** last night.	去年テレビを買った。 昨晩テレビを見た。
time Ⓒ 回 Ⓤ 時間	I have met him **three times**. I have **time** to study English.	彼に３回会ったことがある。 英語を勉強する時間がある。
work Ⓒ 作品 Ⓤ 仕事	The painter's **works** are popular. I have a lot of **work** to do.	その画家の作品は人気だ。 私はすべき仕事がたくさんある。

訳して Check! ④ 224

1 Besides taking classes at school, medical students have to see patients in hospital during their extensive on-the-job training.

2 When the negotiations reached a complete deadlock, we asked the representative of the other party if there was any room for compromise.

3 It is not uncommon that important negotiations are conducted over lunch or dinner so that participants can talk in a more relaxed and friendly atmosphere. And, yes, the quality of food matters! We have helped on such occasions countless times with our top-notch catering services.

4 Dr Smith によって昨年発表された 2 つの論文は際立って洞察に富んだものだった。

5 Kate は第一外国語として高校ではフランス語を取っていたが、大学と大学院ではドイツ語を専攻した。

6 私たちは飛行機で会場に行く予定にしていたが、代わりに前夜 23:55 発の寝台列車でそこに行くことに決めた。

1 **besides A**「A に加えて」**medical**「医療の」**see**「診る」**patient**「患者」
extensive「広範囲の」**on-the-job training**「実地研修」

2 **negotiation**「交渉」**reach**「達する」**complete**「完全な」**deadlock**「行き詰まり」
representative「代表者」**the other**「（2 者のうち一方を除いた）もう一方の」
party「当事者、関係者」**room**「余地」**compromise**「妥協」

3 **uncommon**「珍しい」**negotiation**「交渉」**conduct**「行う」
over lunch「昼食をとりながら」**so that S+V**「S が V するように」
participant「参加者」**relaxed**「くつろいだ」**atmosphere**「雰囲気」
quality「質」**matter**「重要である」**countless**「数えきれないほどの」
occasion「機会」**top-notch**「最高の、一流の」**catering**「ケータリング」

4 **publish**「発表する」**remarkably**「際立って、目立って、非常に」
insightful「洞察に富んだ」

5 **foreign**「外国の」**language**「言語」**major in A**「A を専攻する」
German「ドイツ語」**college**「大学」**graduate school**「大学院」

6 **plan to *do***「～する予定である」**venue**「会場」**instead**「代わりに」
sleeper train「寝台列車」**the night before**「前夜に」

Questions A

1 Ms. Reid had ------- at a restaurant last night.

(A) dinner (B) meal (C) course (D) great dish

2 It is important to brush ------- after every meal.

(A) your tooth (B) some tooth (C) a tooth (D) your teeth

3 Approximately, five hundred ------- in the national park.

(A) deer lives (B) deers live (C) deer live (D) deers lives

4 Mr. Liu had a lot of ------- on his smartphone, but he deleted all of it.

(A) game magazines (C) game apps
(B) video games (D) game software

5 We have received positive feedback from a ------- of customers on our new line of electric griddles.

(A) great deal (B) vast amount (C) much (D) number

1 **meal**「食事」**course**「コース料理の一品」**dish**「料理」
2 **brush**「磨く」
3 **approximately**「およそ」**national park**「国立公園」
4 **delete**「削除する」**video game**「テレビゲーム」**app**「アプリ」
5 **positive**「良い、前向きな」**line**「ラインアップ」**electric griddle**「ホットプレート」

Questions B

1 There ------- great expectations among ardent fans about a possible remake of the fantasy adventure movie.

(A) seems to be (B) have been (C) was (D) is

2 The tame sheep the petting zoo keeps ------- friendly and they seem to like being around people.

(A) looks (B) look (C) looking (D) is looking

3 The in-house survey found that the ------- who only work from home are more stressed than previously thought.

(A) worker (B) employee (C) person (D) staff

4 As ------- of acquiring practical experience and professional skills, students are encouraged to join an internship program.

(A) means (B) a mean (C) a means (D) mean

5 The ------- installed in the conference room, including the teleconference system, are currently out of service due to electricity supply problems.

(A) equipment (B) devices (C) gadget (D) machine

1 **expectations**「期待」**ardent**「熱心な」**possible**「可能性のある」 **remake**「リメイク作品」**fantasy adventure**「ファンタジー・アドベンチャー」

2 **tame**「人になれた」**petting zoo**「ふれあい動物園」

3 **in-house**「社内の」**stressed**「ストレスが溜まって」**previously**「以前に」

4 **acquire**「獲得する」**practical**「実際的な」**encourage**「奨励する」

5 **install**「取り付ける」**including A**「A を含めて」**teleconference**「遠隔会議」 **currently**「現在のところ」**out of service**「非稼働中で、休止で利用できなくて」 **due to A**「A のために」**electricity**「電気」**supply**「供給」**device**「装置」 **gadget**「(小型で工夫を凝らした) 装置」

✓ Reverse Check 1 数えられる名詞 225

1 私のゴルフインストラクターは、手のひらに水ぶくれができないように、利き手ではない方の手にゴルフ用手袋を着用するようにアドバイスした。

2 この最先端のテクノロジーは実用化されれば、人々の暮らしを大幅によくする可能性がある。

3 施設課は草むしりする金を節約できるよう自社の空き地で２頭の羊を飼い始めた。しかし、十分な草が育たない冬の月には羊たちに餌をやらなければならないことにすぐに気が付いた。

4 I'm right-footed, but the sole of my left shoe always wears out faster.

5 Mobile phones have become an integral part of our lives as well as an essential means of communication.

6 When Mr. Cook exchanged 100,000 yen for US dollars at the airport, he was charged an exorbitant commission and received only 600 dollars and some change.

1 片方の手のひらと、片方のゴルフ手袋の話をしている。
2 かたい文では if 節中の主語が主節と同じ場合、be 動詞とともに省略されることがある。ここでは、it is が省略されている。
3 ２頭のヒツジの話をしているので them が使われている。
6 change「小銭」は money 同様、不可算名詞。

✓ Reverse Check 2 数えられない名詞 226

1 Ms. Chen はその分野の詳細な知識を持っていたので、部長さえも彼女を頼りにしていた。

2 お客様の声は、鍋類を含む当社が提供する金物類の高品質を証明しています。

3 デザイン会社が確認のために新しいチラシの草稿を送ってきたが、最も重要な２つの情報、つまり製品の価格と会社名が欠けていた！

4 We couldn't move into our new flat in one day because we had too much furniture.

5 Only one piece of manufacturing equipment malfunctioned, but it halted production for a whole day.

6 Because of constraints on store space, it can be challenging to determine the appropriate range of merchandise your store should carry.

Reverse Check 3 「多く」と「少し」 227

1 その卸売業者は自社の倉庫で多数の調味料を非常に競争力のある価格で販売しており、個人の客も購入可能である。ただし、まとめ買いする必要がある。

2 今日の急速なビジネス環境では、事業主はライバルに遅れを取らないために、市場動向のいかなる変化にもついていかなければならない。

3 より強くてより軽い新素材の開発には、膨大な資金と労力が投入されている。しかし、その研究が完成するまでには、まだ長い時間がかかるだろう。

4 There are a great number of tourist destinations in the country, and they attract many tourists every year.

5 The doctor prescribed the patient some cold medicine and told him to drink plenty of water to avoid dehydration.

6 In order to enter a new overseas market, it is necessary to create products that are suitable for local lifestyles and customs, which usually takes a lot of time.

3 some time はイディオムで、「かなり長い期間」の意味がある。
5 medicine は可算名詞でもあるので、a cold medicine でも可。
6 コンマ＋ which は前の内容を受ける関係詞。この文では代わりに and that などとしてもよい。

Reverse Check 4 名詞に何もつけない場合 228

1 医大生は学校で授業を受ける他に、広範囲にわたる実地研修の間に入院患者を診なければならない。

2 交渉が完全な行き詰まりに達した時、我々は相手方の代表者に妥協の余地があるか尋ねた。

3 参加者がもっとくつろいだフレンドリーな雰囲気で話せるように、ランチを食べながら重要な交渉が行われることは珍しいことではありません。そして、そうです。料理の質も重要なのです！　そういった機会において私どもは最高のケータリングサービスで数えられないくらいお手伝いしてきました。

4 The two papers that Dr. Smith published last year were remarkably insightful.

5 Kate took French at high school as her first foreign language but majored in German at college and graduate school.

6 We had planned to go to the venue by plane but decided instead to get there on the 23:55 sleeper train the night before.

Lesson

24 代名詞

I 数量・部分を表す代名詞

代名詞の中には数量を表すものがいくつかあります。 これらは主語や目的語になるほかに、形容詞のように他の名詞の前に置いてその名詞の数量を表すことができます。

このsomeは単体で目的語になっている

He drank **some coffee**, and I drank **some**, too.

someはcoffeeを説明している

「彼はコーヒーを飲み、私も飲んだ」

A) 少し、たくさん

some いくらか

Some of my friends live in Bali. 友人の何人かはバリ島に住んでいる。

any どんなものでも・少しも・少しでも

Any of these books would make a good gift.

これらの本のどれでもいい贈り物になるでしょう。

I don't like **any** of these books. これらの本のどれも好きではない。

Do you have **any** of these books? これらの本のうち１つでも持ってる？

many 多数（の）

I have **many** books. 私はたくさんの本を持っている。

much 多量（の）

I don't have **much** time. 私にはあまり時間がない。

most ほとんど（の）

Most of the students like English. その生徒たちのほとんどは英語が好きだ。

several いくつか（の）

Several of the staff worked overtime. 何人かのスタッフが残業した。

訳して Check! 1

229

1 Many of the ingredients and seasonings used in our dishes come directly from select producers.

2 Please note that some of the items displayed as "in stock" on our online shop may be out of stock at the time of your order, as our inventory is linked to the actual store.

3 Several of the job applicants expressed a preference for working at the headquarters rather than at the regional branch near their homes. On the other hand, several others wanted a work arrangement that did not involve relocation, even if it meant a lower salary.

4 Greentech Computers 社のタブレット型端末の多くには、ガラス製の画面フィルムがついてくる。

5 チャリティーバザーからの収益のほとんどは、町の地域活動に使われる。

6 当社の商品に対して 100 ドルお使いになるごとに、抽選会の券を 1 枚差し上げます。この催し物へのご参加は、当社のいずれの店舗でも行うことができます。

1 **ingredient**「食材」**seasoning**「調味料」**dish**「料理」
come from A「A の産である、A に由来している」**directly**「直接」
select「選りすぐりの」**producer**「生産者」

2 **note**「留意する」**item**「商品」**display**「表示する」**in stock**「在庫あり」
out of stock「在庫切れで」**inventory**「在庫」**link**「連動させる」**actual**「実際の」

3 **applicant**「申込者」**express**「表明する」**preference**「希望、好み」
headquarters「本社」**rather than A**「A よりもむしろ」**regional**「地方の」
branch「支社」**on the other hand**「その一方で」**arrangement**「手配、取り決め」
work arrangement「勤務形態」**involve**「含む」**relocation**「転勤」
even if「たとえ～だとしても」**mean A**「A ということになる」

4 **tablet**「タブレット型端末」**come with A**「A がついてくる」**glass**「ガラス」
screen protector「画面フィルム」

5 **proceeds**「収益金」**charity**「慈善」**bazaar**「バザー」
go toward A「(お金が) A の代金の一部となる」**local**「地元の」**cause**「活動、運動」
town「町」

6 **for every A**「A (数) ごとに、対して」**spend**「費やす」**goods**「商品」
receive「受け取る」**drawing**「抽選、抽選会」**entry**「参加、入ること」**event**「催し物」

B) 1つ・もう1つ・残り

one　**1つのもの**

One of my friends lives in Osaka.　私の友達の1人は大阪に住んでいる。

another　（他にいくつかあるうちの、あるいは、「どれ」かを特定しない）**もう1つの、また別のもの**

Would you like **another** cup of tea?　紅茶をもう1杯いかがですか。

the other　（2つのうち片方を除いた）**もう一方の、**
（3つ以上のうち一部を除いた）**最後のもう1つ**

I have two brothers. One lives in Kyoto and **the other** lives in Kobe.
私には2人兄弟がいて1人は京都、もう1人は神戸に住んでいる。

the others　**その他の残りのもの**

I have three brothers. One lives in Kyoto and **the others** live in Kobe.
私には3人兄弟がいて、1人は京都、残りは神戸に住んでいる。

訳して Check! ② 230

1 Mr. Haas subscribes to a couple of business quarterlies and plans to add another.

2 Ms. Yang sent her resume to several companies, and one of them responded favorably, inviting her to participate in a job interview with the human resources director.

3 The negotiations were on the verge of a successful conclusion when the other party suddenly changed their tune and demanded a drastic revision of the terms.

4 プロジェクトチームのリーダーは取締役会との会議に出席できなかったので、代わりに別のメンバーが来た。

5 現在の我々の卸売業者の代わりとなりうる3社の中で、彼らのうち2つはより狭い範囲の製品を扱っており、もう1つはより高い手数料を請求している。

6 多くのスマートフォンが処理速度やカメラの画質に重点を置く中、このモデルの革新的なサウンドテクノロジーは市場の他のものを凌駕している。

1 **subscribe**「定期購読する」**a couple of**「2つの」**quarterly**「季刊誌」**add**「加える」
2 **resume**「履歴書」**respond**「返答する」**favorably**「好意的に」**invite**「招待する」**participate in A**「Aに参加する」**human resources**「人事部、人的資源」
3 **negotiation**「交渉」**on the verge of A**「Aの間際で」**successful**「成功した」**conclusion**「決着、結末」**party**「当事者」**suddenly**「突然」**change one's tune**「態度や意見をがらりと変える」**demand**「要求する」**drastic**「抜本的な」**revision**「改定」**term**「条件」
4 **be unable to *do***「～できない」**attend**「出席する」**board**「取締役会」**instead**「代わりに」
5 **of A**「Aたちの中で」**possible A**「A候補の、Aたりうる」**replacement**「代わり、後任」**current**「現在の」**wholesaler**「卸売業者」**deal in A**「A(商品)を扱う」**range**「範囲」**charge**「請求する 」**commission**「手数料」
6 **focus on A**「Aに重点を置く、集中する」**processing speed**「処理速度」**quality**「質」**model**「機種」**revolutionary**「画期的な」**surpass**「より優れている」

Check this out! あと5分

「あと5分」など「もう～」という場合は、2つ言い方があります。

「あと5分寝かせてくれ」

■ **another +数+名詞**

Let me sleep for another 5 minutes.

another +数+名詞

■**数+ more +名詞**

Let me sleep 5 more minutes.

数+ more +名詞

another は、an+other というスペルからもわかるように、通例単数名詞をとりますが、この場合は複数形が来ることに注意してください。

C) 全部・どちらか

all すべてのもの

All of the workers live near the office.

従業員の全員がオフィスの近くに住んでいる。

none すべて～ない(かたい文では単数扱い)

None of the workers live(s) near the office.

従業員の誰もオフィスの近くに住んでいない。

both 両方

Both of the two workers live near the office.

その２人の従業員の両方がオフィスの近くに住んでいる。

each それぞれ

I gave a pen to **each** of the workers. 私は従業員のそれぞれにペンをあげた。

either どちらか

Either of the two workers needs to clean the room.

その２人の従業員のどちらかが部屋をきれいにする必要がある。

neither どちらも～ない

Neither of the two workers passed the exam.

その２人の従業員のどちらも試験には通らなかった。

訳して Check! ③

231

1 In order to keep production going, I contacted every possible supplier to secure the raw materials, but none of them had them in stock.

2 Both potential offices are similar in size, have nearly identical rents, and are equally close to their nearest train stations.

3 Neither of these two sales strategies developed by our consultants specifically for you are costly, and either can be implemented quickly.

4 水道管が漏れて踏切を冠水させたため、Danesville 行きのすべての電車が遅れている。

5 改正された税法では、それぞれの取引の伝票とレシートは電子的に保管されなければならない。

6 交渉成功の鍵は、双方にとって有益な提案をすることです。

1 **keep O+C**「O=C の状態を保つ」**production**「生産」**contact**「連絡を取る」**possible**「可能な」**supplier**「納入業者」**secure**「確保する」**raw**「生の」**material**「材料」**stock**「在庫」

2 **potential A**「A になりそうな人・物、A 候補」**similar**「似ている」**nearly**「ほぼ」**identical**「同一の」**rent**「家賃」**equally**「等しく、同様に」**close**「近い」

3 **strategy**「戦略」**develop**「開発する」**consultant**「コンサルタント」

specifically「特別に」**costly**「費用がかさむ」**implement**「実行する」
4 **leak**「漏れ」**water main**「水道の本管」**flood**「洪水、水浸しにする」
railroad crossing「踏切」**bound for A**「A行きの」**run late**「予定より遅れる」
5 **revise**「改正する」**tax**「税金」**law**「法律」**slip**「伝票」**receipt**「レシート」
transaction「取引」**store**「保管する」**electronically**「電子的に」
6 **key to A**「Aのカギ」**successful**「成功した」**negotiation**「交渉」
come up with A「Aを出す」**proposal**「提案」**beneficial**「有益な」**party**「当事者」

2 itの使い方

A) 時間・距離・天候・日付

Examples

It was so sunny that we went on a picnic.
とても天気が良かったので私たちはピクニックに行った。

It was already 9 o'clock so we left his house.
もうすでに9時だったので、彼の家を出た。

Is **it** far from here to the station? ここから駅まで遠いですか?

It was his birthday yesterday, so I gave him a book.
昨日は彼の誕生日だったので私は彼に本をあげた。

itは時間や天候、距離などを表すときは、何の意味も持ちません。したがって、「それ」と訳さないようにしてください。「時刻は」とか「天候は」などと考えてもいいでしょう。

時間	It's already 9 o'clock.	もう9時だ。
	It's getting late.	遅くなってきた。
日付	It's Friday today.	今日は金曜日だ。
	It's October 29 today.	今日は10月29日だ。
	It's my birthday today.	今日は私の誕生日だ。
天候	It's sunny.	晴れている。
	It rained a lot yesterday.	昨日はたくさん雨が降った。

距離　It is a long way from here to the station.　ここから駅までは遠い。
It's 10km from his house to the library.
彼の家から図書館までは 10km だ。

訳して Check! ④　232

1 When we landed, it was already past dusk and had started drizzling, but our destination was within walking distance of the airport.

2 It is a company holiday tomorrow. However, employees scheduled to be on call are required to stay home or remain available to respond at any time during their shifts.

3 昨日は晴れたさわやかな秋の日で、風が心地よかったので、私は庭で生け垣の手入れをして、リンゴの木を刈り込んだ。

4 天気予報によると、曇りで時折にわか雨が降り、湿度が高くなるが、気温は比較的暖かいままになるだろう。

1 **land**「着陸する」**past A**「A を過ぎて」**dusk**「日暮れ」**drizzle**「霧雨が降る」
destination「目的地」**within A**「A 以内で」**walking distance**「歩ける距離」

2 **scheduled**「予定されている」**on call**「待機している、呼び出しに応じられる」
require「必要とする」**remain**「～の状態でいる」**available**「手が空いて」
respond「対応する」**shift**「交代勤務時間、シフト」

3 **clear**「晴れた」**crisp**「さわやかな」**autumn**「秋」**wind**「風」
pleasant「心地よい」**trim**「手入れする」**hedge**「生け垣」**prune**「刈り込む」

4 **according to A**「A によると」**weather forecast**「天気予報」**overcast**「曇った」
occasional「時折の」**shower**「にわか雨」**humidity**「湿度」
while S+V「S が V する一方で」**temperature**「温度」**remain**「～のままである」
relatively「比較的」**warm**「暖かい」

B) 形式主語・形式目的語

Examples

It is fun to learn English. 英語を学ぶことは楽しい。

It is often said that exercise is good for your health. 運動は健康に良いとよく言われる。

I found **it** exciting to play golf. ゴルフをするのは面白いと思った。

to *do* や that 節が主語や目的語になる場合、本体を it に置き換えて後ろにまわすことがあります。したがってこの it はこの to *do* のかたまりや that 節を指すので、「それ」と訳さないようにしてください。

It is fun **to learn English** .

to learn以下はitの位置に入る

It is believed **that exercise is good for your health** .

that以下はitの位置に入る

I found **it** exciting **to play golf** .

この部分はもともと目的語の位置にあった

訳して Check! 5

233

1 The marketing manager was adamant about her decision to shelve the product launch, so it was impossible to persuade her to retract it.

2 It is expected that these tax breaks and subsidies will make it easier for small companies to diversify their business.

3 アパレル小売店に対するある調査によると、回答者の 90 %が、オンライン店舗を持つことが全体的な売り上げに利益をもたらすと考えていた。

4 それぞれの個人に対して最高の買い物体験を生み出すことがより高い顧客維持につながることは広く認識されている。

1 **adamant**「断固とした、譲らない」**shelve**「棚上げする」**launch**「販売開始」**impossible**「不可能な」**persuade**「説得する」**retract**「撤回する」

2 **expect**「期待する」**tax break**「税の優遇措置」**subsidy**「補助金」**diversify**「多角化する」

3 **according to A**「A によると」**survey**「調査」**apparel**「アパレル」**retailer**「小売業者」**respondent**「回答者」**find+O+C**「O を C だと考える」**beneficial**「利益をもたらす」**overall**「全体的な」**sales**「売り上げ」**online**「オンラインの」**outlet**「小売店」

4 **widely**「広く」**recognize**「認識する」**create**「生み出す」**optimal**「最適な、最高の」**experience**「体験」**individual**「個人」**lead to A**「A につながる」**customer retention**「顧客維持」

C) 強調構文

Example

It was Mr. Smith **that** broke the window yesterday.

昨日、窓を割ったのは Mr. Smith だ。

文中の特定の語句を強調するために、it is … that ～に分割することがあります。「…」のところに強調したい語句を入れ、残りは that の後ろに置くだけです。

元の文

Mr. Smith broke **the window** **yesterday.**

このどれかを強調する

Mr. Smith は昨日その窓を割った。

Mr. Smith を強調　昨日その窓を割ったのは Mr. Smith だった。

It was **Mr. Smith** that **broke the window yesterday**.

強調したいもの　　残り

the window を強調　昨日 Mr. Smith が割ったのはその窓だった。

It was **the window** that **Mr. Smith broke yesterday**.
強調したいもの　残り

yesterday を強調　Mr. Smith がその窓を割ったのは昨日だった。

It was **yesterday** that **Mr. Smith broke the window.**
強調したいもの　残り

Other examples

It was Ms. White's idea **that** solved the problem.
その問題を解決したのは Ms. White のアイデアだった。

It was in the wallet **that** I found the key.
カギを見付けたのは財布の中だった。

訳して Check! 6

234

1 It was a misconfiguration of the communication equipment that caused the 24-hour network outage at the factory.

2 To my horror, it was my cell phone that went off loudly in the middle of the listening comprehension portion of the exam.

3 スタッフたちのやる気を出させたのは部長の激励の言葉だった。

4 在庫が破棄されることを防いだのは現場監督の素早い判断だった。

1 **misconfiguration**「間違った設定」**communication**「通信」**equipment**「機器」**outage**「機能停止、停電」**factory**「工場」
2 **to A's horror**「A の肝が冷えたことには」**go off**「鳴る」**loudly**「騒々しく」**in the middle of A**「A のさなかに」**comprehension**「理解」**portion**「部分」
3 **pep talk**「激励の言葉」**invigorate**「やる気にさせる、士気を高める」
4 **site**「現場」**supervisor**「監督」**quick**「素早い」**decision**「判断」**prevent A from *doing***「A が～するのを防ぐ」**stock**「在庫」**discard**「捨てる」

Questions A

1 ------- of the employees at Whitelyfield Cosmetics commute by train.
(A) One (B) A large amount (C) Much (D) Many

2 We have three accountants in our office. One is a part-timer and ------- work full-time.
(A) the other (B) another (C) others (D) the others

3 ------- is commonly known that eating vegetables is good for your health.
(A) One (B) Much (C) It (D) None

4 ------- visitor will be issued a guest pass at the guard station.
(A) All (B) Both (C) Each (D) None

5 Most of the staff find ------- very easy to work under the new director.
(A) that (B) it (C) them (D) one

1 **cosmetics**「化粧品」**commute**「通勤する」
2 **accountant**「会計士」**part-timer**「パート従業員」**full-time**「常勤で」
3 **commonly**「一般に」**vegetable**「野菜」**health**「健康」
4 **issue**「発行する」**guard station**「警備員詰め所」
5 **find+O+C**「O を C だと思う」**under A**「A の下で」

Questions B

1 Flight AB124 had some mechanical problems while waiting on the runway, which consequently delayed many ------- flights.

(A) other (B) others (C) another (D) of others

2 Even after the two employees had four weeks of intensive training, ------- of them could use the spreadsheet software competently.

(A) neither (B) both (C) all (D) none

3 The sneakers Ms. Thompson tried on were a little too tight, so she asked the shop assistant for a bigger -------.

(A) pair (B) one (C) ones (D) it

4 There were many entries in the in-house product planning contest, but ------- of them won the grand prize.

(A) neither (B) either (C) none (D) any

5 Our products can be sent by regular mail for free or by express mail for an additional fee. ------- way, rest assured that your items will be securely packed.

(A) both (B) neither (C) either (D) none

1 **mechanical**「機械的な」**runway**「滑走路」**consequently**「結果的に」**delay**「遅らせる」
2 **intensive**「集中的な」**spreadsheet software**「表計算ソフト」**competently**「有能に、満足に」
3 **sneaker**「スニーカー」**try on**「試着する」**tight**「きつい」
4 **entry**「参加作品」**in-house**「社内の」**product planning**「製品企画」**win**「勝ち取る」**grand prize**「大賞」
5 **regular**「通常の」**for free**「無料で」**express**「速達」**additional**「追加の」**fee**「料金」**rest**「～のままでいる」**assured**「安心した」**securely**「しっかりと」**pack**「梱包する」

Reverse Check 1 少し・たくさん

235

1 私どもの料理に使われている食材や調味料の多くは、厳選された生産者から直接入手しています。

2 実店舗と在庫が連動しているため、当社のオンラインショップで「在庫あり」と表示されている商品でも、ご注文時に在庫切れの場合があることにご留意ください。

3 求職者の何人かは、自宅に近い地方支社よりも本社で働くことを希望した。一方で、他の何人かは、給与が低くなっても転勤を伴わない勤務形態を希望していた。

4 Many of Greentech Computers' tablets come with a glass screen protector.

5 Most of the proceeds from the charity bazaar go toward local causes in town.

6 For every $100 you spend on our goods, you will receive one ticket for the drawing. Entries for this event can be made at any of our stores.

Reverse Check 2 1つ・もう1つ・残り

236

1 Mr. Haas は2つのビジネス季刊誌を定期購読しており、もう1つ追加する予定である。

2 Ms. Yang はいくつかの企業に履歴書を送ったところ、そのうちの1社から好意的な返事があり、人事部長との採用面接に参加するように誘ってくれた。

3 交渉は成功裏に終わりかけていた。ところが、相手方が突然態度をがらりと変え、条件の大幅な見直しを要求してきた。

4 The project team leader was unable to attend the meeting with the board, so another member came instead.

5 Of the three possible replacements for our current wholesaler, two deal in a smaller range of products and the other charges a higher commission.

6 While many smartphones focus on processing speed and camera quality, this model's revolutionary sound technology surpasses the others on the market.

Check this out! the othersとothers

the others が「残り全部」を指すのに対して、**others** は「残りのいくつか、別のいくつか」を指します。つまり、残り全てを指すのではなく、含まれないものがさらに残ることになります。

In my class, some students take the bus to school, while many others take the train.
私のクラスでは何人かの生徒はバスで通学するが、その他の多くは電車で通学する。

この例文では、バスと電車以外の交通手段で来る生徒もいると推測できます。また、**a few / many / several / some** など、残りのうちどの程度なのか、あるいは、別のものの数がどれくらいかを示す語もよく使われます。

Reverse Check 3 全部・どちらか

237

1 生産を継続するため、私は原料を確保しようと可能な限りあらゆる納入業者に連絡したが、彼らの誰もそれを在庫に持っていなかった。

2 オフィス候補の両方とも、広さが同程度であり、ほぼ同一の家賃で、最寄りの鉄道駅に同じくらい近い。

3 御社のために当社のコンサルタントによって特別に立案されたこの２つの販売戦略のどちらもあまり費用がかかりませんし、両方ともすぐに実践できます。

4 Because a leak from a water main has flooded a railroad crossing, all trains bound for Dansville are running late.

5 Under the revised tax law, the slips and receipts for each transaction must be stored electronically.

6 The key to successful negotiations is to come up with a proposal that is beneficial to both parties.

5 a train bound for A「A 行きの電車」bound for A が後ろから train を説明している。

Reverse Check 4 時間・距離・天候・日付

238

1 着陸すると、すでに夕暮れを過ぎていて、小雨が降り始めていたが、目的地は空港から徒歩圏内だった。

2 明日は会社の休日だが、オンコールが予定されている従業員は、そのシフト中は家にいるか、いつでも対応できるようにしておくことが求められている。

3 It was a clear and crisp autumn day yesterday, and the wind was pleasant, so I trimmed the hedges and pruned the apple trees in the garden.

4 According to the weather forecast, it will be overcast with occasional showers and high humidity while temperatures will remain relatively warm.

2 on call は、非常時などに備えて呼び出しに応じられる状態を指す。
4 while には「～する一方で」の意味がある。

Reverse Check 5 形式主語と形式目的語

239

1 マーケティング部長は、その製品の販売開始を棚上げするという自分の決定について断固として譲らなかったので、それを撤回するよう説得するのは不可能だった。

2 これらの税の優遇や補助金が小規模企業にとってビジネスを多角化しやすくすると期待されている。

3 According to a survey on apparel retailers, 90 percent of respondents found it beneficial for overall sales to have an online outlet.

4 It is widely recognized that creating an optimal shopping experience for each individual leads to higher customer retention.

Reverse Check 6 強調構文

240

1 24時間にわたる工場のネットワーク停止を引き起こしたのは、通信機器を誤って設定したことだった。

2 肝を冷やしたことに、試験のリスニングパートの最中に騒々しく鳴ったのは私の携帯電話だった。

3 It was the manager's pep talk that invigorated the staff.

4 It was the site supervisor's quick decision that prevented the stock from being discarded.

1 misconfiguration は configuration「（プログラムなどの）設定」に「誤った」を表す mis- が語頭についたもの。

Check this out! 強調構文のwho / which

It is … that の強調構文では、「…」に入る語が人の場合は who、物・事の場合は which が使われることがあります。

It was Mr. Smith who broke the window yesterday.
It was the window which Mr. Smith broke yesterday,

Check this out! most / none / allの補足

■ most

most は many / much の最上級として使われることもありますから、混同しないようにしてください。

The player with the **most** points wins.
もっとも多くのポイントを持っているプレイヤーが勝ちとなります。

■ none

none は名詞の前にダイレクトに置くことはできません。名詞の直前に置くときは no を使います。

○ **each** student **either** day **both** students
× **none** students → **no** students

■ all

all of 〜の of は「〜」の部分が普通の名詞の場合は省略可能です。ただし them など人称代名詞の場合は省略できません。

All (of) our employees live near the office.
私たちの従業員の全員が会社の近くに住んでいる。

All of them live near the office. 彼らの全員が会社の近くに住んでいる。

Lesson 25

形容詞と副詞

1 形容詞の働き

形容詞には2つの使い方があり、1つは名詞にくっついて使われる場合、もう1つはS＋V＋CとS＋V＋O＋Cの文型でC（補語）として使われる場合です。しかし、いずれも名詞を説明するために使われます。

① 名詞とくっついて名詞のかたまりに吸収される

名詞のかたまり

It was **a wonderful party**.　　それは素晴らしいパーティーだった。

名詞のかたまりに吸収される

② S＋V＋CのCとして使う

The party was **wonderful**.　　そのパーティーは素晴らしかった。
S　V　C

③ S＋V＋O＋CのCとして使う

I found the party **wonderful**.　　私はそのパーティーを素晴らしいと思った。
S V　O　C

いずれもwonderfulは「どんなパーティーなのか」partyを説明していることに注意してください。

2 ed / ingで終わる形容詞

Examples

Jill is **interested** in French.　　Jillはフランス語に興味がある。
Jill is very **interesting**.　　Jillはとても興味深い人だ。

もともと「（人を）～させる」という意味を持つ動詞に、ed / ingがついて形容詞になったものが多くあります。この意味を誤解することが多いので気を付けましょう。例としてinterestとboreを見てみましょう。

interest 興味を持たせる

He interests me. 私に興味を持たせる

I am interested. 私は興味を持たされている ⇒ 興味がある

He is interesting. 彼は(人に)興味を持たせている ⇒ 面白い人だ

bore 退屈させる

He bores me. 私を退屈させる

I am bored. 私は退屈させられている ⇒ 退屈している

He is boring. 彼は(人を)退屈させている ⇒ つまらない人だ

つまり、-ed の形容詞はもともと「させられている」という意味から、説明されている名詞の感情や状態を表し、-ing の形容詞は「させている」から、説明されている名詞が周りの人間をどんな状態にしているかを表しています。-ing を見ると進行形を連想して「〜している」と思いがちですが、もともとは「みんなを〜させている」という意味だったと考えるとわかりやすいでしょう。

He is **tiring.** ──► 彼は疲れるヤツだ

進行形を連想して「疲れている」と取らないように注意。tireはもともと「疲れさせる」の意味なので、動詞の進行形と考えても「疲れさせている」となるはず。

同じような形容詞はたくさんありますが、主なものをいくつか挙げておきます。

surprised 驚いている

I was **surprised** at the news. 私はそのニュースに驚いた。

surprising 驚かせるような

The news was **surprising**. そのニュースは驚くべきものだった。

tired 疲れている

I was **tired**. 私は疲れていた。

tiring 疲れさせるような

The job is **tiring**. その仕事はとても疲れる。

excited わくわくしている

I was **excited**. 私はわくわくしていた。

exciting わくわくさせるような

The game was **exciting**. その試合はわくわくするものだった。

confused 混乱している

I was **confused**. 私は混乱していた。

confusing 混乱させるような

The story was **confusing**. その話は混乱するものだった。

訳して Check! ①

241

1 I wanted to host an online meeting, but the instruction manual was so confusing that even after 2 hours I couldn't set up the new system.

2 You will be astonished by our skin care products that protect even the most delicate skin from UV rays and keep it looking fresh and youthful.

3 The long-awaited film was so exciting and gained such immense popularity that it was swiftly adapted into various other media, including comics, game apps, and a TV series.

4 スタッフの１人がこの複雑な問題に対する興味深い解決策を思いついた。

5 販売促進キャンペーンがもたらすだろう予想された収益に、CEO は興奮しているように見えた。

6 当博物館の 45 分ガイド付きツアーは、主要な展示物について楽しい情報と魅力的な洞察をご提供しています。

1 **host**「主催する」**instruction manual**「説明書」**set up**「設定する、準備する」

2 **astonished**「驚いた」**skin care**「スキンケア」**protect**「守る」**even**「でさえ」
delicate「繊細な」**UV ray**「紫外線」**keep+O+*doing***「O が～している状態を保つ」
fresh「みずみずしい」**youthful**「若々しい」

3 **long-awaited**「長く待たれた、待望の」**film**「映画」
so/such ~ that S+V「あまりにも～なので S が V する」**gain**「得る」
immense「膨大な、とてつもない」**popularity**「人気」**swiftly**「素早く」
adapt A into B「A（原作）を B（映画など）に改作（翻案）する」**various**「さまざまな」

media「媒体」**including A**「A を含めて」**comic**「マンガ」**app**「アプリ」
series「シリーズもの、連続番組」

4 **come up with**「思いつく」**intriguing**「興味深い」**solution**「解決策」
complex「複雑な」

5 **thrilled**「わくわくして、喜んで」**project**「予想する」**revenue**「収益」
promotional「販売促進用の」**campaign**「キャンペーン」**yield**「もたらす」

6 **guided tour**「ガイド付きツアー」**entertaining**「楽しい」**information**「情報」
fascinating「魅力的な」**insight**「洞察」**key**「主な」**exhibit**「展示物」

3 2語以上でつくる形容詞のまとまり

Example

I live in a town **famous for old churches**.

私は古い教会で有名な町に住んでいる。

形容詞が名詞に直接かかる場合、普通は名詞の前に置かれますが、形容詞が特定の前置詞を取る場合など、２語以上で１つのまとまりを作っているときは、名詞の後ろにまとめて置かれます。

1語なので前からtownを説明する

a **famous** town　　有名な町

a town **famous for old churches**　　古い教会で有名な町

2語以上で1つのかたまりなのでまとめてtownの後ろに置く
famous for Aで「Aで有名な」。for Aはfamousが連れてきているので分割せず、まとめて使う。

Other examples

This is a problem **common** to most learners of English.

これはほとんどの英語学習者に共通の問題点である。

People **interested** in this opening should contact our Human Resources Department.

この募集に興味のある方は当社の人事部にご連絡ください。

訳して Check! ② 242

1 A laptop as powerful as this one might come in handy when you do video editing away from your office.

2 As a token of our appreciation for your continued patronage, we have enclosed with this letter gift certificates worth a total of $200.

3 All the forms necessary to file a theft insurance claim are available on our website. Also, they can be submitted online along with the relevant authorities' certificates.

4 今後の弊社アウトドア製品に関心のあるキャンプ愛好家の方は、この週刊メールマガジンにサインアップしてください。

5 総会では、そのプロジェクトを担当したスタッフメンバーの全員が公式に表彰され、それぞれ特別賞を受けた。

1 **powerful**「処理能力の高い」**come in handy**「役に立つ、重宝する」**video**「動画」**editing**「編集」**away from A**「A から離れて」

2 **as A**「A として」**token**「印」**appreciation**「感謝」**continued**「継続した」**patronage**「愛顧、贔屓」**enclose**「同封する」**gift certificate**「商品券」**worth A**「A の価値がある」**a total of A**「合計で A」

3 **form**「用紙」**necessary**「必要な」**file**「(正式に) 提出する」**theft**「盗難」**insurance**「保険 (金)」**claim**「請求」**submit**「提出する」**along with A**「A とともに」**relevant**「関連した」**authorities**「当局」**certificate**「証明書」

4 **camping**「キャンプ」**enthusiast**「愛好家」**interested in A**「A に関心がある」**upcoming**「近日発売の」**outdoor**「アウトドア」**sign up for A**「A を申し込む」**weekly**「週刊の」**e-newsletter**「電子ニュースレター、メールマガジン」

5 **general meeting**「総会」**responsible for A**「A を担当する」**officially**「公式に」**commend**「称賛する」**receive**「受け取る」**special**「特別な」**award**「賞」

Check this out! 後ろから名詞を説明するもの

後ろから名詞を説明するかたまりは、形容詞を主体としたもの以外に次のようなものがあります。

関係詞

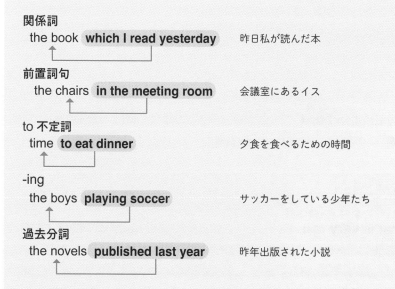

the book **which I read yesterday**　昨日私が読んだ本

前置詞句

the chairs **in the meeting room**　会議室にあるイス

to **不定詞**

time **to eat dinner**　夕食を食べるための時間

-ing

the boys **playing soccer**　サッカーをしている少年たち

過去分詞

the novels **published last year**　昨年出版された小説

日本語とは順番が逆になるため、理解しづらい構文でもあります。普段からこの構造に気を付けて、慣れることが大切です。

また、somebody, everyone, anything など、-body, -one, -thing で終わる語の場合は、単体の形容詞も後に置かれます。

I want to eat something spicy.　何かスパイシーなものが食べたい。

It was a small get together with friends, nothing special, but a lot of fun.

それは友人たちとの小さな集まりで、特別なことは何もなかったが、とても楽しかった。

I didn't see anyone important at the conference.

その会議では重要な人は誰も見なかった。

4 副詞

A) 基本的な働きと形

副詞は主に動詞や形容詞、副詞、あるいは文全体を説明するために使われます。

動詞を説明する

I study English **hard**.（study：動詞／hard：副詞）　私はがんばって英語を勉強している。

hardはどのように勉強しているのか、studyを説明している

形容詞を説明する

This car is **very** fast.（very：副詞／fast：形容詞）　この車はとても速い。

veryはどのように速いのかfastを説明している

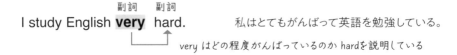

副詞を説明する

I study English **very** hard.（very：副詞／hard：副詞）　私はとてもがんばって英語を勉強している。

very はどの程度がんばっているのか hardを説明している

文全体を説明する

Fortunately, I passed the exam.　幸運なことに私は試験に合格した。

fortunatelyは、私が試験に合格したことを幸運であると説明している

形容詞が「どんな」を表す語だとすれば、副詞は「いつ、どこで、誰と、どうやって」など「どんなふうに」あるいは「どんな感じで」を表します。

副詞の作り方

hard や early などもともと副詞として存在する単語のほか、形容詞の語尾に ly をつけると副詞になります。

complete	完全な	→	**completely**	完全に
beautiful	美しい	→	**beautifully**	美しく
bad	悪い	→	**badly**	ひどく
serious	重大な	→	**seriously**	重大に

The **beautiful** bird sang **beautifully**. その美しい鳥は美しく歌った。

The teacher walked over to the kids **quietly** and told them to be **quiet**.

その先生は子どもたちのところに静かに歩いていき、静かにするように言った。

B) 注意すべき形

Examples

She is a **good** tennis player. She plays very **well**.

彼女はとてもよいテニスプレーヤーだ。彼女はとてもうまくプレーする。

The boy studies **hard** and **hardly** plays outside.

その少年はがんばって勉強し、外ではほとんど遊ばない。

Lately he's been coming home very **late**.

最近彼は家に非常に遅く帰っている。

副詞の中には形容詞に ly をつける形ではないものがあります。その１つは good で、これは全く別の形の well になります。

good	→	**well**
よい・うまい		よく・うまく

また、これとは別に hard, late は形容詞と副詞の意味を持ち合わせていて、形を変える必要がありません。それどころか ly をつけると意味が全く変わります。

hard 形 ハードな 副 がんばって

She doesn't mind **hard** work. 彼女はきつい仕事を気にしない。

She works **hard**. 彼女はがんばって働く。

hardly 副 ほとんど～ない

She **hardly** works. 彼女はほとんど働かない。

late 形 遅い 副 遅く

He was **late**. 彼は遅れた。

He got up **late**. 彼は遅く起きた。

lately 副 最近

I've been tired **lately**. 私は最近疲れている。

間違えやすいポイントですので、気を付けましょう。

訳して Check! ③

243

1 Our moderately priced audio player compares well with middle-range products by other brands.

2 Heavy snowfall since yesterday has disrupted transportation, resulting in many conference participants arriving late.

3 This high-end laptop is stunningly fast and comes with ample memory, which allows you to multitask seamlessly while watching high-definition videos.

4 1000枚の印刷はこの頑丈なプリンターにとってほとんど問題ではありません。

5 最近、その化粧品会社は自社の美容製品について多数の問い合わせと注文が殺到している。

6 効率的に資源を管理することは、利益を生むことと同じくらいどんな企業の成長にも重要である。

1 **moderately**「控えめに」**price**「価格をつける」
compare well with A「Aと比べても遜色ない、匹敵する」**mid-range**「中程度の」
brand「銘柄、ブランド」

2 **snowfall**「降雪」**disrupt**「混乱させる」**transportation**「交通機関」

result in A「A の結果となる」**participant**「参加者」

3 **high-end**「高価格帯の」**laptop**「ノートパソコン」**stunningly**「驚くほど」
come with A「A がついている」**ample**「十分すぎるほどの、豊富な」
memory「メモリ」**allow**「可能にする」**multitask**「同時に複数のことをする」
seamlessly「シームレスに」**high-definition**「高精細な」

4 **print**「印刷する」**copy**「部、枚」**heavy-duty**「頑丈な」

5 **lately**「最近」**cosmetics**「化粧品」**be inundated with A**「A が殺到する」
numerous「多数の」**inquiry**「問い合わせ」**order**「注文」
beauty product「美容製品、化粧品」

6 **manage**「管理する」**resource**「資源」**efficiently**「効率的に」
as A（形容詞）「同じくらい A な」**important**「重要な」**growth**「成長」
business「企業」**generate**「生み出す」**revenue**「利益」

5 接続副詞

Examples

The weather was awful. **However**, the outdoor concert was successful.
天気はひどかった。しかし、その野外コンサートは成功した。

The hotel gave me a discount; **moreover**, they gave me a lift to the station. ホテルは割引してくれた上に、駅まで送ってくれた。

The sales decreased, and we **therefore** tried a different strategy. 売り上げが減少した。そしてそれゆえに我々は別の戦略を試した。

前にある文と意味的につながっていることを表す副詞があります。日本語訳だけを聞くと接続詞に聞こえますが副詞なので、原則として新たな文として始めるか、セミコロンを打つ、あるいは別の接続詞を使います。

▶「天気は悪かった。それゆえに、私たちは家にいた」

The weather was bad. **Therefore**, we stayed home. 別の文として始める
The weather was bad**; therefore,** we stayed home. セミコロンを打つ
The weather was bad**, and therefore** we stayed home.
別の接続詞を入れる

主なものは以下の通りです。これらは話の流れを教えてくれるヒントになるので、ぜひ覚えてください。

however しかしながら

I was tired. **However**, I managed to finish my report.

疲れていたが、なんとかレポートを仕上げた。

nonetheless / nevertheless にもかかわらず

The novel was boring; **nonetheless** I read it to the end.

その小説はつまらなかったが、最後まで読んだ。

It was raining. **Nevertheless**, I went for a walk.

雨が降っていた。それでも私は散歩に出かけた。

therefore それゆえに

The fog was thick. **Therefore**, we stayed home.

霧が濃かった。それゆえ私たちは家にいた。

thus それゆえに、このように

The snow was heavy and **thus** the roads were not safe.

雪がひどかった。そのため道路は安全ではなかった。

moreover / furthermore さらに

She was intelligent; **moreover**, she was very friendly.

彼女は知性的だった。しかも、とてもフレンドリーだった。

The tour was cheap and fun; **furthermore**, I met new people.

そのツアーは安くて楽しかった。しかも、新しい出会いもあった。

besides さらに、それに

I enjoy cooking dinner; **besides**, it saves me money.

私は夕食を作るのが楽しい。それに、節約にもなる。

meanwhile その間に、一方で

He cooked dinner. **Meanwhile**, she set the table.

彼は夕食を作った。その間、彼女はテーブルを準備した。

still それでもなお

The weather was bad, but **still**, a lot of people came to the party.

天気は悪かった。だがそれでも多くの人がパーティーに来た。

otherwise さもなければ

We must practice hard; **otherwise**, we won't be able to win the game.

私たちは懸命に練習しないといけない。さもないとその試合に勝てないだろう。

訳して Check! ④ 244

1 The restaurant provides amazing food in a cozy atmosphere. However, the service is rather slow.

2 The adventure novel is a real page-turner, and you can't put it down. Besides, the illustrations are absolutely gorgeous.

3 The sandwich chain replaced their cups and packaging with eco-friendly materials. Thus, they gained the loyalty of environmentally conscious customers.

4 このスマートフォンは素晴らしい仕様だ。しかし、バッテリーは長持ちしない。

5 手頃な値段が付けられているが、この時計は最大500メートルまでの防水である。そのため、さまざまなレベルのダイバーに人気がある。

6 予定より3日遅れて到着したのみならず、その小包は間違った住所に配達された。しかも、私がようやくそれを受け取ったとき、輸送中に破損してしまっていた。

1 **provide**「提供する」**amazing**「素晴らしい」**cozy**「居心地の良い」
atmosphere「雰囲気」**service**「接客、給仕すること」**rather**「かなり」

2 **real**「本当の」**page-turner**「読みだしたらとまらないほど面白い本」
put down「(本) を途中で置く」 **illustration**「挿絵」**absolutely**「実に」
gorgeous「すばらしい」

3 **chain**「チェーン (店)」**replace**「置き換える」**eco-friendly**「環境にやさしい」
material「素材」**gain**「得る」**loyalty**「忠誠心、(店やブランドに対する客の) 愛着や信頼」
environmentally「環境的に」**conscious**「意識した」

4 **excellent**「すばらしい」**specs**「仕様 = specifications」**last**「持続する」

5 **reasonably priced**「お手頃な価格の」**waterproof**「防水の」**up to A**「最大 A」
popular「人気がある」**diver**「ダイバー」**various**「さまざまな」

6 **in addition to A**「A に加えて」**behind schedule**「予定より遅れて」
package「小包」**deliver**「配達する」**wrong**「間違った」**address**「住所」
damage「損傷を与える」**in transit**「輸送中に」**finally**「ようやく」
receive「受け取る」

6 気をつけるべき副詞

Examples

We went **home**. 私たちは家に帰った。
She lives **abroad / overseas**. 彼女は外国に住んでいる。
He stayed **here / there** for a week.
彼はここに／そこに1週間滞在した。

下記の語はすでに「に／で」の意味が含まれている副詞ですから、in や to などをつける必要はありません。 名詞と間違えやすいので注意が必要です。

abroad 海外に／海外で
My brother works **abroad**. 私の兄は海外で勤務している。

overseas 海外に／海外で
I often go **overseas** on business. 私はよく仕事で海外に行く。

here ここに／ここで
Ms. Nakai comes **here** very often. Ms. Nakai はよくここに来る。

there そこに／そこで
A friend moved to the island in 1980 and still lives **there**.
友達が 1980 年にその島に引っ越して、未だにそこに住んでいる。

home 家に／で
It was already 9 o'clock, so we went **home**.
もう9時だったので私たちは家に帰った。

Other examples

On his last day in the office, Mr. Hershel sent his belongings **home** by courier. 職場での最終日に、Mr. Hershelは自分の持ち物を宅急便で家に送った。

There is a huge oil refinery in this town, and more than 3,000 people work **there**.
この町には巨大な石油精製所があり、3000人以上がそこで働いている。

訳して Check! 5

245

1 Anyone wishing to work abroad must first obtain a work permit for that country.

2 All our employees posted overseas are provided once a year with a free round-trip air ticket home.

3 Our sales activities at this trade fair may not have gone well, but we have gained some of the experience and insight necessary for promoting our products, such as how to set up an attractive booth and how to create handouts specifically designed for events like this. Therefore, we should find some consolation there and move on.

4 Mr. White はその蚤の市でアンティークのドレッサーを購入し、売り手の手押し車で家に持って帰った。

5 この公園は夜明けから日暮れまで開園しています。訪問者がここで夜を過ごしたり、焚き火やバーベキューをしたりすることは許されていません。

6 Stonewell Technologies 社では、有望な社員はたいてい２～３年海外に配属された後、本社に転勤になる。

1 **obtain**「入手する」**work permit**「労働許可証」
2 **post**「配属する」**provide**「提供する」**round trip**「往復」
3 **trade fair**「見本市」**gain**「得る」**insight**「見識」**such as A**「A のような」
set up「設営する」**attractive**「魅力的な」**booth**「ブース」**create**「作る」
handout「配布資料、ちらし」**specifically**「特に」**like A**「A のような」
consolation「慰め」**move on**「先に進む、踏ん切りをつける」
4 **antique**「アンティークの」**dresser**「ドレッサー」**flea market**「蚤の市」
vendor「売り主」**hand truck**「二輪の手押し車」
5 **dawn**「夜明け」**dusk**「日暮れ」**allow**「許す」**spend**「過ごす」**bonfire**「焚き火」
barbecue「バーベキュー」
6 **promising**「有望な」**transfer**「異動させる」**head office**「本社」
assign「配属する」**a couple of A**「2,3 の A」

Questions A

1 Mr. Thomas sounded ------- when I talked to him on the phone.
(A) confident (B) confidently (C) confide (D) confidence

2 The result of the customer survey was rather -------.
(A) encourage (B) encouraging (C)encouraged (D) encouragingly

3 Ms. Kelly is a dedicated athlete and trains ------- every day.
(A) serious (B) so (C) hard (D) hardly

4 Mr. Thomas is the most experienced in our department. ------- he will be chosen for the project.
(A) Therefore (B) Because (C) Nevertheless (D) Although

5 The legal team's main job during the negotiations was to review the draft of the contract ------- and suggest changes.
(A) care (B) careful (C) careless (D) carefully

1 **sound**「聞こえる」**confident**「自信がある」**confidently**「自信ありげに」**confide**「打ち明ける」**confidence**「自信」
2 **rather**「かなり」**encourage**「励ます」**encouraging**「励みとなる」**encouraged**「勇気づけられて」**encouragingly**「励ますように」
3 **dedicated**「熱心な」**athlete**「アスリート」**train**「トレーニングする」
4 **experienced**「経験を積んだ」
5 **legal**「法務の」**main**「主要な」**negotiation**「交渉」**review**「検討する」**draft**「草稿」**suggest**「提案する」

Questions B

1 Franklin Manufacturing's sales have been ------- improving since Mr. James became sales director.

(A) steady (B) steadily (C) steadiness (D) steadier

2 This history book doesn't describe historical events in chronological order. It hops back and forth in time in each chapter, which makes readers utterly -------.

(A) confusing (B) confused (C) confuse (D) confusion

3 Ken's Bakery announced a temporary closure for refurbishment but most of the regular customers reacted -------.

(A) favorable (B) favorably (C) favor (D) favorite

4 At the end of her business trip to Glasgow, Ms. Shima bought some souvenirs and sent them -------.

(A) to home (B) home (C) her house (D) to house

5 The sales are down. -------, our net profit is improving thanks to the cost-cutting efforts across the board.

(A) Nevertheless (B) Therefore (C) Moreover (D) Despite

1 **steady**「着実な」**improve**「改善する」**sales director**「営業部長」
2 **describe**「説明する」**historical**「歴史上の」**chronological**「年代の」**order**「順番」**hop**「飛ぶ」**back and forth**「行ったり来たり」**utterly**「完全に、まったく」
3 **temporary**「一時的な」**closure**「閉店」**refurbishment**「改装」**favorable**「好意的な」**favor**「支持、手助け」**favorite**「お気に入りの」
4 **Glasgow**「グラスゴー」**souvenir**「土産」
5 **net**「正味の」**profit**「利益」**improve**「改善する」**cost-cutting**「経費削減の」**effort**「努力」**across the board**「全社的に」

✔ Reverse Check ❶ ed/-ingで終わる形容詞 246

1 私はオンラインミーティングを開きたかったが、取扱説明書があまりにも混乱させるもので、2時間経っても新しいシステムを設定できなかった。

2 最もデリケートなお肌をも紫外線から守り、みずみずしく若々しく見えるように保つ当社のスキンケア製品に驚かれることでしょう。

3 長らく待たれていたその映画は非常にわくわくさせるもので、あまりにとてつもない人気を得たので、コミック、ゲームアプリ、テレビシリーズなど、その他のさまざまなメディアに展開された。

4 One of the staff came up with an intriguing solution to this complex problem.

5 The CEO looked thrilled by the projected revenue that the promotional campaign would yield.

6 Our 45-minute guided tour offers entertaining information about and fascinating insights into key exhibits of our museum.

2 keep+O+*doing* に it looks fresh and young「それはみずみずしく若く見える」をはめ込んでいる。

6 information と insight が必要とする前置詞が異なるのでこの書き方。

✔ Reverse Check ❷ 2語以上でつくる形容詞のまとまり 247

1 これと同じくらい処理能力の高いノートパソコンならオフィスから離れて映像編集をする時に重宝するかもしれません。

2 お客様の変わらぬご愛顧に対する感謝の印として、計200ドル分の商品券を本状と共に同封しました。

3 盗難保険金の請求に必要なすべての用紙は当社のウェブサイトで入手できます。また、これらは、関係当局の証明書とともに、オンラインでご提出いただけます。

4 Camping enthusiasts interested in our upcoming outdoor products should sign up for this weekly e-newsletter.

5 At the general meeting, all the staff members responsible for the project were officially commended and each received a special award.

2 worth は形容詞という見方と前置詞という見方がある。いずれにしても名詞を直接取ることを覚えておきたい。

3 claim は「請求（する）、要求（する）、主張（する）」の意味。日本語の「クレーム」から「苦情」などと取らないように注意。「苦情」は complaint。

3 file に「（正式に）提出する」の意味があることに注意。

file a tax return「納税申告をする」⇒ この場合の tax return は「納税申告書」

また、このほか file には「（関係機関などに正式に）申し立てる」の意味もあり、

file a complaint「苦情を申し立てる」

のように使われる。

Reverse Check 3 副詞の形

248

1 当社のお手頃な価格のオーディオプレーヤーは、他のブランドの中価格帯の製品と比べても遜色ありません。

2 昨日からの雪で交通機関に乱れが起こり、多くの会議参加者が遅刻して到着する結果となった。

3 このハイエンドなラップトップは驚くほど高速であり、十分なメモリを搭載しているため、高精細な動画を見ながら、シームレスに複数の業務をこなすことができます。

4 Printing 1000 copies is hardly a problem for this heavy-duty printer.

5 Lately, the cosmetics company has been inundated with numerous inquiries and orders for its beauty products.

6 Managing resources efficiently is as important for the growth of any business as generating revenue.

2 arriving は動名詞「～すること」。その主語として many conference participants がある。つまり「多数の会議参加者が遅れて到着すること」。分詞として後ろから修飾するとも取れるが、意味的に不自然になる。

✔ Reverse Check ④ 接続副詞 249

1 そのレストランは居心地の良い雰囲気の中で素晴らしい料理を出す。しかし、接客はかなり遅い。

2 その冒険小説は本当に読みだしたら止まらないほど面白く、途中でやめられない。それに、挿絵も実にすばらしい。

3 そのサンドイッチチェーンは、カップと包装を環境にやさしい素材に取り換えた。それゆえ、彼らは環境意識の高い客の忠誠心を得た。

4 This smartphone has excellent specs. However, the battery doesn't last long.

5 Although it is reasonably priced, this watch is waterproof up to 500 meters. Therefore it is popular with divers of various levels.

6 In addition to arriving 3 days behind schedule, the package was delivered to the wrong address. Moreover, it had been damaged in transit when I finally received it.

3 この場合の loyalty は、客が別の同種の店に行かずに同じ店を繰り返して利用する愛着や信頼の気持ちを指す。

6 3 days が behind の前に入ることに注意。数＋単位が副詞のかたまりとして前置詞句を説明している。

I take a bath 10 minutes before dinner「夕食の 10 分前に風呂に入る」

✔ Reverse Check ⑤ 気をつけるべき副詞 250

1 海外で働くことを希望する人は誰でも、まずその国の労働許可証を取得しなければならない。

2 海外に配属されている当社の従業員は全員、帰国のための無料の往復航空券が年に一度支給されている。

3 今回の見本市での営業活動は、うまくいかなかったかもしれないが、魅力的なブースの設営方法や、このようなイベント専用にデザインされた配布資料の作成方法など、製品を宣伝するために必要な経験と見識のいくらかを得ることができた。 だから、我々は、そこに慰めを見付けて先に進むべきだ。

4 Mr. White bought an antique dresser at the flea market and took it home on the vendor's hand-truck.

5 This park is open from dawn to dusk, and visitors are not allowed to spend the night here or to have bonfires or barbecues.

6 At Stonewell Technologies, promising employees are transferred to the head office usually after being assigned overseas for a couple of years.

1 permit「許可する」の名詞形は permission「許可」がよく知られているが、permit 自体に名詞の用法があることに注意。permission は許可そのものを指して不可算名詞、permit は「許可証」という証明書を指すので通例可算名詞で単数形には冠詞などが必要である。

4 flea market は日本語の「フリーマーケット」から free「自由な」と勘違いされがちだが、本来は flea「ノミ」。つまり「蚤の市」である。free market は経済用語の「自由市場」となるので注意。

Check this out! 名詞+ly=形容詞

形容詞に -ly を足すと副詞になるという話をしましたが、実は名詞に -ly を足すと形容詞の用法を持つことがあります。これはどんな名詞にでも当てはまるのではなく、かなり数が限定されます。また、名詞に -ly を足しても名詞の用法を持つものもありますし、副詞として使われるものもあります。大切なのは、語尾が -ly だから副詞と決めつけないことです。主なものは以下の通りです。

friendly	親しみのある 親善試合	**lovely**	すてきな	**heavenly**	すばらしい
daily	毎日の 日刊紙	**weekly**	毎週の 週刊誌	**monthly**	毎月の 月刊誌
yearly	毎年の	**quarterly**	年4回の 季刊誌	**scholarly**	学問的な
masterly	見事な	**bodily**	体の		

Lesson

26 接続詞

時と条件を表す接続詞とその注意点については Lesson 2 で取り上げました。ここでは、その他の接続詞を扱います。

I that節

A) 基本的な使い方

Example

I know **that** he passed the exam.

私は彼がその試験に合格したと知っている。

that は S ＋ V を含む節を伴い「S が V する**ということ**」の意味の名詞のかたまりを作ります。名詞として使うので主語や目的語、補語になります。

名詞のかたまり

I know **that he passed the exam** .

彼がその試験に合格したということ

that 節は非常に長くなるので主語として使いたい場合、文頭に置かずに it で置き換えられて that 節を後ろに回すことがよくあります。よって、この it は「それ」と訳してはいけません。

このitはthat以下を指す

It is said **that he passed the exam** .

彼はその試験に合格したと言われている。

Other examples

It is well known **that** physical exercise has a good effect on mental health.

肉体的な運動が心の健康にいい影響を持つことはよく知られている。

She thinks **that** she will be chosen for the project team.

彼女は自分がプロジェクトチームに選ばれると思っている。

訳して Check! 1

251

1 People transitioning from a gas cooking range to an induction cooktop are sometimes surprised to learn that not all cookware is induction compatible.

2 The director of the product development department argued that our market share could be increased by enhancing our current product line.

3 Lingotechnos Ltd announced yesterday that it will strengthen its commitment to cultural and social diversity by adopting new recruiting policies.

4 私たちが市場にとどまり続けるために成長し続ける必要があることは明白だ。

5 増加した不良率は保存中の材料の品質低下が原因であると品質管理部は疑っている。

6 Greenville 科学博物館の館長は、新しい展示品のほとんどは双方向型で実際に触れる体験を来館者に提供するだろうと発表した。

1 **transition**「移行する」**range**「レンジ」**induction**「誘導 IH=induction heating（誘導加熱）」**cooktop**「レンジ台（上面）」**induction cooktop**「IH 調理台」**cookware**「調理器具」**compatible**「共用できる、対応している」

2 **director**「部長」**argue**「主張する」**share**「シェア」**enhance**「強める」**current**「現在の」**line**「（商品の）ラインアップ」

3 **announce**「発表する」**strengthen**「強める、強化する」**commitment to A**「A への取り組み」**cultural**「文化的な」**social**「社会的な」**diversity**「多様性」**adopt**「採用する」**recruiting**「募集」**policy**「方針」

4 **obvious**「明白な」**stay**「とどまる」**market**「市場」**continue**「続ける」**grow**「成長する」

5 **quality**「品質」**control**「管理」**suspect**「疑う」**increased**「増えた」**defect**「不良」**rate**「率」**due to A**「A のせいで」**degradation**「品質低下」**material**「材料」**storage**「保存」

6 **director**「館長」**museum**「博物館」**announce**「発表する」**exhibit**「展示品」**interactive**「双方向性の、対話型の」**offer**「提供する」**hands-on**「実地の」**experience**「体験」**visitor**「来館者」

B) 名詞＋that節

Example

There is a **rumor that** the CEO is going to resign.

CEO が辞任するといううわさがある。

特定の名詞は直後に that 節をとり、「…という（名詞）」という意味になります。

CEOが辞任する**という**うわさ

There is **a rumor** **that the CEO is going to resign.**

rumorの中身

that 節をとる名詞には主に次のような語があります。

belief	信念	**decision**	決心	**expectation**	予想
fact	事実	**feeling**	感情	**discovery**	発見
hope	希望	**news**	知らせ	**opinion**	意見
rumor	うわさ	**thought**	考え	**suggestion**	提案
advice	忠告	**idea**	考え	**recommendation**	提言
report	報告	**view**	意見、考え	**possibility**	可能性

an opinion that we should open a new branch

新しい支店を開くべきという意見

the fact that Ms. Han has been promoted

Ms. Han が昇進したという事実

訳して Check! ②

252

1 The fact that the jobseeker has some experience in marketing might have influenced the Human Resources director's hiring decision.

2 At the press conference, the spokesperson for Gluing Games Inc. declined to comment on rumors that the long-awaited game app might finally be released.

3 The idea that he might be selected to coordinate a project involving multiple companies had never crossed Mr. Tanaka's mind until the very moment he was appointed.

4 Ms. Li が研究開発部長に任命されたという知らせは瞬く間に社内中に広まった。

5 授賞式で Mr. Bailey に年間最優秀社員賞を授与した後、CEO は、彼の業績が他のスタッフに刺激を与えるという彼女の望みを表明した。

6 このゲーム機は品薄だからもっと入手しやすくあるべきだという意見を受けて、会社はその生産数を増やした。

1 **jobseeker**「求職者」**experience**「経験」**influence**「影響を与える」
human resources「人材」**hiring**「雇用」**decision**「判断」

2 **press conference**「記者会見」**spokesperson**「広報担当者」**decline**「丁寧に断る」
comment on A「A についてコメントする」**long-awaited**「待望の」
finally「ついに」**release**「発売する」

3 **select**「選ぶ」**coordinate**「調整する」**involve**「参加させる」**multiple**「複数の」
cross one's mind「脳裏をよぎる、頭に浮かぶ」**very**「まさにその」
the moment S+V「S が V する瞬間」**appoint**「任命する」

4 **appoint**「任命する」**R&D**「研究開発 Research and Development」
spread「広がる」**through A**「A 中に」**whole**「全体の」**in no time**「あっという間に」

5 **present A with B**「A に B を授与する」**Employee of the Year Award**「年間最優秀社員賞」**awards ceremony**「授賞式」**express**「表明する」
achievement「業績」**inspire**「刺激を与える」

6 **in response to A**「A に応じて」**game console**「ゲーム機」
be in short supply「供給が不足している」**readily**「たやすく」
available「入手可能な」**increase**「増やす」**production**「生産」

Check this out! 形容詞が伴うthat

また、この他に形容詞が that 節を伴うこともあります。that 節をとるかどうかは形容詞によりますが、感情を表す形容詞に多く見られます。

I'm **happy that** he passed the exam. 私は彼がその試験に合格してうれしい。
I'm **surprised that** I got the job. 私はその仕事を得て驚いている。
I'm **sure that** he will win the game. 彼がその試合に勝つのを確信している。
I'm **glad that** you phoned me. 電話してくれてうれしいです。

2 whether/if

Example

I don't know **if / whether** she wants to come to the party.

私は彼女がパーティーに来たいかどうか知らない。

if と whether はともに「かどうか」の意味を持ち、名詞のかたまりを作る用法があります。if は「もし」が知られた意味ですが、この用法も重要です。

名詞のかたまり

I don't know **if/whether she wants to come to the party** .

彼女がパーティーに来たいかどうか

if と whether は、意味は同じですが、使い方に次のような違いがあります。

if節は主語として文頭には来ない

「彼女がパーティーに来たいかどうかは重要ではない」

Whether she wants to come to the party or not isn't important.

× if

if節は前置詞の目的語にはならない

「彼女がパーティーに来たいかどうかに関心がある」

I'm interested in **whether** she wants to come to the party.

⇒ inの後なのでifは来ない

ifの直後にor notは来ない

「彼女がパーティーに来たいかどうか知らない」

I don't know **whether** **or not** she wants to come to the party.

I don't know **if / whether** she wants to come to the party **or not**.

⇒ ifから離れていればOK

Other examples

Whether he is experienced or not is not important in this case.

彼が経験豊かかそうでないかは、この場合重要ではない。

I wonder **if** bringing down the price is such a good idea.

値段を下げることがそんなにいい考えなのだろうか。

訳して Check! ③

253

1 Ms. Wang called and asked the garage whether her car was ready for pickup, but unfortunately, she was told that they were still overhauling it.

2 We should ask the vendor whether they are willing to make a compromise on the price.

3 Whether the customer grants our request to postpone the delivery deadline may have a significant impact on the future of the company.

4 患者が安楽にしているかを確認するために看護師が彼女の病室に入ってきた。

5 交渉の終わりに、私たちは彼らと取引すべきかどうかを決めなければならないだろう。

6 5月5日に禁煙のシングルルームに空室があるかどうかを尋ねるためにこのメールを書いています。

1 **garage**「自動車修理工場」**be ready for A**「Aの準備ができている」**pickup**「引取り」**unfortunately**「残念ながら」**overhaul**「分解修理する」

2 **vendor**「販売会社」**be willing to *do***「～する気がある」**compromise**「妥協」

3 **grant**「聞き入れる」**postpone**「延期する」**delivery**「配達、(配送物の) 納入」**deadline**「締切」**significant**「重大な」**impact**「影響」

4 **nurse**「看護師」**patient**「患者」**ward**「病室」**check**「確認する」**comfortable**「安楽な、痛みのない」

5 **at the end of A**「Aの終わりに」**negotiation**「交渉」**do business with A**「Aと取引する」

6 **inquire**「尋ねる」**non-smoking**「禁煙の」**available**「利用可能な」

Check this out! whetherのもう1つの用法

whether はこのほかに、「～であろうとなかろうと」の意味があり、副詞のかたまりを作ります。

Whether the task is difficult or not, we need to finish it.
その仕事が難しいものであろうとなかろうと、私たちは終える必要がある。

3 理由や目的を表す接続詞

A) because / since / asとnow that

Examples

I went to bed early **because** / **since** / **as** I was tired.

私は疲れていたので早く寝た。

Now that I'm 20 years old, I can smoke.

私は今や20才なのだからたばこを吸うことができる。

理由を表す接続詞には次のようなものがあります。

because S + V / **since** S + V / **as** S + V　なぜなら S が V するから

now that S + V　今や S が V するから

Other examples

Since the online advertising seems to be working, we should continue it.

オンライン広告がうまくいっているように思われるのだから継続すべきだ。

As we have only 3 days until the deadline, we need help from other teams.

締め切りまで3日しかないので、私たちは他のチームの助けが必要だ。

Now that the project has finished, we can relax a bit.

プロジェクトが終わったので、私たちはちょっとリラックスできる。

訳して Check! 4　254

1 Since the tasting event was successful and participants' feedback was positive, Joyer Beverages decided to add the new flavor to its line of carbonated drinks.

2 Mr. Gray's replacement will be selected internally, as the company has many potential candidates with comparable experience.

3 Now that smartphones are almost ubiquitous and users are becoming increasingly selective about their choices, manufacturers are striving to incorporate as many features as possible to stand out.

4 あなたは今やこの会社で10年の経験を持っているのだから、より高い管理職の役割を担う時期かもしれない。

5 我々の営業担当者は全員、とても頻繁に移動しなければならないので、支給品の一部として社用車が提供されている。

6 通常、手続きには平均で3時間以上かかるため、申請者は自宅でフォームを準備して記入し、それに応じて時間を調整することをお勧めします。

1 **tasting event**「試飲会」**successful**「成功した」**participant**「参加者」
feedback「反応」**positive**「良い」**add**「加える」**flavor**「風味」
line「(商品の) ラインアップ」**carbonated**「炭酸入りの」

2 **replacement**「後任」**select**「選ぶ」**internally**「内部的に」
potential「可能性のある、~になりうる」**candidate**「候補者」
comparable「同等の、匹敵する」**experience**「経験」

3 **ubiquitous**「どこにでもある」**increasingly**「ますます」
selective「えり好みする、選択が慎重な」**choice**「選択」**manufacturer**「メーカー」
strive「努力する」**incorporate**「組み込む」**feature**「機能、特長」**stand out**「目立つ」

4 **10 years of A**「10年のA」**experience**「経験」
it is time for A to *do*「Aが~するときだ」**take on A**「Aを引き受ける」
managerial「管理職の」**role**「役割」

5 **representative**「(渉外) 担当者」**provide A with B**「AにBを提供する」
company car「社用車」**part**「一部」**perquisite**「支給品 (=perk)」**travel**「移動する」
frequently「頻繁に」

6 **procedure**「手続き」**take**「かかる」**more than A**「Aより多く」
on average「平均で」**applicant**「申請者」**advise**「忠告する」**prepare**「準備する」
fill out「記入する」**form**「用紙」**organize**「段取りする」**accordingly**「それに応じて」

B) so … that / such … that

Examples

Ms. Leeds is **so** experienced **that** everyone depends on her.

Ms. Leeds は非常に経験豊かなのでみんな彼女に頼っている。

Davis is **such** an honest person **that** everyone trusts him.

Davis はとても正直な人なのでみんな彼を信用している。

so … that 〜と such … that 〜はともに「とても…なので〜する」の意味です。「…」の部分に名詞が入っているかどうかで使い分けます。

so 形容詞／副詞 that S + V　とても〜なので S が V する

This magazine is so **interesting** that I buy it every month.

この雑誌はとても面白いので私は毎月購入する。

He worked so **hard** that he became exhausted.

彼はあまりにも頑張って働いたので、疲労困憊した。

such 形容詞+名詞 that S + V　とても〜なので S が V する

It was **such** a beautiful day **that** I lay down on the lawn.

とても天気の良い日だったので、私は芝生に寝転んだ。

This magazine is **so** **interesting** **that** I buy it every month.
形容詞

He worked **so** **hard** **that** he became exhausted.
副詞

It was **such** **a beautiful day** **that** I lay down on the lawn.
形容詞+名詞

このように、強調したい箇所に名詞がない場合は so を使い、形容詞＋名詞を使う場合は such を使います。

× such interesting
× so experienced member

ただし、これには例外があり、以下の場合は so の後に形容詞＋名詞が来ます。

▶ so many ＋名詞

I had **so many things** to do that I couldn't go to bed.

私はやることが多すぎて、寝ることができなかった。

▶ so few ＋名詞

There were **so few mistakes** in the draft that proofreading was easy.

原稿の間違いがとても少なかったので校正は簡単だった。

▶ so much ＋名詞

He has **so much money** that he doesn't need to work.

彼はあまりにもたくさんのお金があって、働く必要がない。

▶ so little ＋名詞

We had **so little time** that we couldn't complete the job on time.

私たちはあまりにも時間が少なく、時間通りにその仕事を完了できなかった。

▶ so ＋形容詞＋ a / an ＋名詞（かたい言い方）

She is **so honest a person** that everybody trusts her.

彼女は非常に正直な人で誰もが彼女を信用している。

Other examples

The project was **so** successful **that** all the staff got a special bonus.

プロジェクトはとても成功したので、全スタッフが特別ボーナスを得た。

He was **such** an experienced nurse **that** it was easy for him to find a new job.

彼はとても経験を積んだ看護師だったので、新しい仕事を見つけるのは簡単だった。

訳して Check! 5

255

1 The prototype had such a small number of defects that after some simple improvements it was quickly put into mass production.

2 The fountain in front of the station is in a conspicuous place, which makes it an ideal meeting place. However, it is always surrounded by so many people that it can be difficult to find the person you are actually trying to meet.

3 The artwork by an amateur painter, Hana Sudo, is such a captivating creation that it has gone viral on the Internet. It won't be long before it goes on display in a prestigious art museum.

4 その日はあまりにも雪が激しく降っていたので、地元空港の出発便すべてがキャンセルされ、すべての到着便が近くの空港に迂回された。

5 その映画は興業成績上のあまりにも完全な成功だったので、すでに続編のうわさが流れている。

6 この地域のバスはあまりに頻繁に遅れて到着するので、多くの人々は5分遅れるとわかっているときでも、とにかくバス停に向かう。驚くべきことに、彼らのバスは彼らよりさらに遅く現れるかもしれないのだ！

1 **prototype**「試作品」**defect**「欠陥」**improvement**「改良」**quickly**「素早く」**put A into B**「AをBに投入する、入れる」**mass-production**「大量生産」

2 **fountain**「噴水」**in front of A**「Aの前の（で／に）」**conspicuous**「目立った」**ideal**「理想的な」**meeting place**「待ち合わせの場所」**surround**「囲む」**actually**「実際に」**meet**「会う、落ち合う」

3 **artwork**「芸術作品」**amateur**「アマチュア（の）」**captivating**「魅惑的な」**creation**「作品、創造物」**go viral**「バズる、急速に拡散する」**it is A**（時間）**before S+V**「SがVするまでAかかる」**on display**「展示されて」**prestigious**「一流の」

4 **snow**「雪が降る」**flight**「（飛行機の）便」**depart**「出発する」**airport**「空港」**inbound**「到着の」**divert**「迂回させる」**nearby**「近くの」

5 **complete**「完全な」**box-office**「興行上の、大当たりの」**success**「成功」**rumor**「うわさ」**sequel**「続編」**circulate**「広まる」

6 **arrive**「到着する」**frequently**「頻繁に」**head for A**「Aに向かう」**bus stop**「バス停」**anyway**「とにかく」**even**「でさえ、さらに」**surprisingly**「驚くべきことに」**show up**「現れる」

C) so that

Example

I left the door open **so that** my cat could come in.

私は自分の猫が入って来れるようにドアを開けておいた。

so that S + V：　SがVするように

I left the door open **so that** my cat could come in.
SがVするように

so … that と混同しないようにしましょう。

I was **so** tired **that** I went to bed at eight o'clock.

私はあまりにも疲れていたので８時に寝た。

Other examples

I set three alarms on my phone **so that** I could get up at five.

私は５時に起きることができるように携帯のアラームを３つセットした。

I locked the door **so that** nobody could enter the supply room.

私は備品室に誰も入れないようにドアに鍵をかけた。

訳して Check! 6

256

1 The surge in popularity has compelled the company to expand the servers so that its website can handle the increased traffic.

2 We are planning to hire additional staff so that we can clear the backlog of work caused by favorable economic trends and relieve some of the burden on our existing staff.

3 Mr. Beck はあまりたびたび外食する必要がないよう、またそうすることによってお金が節約できるように料理教室を受講しているところだ。

4 観光客がより多くの場所をより簡単に訪れることができるように、その地方自治体は、すべての市営交通機関で利用できる定額の一日乗車券を導入することを決定した。

1 **surge**「急に高まること」**popularity**「人気」**compel**「強いる」**expand**「拡張する」**server**「サーバー」**handle**「扱う」**increased**「増加した」**traffic**「トラフィック、データ流通量」

2 **hire**「雇う」**additional**「追加の」**clear**「片づける」**backlog**「未処理分」**favorable**「良好な」**economic**「経済の」**trend**「動向」**relieve**「軽減する」**burden**「負担」**existing**「現在いる」

3 **cooking class**「料理教室」**eat out**「外食する」**thus**「そうすることで」**save**「節約する」

4 **local government**「地方自治体」**introduce**「導入する」**fixed-rate**「定額の」**one-day pass**「一日乗車券」**municipal**「市営の」**transport**「交通機関」**tourist**「旅行客」**easily**「簡単に」

4 「〜であっても」を表す接続詞

Examples

Although she was tired, she completed the report.
彼女は疲れていたけれども、レポートを完成させた。

Even if she is tired, she needs to complete the report.
彼女はたとえ疲れているとしても、レポートを完成させる必要がある。

No matter how tired she is, she needs to complete the report.
彼女はどんなに疲れていようとも、レポートを完成させる必要がある。

「〜であっても」を表す接続詞には次のようなものがあります。

although / though S + V　S + V だけれども

Although it was raining, I went for a walk.
雨が降っていたけれども、私は散歩に出かけた。

even if S + V　たとえ S が V したとしても

Even if it rains tomorrow, I'll wash my car.
たとえ明日雨が降ったとしても私は車を洗う。

no matter 疑問詞 + S + V　〜しようとも（Lesson 22 参照）

No matter what happens, I'll do it.
たとえ何が起ころうとも、私はそれをやる。

No matter where I stay, I sleep well.
どこに泊まろうとも私はよく眠れる。

このうち no matter ＋疑問詞は -ever のついた関係詞と言い換えることができます。

no matter how many books I read　何冊本を読んでも
⇒ however

no matter when you phone him　いつ彼に電話しても
⇒ whenever

no matter who did it　誰がそれをやったとしても
⇒ whoever

Other examples

Although the product was expensive, it was popular.

その製品は高価だったが、人気があった。

No matter what problems we have, we must overcome them.

たとえどんな問題があろうとも、私たちはそれらを克服しなければならない。

Even if you feel healthy, you should get a medical checkup every 6 months.

たとえ健康に感じていても、6か月ごとに健康診断を受けたほうがいい。

訳して Check! 7

257

1 No matter which suppliers we get the materials from, the quality must be consistent and meet our standards.

2 Only our current wholesaler deals in these scarce materials, so even if the price is on the high side, we have no option but to purchase from them.

3 Although it is still in the early stages of development, the new skin care product is expected to be a phenomenal success once it goes on the market.

4 このレシピには赤ワインが最善の選択肢だが、ぶどうジュースもよい代用品だ。

5 その注文がどんなに大きくても、指定された期限までに出荷品が我々の倉庫を出る必要がある。

6 このモバイルバッテリーは耐寒性があり、たとえ気温が−20℃まで低下しても問題なく機器を充電できます。

1 **material**「原料」**consistent**「安定した」**meet**「満たす」**standard**「基準」

2 **current**「現在の」**wholesaler**「卸売業者」**deal in A**「A（商品）を取り扱う」
scarce「珍しい、供給不足の」**material**「素材」**on the high side**「高めで」
have no option but *do*「～するしかない」**purchase**「購入する」

3 **early stage**「初期段階」**development**「開発」**phenomenal**「驚異的な」
on the market「売りに出て、市場に出て」

4 **option**「選択肢」**recipe**「レシピ」**juice**「ジュース」**substitute**「代用品」

5 **shipment**「積み荷、出荷品」**leave**「出る」**warehouse**「倉庫」
specify「指定する」**deadline**「締め切り」

6 **power bank**「モバイルバッテリー」**cold resistant**「耐寒性の」
be capable of「～できる」**charge**「充電する」**device**「機器」
issue「問題」**temperature**「気温」**drop**「下がる、落ちる」

5 セットで使う接続詞

Examples

Both my parents **and** my brothers live in Perth.
私の両親と私の兄の両方がパースに住んでいる。

You can choose **either** this one **or** that one.
あなたはこちらかあちらか選べます。

Neither my parents **nor** my sisters live in Perth.
私の両親も姉妹たちもパースには住んでいない。

Ms. Howard is **not** a doctor **but** a teacher.
Ms. Howardは医師ではなくて教師だ。

She studies **not only** English **but also** French.
彼女は英語だけではなくフランス語も勉強している。

セットで使う接続詞がいくつかありますので、まとめて覚えておきましょう。

both A and B　AとBの両方

This cookbook is suitable for **both** beginners **and** professionals.
この料理本は初心者とプロの両方に適している。

either A or B　AかBのどちらか

Either Ms. Bai **or Ms. Cox** will attend the conference.
Ms. Bai か Ms. Cox のどちらかがその会議に出席する。

neither A nor B　AもBも両方～ない

The hotel offers **neither** Internet connection **nor** room service.
そのホテルはインターネット接続もルームサービスも提供していない。

not A but B　AではなくB

I like this car **not** because it goes fast **but** because it runs on electricity.
私がこの車を好きなのは速く走るからではなく電気で走るからだ。

not only A but also B　AだけでなくBも

The farm **not only** produces vegetables **but also** sells them online.
その農園は野菜を生産するだけでなく、オンラインで販売もしている。

訳して Check! ⑧ 258

1 What is needed is not cost reduction but business diversification.

2 This device, running on solar energy, can both heat and cool the water in its attached one-liter reservoir.

3 The vice president of the company neither confirmed nor denied the rumor that it was planning to expand into Asia.

4 先に医師か薬剤師に相談することなく、この薬の服用量を増やしてはいけません。

5 この多目的フードプロセッサーは料理の初心者だけでなく、経験豊富なシェフにとっても理想的な道具です。

6 Ms. Wright と Mr. Omar の両方が、この規模のプロジェクトを率いる能力があり、彼らは同じくらい経験を積んでいる。

1 **reduction**「削減」**diversification**「多角化」

2 **device**「装置」**run on A**「A で動く」**solar energy**「太陽エネルギー」
heat「温める」**cool**「冷やす」**attached**「付属の」**liter**「リットル」
reservoir「貯水器、タンク、貯水池」

3 **vice president**「副社長」**confirm**「認める」**deny**「否定する」
expand「拡大する」

4 **increase**「増やす」**dosage**「服用量」**without *doing***「～することなしに」
consult「相談する」**pharmacist**「薬剤師」**first**「まず、最初に」

5 **multi-purpose**「多目的な」**food processor**「フードプロセッサー」
ideal「理想的な」**tool**「道具」**novice**「初心者」**cook**「調理師、料理を作る人」
seasoned「経験豊富な」**chef**「シェフ」

6 **be capable of *doing***「～する能力がある」**lead**「率いる」**scope**「規模」
equally「等しく」**experienced**「経験を積んだ」

6 注意すべき接続詞

接続詞に見えないものや学習者が見落としがちなものを集めました。

except that ～ということを除けば

I like this new desk **except that** it has only two drawers.

引き出しが2つしかないことを除いては、私はこの新しい机が好きだ。

once いったん～すると

Once you get used to the job, it will go smoothly.

いったん仕事に慣れると、スムーズに進みますよ。

provided that ～である場合に限って

You can use my car, **provided that** you return it to me tomorrow.

明日返してくれるなら、私の車を使っていいよ。

unless ～しない限り

I'm going to mow the lawn tomorrow **unless** it rains.

雨が降らない限り、私は明日芝刈りをするつもりだ。

whereas その一方で、～だけれども

Hana passed the exam, **whereas** the others were not so fortunate.

Hanaはその試験に合格したが、他の者はそれほど幸運ではなかった。

yet しかし

This printer is expensive, **yet** the running costs are quite low.

このプリンターは高価だが、ランニングコストはかなり低い。

訳して Check! 9

259

1 This new car exceeds the critics' expectations except that it doesn't come in as many colors as the previous model.

2 Some employers rarely socialize with their staff whereas others think that such social interaction helps to motivate their employees.

3 While this sparkling wine, produced at a family-run vineyard in Burgundy, is reasonably priced, its flavor compares favorably with high-end products by other wineries.

4 いったんあなたの申し込みが受領されれば、雇用委員会によって検討されます。

5 現在の返品率を下げる方法を見つけない限り、成長の鈍化は根本的には解決されないだろう。

6 納入業者は、私たちが少なくとも2年間は彼らから独占的に原料を購入することを約束するという条件で、割り引くことに同意した。

1 **exceed**「超える」**critic**「批評家」**expectation**「期待」
come「(商品が) 手に入る、売られている」**previous**「前の」

2 **employer**「雇用主」**rarely**「ほとんど～ない」**socialize**「社交的に付き合う」
such「そのような」**social**「社交的な」**interaction**「交流」
motivate「意欲を起こさせる」**employee**「従業員」

3 **sparkling**「発泡性の」**produce**「生産する」**family-run**「家族経営の」
vineyard「ブドウ園」**Burgundy**「ブルゴーニュ」**reasonably**「手ごろに」
price「価格設定する」**flavor**「味、風味」
compare favorably with A「Aと比べて遜色ない」
high-end「高価格帯の」**winery**「ワイン醸造所」

4 **application**「申し込み」**receive**「受領する」**review**「検討する」
hiring committee「雇用委員会」

5 **way**「方法」**reduce**「減らす」**current**「現在の」**rate**「割合」**return**「返品」
slowdown「低下」**growth**「成長」**fundamentally**「根本的に」**resolve**「解決する」

6 **supplier**「納入業者」**agree**「同意する」**discount**「割引」
commit to *doing*「～することを約束する」**material**「原料」
exclusively「独占的に」**at least**「少なくとも」

Questions A

1 Ms. Logan was ------- well qualified for the job that she was immediately hired.
(A) very (B) so (C) to (D) extremely

2 Most of the staff are aware of the rumor ------- there will be a pay raise.
(A) about (B) unless (C) so that (D) that

3 The security guard went to the backdoor to check ------- it was properly locked.
(A) even (B) provided that (C) if (D) where

4 According to the survey, most customers ------- liked nor disliked the new flavor of the Juicy Juice line.
(A) either (B) both (C) neither (D) all

5 ------- the dough is firm enough after kneading it, let it rest for one hour.
(A) Once (B) Therefore (C) Whereas (D) Unless

1 **well qualified**「適任な」**immediately**「直ちに」**hire**「雇う」
2 **aware of A**「Aに気付いて」**pay raise**「昇給、賃上げ」
3 **security guard**「警備員」**backdoor**「裏口、勝手口」**properly**「適切に」**lock**「鍵をかける」
4 **dislike**「嫌う」**flavor**「味、風味」**line**「ラインアップ、製品シリーズ」
5 **dough**「生地」**firm**「固い」**knead**「こねる」**rest**「休む」

Questions B

1 There is ------- a wide variety of mobile phones on the market that it is very time-consuming even to browse the catalogs.

(A) so (B) very (C) such (D) really

2 The portfolio Ms. Ward submitted will have a significant influence on ------- she will be commissioned to provide a watercolor for the new city hall.

(A) that (B) whether (C) what (D) how many

3 The announcement ------- a teleworking system will be introduced next month has been accepted favorably by the majority of the staff.

(A) about (B) what (C) that (D) which

4 In order to stabilize production and increase output, we must ------- expand our factory or relocate it to another site.

(A) both (B) neither (C) either (D) each

5 We will be able to ship the products as requested ------- that the materials arrive on time.

(A) If (B) so (C) provided (D) in order

1 **variety**「種類」**time-consuming**「時間のかかる」**browse**「ざっと見る」
2 **portfolio**「自作の画集」**submit**「提出する」**significant**「多大な」**influence**「影響」**commission**「委託する」**watercolor**「水彩画」
3 **teleworking system**「テレワーク制」**introduce**「導入する」**accept**「受け入れる」**favorably**「好意的に」**majority**「過半数」
4 **stabilize**「安定させる」**production**「生産」**output**「生産高」**expand**「拡張する」**relocate**「移転する」
5 **ship**「出荷する」**as requested**「要請された通りに」**material**「材料」**on time**「時間通りに」

✔ Reverse Check 1 that節の基本的な使い方 260

1 ガスレンジからIHレンジに移行する人は、全ての調理器具がIHに対応しているわけでないということを知って時々驚くことがある。

2 製品開発部の部長は、現在の製品ラインアップを拡充することにより、我々の市場シェアを増やしうると主張した。

3 Lingotechnos社は昨日、新しい採用方針を採用することにより、文化的および社会的多様性への取り組みを強化すると発表した。

4 It is obvious that in order to stay in the market, we need to continue to grow.

5 The Quality Control Department suspects that the increased defect rate is due to the degradation of the materials in storage.

6 The director of the Greenville Science Museum announced that most of its new exhibits will be interactive and offer hands-on experience to the visitor.

1 日本語で言うIHはinduction heating「誘導加熱」から来ている。inductionは電子工学の用語で「誘導」の意味。英語ではIHを利用する調理関連の語句には、IHというよりも、inductionのみを使うことが多い。

induction safe / ready cookware「IHに使える調理器具」
portable induction cooktop「ポータブルIH調理器」
induction cooking「IHを使った調理」
induction frying pan「IH用フライパン」

また、cooktopは「レンジ台の上面」を指すが、その上面に組み込まれている装置も指す。

6 announcedが過去形なのでthat節の中はそれに合わせて、wouldでもよい。これは、発表されたのが過去で、そこから見た未来だから。時制の一致と呼ばれる。ただし、この文を口にするときから見てもまだ未来の出来事であれば、willのままでもよい。たとえば、館長が発表したのが昨日で、新しい展示が公開されるのが来月の場合など。今から見ても未来だからwillというわけだ。解答例はその状況を書いている。

✔ Reverse Check 2 名詞+that節 261

1 その求職者がマーケティングの経験があるという事実は人事部長の雇用判断に影響を与えたかもしれない。

2 記者会見で、Gluing Games Inc.の広報担当者は、待望のゲームアプリがついにリリースされるかもしれないという噂についてコメントすることを断った。

3 複数の企業が関わるプロジェクトの調整をするのに自分が選ばれるかもしれないという考えは、指名されるまさにその瞬間まで Mr. Tanaka の頭に浮かんだことはなかった。

4 The news that Mr. Li has been appointed R&D director spread through the whole company in no time.

5 After presenting Mr. Bailey with the Employee of the Year Award at the awards ceremony, the CEO expressed her hope that his achievements would inspire other staff.

6 In response to the view that this game console is in short supply and should be more readily available, the company has increased its production.

3 指名されるという過去の出来事よりもさらに前に浮かんだことがないと言うために、過去完了が使われている。

4 has been は<u>**現在**</u>完了形なので、この文が話されたのが、Mr. Li の任命の直後など、まだ身近に感じられるくらいの時期だと思われる。今とは関係のない単なる過去の出来事を言うつもりなら過去形でもよい

Reverse Check 3 whether/if

262

1 Ms. Wang は、修理工場に電話して自分の車が引き取りの準備ができているかどうか尋ねたが、残念ながらまだ分解修理中だと言われた。

2 価格について妥協するつもりがあるかどうかを私たちは販売会社に尋ねるべきだ。

3 顧客が納期延長の要請を受け入れてくれるかどうかは、会社の行末に多大な影響を与えるかもしれない。

4 A nurse came into the patient's ward to check if she was comfortable.

5 At the end of the negotiations, we will have to decide whether we should do business with them or not.

6 I'm writing this email to inquire whether a single non-smoking room is available on May 5.

1 garage には「車庫」の意味と「自動車修理工場」の２つの意味があることに注意。

✔ Reverse Check 4 理由を表す接続詞 263

1 試飲会がうまくいって、参加者の反応も好評だったので、Joyer Beverages 社は炭酸飲料のラインアップに新フレーバーを加えることを決定した。

2 社には Mr. Gray と同じくらい経験を積んだ候補者になりそうな人が多くいるので、彼の後任は内部から選ばれるだろう。

3 今やスマートフォンがほぼどこにでも普及しており、人々が自分たちの選ぶものに対してますますえり好みするので、メーカーは目立つためにできる限り多くの機能を詰め込もうと努力している。

4 Now that you have 10 years of experience in this company, it may be time for you to take on a higher managerial role.

5 All of our sales representatives are provided with company cars as part of their perquisites, as they have to travel very frequently.

6 Since the procedure takes more than 3 hours on average, applicants are advised to prepare and fill out the forms at home and organize their time accordingly.

3 more and more で「ますます」の意味。同じ比較級を and でつなぐと「ますます～」の意味が加わる。

✔ Reverse Check 5 so … that / such … that 264

1 その試作品はあまりにも欠陥が少なかったので、簡単な改善の後すぐに大量生産に移された。

2 駅前の噴水は目立つ場所にあり、そのことがそれを理想的な待ち合わせの場所にしている。しかし、それは常にあまりにもたくさんの人に囲まれており、実際に落ち合おうとしている人を見つけることが難しいこともある。

3 アマチュア画家の Hana Sudo によるその芸術作品はあまりに魅惑的な創作物であるため、インターネットで大流行した。それが一流の美術館に展示されるのも長くはかからないだろう。

4 It was snowing so hard that day that all flights departing from the local airport were cancelled and all the inbound ones were diverted to nearby airports.

5 The movie was such a complete box-office success that rumors of a sequel are already circulating.

6 Buses in this area arrive late so frequently that many people head for their bus stop anyway even when they know they'll be five minutes late. Surprisingly, their bus may show up even later than them!

3 It won't take long before ～でもよい。

✔ Reverse Check 6 so that 265

1 人気の急激な上昇で、ウェブサイトが増加したトラフィックに対処できるよう、会社はサーバーを拡張することを強いられた。

2 私たちは、好調な経済動向による残務を解消し、現在いるスタッフの負担を軽減するため、追加のスタッフを雇用することを計画している。

3 Mr. Beck is taking a cooking class so that he will not have to eat out so often and can thus save some money.

4 The local government has decided to introduce a fixed-rate one-day pass that can be used on all municipal transport so that tourists can visit more places more easily.

✔ Reverse Check 7 「～であっても」を表す接続詞 266

1 我々がどの供給元から原料を仕入れても、その質は安定し、かつ当社の基準を満たさなければならない。

2 これらの希少な素材を扱っているのは現在の卸売業者だけなので、価格が高めでも彼らから購入するしかない。

3 まだ開発の初期段階だが、この新しいスキンケア製品は発売されれば驚異的な成功を収めることが期待されている。

4 Although red wine is the best option for this recipe, grape juice is a good substitute.

5 However big the order is, the shipment needs to leave our warehouse by the specified deadline.

6 This power bank is cold resistant and capable of charging devices without any issues, even if the temperature drops to -20°C .

1 from が残っていることに注意。

we get the materials from these suppliers

↓ ⇒ ここが no matter which に変わる。そして、these suppliers で 1 つの名詞のかたまりだから suppliers も一緒に前に出す。

no matter which suppliers we get the materials from

上記のように、これらの供給元でもあれらの供給元でも構わないという意味にしたいので、these が no matter which に変わり、それを前に出す。ただし、these と suppliers は不可分のかたまりなので、suppliers も一緒に前に出す。その結果、from だけが残るのである。

6 「モバイルバッテリー」は和製英語で、英語では portable charger や power bank がよく使われる。なお、主にイギリス英語では mobile に「携帯電話」という意味があることから、mobile battery と言うと携帯電話の内部に組み込まれているバッテリーを指していると取られる恐れがある。

6 resistant は何に強いのかを前にくっつけることができる。

heat-resistant「耐熱性の」
fire-resistant「耐火性の」
tamper-resistant「(包装などが) 不正に開封すればわかるような」
→ tamper は「不正にいじる」の意味
water-resistant「(ある程度までは耐えられる) 耐水性の、生活防水の」

これに対して、-proof は「防ぐ」の意味を持つ。

water-proof「防水性の」
sound-proof「防音の」
bullet-proof「防弾の」

ちなみに、fool-proof は装置や計画などが、誰でも絶対に間違えずに簡単に使える・うまくいくことを示す語。

Reverse Check 8 セットで使う接続詞 267

1 必要とされているのは、コスト削減ではなく事業の多角化だ。

2 この装置は太陽エネルギーで動いており、取り付けられた 1 リッタータンク内の水を温めることと冷やすことの両方ができる。

3 その会社の副社長は、同社がアジアに進出する計画をしているという噂を認めることも否定することもしなかった。

4 Do not increase the dosage of this medicine without consulting either a doctor or a pharmacist first.

5 This multi-purpose food processor is an ideal tool not only for novice cooks but also for seasoned chefs.

6 Both Ms. Wright and Mr. Omar are capable of leading a project of this scope and are equally experienced.

2 running の部分は、後ろから this device を説明しているというよりも分詞構文。
This device runs on solar energy **and** …
と考えるとわかりやすい。

5 cook は職業としての調理人とは限らない。

Reverse Check 9 注意すべき接続詞 268

1 この新しい車は、前モデルほどの色数で販売されていないことを除けば、評論家の期待を上回っている。

2 雇用主にはスタッフと社交的な付き合いをほとんどしない者もいるが、その一方で、そのような社交的な交流は従業員のやる気を出させる役に立つと考えている者もいる。

3 このスパークリングワインは、ブルゴーニュの家族経営のブドウ園で作られ、手ごろな価格でありながら、その風味は他のワイン醸造所の高級精選品と遜色がない。

4 Once your application is received, it will be reviewed by the hiring committee.

5 Unless we find a way to reduce the current rate of returns, the slowdown in growth will not be fundamentally resolved.

6 The supplier has agreed to give us a discount provided that we commit to buying the materials exclusively from them for at least 2 years.

Lesson

27 前置詞

I 前置詞の働き

前置詞は名詞または動名詞（-ing 形「～すること」）などの名詞として使える語句を目的語にとり、それらと共に形容詞や副詞の働きをする句を作ります。全く同じものでも形容詞の働きをする場合と副詞の働きをする場合があります。

後ろの名詞とセットになって動詞を説明する場合

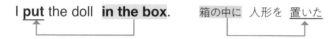

I **put** the doll **in the box**.　　箱の中に　人形を　置いた

後ろの名詞とセットになって動詞を説明する場合

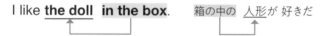

I like **the doll** **in the box**.　　箱の中の　人形が 好きだ

上の例文では２つとも in the box を使っていますが、それぞれ働きが違うことに注意してください。そして、英文を読む際は、これらの前置詞句がどれを修飾しているのかを見極める必要があります。そのために必要なことは、文脈を踏まえること、そしてもう１つは特定の前置詞をとる語句に気が付くことです。

たとえば、次の例を見てください。

① I study **in** my room.　　私は自分の部屋で勉強する。
② I am interested **in** English.　　私は英語に興味があります。

両方とも in が使われていますが、他の前置詞ではなく in が選ばれている理由が異なります。①は意味上選ばれています。部屋の「外で」とか「前で」ではなく「中で」が言いたいのですね。ところが、②は意味だけで選ばれているわけではありません。意味だけで選んでいいなら、about や on など「～に関して、～について」の意味がある他の前置詞でもいいはずですが、実際には in が使われます。他の前置詞ではだめな理由は、interested を使って「～に興味がある」と言う場合は interested in にしないといけないと決まっているからです。

このように、特定の前置詞をとる語やイディオムに気を付けなければ、穴埋め問題で間違ったり、誤解したりすることになります。試しに次の英文の意味を考えてみてください。

The company **failed to** inform the authorities of the accident in the plant.

fail to *do*「～するのを怠る、～しない」**inform**「知らせる」
authorities「(警察や市など) 当局」**plant**「工場」

ポイントは、the accident の前の of です。これを間違って、「事故の当局」と理解すると意味が不自然になります。でも、それで悩んだ方も多いのではないでしょうか。実は、この of は inform が取っており、inform A of B で「B について A に知らせる」の意味です。よって、文の意味は「その会社は、工場の事故を当局に知らせなかった」となります。ここで問題になるのは inform A of B という表現を知っていたのかどうかです。実は、この英文は多くの受講生に読んでもらうのですが、意味がわからなかった人でも、inform A of B を知っていることもよくあるのです。それを指摘されて、「あっ、そうか」とようやく気が付くのですね。つまり、知識があるだけでは気が付かないことも起こるのです。

そこで、自発的に確認するというステップが必要になります。確認するチャンスは2回あります。1つ目は、inform や interested のように、特定の前置詞を取る語句が出てきたときに前置詞を想定しておくこと、そして、もう1つは前置詞を見たときに、その前置詞を取る語句が前になかったのかを確認することです。特に、読み返さずに理解できるようにしたければ、前者が大切です。試しに、もう一度先ほどの英文を読み返してみてください。ただし、今度は inform を見たときに「of が来るかも」と備えるのです。もっとよくわかった気がしませんか。

それでは、これを踏まえつつ前置詞の1つ1つの意味を見ていきましょう。

2 基本的な前置詞

A) 時間を表す in / on / at

Examples

I first met him **in** April.	私は4月に彼に初めて会った。
We played tennis **on** Sunday.	私たちは日曜日にテニスをした。
I get up **at** 8:00 every day.	私は毎日8時に起きる。

in / on / at はともに時間を表す前置詞ですが、それぞれにどんな時間を表すのかが異なります。

in **ある程度長い期間を表す場合に使います**

in
- the week 週
- the year / 2023 年
- October / that month 月
- summer / the season 季節
- the morning / afternoon / evening 朝／昼／晩
  →1日の中である程度の期間だからと考えよう。ただし、on the morning of September 3「9月3日の朝」のように、特定の朝・昼・晩を指す場合はon

on **1日を表す場合に使います**

on Sunday / my birthday / New Year's Eve / July 4「7月4日」

at **時刻を表す場合に使います**

at 8:00 / noon「正午」/ midnight「午前0時」

例外がいくつかあります。主なものを覚えておきましょう。

at the weekend	**週末に**（主にイギリス英語）
on the weekend	**週末に**（主にアメリカ英語）
at night	**夜に**（ただし in the evening）
at Christmas	**クリスマス期間に**（クリスマスの日は on Christmas Day）

B) with

Examples

I went to Paris **with** him. 私は彼と一緒にパリに行った。

She opened the door **with** the key. 彼女は鍵を使ってドアを開けた。

He came **with** his monkey sitting on his shoulder. 彼は自分のサルを肩に座らせてやってきた。

with は「〜と一緒に」という意味の他に「〜を使って」「〜が…の状態で」という使い方も覚えておきましょう。

with + O：　O と一緒に／O を使って
with + O + C：　O が C の状態で

I went to Paris **with** him.
彼と一緒に

She opened the door **with** the key.
鍵を使って

He came **with** **his monkey** **sitting on his shoulder** .
サルが = 肩に座っている状態で

with + O + C の C には動詞の ing 形、過去分詞、前置詞句などが入ります。また O is C の関係が成り立ちます。上記の例文でも

his monkey was sitting on his shoulder

が成り立ちます。この他の例も見てみましょう。

▶「彼は両手をポケットに入れてやってきた」

前置詞句
He came **with** **his hands** **in his pockets** .
両手が = ポケットの中の状態で

▶「すべての食器が片付けられてテーブルは片付いているように見えた」

With **all the tableware** **put away** , the table looked tidy.
すべての食器が = 片付けられた状態で(過去分詞)

Other examples

I cut the cake **with** the knife. 私はそのナイフでケーキを切った。

With her homework finished, she had time to play video games.

宿題が終わったので、彼女はテレビゲームをする時間があった。

The tennis player hit the ball **with** her eyes closed.

そのテニスプレーヤーは目を閉じた状態でボールを打った。

C) by

Examples

The book was written **by** a company president.

その本は会社の社長によって書かれた。

We managed to enter the house **by** breaking the window.

私たちは窓を壊すことによってなんとか家に入った。

The price went up **by** 10%. その価格は10%上昇した。

I will finish the report **by** Friday. 金曜日までにそのレポートを終える。

by は受動態で使われるように「〜によって」という行為者を表すほかに、手段や程度を表すときに用いられます。

The book was written **by** a company president.
行為者　会社の社長によって

We managed to enter the house **by** breaking the window.
手段　壊すことによって

The price went up **by** 10%
程度　10%分

I will finish the report **by** Friday.
期限　来週の金曜までに

Other examples

The recommendations **by** our consultant were implemented right away.

私たちのコンサルタントによる提言はすぐに実施された。

The population of the village increased **by** 2%.

その村の人口は２%増えた。

The company cut costs **by** outsourcing some work.

会社はいくらかの作業を外注することによってコストを削減した。

All applications must be received **by** 15:00 on May 3.

すべての申込みは5月3日の15時までに受領されなければならない。

D) about / on

Example

I read a book **about / on** finance.

私は金融についての本を読んだ。

about と on はそれぞれ「〜について」の意味を持ちます。

a book [**about** / **on**] finance　金融についての本

Other examples

We had a long discussion **on** the problem.

私たちはその問題についての長い討論を持った。

I have a question **about** the new car.

私はその新しい車について質問がある。

訳して Check! 1　269

1 After entering the stadium in a close race, the athlete won the marathon, beating the runner-up by just 0.1 seconds.

2 With the deadline just a few days away, the development team was working frantically to finalize the specifications of the new product.

3 By increasing production and enhancing the stock management, the maker managed to make the product more widely available and to meet consumer demand.

4 知的財産のライセンス供与に関するこの論説は有益で実に面白い。

5 休暇シーズンが近づいてきている中、人々は親戚や友人たちにクリスマスカードを書くのに忙しい。

6 貨物はようやく9月25日の夜に港に到着し、それからWoodleyの倉庫にトラックで輸送された。

1 **stadium**「スタジアム」**close**「接戦の」**race**「競争」**athlete**「陸上選手」
marathon「マラソン」**beat**「負かす」**runner-up**「2位の人」**second**「秒」

2 **deadline**「締め切り」**development team**「開発チーム」
frantically「必死で」**finalize**「最終決定する」**specification**「仕様」

3 **increase**「増やす」**production**「生産」**enhance**「強化する」
stock「在庫」**management**「管理」**manage to *do***「なんとか～する」
widely「幅広く」**meet**「満たす」**consumer**「消費者」**demand**「需要」

4 **editorial**「論説、社説」**intellectual property**「知的財産」
licensing「認可すること」**informative**「有益な」**intriguing**「実に面白い」

5 **approach**「近づく」**busy *doing***「～するのに忙しい」**relative**「親戚」

6 **cargo**「貨物」**finally**「ようやく」**port**「港」**then**「それから」
transport「輸送する」**truck**「トラック」**warehouse**「倉庫」

3 間違いやすい語句

A) by/until

Examples

I'll stay here **until** next Friday. 私は来週の金曜日までここにいます。

I'll finish this report **by** next Friday.
私は来週の金曜日までにこのレポートを終わらせます。

byはある時点までにある動作が起こる、untilはある時点まである動作が継続するという意味です。

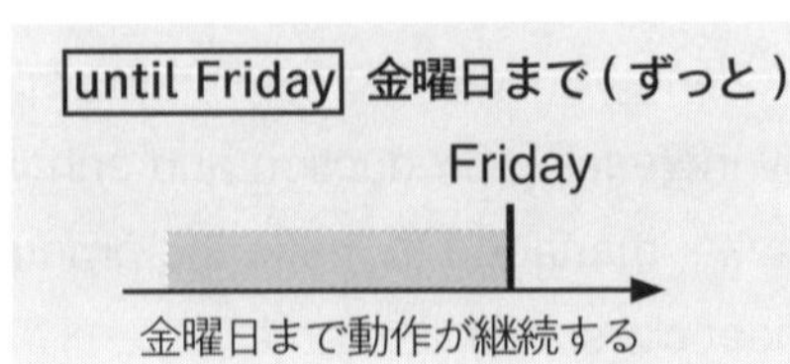

Other examples

Please fill in this form **by** Monday.

月曜日までにこの用紙に記入してください。

I'm going to take this English class **until** the end of next month.

私は来月の終わりまでこの英語の授業を受けるつもりです。

B) despite / although

Examples

Despite the bad weather, they went on a picnic.

悪い天気にもかかわらず、彼らはピクニックに行った。

Although the weather was bad, they went on a picnic.

天気が悪かったにもかかわらず、彼らはピクニックに行った。

despite は前置詞ですので後ろには名詞が入ります。知らないと in や at などと同じ品詞には見えないので注意しましょう。また意味は in spite of と同じですが、2つを混同して× despite of などとしないようにしてください。「…が〜するにもかかわらず」と S + V を使いたい場合は接続詞の although を使います。

despite + 名詞
although + S + V

名詞のかたまり
Despite the bad weather (前置詞)
Although the weather was bad (接続詞 / S + V)
} they went on a picnic.

Other examples

Despite our repeated requests, no budget increase was approved.

我々の再三にわたる要請にもかかわらず、予算増額は全く認められなかった。

Although economic trends are poor, our sales are improving.

経済動向はよくないが、我々の売り上げは改善しつつある。

C) during / while

Examples

During her stay in Vancouver, she made some friends.

彼女はバンクーバーでの滞在中に何人かの友達ができた。

While she was staying in Vancouver, she made some friends.

彼女はバンクーバーに滞在している間に何人かの友達ができた。

during は前置詞ですから S ＋ V をとることができません。 また while は接続詞ですから S ＋ V が必要です。

during ＋名詞
while ＋ S ＋ V

名詞のかたまり

During **her stay in Vancouver**
前置詞

While **she was staying** in Vancouver
接続詞 S ＋ V

} she made some friends.

ただし、during は他の前置詞とは異なり、-ing をとりません。逆に while は節中の主語が主節と同じ場合、主語と be 動詞は省略されることもあります。このとき、もともと進行形だった場合は、見た目が接続詞＋ *doing* の形になります。

× **During** **staying** in Vancouver, she made some friends.

⇒ 前置詞だが後ろに-ing形をとらない

○ **While** she was **staying** in Vancouver, **she** made some friends.

⇒ 主節と主語が同じなら、S+be動詞は省略できる。元が進行形の場合、
見た目が接続詞+ing形に見えるが、問題はない。

Other examples

During the winter vacation, I did a little bit of part-time work.

冬休みの間、私はアルバイトの仕事を少しした。

While I was on holiday in Quebec, I learned some French.

ケベック州で休暇を過ごしている間、私はフランス語を少し学んだ。

訳して Check! ②

270

1 This "Buy one, get one free" coupon is valid until the end of April and can be redeemed at any of our shops.

2 Despite the fact that the prices have gone up, sales of our baby formula products remain strong.

3 During the signing, attendees had their copies of the author's book autographed and enjoyed the opportunity to exchange a few words and shake hands with her.

4 ボウルにヘビークリームと砂糖を入れ、それらを混ぜ合わせてください。それから、硬めのツノができるまでクリームを泡立てます。

5 さえない時代遅れな外観にもかかわらず、ホテルは豪華な内装を持ち、最先端のビジネスセンターを備えている。

6 もし期日までに本請求書をお支払いいただけない場合、10％の延滞料が総計にかかることをご留意ください。

1 **Buy one, get one free**「1つ買えば1つ無料」**coupon**「クーポン」
valid「有効な」**redeem**「(引換券など) を現金・商品に換える」

2 **fact**「事実」**price**「価格」**go up**「上がる」**sales**「売上」
baby formula「乳児用ミルク」**remain**「～のままである」

3 **signing**「サイン会」**attendee**「出席者」**copy**「同じ本の1冊、部」
author「著者」**autograph**「サインする」**opportunity**「機会」
exchange「交換する」**shake hands**「握手する」

4 **put**「入れる」**heavy cream**「ヘビークリーム（脂肪分の多い生クリーム)」
sugar「砂糖」**bowl**「ボウル」**mix**「混ぜる」**then**「それから」
whip「泡立てる」**stiff**「硬い」**peak**「尖った先端」**form**「形を成す」

5 **dull**「退屈な、冴えない」**old-fashioned**「時代遅れの」**appearance**「外見」
lavish「豪華な」**interior**「室内の」**decoration**「装飾」
be equipped with A「Aを備えている」**state-of-the-art**「最先端の」

6 **note**「留意する」**fail to *do***「～しない、怠る」**bill**「請求書」**due**「期日の」
late fee「延滞料」**incur**「(損害) を招く、負う」**sum due**「支払うべき総額」

4 前置詞不要の動詞

Examples

I **entered** the room and got changed.
私はその部屋に入って着替えた。

Kate **approached** the window. Kateは窓に近づいた。

Jiro **married** Hanako. JiroはHanakoと結婚した。

We **reached** the hotel at 2 o'clock. 私たちはホテルに2時に着いた。

I **attended** the meeting. 私はその会議に出席した。

We **discussed** the matter at the meeting.
私たちはその件について会議で議論した。

She **mentioned** the problem at the meeting.
彼女はその問題について、会議で言及した。

動詞の中には日本語から考えると前置詞が必要に感じながら、実際は前置詞不要で直接目的語を取る動詞がいくつかあります。

enter **～に入る** into は不要

The candidate **entered** the interview room and greeted the interviewers.
その候補者は面接室に入り、面接担当者たちに挨拶した。

approach **～に近づく** to は不要

The train sounded its horn as it **approached** the station.
その電車は駅に近づいたとき、警笛を鳴らした。

marry **～と結婚する** with は不要

Mr. Tanaka **married** a friend from high school.
Mr. Tanaka は高校時代の友人と結婚した。

reach **～に届く・着く** to は不要

The order **reached** the customer as scheduled.
注文品は予定通りに客に届いた。

attend **～に出席する** at は不要

I **attended** an international conference for the first time.
私は初めて国際会議に出席した。

oppose ～に反対する to や with は不要

The staff **opposed** the plan. スタッフたちはその計画に反対した。

discuss ～について議論する about は不要

We **discussed** the proposed venture for a long time.

私たちはその提案されたベンチャー事業について長い間話し合った。

mention ～を言及する about は不要

I **mentioned** my idea to the manager. 私は自分のアイデアを部長に述べた。

訳してCheck! ③ 271

1 The number of spectators at the parade to honor the winning team reached 100,000.

2 Some workers, especially the ones who didn't have to meet clients in person, opposed the new dress code policy requiring formal business attire.

3 During a sales presentation to prospective customers, mentioning the names of celebrities who use your product is often an effective sales strategy as it can increase the credibility of your product. However, before doing so, you must ensure that you are authorized to disclose such information to others.

4 もしこの競技会に参加したければ、今月末までに申し込みを送ってください。

5 会議では、私たちは現在進行中のプロジェクトの進捗と問題について話し合うことになっています。ですので、そのつもりで準備してください。

6 合格した全ての申込者は、雇用が確定次第、働き始める前に健康診断を受けることを求められています。

1 **spectator**「観客」**parade**「パレード」**honor**「称える」**reach**「達する」

2 **especially**「特に」**in person**「直接自分で」**dress code**「服装規定」
policy「方針」**require**「必要とする」**formal**「フォーマルな」**attire**「服装」

3 **prospective**「そうなりそうな」**mention**「言及する」**celebrity**「有名人」
effective「効果的な」**strategy**「戦略」**increase**「増やす」**credibility**「信頼性」
ensure「確実にする」**authorize**「許可を与える」**disclose**「開示する」

4 **wish**「望む」**enter**「参加する」**competition**「競技会、コンクール」**application**「申し込み」

5 **will be *doing***「～することになっている」**progress**「進捗」**issue**「問題」
ongoing「進行中の」**prepare**「準備する」**accordingly**「それに従って」

6 **once S + V**「SがVしたらすぐに」**employment**「雇用」**confirm**「確定する」**successful**「合格した、成功した」**applicant**「申込者」**require**「求める」**undergo**「(検査など) を受ける」**medical**「医療の」**checkup**「健康診断、検査」

5 その他の注意すべき意味

Examples

The plane will arrive **in** 10 minutes.
その飛行機は10分後に到着するだろう。

On arriving at the airport, Mr. Smith went straight to the meeting place.
Mr. Smithは空港に到着して、そのまま直接待ち合わせの場所に向かった。

He plays tennis very well **for** a beginner.
彼は初心者にしてはテニスがとてもうまい。

We've been making progress **over** the past month.
我々は過去1か月間にわたって進歩してきた。

Our new store will open **toward** the end of May.
当社の新しい店舗が5月の終わりごろに開店する。

About 20 minutes **into** the meeting, the CEO showed up.
会議が20分ほどしたところでCEOが現れた。

どの前置詞にも複数の意味がありますが、見逃されがちな意味を持つものがいくつかあります。特に次の意味を覚えておいてください。

in 時間　(時間) 後に

The plane will arrive **in 10 minutes.**　10分後に

on *doing* / 名詞　～するとすぐに

On arriving at the airport, Mr. Wu went straight to the meeting place.
到着するとすぐに

for A　Aの割には

He plays tennis very well **for a beginner.**　初心者の割には

over 期間　期間にわたって

We've been making progress **over the past month.**
過去1か月にわたって

toward / towards 時　～ごろ

Our new store will open **toward the end of May.**　5月の終わり頃

時間 into A　A が始まって（時間）経ったころ

About **20 minutes into the meeting**, the CEO showed up.
会議が始まって20分ほどしたところで

訳して Check! ④

272

1 On receipt of the down payment along with the first installment, we will ship the product.

2 The new store is scheduled to open in five days, so the new staff must be trained and familiarized with the day-to-day operation by then.

3 Mr. Turner is a quick learner and has decent skills for someone who became an apprentice just three months ago, but he is still a novice and has a long way to go before he can become a full-fledged upholstery craftsman.

4 私たちはたいてい9月の終わりごろに社内バーベキューを行う。

5 飛行開始から約10分後、飛行機の揺れがおさまり、シートベルトのサインが消えた。

6 過去数年にわたり、我々は水に溶ける固形炭酸飲料製品の開発に重点的に投資してきた。そして、ようやくこの投資が実を結んだ。

1 **receipt**「受領」**down payment**「頭金」**along with A**「A と一緒に」
installment「分割払いの1回分」**ship**「出荷する」

2 **be scheduled to *do***「～する予定になっている」**train**「訓練する」
familiarize A with B「A に B を習熟させる」**day-to-day**「日々の」**operation**「業務」

3 **quick learner**「飲み込みが速い人」**decent**「ちゃんとした」**skill**「技術」
apprentice「弟子」**novice**「初心者」**a long way to go**「長い道のり」
full-fledged「一人前の」**upholstery**「いす張り職」**craftsman**「職人」

4 **barbecue**「バーベキュー（パーティー）」

5 **flight**「フライト、飛行」**shaking**「揺れ」**aircraft**「航空機」
subside「おさまる」**sign**「標識、合図」**go off**「消灯する」

6 **invest**「投資する」**heavily**「大量に、とても」**development**「開発」
solid「固形の」**carbonated**「炭酸入りの」**beverage**「飲料」
soluble「溶ける」**finally**「とうとう」**investment**「投資」**pay off**「実を結ぶ」

6 見逃されがちな前置詞

ここまで取り扱ってきたもの以外にも重要な前置詞があります。見逃されがちなものをまとめました。

above　~の上に

The fuel efficiency of this car is **above** average.

この車の燃料効率は平均より上だ。

across　向こう側に、~中で、端から端まで

There is a post office **across** the street from the supermarket.

スーパーマーケットの向こう側に郵便局がある。

This TV program is popular **across** the country.

このテレビ番組は国中で人気だ。

against　~に反対して、~によりかかって、~に対して

I am strongly **against** the plan.　私はその計画には強く反対だ。

I leaned **against** the wall.　私は壁によりかかった。

A vaccine **against** the disease has been developed.

その病気に対するワクチンはすでに開発されている。

along　~に沿って

We drove **along** the street to the client's office.

私たちはその通りに沿って顧客のオフィスまで車で行った。

amid　~の中で、~の最中に

Ms. Thomas assumed the presidency **amid** the worst crisis in the company's 50-year history.

Ms. Thomasは、社の50年の歴史の中で最悪の危機の中、社長に就任した。

among　~の間で、~のうちの1人で

Ms. Richards is **among** our important clients.

Ms. Richardsは我々の重要な顧客のうちの1人だ。

below **～の下に**

The fuel efficiency of this car is **below** average.

この車の燃料効率は平均以下だ。

besides **～に加えて**

Besides being experienced, Mr. Kim knows a lot about advertising.

Mr. Kim は経験豊かであることに加えて、宣伝についてよく知っている。

beyond **～を超えて、～の向こうに**

In store displays, some products should be put on a high shelf **beyond** the reach of children.

店舗の陳列では、子どもの手の届かない高い棚に置かれるべき製品もある。

given **～を考えると**

Given the fact that she started learning French just 3 weeks ago, she is surprisingly fluent.

彼女がフランス語を学び始めて３週間しか経っていないことを考えると、彼女は驚くほど流暢だ。

like **～のように**

Like other companies, we provide employees with travel expenses.

他の企業と同じように、当社も従業員に交通費を支給している。

notwithstanding **～にもかかわらず**

Notwithstanding the bad weather, the company picnic went ahead.

悪天候にもかかわらず、社内ピクニックは行われた。

off **～から離れて**

There is a beautiful coral reef **off** the coast of the island.

その島の海岸沖に美しいサンゴ礁がある。

opposite **～の向かい側に**

I had to sit directly **opposite** the CEO.

私は CEO の真向かいに座らなければならなかった。

past **～を過ぎて**

I drove **past** the farm on my way to the client's office.

私は顧客のオフィスに車で行く途中で農場の前を通り過ぎた。

pending **～を待つ間**

The team decided to suspend the development **pending** a review by the board of directors.

取締役会の検討が行われるまで、チームは開発を中断することに決めた。

regarding **～に関して**

A shareholder asked a question **regarding** the proposed merger.

株主の１人が提案された合併について質問をした。

throughout **～の間じゅう、～を通してずっと、いたるところで**

The park is open to the public **throughout** the year.

この公園は１年を通してずっと一般に公開されている。

The shop is famous **throughout** the country.

その店は国中で有名である。

unlike **～とは違って**

Unlike many other companies, we allow employees to take a 3-month vacation.

他の多くの企業とは異なり、当社は従業員に対して
３か月の休暇を取得することを認めています。

within **～以内で**

It is sometimes difficult to buy a present **within** a limited budget.

限られた予算以内でプレゼントを買うことが難しいこともある。

訳して Check! ⑤ 273

1 The bike trail runs past the hill and along the river to the visitor center off the shore of the lake.

2 Our new detergent works wonders against stubborn stains and leaves your clothes feeling like a baby's skin.

3 The shipment of the freight has been put on hold pending the clearance of customs at the departure point.

4 Our highly trained and friendly customer service team stands ready to assist with any inquiries or issues regarding our products.

5 Two years ago, local supermarkets started an initiative to reduce food waste by selling food items past their best-before date at discounted prices. This in turn helped to raise awareness among residents.

6 高い価格にもかかわらず、その高級服ブランドは富裕な消費者の間で人気のままだ。

7 本製品は洗練されたデザインに加え、さまざまな革新的機能を搭載している。

8 変動する経済動向の中、この1年間の売り上げは我々の予想をはるかに超えて成長した。

9 他のブランドとは異なり、当社のルーズリーフティー製品は冷水でとてもよく出て、魅惑的でどこかエキゾチックな風味が特徴です。

10 時間と資源が限られていることを考慮すると、できるだけ多くのことを成し遂げるために我々は現在進行中のプロジェクトに優先順位をつける必要がある。

1 **bike**「自転車」**trail**「小道」**hill**「丘」**visitor center**「(公園などの) 案内所」**shore**「岸」**lake**「湖」

2 **detergent**「洗剤」**work wonders**「驚くほど効く」**stubborn**「頑固な」**stain**「しみ」**leave+O+*doing***「Oを～する状態にしておく」**clothes**「衣類」

3 **shipment**「出荷」**freight**「貨物」**put A on hold**「Aを保留する」**clearance**「許可、通関手続き」**customs**「税関」**departure point**「出発地」

4 **highly**「高く」**train**「訓練する」**stand ready**「用意がいつもできている」**assist**「助ける」**inquiry**「問い合わせ」**issue**「問題」

5 **initiative**「新たな取り組み」**reduce**「減らす」**food waste**「食品廃棄物」**best-before date**「賞味期限」**discounted**「割引された」**in turn**「次に」**raise**「高める」**awareness**「意識、自覚」**resident**「住民」

6 **luxury**「高級な、ぜいたくな」**clothing**「衣類」**brand**「ブランド」**remain**「～のままである」**popular**「人気のある」**wealthy**「裕福な」**consumer**「消費者」

7 **sleek**「しゃれた、スマートな」**be equipped with A**「Aを備えている」**a variety of A**「多様なA」**innovative**「革新的な」**function**「機能」

8 **fluctuate**「変動する」**economic**「経済の」**trend**「動向」**sales**「売り上げ」**grow**「成長する」**far**「はるかに」**expectation**「期待」

9 **loose leaf tea**「(ティーバッグではない) 茶葉の紅茶」**brew**「(茶・コーヒーが) 出る」**feature**「特徴とする」**captivating**「魅惑的な」**somewhat**「いくぶん」**exotic**「異国情緒の」**flavor**「風味」

10 **limited**「限りのある」**resource**「資源」**prioritize**「優先順位をつける」**ongoing**「現在進行中の」**achieve**「達成する」

Questions A

1 We concluded the talks ------- the morning of March 1.

(A) until (B) for (C) on (D) at

2 Ms. Kwon showed up ------- her identification card hanging around her neck.

(A) with (B) in (C) for (D) by

3 ------- his 4-month stay in the country, Mr. Yamada made some friends.

(A) While (B) Unless (C) During (D) When

4 ------- English, Taku also speaks a little Portuguese.

(A) Given (B) Besides (C) Amid (D) Despite

5 Mr. Musa needs to hand in the report ------- next Friday

(A) by (B) until (C) to (D) in

1 **conclude**「終える」**talks**「交渉」
2 **show up**「現れる」**identification card**「ID カード」**hang**「ぶら下がる」
3 **4-month**「4か月の」
4 **Portuguese**「ポルトガル語」
5 **hand in**「提出する」

Questions B

1 Please note that ------- our best efforts, the quality and the appearance of our wooden products is not always consistent.

(A) although (B) despite (C) nonetheless (D) because

2 ------- maintaining a balance among competing needs, we aim to create products suitable for as many customers as possible.

(A) While (B) During (C) Because (D) If

3 ------- the significant increase in our workload, it would be wise to request an extension of the deadline.

(A) Although (B) Despite (C) Given (D) Notwithstanding

4 ------- the hardest obstacle in the negotiations out of the way, the negotiators can concentrate on smaller details.

(A) Despite (B) With (C) By (D) Because

5 Although the project was her idea, Ms. Ali ------- to its implementation at this time of the year.

(A) objected (B) opposed (C) was against (D) opposite

1 **note**「留意する」**best effort**「最善の努力」**appearance**「外見」
wooden「木製の」**consistent**「一定な、変わらない」

2 **maintain**「保つ」**balance**「バランス」**competing**「相反する」**needs**「ニーズ」
aim to *do*「～しようと努力する、目標とする」**create**「創作する」**suitable**「適した」

3 **significant**「著しい」**increase**「増加」**workload**「仕事量」
wise「賢明な」**request**「要請する」**extension**「延長」**deadline**「締切」

4 **obstacle**「障害物」**out of the way**「片付いて」**negotiator**「交渉人」
concentrate on A「Aに集中する」**detail**「詳細」

5 **implementation**「実施」**at this time of the year**「1年のこの時期に」

✔ Reverse Check ❶ 基本的な前置詞 274

1 接戦で競技場に入ってから、その選手は0.1秒差で2位の選手を打ち負かしてマラソンに勝利した。

2 締め切りまであとたった数日となり、開発チームは新製品の仕様を固めようと必死に取り組んでいた。

3 そのメーカーは、生産量を増やし在庫管理を強化することにより、製品をより広く入手できるようにして、消費者の需要に応えることができた。

4 This editorial on intellectual property licensing is informative and intriguing.

5 With the holiday season approaching, people are busy writing Christmas cards to relatives and friends.

6 The cargo finally arrived at the port on the evening of the 25th of September and was then transported by truck to a warehouse in Woodley.

1 beatingは分詞構文。and beatのように「そして、打ち負かした」と考えるか、「打ち負かして」「打ち負かしながら」などと考えるとわかりやすい。

✔ Reverse Check ❷ 間違いやすい語句 275

1 この「1つ買えばもう1つ無料」クーポンは4月末まで有効で、当社のどの店舗でも引き換えることができます。

2 我々の乳児用ミルク製品の売り上げは、値上がったという事実にもかかわらず好調である。

3 サイン会の間、出席者は自分たちが持つその著者の本にサインをしてもらい、彼女と少し言葉を交わして握手する機会を楽しんだ。

4 Put heavy cream and sugar in a bowl and mix them together, then whip the cream until stiff peaks form.

5 Despite its dull and old-fashioned appearance, the hotel has lavish interior decoration and is equipped with a state-of-the-art business center.

6 Please note that if you fail to pay this bill by the due date, a late fee of 10% will be incurred on the sum due.

6 due は「期日の」の意味と「支払うべき」の意味の2つで使われている。due の位置に注意。
due date「支払期日」amount / sum due「支払うべき総額」

Reverse Check 3 前置詞不要の動詞 276

1 その優勝チームを称えるためのパレードの観客数は10万人に達した。

2 特に顧客と直接会う必要のない従業員の中には、正式なビジネスウェアを求める新しい服装規定に反対する者もいた。

3 潜在的顧客に対する営業プレゼンテーションの際に、自社の製品を使っている有名人の名前に言及することは、製品に対してさらなる信頼性を与えるので、効果的な営業戦略であることがよくある。しかし、そうする前に、その情報を他者に開示していいということを確認しなければならない。

4 If you wish to enter this competition, send us your application by the end of this month.

5 At the meeting, we will be discussing the progress of and issues with the ongoing projects, so please prepare accordingly.

6 Once their employment is confirmed, all successful applicants are required to undergo a medical checkup before starting work.

3 prospective + A（名詞）で「A になりそうな人」の意味。
prospective employee「従業員候補」
会社側から見て職に応募してきた人や、採用選考中の人など
prospective employer「将来の雇用主」
職に応募中の人から見て、採用されたら雇用主になる人や会社
5 progress と issue はそれぞれ別の前置詞を必要とするので、このような書き方になる。

the { progress of / and / issues with } the ongoing projects

Reverse Check 4 その他の注意すべき意味 277

1 頭金と1回目の分割払いを受け取り次第、製品を出荷いたします。

2 新しい店舗は5日後に開店する予定なので、新しいスタッフはそのときまでに、訓練され、日々の業務に慣れなければならない。

3 Mr. Turnerは覚えが早く、たった3か月前に弟子入りしたばかりの人にしてはちゃんとした技術を持っているが、まだ初心者であり、一人前のいす張り職人になれるまでは長い道のりがある。

4 We usually have a company barbecue towards the end of September.

5 About ten minutes into the flight, the shaking of the aircraft subsided and the seatbelt sign went off.

6 Over the past few years, we have invested heavily in the development of solid carbonated beverage products that are soluble in water, and finally this investment has paid off.

6 実を結んだのは厳密に言えば過去だが、つい最近のことであり、その状態や影響を今も感じているのだから、現在完了が使われている。

Reverse Check 5 見逃されがちな前置詞 278

1 その自転車道は丘を通過し、川沿いを走り、湖畔の案内所に続いている。

2 当社の新しい洗剤は、頑固な汚れに驚くほどの効果を発揮し、衣類を赤ちゃんの肌のような手触りにします。

3 この貨物の出荷は、出発地の税関の通関手続きを待つ間、保留となっている。

4 高度な訓練を受けたフレンドリーなカスタマーサービスチームが、当社の製品に関するいかなるお問い合わせや問題にいつでも対応する準備ができております。

5 2年前に、地元のスーパーマーケットは、賞味期限を過ぎた食品を割引価格で売ることにより食品廃棄物を削減する取り組みを始めた。そしてそれが今度は住民の間で意識を高めることに役立った。

6 Notwithstanding high prices, the luxury clothing brand remains popular among wealthy consumers.

7 Besides its sleek design, this product is equipped with a variety of innovative functions.

8 Amid the fluctuating economic trends, the sales over the past year have grown far beyond our expectations.

9 Unlike other brands, our loose-leaf tea products brew very well in cold water and feature captivating and somewhat exotic flavors.

10 Given the limited time and resources, we need to prioritize our ongoing projects to achieve as much as possible.

Check this out! asのまとめ

as はかなり多くの意味があるため、苦手だと感じる学習者が多いです。ここで、まとめておきましょう。

前置詞 （as の後ろに名詞のかたまりしかない）

① **〜として**

I work here **as** an assistant. 私は助手としてここで働いている。

② **〜のとき**

As a boy, I lived in Paris. 私は少年の頃、パリに住んでいた。

接続詞 （as の後ろに S+V がある）

① **〜するので**

As I was tired, I went to bed early. 疲れていたので早く寝た。

② **〜するとき**

Please lock the door **as** you leave the office.
オフィスを出るときはドアに鍵をかけてください。

③ **〜するにつれて**

It got colder **as** I went up the mountain. 山を登るに連れて寒くなった。

As he grew older, he became more friendly.
年をとるにつれて彼は親しみやすくなった。

④ **〜するように**

As I said before, I am not good at tennis.
前に言った通り私はテニスが得意ではない。

Please do **as** I say. 私が言う通りにしてください。

副詞 **as 〜 as の 1 つ目の as として「同じくらい」**

Ms. Hong is **as** experienced **as** Mr. James.
接続詞

Answers

Check &Check

Answers & Explanations

Check & Check - Answers 1

Questions A

1 (B)「*この雑誌は面白そうに見える*」

looks はこの場合「見る」ではなく「見える」の意味で使われているので S+V+C にするために形容詞が必要。interested は雑誌が興味を感じていることになるので不可。

2 (A)「*帰宅した後も、Ms. Miller は勤勉に働いた*」

industriously は副詞なので、文型とは関係がない。つまり、S+V だけで成り立つ動詞が必要。よって、(A) が正解。(B) も文法的には成り立つが「見た」なので意味的に不自然。

3 (B)「*その訪問客は受付に自分の名前を告げた*」

the receptionist と his name が連続して並んでいるので、S+V+O+O の文型であると考える。よって (B) が正解。

4 (C)「*書籍はたいてい子供のための良いプレゼントになる*」

(B) は意味が合わない。また、(A) と (D) は主語が複数名詞なのに形が合っていない。

5 (D)「*Ms. Cho はその英語の試験ですばらしいスコアをとり、そのことは彼女をワクワクさせた*」

かっこ内に副詞を入れると文型が S+V+O となり「彼女を作った」という意味不明の文になる。ここは S+V+O+C の文型であるととらえ、空所の語が彼女の状態を説明していると考える。よって、形容詞の (D) が正解。

Questions B

1 (D)「*発表の間、Ms. Smith は自分の意見をとても明確に述べた*」

expressed her opinion が V+O で文型が完結しているので、空所には副詞が入る。

2 (B)「*他の全てのスタッフはその計画を支持したが、Mr. Lee は強く反対した*」

空所に入る語が何を説明しているか考える。(A) は Mr. Lee が強い人という意味になり不自然。(B) は副詞で against it を説明し「強く反対する」となり文意に合う。

3 (C)「*その企画は最初実現可能に聞こえたが、とてもコストがかかることがわかった*」

sound はこの場合は「〜に聞こえる」の意味で使われているから、S+V+C の文型を取る。よって、形容詞の (C) が正解。

4 (A)「*調査によると、ほぼ 90% の客が私たちの新しい製品が重すぎると思った*」

our new product の後に too heavy という形容詞があることから、S+V+O+C の文型だとわかる。よって、(A) が正解。(B) は文型としては合うが、意味が不自然になる。

5 (D)「*Rodman クリーニング社は考えうる最高のクリーニングサービスをご提供することに誇りを持っております*」

(A)(C) は with があるので入らない。よって、(D) が正解。provide A with B で「A に B を提供する」の意味。意味が同じようなものでも使い方が異なることがあるので注意。

Check & Check - Answers 2

Questions A

1 (B)「*明日そのバスに乗り遅れたら私にメッセージしてください*」

かっこの中に入れる動詞は if のまとまりの中に入っているので、未来のことを言う場合でも現在形を使う。

2 (D)「*Mr. Lima は一人でプレゼンテーションをするのに慣れている*」

be used to *doing* / used to *do* の混同をねらった問題。(B) は used to が実際に「ユーストゥ」と発音されることを突いた選択肢だが、スペルは間違っている。

3 (A)「*その顧客との電話を切ったらすぐに私に知らせてください*」

as soon as も時を表す接続詞なので、未来のことでも現在形を使う。

4 (B)「*もし明日雨なら、Ms. Kumar は家にいるだろう*」

空所は主節の中であり if 節の中ではないので、通常の時制が必要。(A) は三単現の s が付いていないので入らない。

5 (A)「*Mr. Roy がその仕事を終えるころには、夜の 12 時をかなり過ぎていた*」

by the time は時を表す接続詞として使われているので、V は未来の話でも will を使わず現在時制を使うが、これは未来の話だけで、過去の場合は普通に過去形を使う。

Questions B

1 (D)「今日、*秘書が昼食休憩を取った後に Mr. Thomas は彼に代わって小包を投函するように彼女に頼むつもりだ*」

after は時を表す接続詞なので will は不要。また主語が she なので takes が正解。

2 (B)「*Ms. Devi は昨夜新しいナイフでそのケーキを切った*」

Ms. Devi が主語なのに cut に -s がついていないということは、cut は過去形。よって、(B) が正解。

3 (C)「*町の役場の前にかつて美しい噴水があったものだった*」

be used to *doing*「〜するのに慣れている」と used to *do*「〜したものだった」の混同に注意。(B) は形としては正しいが、意味がおかしくなる。

4 (A)「*Mr. Brown のスマートフォンが、電池がなくなりかけていることを警告したので彼は充電器に繋いでしばらく放置した*」

文中の warned と話の内容から全体として過去の話だったことがわかる。したがって (A) が正解。(D) も過去だが「繋いでいる最中だった」は不自然。

5 (A)「*Aquarmill 社は従業員のニーズに応えるためにフレックス制を導入した。しかし、経営陣は 3 年後にそれを廃止した。なぜなら、コストがとてもかかるとわかったからだ*」

第 1 文だけではどの時制が必要かは特定できない。第 2 文でフレックス制を廃止したと述べているので、導入したのは過去の話。Part6 の長文穴埋めでは、このように空所が含まれる文だけ見ても答えが特定できないこともあるので注意が必要だ。

Check & Check - Answers 3

Questions A

1 (C)「*電話が鳴ったとき、Ms. Biton は朝食を食べているところだった*」

過去の話なので過去に属する形が必要。ただし、(A) は電話が鳴ったときに食べたことになり不自然。よって、(C) が正解。この場合の have は「持っている」ではなく「食べる」の意味なので進行形にできる。

2 (B)「*Mr. Khat は 10 年前、地元の野球チームに入っていた*」

過去形が必要だが、belong は状態動詞で進行形にならないので、(B) が正解。また (C) は受動態なのでおかしい。

3 (D)「*新製品のための広告キャンペーンはうまくいっていなかった*」

過去の話で主語が単数だから (D) が正解。空所の後が go<u>ing</u> なので (C) は不可。

4 (C)「*私が明日 Mr. Khin を牧場に訪れたとき、彼は牛に餌をやっている最中だろう*」

明日の話だから未来形が必要。また、(A) は三人称単数形の s がついていない。(D) は受動態なので不可。will feed なら正解になりうる。

5 (A)「*Mr. Martin が受付に現れたとき、受付係は丁寧に挨拶した*」

「現れたとき」に挨拶したのか、挨拶している最中だったのかを考える。進行形だと現れたときには彼に挨拶している最中ということになり不自然。

Questions B

1 (A)「*Ms. Kim は、アシスタントが急いでオフィスに入ってきたとき、顧客と打ち合わせをしているところだった*」

過去の話だが、(B) を選ぶとアシスタントが入ってきたとき会議を行ったことになり不自然。なおこの場合の have は「(会) を開く」なので進行形にしてよい。

2 (B)「*Ms. Yoon は来週その国際会議で基調演説をする予定だ*」

来週の話なので未来形が必要。よって、未来の予定を表す (B) が正解。(D) は主語に合わせて s が必要。

3 (C)「*あなたが到着ゲートから出てくる頃には、私どもの運転手があなたをお待ちしているでしょう*」

(A) は受動態なので不可。また、出てくる頃に「待つ」のか「待っているところ」なのかを考えれば (C) のほうが自然である。

4 (A)「*Doves 川は、昨夜の大雨のせいで今日は普段よりも速く流れている*」

今だけ一時的にいつもより速く流れているという意味が必要なので、現在進行形の (A) が正解。現在形を選ぶと習慣的事実になってしまい不自然。

5 (D)「*Ms. Perera は、誰かがドアをノックしたとき、機密書類を読んでいるところだったので、片付けた*」

ドアがノックされたとき、読んでいる最中だったと考えるのが一番自然な流れ。よって、(D) が正解。(A) だとノックされた時に読んだことになる。

Check this out! 現在形と現在進行形の注意

日本語では現在形と現在進行形を区別しない場合があります。次の例を見てみましょう。

The Earth goes round the Sun.
The Earth is going round the Sun.

これらの文は日本語に直すとどちらも「地球は太陽の周りを回っている」という意味になります。しかし、英語として正しいのは現在形の goes です。現在進行形が「今この瞬間」のことだけを述べ、今より先や前のことに言及していないことから「今だけ = 一時的」という意味合いが言外にあります。したがって is going というと「今の時点では太陽の周りを回っている」などと「普遍的に回っているわけではない」という含みを持ちます。地球は普遍的に太陽の周りを回っているのですから、よほど「今この瞬間」を強調しない限り、現在形を使うのが普通です。

Check & Check - Answers 4

Questions A

1 (C)「*Ms. Hofer は去年からフィンランド語を勉強している*」

「昨年以来」と述べているので、時制は完了形だとわかる。主語が三人称単数なので (A) は選べない。

2 (C)「*Mr. Prifti は先月仕事で 3 回フランスに行った*」

last month という直接過去の時点を指す語があるので、現在完了形は使えない。よって (C) が正解。

3 (A)「*Mr. Dupont は現在、3 年間この委員会の議長をしている*」

内容から、今の時点で 3 年間継続して議長であると言いたいはずなので、(A) が正解。

4 (D)「*Ms. Shefu がオフィスに戻ってきたとき、その顧客はすでに到着しており、待っているところだった*」

待っているところだったと述べているので、到着したのはその前のはず。よって、過去の過去を表す過去完了が必要。

5 (A)「*Ms. Steiner が Mr. Bell の職場に電話した時、彼はすでに自分たちの会合に向けてオフィスを出てしまっていたので、彼女は彼の携帯電話に電話した*」

職場に電話したときにはすでに出てしまっていたという意味になるはずなので、(A) が正解。

Questions B

1 (D)「*長引く不安定な天候のせいで、Grand Hotel は今月これまでのところ 100 件以上のキャンセルを受けている*」

「今月これまでのところ」なので完了形でなければならない。(B) は主語と合わない。

2 (D)「*Ms. Horvat はマーケティングの経験がいくらかあるので、部長は明日の会議で彼女をプロジェクトチームに選ぶだろう*」

この since は「以来」ではなく「～なので」の意味であることに注意。明日の会議で選ぶと言っているので未来形の (D) が正解。

3 (C)「*Ms. Dubois が集合場所に着いた時には、参加者全員が集まっていた*」

着いたときには集まってしまっていたという意味なので、過去の過去、あるいは過去における現在完了である過去完了を使う。

4 (D)「*過去 3 四半期にわたり、その会社の収益性は一貫して改善しつづけている*」

「過去 3 四半期にわたってずっと」の意味になるので、継続を表す現在完了が必要。ただし、主語が単数形なので (B) ではなく (D) が正解。over the past ～ は「過去～にわたって」という意味で完了形と使われることが非常に多い。

5 (A)「*顧客のオフィスでの昨日の交渉の後、Mr. Lau は完全に疲れ切っており、そのため彼は直帰した*」

昨日の交渉の後疲れていた時の話だから過去。よって (A) が正解。現在完了形はあくまでも「現在」形のひとつなので、「その時やった」という意味で過去を表す言葉と一緒には使えない。また過去完了形は過去の過去を指すので、ここでは不自然。

Check & Check - Answers 5

Questions A

1 (C)「*Ms. Kent は明日私たちを訪問するかもしれないが、だれも定かではない*」

might の後なので、動詞の原形が入る。

2 (C)「*Ms. Costa が学生の頃、チェロをとてもうまく弾くことができた*」

過去における能力を指すので (C) が正解。(D) は後ろに動詞の ing 形が必要。

3 (A)「*Mr. Mora は歯が痛かったとき、何も食べることができなかった*」

過去の話をしているので (A) が正解。

4 (B)「*その会社は新製品を開発している最中かもしれない*」

空所の直後が原形の be になっているので (A) は不可。また、「できる」の意味を持つ (C)(D) は文脈から不自然である。be developing が進行形になっていることに注意。

5 (D)「*確かじゃないけど、パスポートを受け取るのに写真付きの身分証明書が必要かもし*

れない。念のため1つ持っていったほうがいいよ」

(A)(B) は必要ないことを言うので文脈に合わない。(C) も「できるようになるだろう」で不適切。

Questions B

1 (C)「*ITチームはその機械的な問題の原因を見つけることがおそらくできるだろう*」

will があるので (A)(D) は不可。また、of の後に動詞を置く場合は原形ではなく -ing 形なので (B) は入らない。

2 (B)「*私たちの新しいコンサルタントは来週まで提言をまとめることができないかもしれない*」

until next week「来週までずっと」に注意。これに合うのは否定の (B) だけ。(D) は be が原形になっているから不可。has の後は been のはず。

3 (C)「*その航空会社のスタッフは Mr. Hall の預け入れ荷物を見つけることができなかったので、補償を申し出た*」

locate が動詞の原形なので (B)(D) は不可。あとは意味から考える。補償を申し出たのは見つけられなかったからと考えるのが自然。よって (C) が正解。

4 (C)「*Gram Cereals 社は実際、近い将来に新しいシリアルの商品ラインアップを始めるかもしれない*」

might に合わせて動詞の原形が必要。間に actually のような副詞が入ると見落としがちなので注意。

5 (A)「*革新的な製品で、その会社は過去5年にわたって競合他社より一歩先んじることができてきた*」

over the past 5 years は「過去5年にわたり」の意味だから、過去から現在までの継続が必要。よって、現在完了形の (A) が正解。

Check & Check - Answers 6

Questions A

1 (C)「*Ken が小学生だったとき、フランス語を勉強しなければならなかった*」

過去の話なので (C) が正解。

2 (A)「*熱があるときは水をたくさん飲んで暖かくしたほうがよい*」

should の後なので動詞は原形が必要。

3 (B)「*私どものすべての製品は現在オンラインで入手可能ですので、店舗に直接お越し頂く必要はございません*」

文脈的に (A)「来てはいけない」、(C)「来ることができる」、(D)「来てはいけない」は入らない。

4 (C)「*クリーンルームで何も食べたり飲んだりしてはいけない*」

文脈的に (A)「必要がない」、(B)「してもよい」、(D)「する能力がない」は入らない。(D) は「能力がない」の意味なので注意。

5 (C)「*Mr. Yamada は休暇でグアムにいるから、今素晴らしい時間を過ごしている最中に違いない*」

内容的に「過ごしている最中に違いない」となるはずなので (C) が正解。(A) は文法的には入るが「～しているはずがない」となり不自然。(B) は後ろに一般動詞の原形が来る。be 動詞は来ない。(D) は主語が he なので has でないとおかしい。

Questions B

1 (C)「*新しいテレワーキングシステムのおかげで、Glorian Designs 社の社員は快適な家から勤務することができる*」

文脈上もっとも適切なのは (C)「できる」。comfort「快適さ」の意味から考えても、否定的な意味は合わない。(D) は be 動詞がない。

2 (D)「*もし全体的な売り上げが 10% 増えたら、Frasca Electronics 社は実際には Penne 支店を閉鎖する必要がないはずだ*」

should がすでに文中に使われているので空所には助動詞は入らない。よって (D) が正解。ここでは have to の否定文として「～する必要がない」の意味で使われていて、should「～はずだ」と組み合わされている。

3 (D)「*この職に対する申込みは遅くとも 8 月 25 日までに当社の人事部によって受領されなければなりません。さもないとそのような申込みは検討されません*」

過去の話ではないので (A) は合わない。また、主語が複数なので (B)(C) は不可。

4 (A)「*何度も何度も原稿を確認したので、いかなる間違いもあるはずがないと私たちは確信している*」

文脈上、間違いがないと言いたいはずだから (A)「はずがない」が正解。

5 (B)「*もし私たちが業界で生き残りたいなら、コンサルタントによるこれらの勧告を遅滞なく実行しなければならない*」

文脈上、「実行されなければならない」と言いたいはずだから (B) が正解。(A) は主語が複数形なので不可。without delay「遅滞なく」が文の流れを教えてくれている。

Check & Check - Answers 7

Questions A

1 (B)「*私たちはできるだけ早くバイヤーとの会議をしたほうがいい*」

空所の後が原形動詞なので to 不定詞が必要な (A)(C) は不可。(D) は used to「かつて～したものだ」は意味的に不自然。we can が過去形でないことにも注意。

2 (B)「*もしもし、Dr. Jones の診察の予約をしたいのですが*」

文脈的に「予約をしたい」が入るはずなので (B) が正解。また (C)(D) は後ろに動詞の原形が来る。(A) は主語が I なので -s が不要。

3 (D)「*Mr. Kent はまだ到着していない。会社で何かあったのかもしれない*」

何かが起こったと過去のことを言っているはずだから (A)(C) は入らない。また (B) は「起こったはずがない」の意味なので合わない。

4 (C)「*私たちは、昨日そのような大きな注文をする前に在庫を二重に確認しておくべきだった*」

double-checked に -ed がついていることに注意。よって、動詞の原形を必要とするものは入らない。

5 (D)「*Mr. Watt はすでに税務署に着いたはずがない。彼はここを出たばかりだ*」

文脈上「着いたはずがない」になるはずなので (D) が正解。already は肯定文に使われるが、驚きを表す場合などは否定文でも使われる。ここでは、Mr. Watt has already arrived at the tax office.「Mr. Watt はすでに税務署に着いた」全体を否定していると考えるとわかりやすい。

Questions B

1 (B)「*営業チームのメンバーたちは、プロジェクトの大成功に喜んだに違いないが、すぐに先へ進んだ*」

delight は「喜ばせる」なので「喜ぶ」にするためには受動態が必要。delighted を形容詞「とても喜んでいる」と考えても結局は be 動詞が必要になる。よって (A)(D) は外れる。後は意味から考える。(B)「とても喜んだに違いない」、(C)「とても喜んだはずがない」のうち文脈に合うのは (B)。

2 (D)「*昨日の顧客との交渉中、彼らは我々の条件に同意しようとしなかった*」

過去の話なので (D) が正解。would not で「どうしても〜しようとしなかった」の否定的な意思を表す。

3 (D)「*Ms. Dahan は Toronto 支社での営業部長としての現在の職にようやく慣れたので、本社へ突然の異動の提示を受け入れるよりもそこに留まりたいと考えている*」

後ろに than があることに注意。would rather A than B「B するよりも A したい」。

4 (A)「*プロジェクトが単なる部分的な成功に終わった後、プロジェクトリーダーの Mr. Gonzalez はもっと注意深い計画を行い、妥当な予想をすべきだったと認めた*」

done と made が原形ではないので、(B)(C) は不可。後は文意で選ぶ。(A)「すべきだった」、(D)「したに違いない」で合うのは (A)。

5 (C)「*顧客からの苦情の数が著しく減ったことから判断すると、East Device Electronics 社の品質管理チームは多大な努力をしたに違いないと評論家たちは考えている*」

空所の後ろが made なので原形を取る (A)(B) は不可。後は意味から考える。(C)「したに違いない」、(D)「しなかったのかもしれない」のうち文意に合うのは (C)。

Check & Check - Answers 8

Questions A

1 (C)「*Mr. Donovan は法律問題の専門家と考えられている*」

文意から判断すると「考えている」ではなく「考えられる」と受動態が必要とわかる。よって、(C) が正解。(D) は単なる現在完了で受動態ではない。受動態にしたいなら has been considered となる。

2 (A)「*現在その不具合は技術チームによって調査されているところだ*」

look into A で「A を調査する」なので受動態でも into は残しておく必要がある。また (C) は受動態ではないので選べない。

3 (A)「*Ms. Weber の車を修理する費用は 500 ドルと見積もられた*」

受動態になっているのは (A) だけ。(C)(D) の過去分詞は完了形だから使われているのであって受動態を表すわけではないことに注意。

4 (D)「*これらの技術的な問題の解決法はまだ1つも発見されていない*」

空所の後に find の目的語がないことや文脈から受動態が必要だとわかるが、4つの選択肢の中で受動態は (C)(D) だけ。(C) は主語が複数形なので入らない。

5 (B)「*追加の原料が倉庫から製造工場に送られなければならなかった*」

(C)(D) は受動態ではないので不可。また、(A) は主語が複数形なので入らない。

Questions B

1 (C)「*そのスーパーマーケットは、Mr. Aquino が車で通り過ぎたとき改装中だった*」

(A)(D) は受動態ではない。(B) は受動態だが、主語が単数形なので合わない。よって (C) が正解。

2 (A)「*私どもは限られた席しかありませんし、早いもの勝ちで割り当てられます。ですので、もしこの素晴らしいセミナーに興味があるなら今日申し込んでください！*」

(C)(D) は受け身ではないので入らない。また、これから割り当てられるはずなので未来形が必要。

3 (A)「*そのプロジェクトはこの財政問題が対処されるまで後回しにしなければならないかもしれない*」

deal with A で「A に対処する」なので受動態にしても with が必要。よって (A) が正解。(B)(C) は受動態ではないことに注意。

4 (D)「*工場での労働者の安全を確実なものにするために、十分な安全講習が行われるべきだ*」

受動態が必要だとわかれば能動態の (A)(B)(C) が入らないことがわかる。

5 (D)「*検査の間に、その部屋のいかなる個人の持ち物も保守チームによって処分されます*」

dispose of A「A を処分する」なので受動態にしても of が必要。また、(B) は受動態ではないから入らない。

Check & Check - Answers 9

Questions A

1 (D)「*当社の製品についてのどんなご質問をお持ちでも、お気軽にご連絡ください*」

hesitate to *do*「～することをためらう」の否定命令文「～することをためらわないでください」⇒「お気軽に～してください」が使われている。これは広告文などでよく出てくる表現。

2 (A)「*Mr. Gagnon は乗らないといけない飛行機があったので早くオフィスを出た*」

どんな飛行機を持っているのか、空所の語は plane を説明する。文脈上「乗るべき飛行機」となるはずなので (A) が正解。

3 (B)「*私たちは自然環境を保存するためにエネルギーを節約しなければならない*」

空所の後ろは動詞の原形であることに注意。(A) は前置詞なので後ろは -ing 形、(C)(D) は後ろに S+V が来るはず。

4 (B)「*私の入院中に犬の世話をしてくれて、あなたはとても思いやりがありました*」

of you となっていることから、かっこの中には性格を表す語、つまり you were の後に置いてもさしつかえのない語がくる。(A) は you に対して「楽しめるヤツ」(C) は「扱いの難しいヤツ」(D)「面白いヤツ」と言っていることになるので不自然。(B) considerate「思いやりのある」は considerable「かなりの」との混同注意。

5 (D)「*Ms. Ruiz は帰宅後に小説を読むエネルギーが十分にあった*」

空所の後が動詞の原形だから to しか入らない。

Questions B

1 (C)「*調理をしているときは、良い結果を得るために適切な器具を使うことがいつも望ましい*」

it is ～ to *do*「…することは～だ」の構文を使っているので、(C) が正解。(B) は受動態で「使われること」になり不可。

2 (B)「*他人の前で自分の部下を批判しないとは、Mr. Danton は賢明だった*」

ここでは Mr. Danton was prudent の関係が成り立つので、of が正解。

3 (D)「*この長距離バスにご乗車中は、お客様の安全を確実にするために席に座ったままでシートベルトを締めておいてください*」

空所の後ろが動詞の原形なので、(D) だけが入る。

4 (B)「*激しい競争を生き抜くために、会社は効率を改善しようとしてきた*」

かっこのあとが動詞の原形であることに注意。(D) は、形は合うが「～しないため」の意味だから合わない。

5 (C)「*もし研修会の申し込みを提出したいなら、以下のアドレスまでメールしてください*」

空所の後が to 不定詞なので、-ing 形を目的語に取る (A)(B)(D) は入らない。-ing を目的語に取る動詞については Lesson 12 で扱う。

Check & Check - Answers 10

Questions A

1 (C)「*Ms. Blanco は 2 時間前に Berlin オフィスに到着したようだ*」

seem が現在形で到着したのが 2 時間前だから have を付ける必要がある。(D) は主語が It で It seems that she arrived…なら問題ない。

2 (D)「*Mr. Davis はウェイターにメニューを持ってくるように頼んだ*」

ask+O+to *do* で「O に～するように頼む」なので、(D) が正解。(A) は asked よりもさらに過去の時点を指し不自然で、(B) は受動態なのでここには入らない。

3 (A)「*組み立てラインの作業員たちは 2 時間ごとに休憩をとるように勧められている*」

作業員たちが勧められていると言っているはずなので能動態の (B)(C)(D) は不可。be advised to *do* で「～するように勧められる」の意味。

4 (B)「*この連絡メモはドイツ語で書かれているようだ*」

This memo と write の関係は受動態のはず。よって、(B) が正解。(C) は過去分詞が使われているが受動態ではない。to have been written なら正解になりうる。

5 (A)「*悪天候で登山隊は頂上までのルートを変更することを強いられた*」

to change が後ろに続くので、原形が必要な (B)(C) は不可。また、(D) は文意に合わないし、prevent A from -ing「A が～することを妨げる」の形が必要。

Questions B

1 (D)「*5 番街の信号機の故障の原因となった部品は、設計ミスがあるとわかった*」

主語が the compound「部品」なので、find「見つける」は受動態のはず。なお、設問の that は関係詞で、that ～ 5th Avenue が後ろから the component を説明している。

2 (D)「*良好な経済状態を考えて、CEO は新しい支店の開店は前倒しされる必要があると決定した*」

that 節中の主語が the opening なので、bring とは受け身の関係であるはず。選択肢の中で受動態になっているのは (D) のみ。

3 (C)「*先月の交渉の間に、その巨大小売店は、配送費に関して納入会社に譲歩したと伝えられている*」

「先月の交渉で」と述べているから譲歩したのは過去。しかし、seem が現在形なので時制を一つ古くするためにhaveをつける。よって、(C)が正解。(D)は受動態なので選べない。

4 (A)「*Meitan Manufacturing社のGeorgia倉庫の棚卸しは順調に進んでいると報じられ、明日までに終わると見込まれている*」

文脈から考えて、棚卸しが行われている最中なので(B)は選べない。(C)(D)はtoの後なので入らない。

5 (C)「*私たちの店舗は人々を引き寄せるのに十分なほど魅力的だが、もう一度来店したい気にさせるのには十分ではない*」

(A)はattractiveの前に置く必要がある。(B)は動詞などに使う副詞。(D)は形容詞なので形容詞のattractiveの後には来ない。なお文中のmakeは使役動詞で、make+O+動詞の原形で「Oに～させる」の意味。

Check & Check - Answers 11

Questions A

1 (A)「*Mr. Williamsは自分の旅行日程表を秘書にコピーしてもらった*」

have+O+原形。his secretaryとmakeは能動態の関係なので過去分詞ではなく原形が入る。

2 (A)「*Ms. Chenは配管工が台所の流し台の水漏れしている蛇口を修理するのを見守った*」

知覚動詞watchが使われており、the plumberとfixの関係が能動態だから、原形の(A)が入る。

3 (B)「*この2分間の運動は、目下抱えている仕事に集中するのに役立ちます*」

focusが動詞の原形なので(B)が正解。(A)(C)はto focusであれば正解になりうる。(D)は目的語の後に-ing形か過去分詞が必要。

4 (D)「*人事部長は新しい助手にいくつかの書類をファイルするように言った*」

意味的にはどれも入りそうに見えるが、to fileから考えると原形が必要な使役動詞(A)(B)(C)は入らない。

5 (B)「*その家電メーカーは広告代理店に新しい製品パンフレットを作成させた*」

designが動詞の原形と気がつけば、使役動詞の(B)が入るとわかる。(A)は使役動詞としてgetを使う場合、後ろに目的語＋to不定詞が必要なので入らない。

Questions B

1 (A)「*このセミナーは御社の法務スタッフのメンバーたちが広範囲にわたる実務的な会社法の知識を獲得する役に立ちます*」

acquire が原形動詞なので空所には使役動詞の (A) が入る。get は to 不定詞が必要。

2 (B)「*調停者として、Ms. Russo は両者が自分たちの立場を述べるのを注意深く聞いた後、提案を行った*」

listen は知覚動詞なので「O が～するのを聞く」の意味にするには、listen to + O + 原形を使う。

3 (D)「*社内主催のバーベキューのような会社の娯楽活動は、部門間の意思疎通を簡単にするのに役立つ可能性がある*」

facilitate が動詞の原形でその前に目的語がないので、使役動詞のうち直接原形を取ることができる (D) が正解。

4 (C)「*地元の衣料会社 Master Attire 社からのこのスーツはあなたをスリムに見せて、とても人気がある*」

look が原形なので目的語の後に to 不定詞を必要とする (A)(D) は不可。get は使役動詞としても使えるが O + to *do* を後ろに取ることに注意。また (B) は has でなければならない。

5 (D)「*バスのエンジンが停止して車両が停まった後、乗客たちは降車させられた*」

使役動詞の make は受動態で使われる場合、後ろに原形不定詞ではなく to 不定詞が必要。よって、(D) が正解。

Check & Check - Answers 12

Questions A

1 (C)「*プロジェクトを担当することは大変だが、またやりがいもある*」

「～であること」と主語として名詞のかたまりを作る必要があるので -ing 形にする。

2 (A)「*Ms. Wang は一人で発表することに慣れていない*」

be used to *doing*「～するのに慣れている」を問う問題。used to *do*「～したものだった」との混同に注意。

3 (D)「*Mr. Ivanov はスマートフォンで E メールを確認することに集中していた*」

前置詞 on の後なので動詞は -ing 形になる。

4 (B)「*Ms. Schneider は分割払いで新車を購入することを考えた*」

consider は ing を目的語に取る。

5 (B)「*予備の部屋は長い間使われていなかったので、掃除機をかける必要がある*」

need to *do*「～する必要がある」と need *doing*「～される必要がある」違いに注意。(A) だと、部屋が掃除機をかけることになる。

Questions B

1 (A)「*その計画について詳しく説明を受けた後、副社長はそれに反対することをやめ、支持を示した*」

stop to *do*「～するために立ち止まる、やっていたことをやめる」と stop *doing*「～することをやめる」の違いに注意。

2 (D)「*自分の商売のために正しい物件を選ぶことは難しくて時間のかかる作業になりうる*」

can be が述語動詞なので、主語として名詞のかたまりを作るものを選ぶ必要がある。よって、(D) が正解。(C) は to 不定詞も同様の働きをするが、「選ばれること」という受動態になっているので不可。

3 (B)「*この本は、職場で『無責任』とか『先延ばしにする人』とレッテルを貼られることを避けるためのいくつかの方法を説明している*」

avoid は目的語として -ing 形をとる。また、ここでは、be labeled「レッテルを貼られる」という受動態の -ing 形になっている。

4 (A)「*停滞した売り上げに対応して、マーケティング部長は販売促進の戦略を変えることを提案した*」

suggest は -ing 形を取る。

5 (C)「*コンサルタントは、新入社員たちの生産性を向上させるために、適性検査とともに包括的な実地訓練も導入すべきだと提言した*」

「導入することを提言した」となるはずなので名詞のかたまりを作る形が必要。そこで、(A) (C) のどちらかになるが、recommend は -ing 形を目的語に取るので (C) が正解。

Check & Check - Answers 13

Questions A

1 (C)「*先週結成されたプロジェクトチームは毎週会合する*」

will meet が述語動詞だから、そこまでで主語となる名詞のかたまりを作る必要がある。よって、空所の語が直前の the project team を説明していると考える。そして、the project team と form「結成する」の関係は受け身なので (C) が正解。

2 (A)「*Mr. Romero は、もっとピッタリ合うように自分の新しいジャケットを仕立て直してもらった*」

have+O+*do* / *done* の違いを問われている。ここでは、his new jacket と alter の関係が受け身なので、過去分詞が必要。(D) を入れるとジャケットが何かを仕立て直したことになるので不自然であるうえ、alter の目的語もその後に必要になる。

3 (B)「*Ms. Alonso は有機農産物だけを取り扱う食料品店を開いた*」

「～している名詞」の意味になる -ing 形が正解。(C) は deal に三単現の s がついていれば正解になりうる。

4 (C)「*田舎地域に住んでいる人は安定したインターネット接続を得ることに苦労することがある*」

have が述語動詞なので (A) は不可。空所以下 area までが people を説明する形容詞のかたまりを作っていると考える。そして、live との関係は能動態で「住んでいる人」になるはずだから (C) が正解。

5 (D)「*当社のソファーに使用されている布地は防水で、しみに強いものです*」

is が述語動詞だから、そこまでが主語として名詞のかたまりとなっている。よって、述語動詞の形である (A)(C) は外れる。ここでは、空所以下が the fabric を説明している。あとは、能動態か受動態かを考える。the fabric が use されるはずなので、(D) が正解。

Questions B

1 (B)「*Ms. Walker の送別会に招待された人の何人かは、Park 通りのひどい混雑で定刻通りに到着できなかった*」

some of the people が主語の本体で、空所から party までがそれを説明しているはず。そして、some of the people が invite したのか、あるいはされたのかを考えると「招待された人々」とわかる。よって、受け身の関係を表す (B) が正解。

2 (B)「*課長による事前の許可が得られた場合にのみ、出張中に発生した交通費が払い戻さ*

れます」

空所以下 trip までが、travel expenses を説明している形容詞のかたまりになっていて、will be reimbursed が述語動詞。よって、(D) は入らない。incur は「～を招く」なので、受動態の関係が必要。したがって、受動態を表す過去分詞の (B) が正解。

3 (A)「*そのコンピューターメーカーは、その郡にある製造工場をよりアクセスしやすい場所に移転させることを決定しました*」

have+O+ 過去分詞の形を使っている。特に、この場合は O が its manufacturing plant in that area と長いので気が付きにくい。

4 (B)「*数分のお時間を頂戴して、本メールに添付されたアンケート用紙にご記入いただき、私どもに送り返していただければ、感謝いたします*」

空所以下が questionnaire を説明しているはず。あとは、questionnaire と attach「添付する」の関係を考えると、受動態の関係が成り立つから (B) が正解。

5 (D)「*私がオフィスの前に着いたとき、配達の人がトラックから大きな箱を降ろしているのを見た*」

saw に注意。see+O+*doing* で「O が～しているのを見る」の意味。

Check & Check - Answers 14

Questions A

1 (C)「*会議テーブルの周りに座って、スタッフたちはその問題を話し合った*」

「座って、そして～」あるいは「座りながら」となるはずなので、分詞構文が必要。そして、the staff と sit は能動態の関係だから (C) が正解。

2 (B)「*1960 年に建てられたので、その工場は近代化される必要がある*」

「建てられたので」という接続詞的な働きをして副詞のかたまりを作る分詞構文が必要。the factory と build は受動態の関係で "The factory was built" の関係が成り立つから (B) が正解。(A)(C)(D) はいずれも受動態ではないことに注意。

3 (A)「*Ms. Navarro は来る出張のために荷物をまとめるのに忙しい*」

be busy -ing で「～するのに忙しい」の意味。

4 (D)「*街の中心に位置しているので、Grand Hotel はとても人気がある*」

「位置しているので」と接続詞的な働きが必要だから、分詞構文にする。また、locate は「位置する」ではなく「位置させる」なので、Grand Hotel を主語にすると "the Grand Hotel is located" と受動態の関係になる。よって、(D) が正解。

5 (D)「*Mr. Begu は、自分一人でプレゼンテーションを行ったことがなかったので、緊張していた*」

(A)(B)(C) は普通の述語動詞の形になるが、本文のコンマが不要で、was nervous ともつながらない。そもそも、主語が三人称単数だから has のはず。ここでは分詞構文が挿入されていると考える。

Questions B

1 (A)「*その現場エンジニアは自分一人ではその機械を修理できないと結論付けて、応援を求めて連絡を入れた*」

the on-site engineer と conclude の関係は能動態なので、(A) しか入らない。(B)～(D) はいずれも受動態でおかしくなる。

2 (B)「*別の観点から見ると、問題の本質は単純に価格である*」

the essence of the problem を主語としたときの view との関係は受動態なので、(B) が正解。日本語だと「別の観点から見ると」だから (A) のように思えるが、あくまでも主節の主語を分詞の主語として考えて -ing / -ed を決めなければならない。

3 (C)「*別途指示されないかぎり、全ての取引は事前に許可してもらわなければならない*」

unless otherwise+ 過去分詞で「別途～されない限り」の意味。

4 (C)「*Ms. Martinez は、来る営業プレゼンテーションの自分の分の準備を仕上げるのに忙しい*」

be busy -ing で「～するのに忙しい」の意味。

5 (D)「*従業員福祉の重要性を力説しながら、CEO は新しい報酬体系が従業員定着率を上昇させるという期待を表明した*」

stress は「強調する」の意味で、ここでは「強調しながら」「強調して」など接続詞の働きをする分詞構文が必要。また、the CEO と stress は能動態の関係で "The CEO stresses his hope." の関係が成り立つから、(D) が正解。(C) は受動態なので不可。また (B) も「するために」の意味で to 不定詞を使うことは可能だが、be stressed が受動態なので入らない。

Check & Check - Answers 15

Questions A

1 (D)「*私には父親が演劇俳優をしている友人がいる*」

先行詞の a friend は the friend's として father の前に戻る関係になっている。よって、(D) が正解。

2 (B)「*海外に住んでいる人がホームシックになることがある*」

先行詞の people は live の主語として戻る関係になっているので、(B) が正解。

3 (A)「*Ms. Murati は車をアフリカに輸出している会社に勤めている*」

先行詞の a company には exports の主語になるので、ものが先行詞で主語の働きをしている時に使う (A) が正解。

4 (A)「*Ms. Evans が見本市で会った見込み客が今日私たちのオフィスを訪問する予定だ*」

met the buyer のように、先行詞の the buyer は met の後ろに直接戻る関係になっているので (A) が正解。

5 (C)「*このコースは効果的なプレゼンテーションのやり方を学ぶ必要のある営業スタッフに特に適しています*」

need には 3 人称単数形の s がついていないので先行詞は単数ではない。よって (C) が正解。staff はスタッフ一人ではなくスタッフ一同を指し、単数複数どちらの扱いもできる。

Questions B

1 (C)「*私たちが最終選考に残した候補者の何人かは取締役会との最終面接を自発的に辞退した*」

the candidates は shortlisted の主語ではなく目的語の位置に戻る。よって、(C) が正解。これは that/who が省略されている形。(A) を入れると候補者たちが他の誰かを最終候補に残すことになり不自然でしかも目的語もなくなる。

2 (B)「*会社が新しい広報担当者として雇った男性は、実は CEO 自身によってヘッドハントされたのだった*」

the man は hired の目的語の位置に戻る関係にあるので、(B) が正解。

3 (D)「*ご家族の方が当校でコースを受講されたことのある方は受講料に対して 10% の割引を受けることができます*」

所有を表す people's として family member の前に戻る関係になっているので (D) が正解。

4 (A)「*我々が雑誌のためにインタビューした実業家は、どのように会社を経営するかについて斬新な考えを持っていた*」

the businessman を関係詞節に戻そうとしたとき、we had an interview with the businessman のように with をつけないと戻らない関係になっている。よって、正解は (A)。これは Lesson 16 で学ぶが、少なくともこの時点で (B)(C)(D) が入らないことは見極めたい。

5 (D)「*貴重な戦力になると部長が期待している研修生は、本社に配属されるだろう*」

先行詞の the trainee は expecting の目的語に入る関係なので、(D) が正解。expect +O + to *do* で「O が～するのを期待する」で、その O を先行詞として前に出して作っている。

Check & Check - Answers 16

Questions A

1 (C)「*Mr. Brown が客を連れて行く計画をしているビストロは Park 通りにある*」

the bistro が関係詞節である Mr. Brown 以下の「どこに」「どのように」戻る関係かを考える。すると、to the bistro として his client の後ろに戻るとわかる。よって、to をつければ戻る関係が成り立つから (C) が正解。

2 (C)「*この施設のそれぞれの階には喫煙が許されている小さなガラス張りの区画がある*」

a small section が空所以下の関係詞節の「どこに」「どのように」戻る関係かを考える。すると、smoking is permitted **in the small section** と、in をつけて permitted の後ろに戻る関係であるとわかる。よって (C) が正解。

3 (B)「*この積荷に起こったことは、他の積荷にも起こるかもしれない*」

先行詞がないので which, that, who は不可能。 what には the thing という先行詞がもともと入っている。

4 (A)「*自分が応募する職に合わせてカバーレターを変えることが大切だ*」

先行詞の the position が空所以下の関係詞節の「どこに」「どのように」戻る関係かを考える。すると、you are applying **for the position** と for をつけて applying の後ろに戻る関係であるとわかる。よって、(A) が正解。

5 (A)「*Ms. Jing は 10 年間広報に携わっており、それが彼女をその部署の大きな戦力にしている*」

何が Ms. Jing をその部の大きな戦力にしているかを考えると、先行詞は前の文全体、つまり「広報に 10 年携わっていること」。よって、前の文を受ける which が正解。

Questions B

1 (D)「*Goldon 製薬は製造工程を変えた。そして、そのことが製品の質の改善につながった*」

何が品質の改善につながったか、led の主語を考えると、製造工程を変更したことだとわかる。よって、前の文を受ける which が正解。

2 (C)「*いくつかの間違いが発見されているその章は、それらを修正するために次の版で変更されるだろう*」

先行詞の the chapter が空所以下 found までの関係詞節の「どこに」「どのように」戻るかを考える。すると、some mistakes have been found **in** the chapter と、in をつけて戻る関係になっているので、(C) が正解。

3 (A)「*そのレシートには購入の日付が記されていなかった。そして、そのことが Ms. Nguyen が返金を受けることを難しくした*」

何が返金を受けることを難しくしたのか made の主語を考えると、レシートに購入年月日が書かれていなかったことだとわかる。よって、前の文を受ける関係代名詞 which が正解。

4 (B)「*銀行ローンを組むことは、きまって注意深い立案を伴う、複雑で時間のかかる手続きだ*」

process は entails の主語になっているので、(B) が正解。entail が動詞であることに注意。

5 (C)「*企業にとって、リソースを薄く分散させるのではなく、最も得意なことに集中させることは、時に良い戦略である*」

空所の後ろにある at に注意。これまで入れて関係詞節を形成している。よって、at の後にあったはずの名詞が先行詞として前にあることになる。したがって、(C) が正解。(A) は空所の前に名詞がないから入らない。(D) も at の後に入るものがなくなるから不可。問題は (B) だが、これを入れると、on which となるので先行詞が its resources となり、on its resources として後ろに戻らなければならない。しかし、at の後には入らないから (B) は不可。なお、be best at A で「A が最も得意である」の意味。be good at

A「A が得意である」の最上級である。空所のところは、It(=the company) is best at the thing.「それはそのことが最も得意である」の the thing を what にして前に出して作っている。what he is good at「彼が得意なこと」と同じ構造になっている。

Check & Check - Answers 17

Questions A

1 (A)「*あなたがその物品を失くした日付を記入してください*」

the date が空所以下の関係詞節の中の「どこに」「どのように」戻る関係かを考えると、you lost the item **on** this date が成り立つことがわかる。つまり、on を加えて item の後に戻る関係である。よって、on which か同じように使える when が正解。

2 (B)「*その簡易食堂が、人気がある理由がいくつかある*」

その食堂が人気である理由を表しているので (B) が正解。なお、why は for which とも言い換えられる。ここでは、the diner is popular **for** the reason. が成り立つ。

3 (A)「*あなたがこのリストからどんな商品を選んでも 24 時間以内に配達されます*」

空所の直後が item なのでそれと一緒になって choose の目的語の働きができ、かつ、空所から the list までで 1 つの副詞のかたまりを作るものが必要。(B)(C)(D) は item とセットにならないので item が bought よりも前に来る理由がなくなる。また、item が可算名詞の単数形なのに冠詞がついていないことも注意。

4 (A)「*明日の研修会が行われる予定の会議室は、廊下の突き当りにあります*」

the meeting room が空所から held までの関係詞節の中に戻るためには、in をつける必要がある。よって、in which か同じように使える where が入る。

5 (A)「*どの季節でも、その山からの眺めは息をのむものだ*」

season が it is よりも前に出ているので、no matter から season までで一つのかたまりをつくるはず。よって、(A) が正解。(D) は season が単数形なので不可。

Questions B

1 (A)「*クリスピーなイタリアのピザが好きな人は誰でも、Nero's Den を訪れるべきだ*」

likes の主語の働きをするものが必要だから (D) は不可。また、空所から pizza までが主語のかたまりなので、副詞のかたまりを作る (B) と S+V+V となってしまう (C) は入らない。この場合の whoever は anyone who と同じ。

2 (C)「*修理が完了したまさにその日にタブレットがまた不調になった*」

先行詞の the day は on the day として the tablet acted up again の後に入る関係になっているので、on which か同じように使える when が正解。(B) は for が不要。

3 (B)「*そのカンファレンスセンターには、最新のテクノロジーを備えた、最大 1000 人を収容できる大きな講堂がある*」

a large auditorium は、can accommodate の主語として空所の後に入る関係が成り立つ。よって、(B) が正解。先行詞が場所を表す語だからと言って必ずしも where や in which が入るわけではないことに注意。何も足さずに戻る位置がある場合は、which や that を使う。

4 (B)「*休暇中に宿泊したホテルは、5 つ星リゾートのような豪華さと素晴らしいサービスを提供してくれた*」

the hotel は at の目的語として "we stayed at the hotel" が成り立つ。つまり、何もつけずに戻る関係になっているので、that が正解。先行詞が場所を表すからと言って必ずしも関係詞が where とは限らないことに注意。Q3 と同じような問題だが、Q3 は空所の直後が can なので気が付きやすい一方、本問は解答の決め手となる at が離れており、見逃されやすい。at がなければ (A)(D) ともに正解になりうる。

5 (A)「*どれほどたくさんのお客様にサービスをご提供しようとも、私どもはお一人おひとりの皆様に可能な限り最高の食事の体験をご提供することに誇りを抱いております*」

本来は serve の目的語である many customers が we serve よりも前に来ているので、空所と many customers が一つのかたまりを作っているはず。よって、(A) が正解。(B) は many とつながらない上に who 自体が名詞なので浮いてしまう。(C)(D) は whenever we serve many customers のように many customers は前に出てこない。

Check & Check - Answers 18

Questions A

1 (C)「*Ms. Wang は部内で、ダントツで最も熱心なスタッフの一員である*」

by far は最上級を強調する表現。また、the が使われていることも注意。

2 (D)「*このワンルームマンションは私のとほぼ同じくらい駅に近い*」

後ろに as があるので as+ 原級が必要。

3 (B)「*このパンフレットは前のものよりもよく見える*」

than があるので空所には比較級が必要。よって、(B) が正解。

4 (D)「*全ての製品企画案の中で、Ms. Yamanoのものが最も期待が持てそうに見えた*」

かっこの直前にtheがあることに注意。また、of all the product proposalsが「全ての製品企画案の中で」の意味なので最上級が使われているとわかる。特に「of all +複数名詞」は先頭に来ると最上級の構文だと見抜きにくいと感じる学習者が多いので注意。

5 (B)「*Ms. Khanは、スタッフが長い休暇を取ることについて前任の部長ほど批判的ではない*」

thanがあるので、空所には比較級が必要。よって、(B)が正解。less〜than…は「…ほど〜ない」の意味。また、her staff taking long holidaysの部分は、her staffがtakingの主語の働きをする動名詞で、「彼女のスタッフが長い休みを取ること」の意味。

Questions B

1 (D)「*Mr. LeedsはコストカッターとしてCFOに選ばれたと分かっていたが、あまりにも多くのことをあまりにも速く変えようとしないほうがよいこともわかっていた*」

know better than to *do*「〜しないほうがよいとわかっている」を問う問題。

2 (B)「*財務部長は、株主が望んでいたほど詳しく会社の戦略を説明できなかった*」

"in detail"「詳しく」を比較している。detail「詳細」が名詞で、これを使って「できるだけ詳しく」と言いたければ「同じくらい多くの詳細で」と言えばよい。ただし、(A) manyはdetailに複数形の-sがついていないので不可。

3 (C)「*多くの国では、パソコンは携帯電話ほど普及していない*」

thanがあるのでwidespreadを比較級にする語が必要だとわかる。よって、(C)が正解。

4 (C)「*Gigatech Mobile社は、第3四半期に同社の歴史上2番目にもっとも高い四半期収益を記録した*」

「社の歴史の中で」「二番目に」という語句から考えて最上級が入る。よって、(C)が正解。

5 (A)「*ライバル社が製品の種類を増やしたり、ビジネスを多角化していることを考えると、現状を維持することはもはや我々にとって現実的な選択肢ではない*」

文意を考えるとno longer「もはや〜ない」が正解。(C)は「最も長くて」の意味なのでここでは合わない。

Check & Check - Answers 19

Questions A

1 (D)「*もし Josh が今朝、飛行機に乗り遅れていなかったら、何時間も前にここに到着していただろう*」

単なる過去の話をしているのに過去完了が使われていることと文脈から、実際には到着しなかったことがわかる。よって、仮定法で過去の話をしているから主節は助動詞の過去＋ have ＋過去分詞になり、(D) が正解。

2 (C)「*もしプロジェクトがうまくいっていれば、スタッフは巨額のボーナスをもらえていたのに*」

内容と主節の形から過去の出来事とは逆のことを仮定していることがわかる。よって、仮定法で過去の話をしているので、主節は過去完了が必要。

3 (D)「*もし Mr. Weber が昨日手伝ってくれていなければ、私たちはまだその報告書を書いている最中だっただろう*」

過去の話をしているのに if 節は過去完了が使われているのと文脈から、実際には手伝ってくれたので、今は書いている最中ではないと推察できる。よって、仮定法で現在の話をしているから助動詞の過去形が必要。(C) は原形の be が使われているから選べない。

4 (D)「*心配しないで。もしみんな昨晩頑張って勉強したのなら、この小テストは簡単でしょう*」

文脈から話し手は昨日みんなが勉強した可能性があると思って話していると察せられるので、仮定法ではなくそのままの時制を使う。過去の話は過去形。

5 (A)「*もし Ms. Ruiz が先週の昇進試験を受けていれば、彼女は今頃営業部長だったかもしれないのに*」

文脈上実際にはその試験を受けなかったことが察せられるので、仮定法を使う。そして主節は今の話をしているので、答えは (A)。(C) は been がないことに注意。

Questions B

1 (D)「*もし Ms. Hall が問題なく集中トレーニングを終えるなら、彼女はおそらくバンコクの地域本社に配属されるだろう*」

主節に will が使ってあることや文全体の意味から考えて、実際に問題なくトレーニングが終わる可能性がある前提で話していることが察せられる。よって、(D) が正解。(A) は受動態。(B)(C) は主語が三人称単数なので選べない。

2 (C)「*空港行きのバスが遅れていなければ、Ms. Li は飛行機に間に合っていただろうに*」

文脈と主節の形から、実際にはバスが遅れてフライトに間に合わなかったと考えられる。よって、仮定法で、if 節は過去の話だから (C)。

3 (C)「*規則によると、社員の発明が特許を取得した場合、会社から最大 100 万ドルの報酬が与えられる*」

if 節の動詞が is patented と現在形であることと文意から考えて、現実の話と考えられる。また、ルールの話をしているので現在形が入る。

4 (A)「*もしその食品会社が即座に冷凍ディナー製品を市場から回収していなければ、評判に多大なダメージを受けていただろう*」

if 節に過去完了が使われていることと、文全体の流れから考えて、実際には即座に回収したために多大なダメージは受けなかったと推察される。よって、仮定法が使われており、主節は過去の話をしているので (A) が正解。

5 (C)「*その日、私は傘を持っていなかったので、もし仕事帰りに雨が降っていたら、びしょぬれになっていただろう。 幸運なことに、天気は十分長くもった*」

最後に「幸運にも天気がもった」と言っているから、実際には濡れなかったはず。よって、仮定法が使われており、主節で過去の話だから (C) が正解。

Check & Check - Answers 20

Questions A

1 (B)「*私たちは明日その貨物が到着するのかわからない*」

文中の if は「もし」ではなく「〜かどうか」の意味で使われているので、時制は通常通り。明日の話なので未来を表す形が必要。また、(A) は三単現の s がついていないことに注意。

2 (B)「*明日の会議で、部長が私の営業企画を承認してくれることを望んでいる*」

hope は that 節で未来の話をする場合、現在形か未来形を使う。よって、選択肢の中では (B) が正解。(A) は三単現の s が付いていない。

3 (C)「*業界トップであり続けたいなら、何か新しいことをする時だ*」

it's time that S+V には過去形を使う。

4 (D)「*もし仮に私たちがその契約を勝ち取ったら、もっと多くのエンジニアを雇用する必要があるだろう*」

were to が使われているので、主節は仮定法を使う。助動詞の過去形が必要なので (D) が正解。

5 (D)「*もし Ms. Brown のアドバイスがなかったら、昨日の交渉はうまくいかなかったかもしれない*」

「もし〜なかったら」の表現 if it had not been for が使われている。

Questions B

1 (A)「*もし部長の機知に富んだ決断がなければ、私たちはかなりの損失を被っていただろう*」

仮定法の表現 if it had not been for「〜がなければ」を使っているので、主節も仮定法のはず。よって、(A) が正解。(C) は、形は合うが意味的に不自然。

2 (B)「*これは新しい装置だが、そのデザインがそれをまるで 30 年前に作られたかのように見せている*」

選択肢の中で受動態になっているのは (B)(C) しかない。また、as if は直説法でも仮定法でもどちらでも使えるが、どちらにしても製造されたのは過去なので、(B) が正解。ここでは実際には新しい装置であり、30 年前に作られたわけではないので仮定法の過去完了形が使われている。

3 (C)「*もしコピー機がまたおかしくなり始めたら、ヘルプデスクにいつでも連絡してください*」

主語の the copier は三人称単数なのに、動詞の start に三単現の -s がついていないことに注意。よって (A) は入らない。ここでは、if の省略による倒置が使われている。したがって、(C) が正解。この場合の should は「万が一」の意味。(B) も if の省略による倒置と考えられるが、その場合は started でなければならない。

4 (B)「*出席率を向上させるためにスタッフ会議を強制にしてはどうだろうか*」

空所の後が we make という形であることに注意。what about や how about なら後ろに名詞か -ing 形が来る。what if S+V で「S が V したらどうだろうか」の意味。

5 (C)「*チャンスがあったときにその新興企業に投資しておけば、今ごろ私たちは巨額の利益を得ていただろうに*」

文脈と主節の would have made という形から考えて、実際には投資しなかったことがわかる。よって、過去の出来事を指す仮定法が必要なので (C) が正解。(A) は受動態であり不自然で、(B)(D) は主節に入る形。

Check & Check - Answers 21

Questions A

1 (D)「*部長は誰の販売アイデアを選んだのですか*」

本来 choose の目的語であるはずの sales idea が前に来ているということは、疑問詞とセットになっているはず。(A)(C) は名詞とくっつかないので不可。(B) は idea が複数形になっていない。

2 (D)「*会社にとってその契約はどれだけ大切ですか*」

important は形容詞なのに is の前に来ていることに注意。つまり空所に入る疑問詞とセットになると考えられる。よって、(D) が正解。The contract is **very** important for the company. の very が分からないから how に変わり、very important で1つのかたまりを作っているので、how important として前に出している。

3 (C)「*このお知らせは誰に向けられたものと一番考えられますか*」

this notice is intended **for the staff** の the staff が分からないから疑問詞に代わっていると考える。よって (C) が正解。この文が受動態であることに注意。

4 (D)「*去年は何人の従業員が総会に出席したのですか*」

(A)(B)(C) は意味的にはアリに見えそうだが、後ろには普通の疑問文の形が必要なので、did employees attend となっていなければならない。ここでは how many employees が主語になっている。

5 (A)「*どの時点で、オペレーターはそのシステムに何か異常があることに気が付いたのですか*」

空所の後に point が来ているということは、これも疑問詞のかたまりの一部であることがわかる。よって、後ろに名詞を取らない (C) は不可。また、(B)(D) は名詞のかたまりを作るが、did 以下に名詞が抜けた穴がない。よって、(A) が正解。(A) を入れると、"at this point"「この時点で」とか "at that point"「あの時点で」などとして、文末に戻る関係になっている。

Questions B

1 (C)「*何人の候補者の中から Ms. Suzuki は選ばれたのですか*」

空所は of の後にあるので、名詞のかたまりを作るものが必要。よって (C) が正解。out of A で「A の中から」の意味。

2 (C)「*2つ目の E メールによると、ケトルのどのモデルが直ちに市場から回収されなければなりませんか*」

(A)(B) は後ろに普通の疑問文の形が必要であり、また model に冠詞がないことになる。後ろは does this model of kettle need のようにする必要がある。(D) は複数名詞が必要だから不可。

3 (B)「*テキストメッセージによると、協議事項のどの項目について、Ms. Gibson は最初に話し合いたいと思っていますか*」

discuss something「何かを話し合う」というように discuss は直接目的語を取るので about は不要。よって、(A) ではなく (B) が正解。(D) は item が単数形なので選べない。

4 (A)「*どれくらいの期間以内にその契約の仕事は完了されなければならないのですか*」

must の後を見ると、the contract が文の主語であるとわかる。元に戻すと、The contract must be completed (------- time frame) が成り立つ必要がある。(B)(C) を入れると、上記の空所に this や our を入れて名詞のかたまりを作るようなものだが、この文は受動態なので be completed の後に名詞は置けない。受動態はもともと S+V+O の O を前に出して作っている構文である。また、(D) は time frame とつながらないので不可。よって、(A) が正解。time frame が名詞なので前置詞が必要である。「どんな期間<u>の内に</u>」が直訳。

5 (B)「*見積もりによると、北別館を講堂に改造するのにどれくらいのお金がかかりますか*」

質問に対する答えを考えてみる。例えば、$1 million かかるとすると、

It would cost <u>$1 million</u> to convert ……

となり、これを通常の疑問文にすると、

would it cost <u>$1 million</u> to convert ……

となる。そして、このうち $1 million がわからないから how much money に変換し、前に出して作っていると考えられる。よって、答えは (B)。

Check & Check - Answers 22

Questions A

1 (A)「*医師は患者に何か痛みを感じるか尋ねた*」

文末に or not があるので、(A) が正解。(C) は目的語として後ろに戻る関係が成り立つはずだが、空所から文末まで戻れる穴がないので、or not が文中になかったとしても入らない。

2 (D)「*引越し業者は、私たちのオフィスをミラノに移転するのにいくらかかるのかの見積もりを送ってくれた*」

前置詞 on の目的語となる形が必要なので、名詞のかたまりを作る間接疑問文が入る。語順は疑問詞 + 肯定文の順だから (D) が正解。

3 (D)「*私たちのマーケティングチームは、見本市での自分たちの展示スペースでどの製品を展示すべきかまだ決めていない*」

本来ならexhibitの目的語であるproductsが前に出ているのでproductsと一緒になって一つのかたまりを作っているものが必要。よって、(D) が正解。(B)(C) ならwhen/where to exhibit our productsなどとなっているはず。

4 (A)「*たいてい何曜日があなたにとって都合が良いのか私どもに知らせてください*」

空所からweekまでが名詞のかたまりになる必要があるので、(A) が正解。(B)(D) を入れるとisの主語がなくなる。また (C) は文法的には入るが意味が不自然。

5 (C)「*他の部門から助けを招き入れるというのはどうですか*」

(A)(B) は後ろにS+V、(D) は後ろに動詞の原形が来るのでここでは選べない。空所の後にbringingという -ing形が来ていることに注意。

Questions B

1 (C)「*燃料費を節約するためにMr. Morrisは私たちが何をすべきだと考えていますか*」

現状では、doの目的語がないので、その働きをする名詞が必要。選択肢の中で名詞なのは (C) のみ。

2 (B)「*Ms. Martinezは広告業界に8年間いるので、新製品をどのように宣伝すべきかを完璧にわかっている*」

advertiseの目的語としてすでにnew productsがあるので、名詞のかたまりを作るものは入らない。よって、(B) が正解。

3 (B)「*物件を購入する前に、それが十分な収納スペースを持っているか確認すべきだ*」

空所の後に主語も目的語も揃っており、別の名詞の戻る位置がないので (C) は入らない。後は意味から考える。
(A)「その物件が十分な収納スペースをどのように持っているか」
(B)「その物件が十分な収納スペースを持っているかどうか」
(D)「その物件がいつ十分なスペースを持っているか」

上記の中で最も適切なものは (B)。

4 (A)「*私たちが新しい電子レンジにどんな機能を付け加える必要があるのかを、顧客の意見が教えてくれるだろう*」

addの目的語のはずのfunctionが前に出てきているので、空所の疑問詞とともに一つのかたまりを作ると考えられる。よって、(B) は不可。(C) はfunctionsが可算名詞の複数形なので入らない。(D) は in these functions などとして後ろに戻る関係が成り立つはずだが、そうすると add の目的語がなくなるのでおかしい。

5 (B)「*思い切った手段が取られる前に、それらの長期にわたる影響がどのようなものになりうるのかを考えることが賢明である*」

どの疑問詞であれその答えとなるものが

their long-term consequences might be -------

「それらの長期的な影響は ------ であるかもしれない」

の空所に戻る関係になる。よって、正解は (B)。

Check & Check - Answers 23

Questions A

1 (A)「*Ms. Reid は昨晩レストランで夕食を食べた*」

空所の前に冠詞がないから、不可算名詞が必要。よって、(A) が正解。

2 (D)「*毎食後に歯を磨くことは重要だ*」

tooth は単数で teeth が複数形。歯を磨く時は２本以上の歯を磨くはずなので答えは (D)

3 (C)「*およそ 500 頭のシカがその国立公園に住んでいる*」

deer は複数形でも -s がつかないが、数えられないということではない。ここでも 500 頭と述べている。したがって、動詞には三単現の -s はつかない。

4 (D)「*Mr. Liu は多くのゲームソフトウェアをスマートフォンに所有していたが、すべて削除した*」

a lot of の直後だけ見るとすべての選択肢が入るが、後ろで it が使われていることから、可算名詞の複数形は入らない。よって、不可算名詞の (D) が正解。

5 (D)「*当社のホットプレートの新ラインナップについて、多くのお客様から好意的なご意見をいただいております*」

a の後なので (C) は不可。また (A)(B) ともに数えられない名詞に使う。

Questions B

1 (B)「*熱烈なファンの間では、そのファンタジーアドベンチャー映画のリメイクの可能性について大きな期待がある*」

there is 構文は be 動詞の後の名詞が主語で、これに be 動詞の形を合わせる。ここでは、

great expectations が可算名詞複数なので (B) が正解。残りはすべて主語が単数でなければならない。

2 (B)「*そのふれあい動物園が飼育している飼いならされたヒツジたちは人懐っこく、人のそばにいるのが好きなようだ*」

sheep の後ろに関係詞の which/that が省略されており、keeps までが主語なので、空所には述語動詞の形が必要。そして、ヒツジを指す代名詞が they であることから、一匹ではなく複数いるものと考えられる。よって、(B) が正解。

3 (D)「*その社内調査で、在宅勤務しかしていないスタッフは以前に考えられていたよりもっとストレスを感じていることがわかった*」

that 節内の be 動詞が are であることから、空所には複数を表す名詞が入る。よって、(D) が正解。staff は「スタッフたち」の意味で人々を指す。日本語だと一人を指しうるので注意が必要。work に三単現の -s が付いていないことにも注意。ちなみに「私はスタッフです」という場合は、I'm a member of staff とか I'm a staff member などとする必要がある。なお、staff はイギリス英語では単数複数両方の扱いで、アメリカ英語では主に単数として扱われる。

4 (C)「*実践的な経験と専門的な技術を習得する手段として、学生はインターンシッププログラムに参加することが推奨される*」

means は単数でも複数形でも s がつく。そして、可算名詞なので単数の場合は a が必要。

5 (B)「*電気供給トラブルのため、遠隔会議システムを含めて、会議室に設置されている機器はご利用いただけません*」

動詞が are であることに気がつけば空所には可算名詞の複数形が入るとわかる。

Check & Check - Answers 24

Questions A

1 (D)「*Whitelyfield Cosmetics 社の社員の多くが電車で通勤している*」

述語動詞の commute に三単現の -s がついていないことから、主語は複数形であるとわかる。また (B)(C) は不可算名詞に使うので選べない。

2 (D)「*私たちのオフィスには 3 人の会計士がおり、一人はパートタイマーで、後の人たちは正社員として勤務している*」

3人いて、うち1人を言及しているから、「他の人たち」と言う場合、自動的に残った2人を指す。この2人は特定できるので the がつく。また、work に -s がついていないので、そもそも単数を表す主語は不可。

3 (C)「*野菜を食べることは体によいと一般に知られている*」

知られているのは that 節の内容なので、本来なら that 節が主語。よって、そのかわりに置かれる形式主語の it が入る。

4 (C)「*ご訪問者はそれぞれ警備員詰め所で来客用パスを発行されます*」

visitor が単数形なので (C) が正解。(A)(B) はともに複数形が必要。また (D) は名詞の前に直接置けず、none of the visitors などとしなければならない。

5 (B)「*ほとんどのスタッフは新しい部長のもとで働くのはとてもやりやすいと感じている*」

何を very easy と感じているかというと「新しい部長のもとで働くこと」つまり to 以下を指す。よって、形式目的語の it が入る。

Questions B

1 (A)「*AB124 便は滑走路上で待つ間にいくつかの機械的な問題が起こり、その結果、他の多くの便が遅れた*」

空所の後に flights という名詞があるので形容詞として使える形が必要。よって、(B) は不可。また (D) も of が入っているが、結局は others を flights につなげようとしているので入らない。また、(C) は an+other というスペルからもわかるように、many や複数形などとは使わない。

2 (A)「*その 2 人の従業員は 4 週間の集中トレーニングを受けたにもかかわらず、彼らの両方とも表計算ソフトを満足に使うことができなかった*」

none of them は 3 人以上を指すので、neither が正解。(B) は文意に合わない。

3 (A)「*Ms. Thompson が試着したスニーカーはすこしきつすぎたので、彼女は店員にもっと大きな一足を頼んだ*」

(B) は靴の片方しか指さないので不自然。(C) は冠詞の a と合わない。要するに、単数でなおかつ靴の両方を指す語が必要ということ。

4 (C)「*社内商品企画コンテストではたくさんの応募があったが、どれも大賞は取れなかった*」

(A)(B) は 2 つしか応募がなかったことになるので不適切。(D) は意味的に不自然。

5 (C)「*当社の製品は、無料で普通郵便か追加料金で速達便かのどちらかでお送りすることができます。どちらにいたしましても、商品はしっかりと梱包されますのでご安心ください*」

way が単数なので、(A) は入らない。また、(D) は形容詞的には使えないので不可。あとは意味から考える。(B) も (C) も二者の話をするから、ここでは普通便と速達の話だとわかる。しかし、(B) は「どちらも～ない」の意味なので不自然。よって、(C) が正解。either way は副詞的に「どちらにしても」の意味がある。

Check & Check - Answers 25

Questions A

1 (A)「*Mr. Thomas は私が彼と電話で話したとき、自信ありげに聞こえた*」

sound が動詞であることと文意から、S + V + C の文型が使われていると推測できる。つまり、Mr. Thomas was -------. が成り立つものが必要。よって、(A) が正解。

2 (B)「*その顧客調査の結果は勇気づけられるものだった*」

be 動詞の後に入るものが必要なので動詞の (A) と副詞の (D) はここには入らない。後は、主語の the result に合うものを選ぶ。(C) は「勇気づけられた」なので主語と合わない。(B) は「勇気づけるような」の意味。

3 (C)「*Ms. Kelly は熱心なアスリートで毎日懸命にトレーニングしている*」

(A) は形容詞なので入らない。seriously なら正解になりうる。(B) は単体で前の動詞を説明できず、後ろに別の副詞が必要。(D) は「ほとんど～しない」の意味なので文意に合わない。

4 (A)「*Mr. Thomas はうちの部で最も経験を積んでいる。それゆえ、彼はそのプロジェクトに選ばれるだろう*」

(B)(D) はともに接続詞で二つの文を必要とするから入らない。(C) は「それにもかかわらず」なので文意に合わない。

5 (D)「*その交渉における法務チームの主な仕事は、契約書の草案を注意深く検討し、修正を提案することだった*」

文の構造から考えてどのように検討するのかを表す副詞が必要。よって、(D) が正解。

Questions B

1 (B)「*Franklin Manufacturing 社の売り上げは、Mr. James が営業部長になってから順調に伸びている*」

文の構造から考えて、improving を説明する副詞が必要。よって、(B) が正解。

2 (B)「*この歴史の本は、歴史的な出来事を時系列で説明しておらず、各章で行ったり来たり飛んでいるため、読者を完全に混乱させてしまう*」

このmakeはmake＋O＋C「OをCの状態にさせる」として使われている。O is Cの関係が成り立つことと、readersが目的語であることから考えて、答えは(B)。utterlyは副詞だから文型とは関係がないので、文型を考えるときは取って考えるとよい。(A)は「混乱させるような」という意味なので読者が混乱するのではなく、読者自体が人を混乱させる存在になると言っていることになり不自然。

3 (B)「*Ken's Bakeryは改装のため一時的な閉店を発表したが、常連客のほとんどが好意的に反応した*」

空所に入る語はreactedを説明する副詞。よって、(B)が正解。

4 (B)「*Glasgowへの出張の終わりに、Ms. Shimaはいくつかのお土産を買って家に送った*」

(A)は前置詞があるのでhomeを名詞として使っていることになるが、冠詞などがついていないので入らない。(D)も同じ。(C)は「自分の家に」の「に」に相当するtoが必要。

5 (A)「*売り上げは落ちている。それにもかかわらず、全社的なコスト削減努力のおかげで純利益は改善しつつある*」

(D)は前置詞なのでここには入らない。後は意味から考える。売り上げが低下していることと、純利益が改善傾向にあることを一番うまく繋げるのは(A)「それにもかかわらず」。

Check & Check - Answers 26

Questions A

1 (B)「*Ms. Loganはその仕事にとても適任であったため、即採用となった*」

文中のthatに注意。so～that S＋V「あまりに～なのでSがVする」が使われている。

2 (D)「*昇給があるといううわさは、ほとんどのスタッフが知っている*」

(A)は前置詞なのでここには入らない。(B)「～しないかぎり」(C)「～するように」は意味に合わない。空所以下はrumor「うわさ」の中身のはず。rumorはthat節を取る名詞。

3 (C)「*警備員は、ちゃんと鍵がかかっているかどうか確認するために裏口に行った*」

(A)は副詞なのでここには入らない。even ifなら入りうる。(B)「～する場合に限って」は意味的に不自然。(D)は間接疑問文として考えられるが「どこで鍵が適切にかけられたかを確認するために裏口に行った」は文意がおかしくなる。

4 (C)「*調査によると Juicy Juice シリーズの新フレーバーは、ほとんどの客が好きでも嫌いでもなかった*」

nor に注意。neither A nor B で「A も B も〜ない」の意味。

5 (A)「*生地をこねて十分に固くなったら、1時間休ませてください*」

(B) は副詞なので、後ろに S+V を 2 つ取ってつなげることはできないし、前にあるはずの文を受けて、「だから生地はこねた後に十分固い」となり意味的にも不自然。残りは文法的にはどれも接続詞として空所に入るので意味を考える。「いったん固くなったら」が一番文意に合う。

Questions B

1 (C)「*市場にはあまりに多種多様な携帯電話が出回っているため、カタログをざっと見るだけでも長い時間がかかる*」

market の後にある that に注意。such 〜 that + S + V「あまりに〜なので S が V する」が使われている。この that を関係詞と考えると it 以下に the market の戻る穴がないとだめだがそれがない。また market は the rumor that S + V「S が V するといううわさ」のように that 節も取らないから、別の構文が使われていると気がつく必要がある。

2 (B)「*Ms. Ward が提出した自作の画集は、新市庁舎のための水彩画を提供するよう依頼されるかどうかに大きな影響を与えることになるだろう*」

前置詞 on の後なので that は来ない。また (C)(D) は間接疑問文として考えることもできるが、ともに名詞であり、空所以下に名詞の戻る位置がないので不可。provide の目的語 a watercolor がなく、選択肢が what watercolor や how many watercolors なら正答になりうる。

3 (C)「*来月テレワーク制度が導入されるという発表はスタッフの大半から好意的に受け入れられている*」

announcement は that 節を取る名詞。(A) は前置詞であり、空所の後に節が来ているので入らない。(D) は関係詞なので先行詞となる the announcement が空所以下のどこかに直接戻れる穴がなければならないが、それがない。

4 (C)「*生産を安定させ、生産量を増やすためには、我々は工場を拡張するか、別の場所に移転しなければならない*」

factory の後ろに or があることと文意から、either A or B が使われていることがわかる。よって、(C) が正解。

5 (C)「*原料が時間通りに到着する場合に限って、要請された通り製品を発送できるだろう*」

空所の後に that があることに注意。よって (A) は外れる。(B)(C)(D) についてはいずれも that 節を取るので、意味を考える。

(B) so that S + V「S が V するように」

(C) provided that S + V「S が V する場合に限り」

(D) in order that S + V「S が V するために」

よって、もっとも適切なものは (C)。なお、in order to *do* だけでなく、「in order +that S+V」もある。「S が V するために」の意味。

Check & Check - Answers 27

Questions A

1 (C)「*私たちは 3 月 1 日の朝に交渉を終了した*」

(A) は「～までずっと」の意味なので「終了した」と合わない。by「～までに」なら正答になりうる。morning は「朝に」という場合は通常、in the morning となるが、特定の朝を指す場合は on になる。ここでも 3 月 1 日の朝と言っているから、(C) が正解。

2 (A)「*Ms. Kwon は身分証明カードを首から下げて現れた*」

with + O + C「O が C の状態で」を使っている。「her identification card が hanging around her neck している状態で」の意味。

3 (C)「*その国での 4 か月の滞在の間に、Mr. Yamada は何人かの友人ができた*」

空所の後は S+V ではなく名詞のかたまりしかないので前置詞が入る。(A)(B)(D) はいずれも接続詞なので不可。

4 (B)「*Taku は英語に加えて少しポルトガル語も話す*」

選択肢のいずれも前置詞で、空所に入るので意味的に考える。一番文脈に合うのは (B)「～に加えて」

5 (A)「*Mr. Musa は来週の金曜日までにレポートを提出しなければならない*」

by「までに」と until「までずっと」は訳が似ているので注意。ここでは締切を指すので (A) が正解。

Questions B

1 (B)「*最善の努力にもかかわらず、当社の木製品の品質や外観は常に一定というわけではありませんことをご留意ください*」

that 節の主語は the quality ～ products なので、空所の後の our best efforts という名詞が浮いた状態になっている。よって前置詞が必要なので (B) が正解。

2 (A)「*相反するニーズのバランスを保ちながら、私どもはできるだけ多くのお客様に適した商品を生み出すことを目指しています*」

空所の後に -ing 形を主体としたかたまりがある。ただし、during は前置詞だが -ing 形をとらないので不可。よって、(A) が正解。while は主節の主語と while の主語が同じ場合、S+be 動詞が省略できる。ここでは、主節の主語も while 節の主語も we である。なお、(C)(D) は接続詞で後ろに S+V が必要で、意味も合わない。

3 (C)「*我々の仕事量の著しい増加を考えると、締切の延長を要請するのが賢明だろう*」

the significant ～ workload は名詞のかたまりなので、空所には前置詞が入る。よって、接続詞の (A) は入らない。後は文意から考える。最も自然なのは (C)「～を考慮すると」。

4 (B)「*交渉で最も困難な障害が取り除かれて、交渉者はより細かい詳細に集中することができる*」

with O+C を使っていると気がつきたい。「交渉の最も困難な障害 = 片付いた状態で」の意味。ポイントは、the hardest obstacle in the negotiations と out of the way は直接繋がっておらず、別の部品であると気がつくかどうか。

5 (A)「*このプロジェクトは Ms. Ali のアイデアだったが、彼女はこの時期に実施することには反対した*」

object も oppose も「反対する」の意味だが、object は to が必要で、oppose は直接目的語を取る（Lesson 12 参照）。よって、正解は (A)。(C) は空所の後の to が不要。(D) は形容詞なので be 動詞が必要。

著者
石井辰哉（いしい・たつや）
半年間の語学留学で TOEIC 500 点強から 900 点まで伸ばした経験を活かし、TOEIC・TOEFL・英検専門校 TIPS English Qualifications を滋賀県に設立。

30 年にわたるティーチングキャリアのほとんどを 1 対 1 のプライベートレッスンに費やし、そこから得られた知見と経験に基づく独自のレッスンと教材で、驚異的なスピードで受講生のスコアをアップさせている。

数度にわたるイギリス語学留学中、現地の生活や英語に触れたことから、単なる知識の習得ではなく「使える」英語の習得を信条としている。近年はオンラインレッスンに力を入れ、全国各地から受講生を受け入れている。

著書は『イラストだから覚えられる 会話で必ず使う英単語 1100』(クロスメディア・ランゲージ) など多数。
うち数冊は翻訳され韓国、台湾、香港、マカオなどアジア圏で出版されている。
取得資格はケンブリッジ英検特級 (CPE)、TOEIC 990 点満点 (20 回以上)、英検 (実用英語技能検定)1 級

■石井先生のブログやレッスンについての情報は下記ウェブサイトをご覧ください。

Tatsuya Ishii's Site
https://tip-s.jp

TOEIC(R) L ＆ R TEST　文法完全攻略

2023 年 10 月 6 日 初版発行

著者　石井辰哉
発行者　石野栄一
発行　明日香出版社
〒 112-0005 東京都文京区水道 2-11-5
電話 03-5395-7650
https://www.asuka-g.co.jp
デザイン　おかっぱ製作所　高橋明香
装画　Adobe Stock zedtox
組版　株式会社デジタルプレス
校正　Stephen Boyd
Adam McGuire
印刷・製本　シナノ印刷株式会社

ISBN 978-4-7569-2287-8